ISTRIEN

Lore Marr-Bieger

INHALT

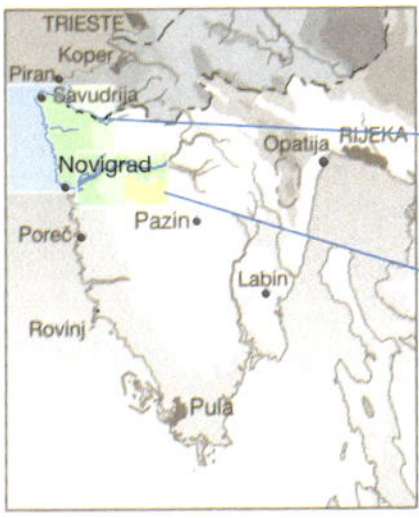

Westküste/Landesinnere

Von Savudrija bis Novigrad

Mirnatal und Umgebung

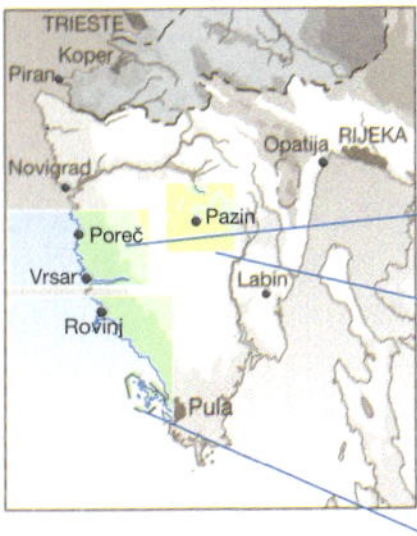

Von Poreč bis Vrsar

Pazin und Umgebung

Von Rovinj zu den Brijuni-Inseln

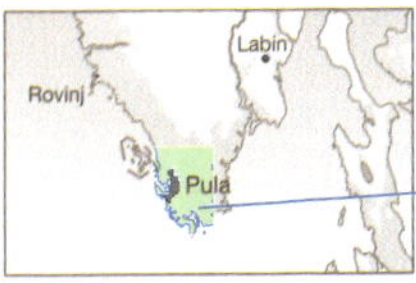

Südküste

Pula und Umgebung

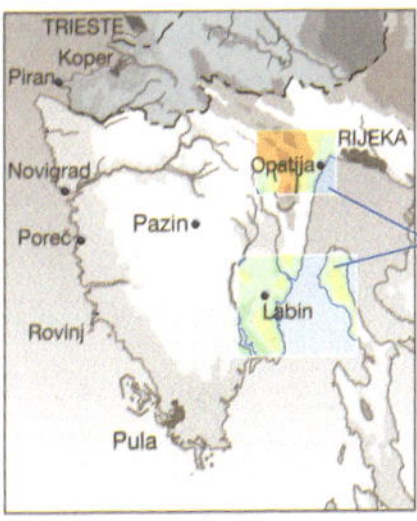

Ostküste

Labin und Umgebung

Opatija Riviera

Norden

Slowenische Riviera

Text und Recherche: Lore Marr-Bieger
Lektorat: Horst Christoph
Redaktion und Layout: Sven Talaron
Fotos: Lore Marr-Bieger, außer S. 21 (Adriatic Dolphin Project, Veli Lošinj) sowie S. 60, 128 und 129 (Vladimir Bugarin, Tourist Association Poreč)
Karten: Kim Vanselow, Judit Ladik, Gárbor Sztrecska
Cover: Karl Serwotka
Coverfotos: Motovun (oben), Rovinj (unten)
Innentitel: Kap Savudrija (alle Lore Marr-Bieger)

Herzlichen Dank für Material und Information an die Kroatische Fremdenverkehrszentrale in Zagreb und Frankfurt.
Einen ganz besonderen Dank an die istrischen Fremdenverkehrsämter für die tatkräftige und stundenlange Unterstützung und die überaus nette und freundliche Zusammenarbeit. Ebenso ein Danke an die vielen Personen, die durch Hinweise und Tipps ebenfalls zum Gelingen dieses Buches beitrugen.
Und ein großes Danke an Oliver ...

ISBN 3-89953-225-2

1. Auflage 2006

Kartenverzeichnis

Zeichenerklärung für die Karten und Pläne

Autobahn	Badestrand	Kirche	Krankenhaus
Bundesstraße	Campingplatz	Ausgrabung	Information
Hauptstraße	Leuchtturm	Grenzübergang	Museum
Nebenstraße	Höhle/Grotte	Ferienanlage	Post
Piste	Berggipfel	Flughafen	Tankstelle
Fußweg	Burg/Schloss	Bushaltestelle	Thermalbad
Bahn	Kloster	Taxistand	

Was haben Sie entdeckt?

Eine gute Gostiona, ein behagliches Hotel, einen schönen Wanderweg?
Ergänzungen, Verbesserungen oder Tipps sind immer willkommen!
Schreiben Sie an:

Lore Marr-Bieger
Stichwort Istrien
c/o Michael Müller Verlag
Gerberei 19
91054 Erlangen
E-Mail: marr-bieger@michael-mueller-verlag.de

In exponierter Lage: Motovun

Istrien entdecken

Die Halbinsel der *Histrer*, der Ureinwohner und Namensgeber Istriens, hat mehr zu bieten als felsgesäumte Küsten und Naturschönheiten wie die Brijuni-Inseln oder das Kamenjak-Naturschutzgebiet im Süden. Die Küstenstädte sind voll von Sehenswürdigkeiten aus illyrischer, römischer und vor allem aus venezianischer Zeit. Im Hinterland wachen wehrhafte alte Städtchen auf karstigen Hügeln über das von fruchtbaren Weinbergen und Tälern durchzogene Land, das sich zu Fuß oder per Mountainbike bestens erkunden lässt. Und wer noch höher hinaus will: Die Naturparks des Učka- und Ćićarija-Gebirges bieten auch für luftige Aktivitäten viele Möglichkeiten.

Landschaft der drei Farben

Istriens Charme liegt im Kleinen und Überschaubaren – und in den kontrastreichen Landschaften, die sich in charakteristischen Farben spiegeln: „La terra rossa", die rote eisen- und mineralstoffreiche Erde im Südwesten Istriens, bildet die fruchtbare Grundlage für die istrischen Weine wie den violettroten *Refosco*. Das „graue Istrien", dessen Gesteinsfarbe das Herz der Halbinsel prägt, lockt mit mittelalterlichen, oft kreisrund auf Hügeln erbauten trutzigen Städtchen, aus denen meist ein Kirchturm weithin sichtbar ins Land lugt. Und schließlich das kalkhaltige Gestein des „weißen Istrien" im Nordosten, die bis zu 1400 Meter hohen Bergketten des Ćićarija- und Učka-Gebirges und der weißfelsige Küstensaum, der im Frühsommer durch das Gelb des Ginsters und das Blau des Himmels intensive Farbkontraste setzt.

So reich wie die Landschaften, so vielfältig und häufig noch unberührt ist die Pflanzenwelt, die von karger Macchia bis zu subtropischer Vegetation alles bietet – und

Badespaß auf der Halbinsel Kamenjak

dazu Laubwälder und feuchte Täler, in denen die kostbaren Trüffeln gedeihen, bevor sie frisch oder getrocknet die istrische Küche verfeinern. Zu den bekannten istrischen Gaumenkitzlern zählen auch der *Pršut*, der würzige Karstschinken, die saftigen Muscheln und Austern aus dem Limski-Fjord, die Weine und nicht zuletzt das feine Olivenöl, das schon zu Römerzeiten begehrt war.

Kunst, Kultur und Architektur

Einen Liebesbeweis besonderer Art ließ sich der römische Kaiser Vespasian einfallen, als er in Pula das 132 m lange, 105 m breite und 30 m hohe Amphitheater für seine Liebste erweitern ließ. Seeschlachten oder Gladiatorenkämpfe werden hier nicht mehr inszeniert, dafür gibt es Musikgenuss von Weltstars wie Sting, Pavarotti oder Julio Iglesias – und eine einzigartige Akustik dazu. Eine Perle spätantiker und frühbyzantinischer Architektur ist in Poreč zu besichtigen, die als Weltkulturerbe unter dem Schutz der UNESCO stehende Euphrasius-Basilika aus dem 6. Jahrhundert. Die märchenhafte Burganlage über der tiefen Schlucht des Fojba-Flusses in Pazin inspirierte Jules Verne für seinen Roman Mathias Sandorf. Auch das Künstlerstädtchen Rovinj mit der Sv. Euphemia-Kirche und dem überaus hohen Kirchturm ist einen Besuch wert. Der spezielle Charme Istriens aber erschließt sich auf einer Fahrt durchs Hinterland mit seinen auf Hügeln thronenden malerischen Städtchen und Trutzburgen – z. B. Motovun mit seinem wehrhaften Befestigungssystem, das beschauliche Musikerstädtchen Grožnjan, das mittelalterliche Oprtalj mit herrlicher Fernsicht und Hum, die „kleinste Stadt der Welt“ ...

Istriens Spezialitäten

Die Dichtkunst ist in Istrien weit verbreitet, und viele Poeten und Schriftsteller ließen sich in der ruhigen, kraftvollen Landschaft inspirieren. Beflügelt wurden sie dabei wohl des Öfteren von den guten roten und weißen Weinen (siehe S. 55), vielleicht auch von den leckeren istrischen Trüffeln (Istrien zählt europaweit zu den wenigen Regionen, in denen besonders der seltene Weiße Trüffel gedeiht; siehe S. 51) und sicher auch vom feinen istrischen Olivenöl (siehe S. 50), das zu keiner Mahlzeit fehlen darf. Dazu etwas Schafskäse oder luftgetrockneter Pršut (istrischer Schinken), ein Stück Brot aus dem Holzofen – und der Genuss ist perfekt ...

Baden, Sport, Entspannen

Die meisten Urlauber kommen natürlich zum Baden und Entspannen. Warme, trockene Sommer zwischen 22 und 25 Grad und eine Badesaison von Mai bis Ende September bei 20 bis 23 Grad Wassertemperatur bieten dafür beste Voraussetzungen. Die klare Adria mit Sichtweiten bis zu 15 Metern Tiefe, alte Schiffswracks und bizarre Unterwasserhöhlen machen das Tauchen zum Genuss. Das Frühjahr und der Herbst bieten sich für schöne Mountainbiketouren ins hügelige Hinterland an – auf zahlreichen markierten Radwegen und entlang der istrischen Weinstraßen. Wer mag, kann seine Kräfte an diversen Kletterfelsen messen oder sich im Ćićarija- und Učka-Gebirge mit dem Paraglider in die Lüfte schwingen. Segel- und Motorbootfreunde finden an der gesamten kroatischen Küste ein dichtes Netz an großen, gut ausgestatteten Marinas und Jachthäfen. Wer aber einfach nur ausspannen will, bleibt in seiner Ferienanlage, nutzt die Animationsprogramme oder schickt die Kinder dorthin und genießt die kinderlose Zeit ...

Istrien ist ein Paradies für Paraglider

Das Übernachtungsangebot in den Küstenregionen ist gut und auf jeden Geschmack eingestellt; groß ist mittlerweile auch die Zahl der Hotels mit Wellnessangeboten, die den stressigen Zahn der Zeit vergessen lassen; Nacktbadefreunde können sich in einer der zahlreichen FKK-Anlagen einmieten, beispielsweise in Koversada bei Vrsar, eine der größten Campinganlagen Europas. Im Inland können Sie sich in kleinen, schmucken Landhotels verwöhnen lassen. Oder Sie machen allein oder mit der ganzen Familie Urlaub auf dem Bauernhof und bekommen dazu gleich die istrischen Spezialitäten aus eigenem Anbau frisch auf den Tisch.

In diesem Sinn: Entdecken Sie die Vielfalt Istriens und haben Sie wunderschöne Urlaubstage!

Insel Sv. Katararina – Blick auf die malerische Altstadtkulisse von Rovinj

Istrien: Land und Leute

Malerische Fischerorte an felsiger Küste, Trutzburgen auf karstigen Hügeln, Weinberge und liebliche Landschaften mit hübschen Dörfern und fruchtbaren Tälern prägen die istrische Halbinsel. Schon Römer und Venezianer fühlten sich hier wohl, die Spuren ihrer Jahrhunderte langen Herrschaft sind bis heute auf Schritt und Tritt sichtbar. Und seit dem Ende des 19. Jahrhunderts beliebten europäischer Adel und Geldadel, sich die Winterszeit im milden Klima der Opatija-Riviera zu vertreiben.

Schönheit zieht an – und so beherbergt Istrien zur Hauptsaison im Juli und August Hunderttausende von Gästen. Vor allem Slowenen, Italiener und Österreicher, Tschechen und Ungarn verbringen hier ihren Badeurlaub. Auch für deutsche Urlauber ist Istrien seit Jahrzehnten ein beliebtes Ferienziel, einfach und schnell in wenigen Stunden zu erreichen.

Die istrische Halbinsel erstreckt sich vom *Golf von Triest* und vom *slowenischen Karstplateau* im Norden bis hinunter zum *Kvarner Golf* und nach *Opatija*. An der südlichsten Spitze dieses Dreiecks mit den der Westküste vorgelagerten Inseln liegt *Pula*, das die Römer vor 2000 Jahren zu einer prächtigen Stadt ausbauten.

Istrien, zum größeren Teil kroatisch, ein kleiner Teil slowenisch, ist ein überschaubarer Landstrich – und eine Region der klimatischen und geologischen Gegensätze: subtropische Gebiete mit üppiger Vegetation wechseln mit steiniger oder macchiabedeckter Karstlandschaft. Im Sommer steigt die Quecksilbersäule auf 22 bis 24 Grad, gebadet wird von Mai bis Ende September bei 22 Grad Wassertemperatur. Im Winter sinken die Temperaturen an der Küste auf durchschnittlich 5 Grad.

Der Tourismus ist Istriens blühendster Wirtschaftszweig: Bis vor dem Jugoslawienkrieg Ende der 1980er Jahre besuchten Millionen die knapp dreitausend Quadratkilometer große Halbinsel mit ihren trockenen Sommern und milden Wintern. Verwaltungstechnisch ist die Region mit ihren 200.000 Einwohnern als Bezirk Istrien in den kroatischen Staat eingegliedert, Verwaltungssitz ist Pazin. Nur der nordwestliche Teil Istriens, ein 46 km langer Küstenstreifen und sein Hinterland, in der Höhe von Dragonja bis etwas nördlich von Rupa, gehört zu Slowenien.

Italienisch als Umgangssprache ist aus dem kroatischen wie slowenischen Teil Istriens weitgehend verschwunden, dennoch sind Orts-, Straßen- und Behördenschilder sowie Geschäfte zweisprachig beschriftet. Italienisch wird von den meisten Istriern verstanden, und die italienischen Gäste, die wegen der günstigen Preise zahlreich die Restaurants bevölkern, werden in ihrer Sprache bedient. Auch die italienischsprachigen Fernseh- und Radio-Programme tragen dazu bei, dass die Sprache des großen Nachbarn in Istrien weiterlebt.

Steckbrief Kroatien

Fläche: 56.538 km²

Hauptstadt: Zagreb, 1 Million Einwohner.

Bevölkerung: ca. 4.440.000, knapp 80 % sind Kroaten, die restlichen gut 20% verteilen sich auf die ethnischen Minderheiten der Serben, Slowenen, Ungarn, Bosnier, Italiener, Tschechen u. a.

Religion: überwiegend katholisch, zu einem geringen Teil muslimisch; die Serben sind orthodoxen Glaubens.

Sprache: Kroatisch

Politisches System: Seit dem 15. Jan. 1992 ist die Verfassung der Republik Kroatien international anerkannt. Seit Mai 1992 ist Kroatien Mitglied der Vereinten Nationen. Die kroatische Verfassung ist parlamentarisch-demokratisch.

Klima: Kroatien besitzt drei Klimazonen – kontinental, alpin und mediterran.

Istrien: 2.820 km², 200.000 Einwohner, mediterranes Klima. Verwaltungssitz ist *Pazin*; *Pula* mit ca. 80.000 Einwohnern ist die größte istrische Stadt, der Tourismus die wichtigste Einnahmequelle.

Die bekanntesten istrischen Touristenorte sind Poreč, Umag, Rovinj und Opatija (Region Kvarner). Die Bevölkerung setzt sich überwiegend aus Kroaten, Italienern und Slowenen zusammen – deshalb ist Istrien zweisprachig: Straßen-, Ortsschilder und behördliche Informationen sind zweisprachig verfasst, auch Fernsehen und Radio strahlen ihre Programme oft zweisprachig aus.

2.300.000 Besucher und Gäste verschiedener Nationalitäten (mit über 16.000.000 Übernachtungen) kommen Jahr für Jahr nach Istrien, meist in den Sommermonaten. Der nördliche Küstenabschnitt der Halbinsel gehört zu Slowenien, auch dort wird zweisprachig gesprochen; die Opatija-Riviera ist verwaltungstechnisch der Region Kvarner zugeordnet.

Die Slowenische Riviera wie auch die Opatija-Riviera gehören geographisch zur Halbinsel Istrien. Deshalb informiert unser Istrien-Buch auch über diese beiden Regionen!

Das Hinterland

Istriens Landesinneres ist Karstgebiet – das nackte, weißgraue Kalkgestein des „Weißen Istrien“ verströmt im gleißenden Sonnenlicht seine ganz eigenen Reize. Karst bedeutet „steiniger Boden“, und seine Ausbildung wurde durch das Jahrhunderte lange Abholzen der Zedernwälder für den Schiffsbau und die Lagunenstadt Venedig begünstigt. Dazu kommt der vor allem im Winter stürmende kalte Fallwind, die Bora, die mit extremen Geschwindigkeiten oft jeden Pflanzenwuchs verhindert. Das wasserlösliche Kalkgestein löst sich durch Korrosion, eine chemische Reaktion mit Wasser, auf: Es entstehen Rillen, Rinnen, Wannen, in denen der Regen versickert. So bildeten sich über die Jahrtausende im Untergrund riesige Röhrensysteme und Höhlen, wie die weltbekannten *Adelsberger Grotten* bei Postojna (Slowenien). Stürzen diese unterirdischen Hohlräume ein, entstehen an der Erdoberfläche ringförmige *Dolinen* bis zu einem Kilometer Durchmesser, in denen sich über die Zeit fruchtbare rote Erde, die „terra rossa", ablagert. Die größeren Becken, die so genannten *Poljen*, werden seit alters her landwirtschaftlich genutzt und sind in der Regenzeit häufig überschwemmt.

Beschauliches Hinterland, hier das Städtchen Grožnjan

Das istrische Hinterland präsentiert sich dem Besucher wehrhaft mit auf Hügeln erbauten Trutzburgen und eingefriedeten Städtchen, deren Kirchturmspitzen weit sichtbar ins Land ragen. *Motovun* mit seinen wuchtigen Befestigungsanlagen, *Grožnjan*, das beschauliche Musikerstädtchen, *Oprtalj* mit seiner herrlichen Fernsicht und *Hum*, die „kleinste Stadt der Welt", sind einige der sehenswerten Städtchen im Landesinneren. Schön ist auch eine Wanderung am *Limski fjord* mit anschließendem Muschel- oder Austernessen oder eine Bergtour im *Ćićarija-* oder im *Učka-Gebirge*, dessen Flügel sich, wie die Istrier sagen, über das Land ausbreiten.

Rot, grau und weiß ...

Bei *Pazin*, in der Mitte der Halbinsel, treffen die drei typischen geographischen Gegenden Istriens aufeinander: Das **rote Istrien**, das sich auf dem südwestlichen Teil der Halbinsel ausbreitet (nach *terra rossa*, rote Erde, benannt); das **graue Istrien**, dessen Farbe das Herz Istriens dominiert, und schließlich das **weiße Istrien**, das besonders das kalkhaltige Gestein der Bergketten des Ćićarija- und Učka-Gebirges im Nordosten weiß färbt. Geprägt sind die vielfältigen Landschaften Istriens von submediterraner Vegetation, Laubwäldern und den fruchtbaren Poljen (s. oben).

Hier bei Pazin kreuzen sich auch die alten Verkehrswege durch die Halbinsel – von Norden (Buzet) nach Süden (Pula) und von der nordwestlichen Küste (Savudrija–Poreč–Rovinj) nach Osten (Opatija–Rijeka).

Die Küste

Istriens größte Küstenstadt ist *Pula* mit dem vorgelagerten Nationalpark, dem Archipel der *Brijuni-Inseln*. Sehenswerte Kleinstädte an der Westküste sind *Umag* mit großer Marina und Tenniszentrum, das beschauliche ursprüngliche *Novigrad*, *Poreč* mit beeindruckender spätantiker Basilika und von den Jahrhunderten blank gewetztem Marmorpflaster, *Vrsar* mit einem der größten FKK-Campingplätze Europas und schließlich *Rovinj* mit seinen verwinkelten Gassen, die hinauf zur Wallfahrtskirche mit ihrem alles überragenden Turm führen, dem höchsten Istriens. Herrliche Badeplätze gibt es südlich von Pula bei Medulin, Premantura und Pomer. An der steilen, der Kvarner Bucht zugewandten Ostküste mit üppiger mediterraner, teils subtropischer Vegetation sind der Badeort *Rabac*, die alte Bergwerksstatt Labin sowie das mondäne *Opatija* an der berühmten Opatija-Riviera einen Besuch wert.

Tourismus

Der Tourismus auf der Halbinsel ist unterschiedlich stark entwickelt. Bedingt durch die guten natürlichen Voraussetzungen und gute Infrastruktur haben sich größere Hotelkomplexe um die bekanntesten istrischen Altstädte *Umag, Novigrad, Poreč, Vrsar* und *Rovinj* angesiedelt. Weitere Touristenzentren finden sich bei *Pula* und *Medulin* sowie in der *Kvarner-Bucht* an der *Opatija Riviera*, die sich von Rabac bis Opatija erstreckt. Kurz nach Titos Tod wurden auch einige der *Brijuni-Inseln* vor Pula, die bis dahin für die politische Elite Jugoslawiens reserviert waren, für den Tourismus freigegeben.

Die gängige Mischung aus Hotelanlagen, Appartements, Bungalows und Campingplätzen im Grünen mit umfangreichen Sporteinrichtungen bietet ein vielfältiges Angebot für vergnügliche und auch schweißtreibende Freizeitaktivitäten. So verwundert es nicht, dass Istrien bei Pauschalurlaubern sehr beliebt ist. Beliebt ist inzwischen auch der *Agrotourismus*: Die Gäste quartieren sich in touristisch ausgebauten, meist sehr idyllisch gelegenen Bauernhöfen ein, auf denen man all die kulinarischen Köstlichkeiten probieren kann, die die istrische Küche zu bieten hat,.

Auf gut ausgebauten Straßen lässt sich die Halbinsel von Nord nach Süd und von Westen nach Osten in ein paar Stunden durchqueren. Mit dem starken Anstieg des Badetourismus an der Küste sind auch das Hinterland und das *Landesinnere* mit seinen vielen Dörfern und Städtchen zu beliebten Ausflugszielen geworden. Und auch hier zählt zunehmend nicht mehr die Quantität, sondern Qualität: Idyllische kleine Gourmetrestaurants oder schicke kleine Landhotels mit angenehmem, zuvorkommendem Service laden ein. Nur in den ersten beiden Augustwochen, wenn viele Italiener in Istrien ihren Urlaub verbringen, lässt wegen der kurzfristig einfallenden Menschenmassen der Service mitunter nach. Ein Billig-Urlaubsland ist Istrien übrigens schon seit langem nicht mehr ...

Aktivurlauber und Sportler kommen in Istrien natürlich voll auf ihre Kosten, von Tennis an der Küste bis zu Kletter- und Wandertouren oder Paragliden im Učka- und Ćićarija-Gebirge. Mountainbiker finden hier herrliche abwechslungsreiche und hügelige Landschaften mit kleinen Straßen und markierten Mountainbikerouten quer durchs Land. Schön sind auch Touren entlang der ausgewiesenen Weinstraßen, die ebenfalls quer durch Istrien führen. Wassersportler können im herrlich klaren Wasser tauchen, schnorcheln und surfen oder sich in einem der zahlreichen

Lauschige Badenbuchten finden sich rund um die Halbinsel Kamenjak

Jachthäfen ein Boot chartern und die schöne Küste vom Meer aus genießen. Und wer einfach nur faul in der Sonne liegen und sich ab und an im kühlen Nass erfrischen möchte, kann dies an schönen Fels- und Kiesbuchten tun: Obwohl Istriens Küste dicht besiedelt ist, gibt es immer noch etliche Küstenstreifen, an denen jeder „sein" Plätzchen findet. Dabei ist es auch mit der Wasserqualität an Istriens Gestaden bestens bestellt: die blaue Fahne, die sauberes Wasser signalisiert, weht fast überall. Weitere Tipps und Adressen im *Kapitel Sport.*

Wellness und Kurorte

Wellness ist auch in Istrien kein Fremdwort mehr. Schon die Römer kurten in Istarske Toplice, und Opatija war schon zu K.-u.-k.-Zeiten als Kurort und Seebad beliebt. Im slowenischen Teil Istriens sind die Kurbäder Portorož und Strunjan seit langem bekannt, die vor allem Meerwasser und Salzsole, Aerosole zur Inhalation sowie heilkräftigen Schlamm und mineralische Peliode zur Therapie einsetzen. Neben diesen Kurorten gibt es inzwischen auch zahlreiche Hotels, die sich auf ihre gesundheitsbewusste Klientel eingestimmt und luxuriöse Wellness- und Beauty-Oasen geschaffen haben, die neben den traditionellen Therapien u. a. auch Ayurveda-, Thai- und Akupressurmassagen, Bäder mit Ölen und Algenpackungen, Aroma-Therapie, Anti-Stress- und Fitness-Programme und vieles mehr anbieten.
Dazu mehr Tipps und Adressen vor allem in den Ortskapiteln *Umag, Istarske Toplice, Opatija* und *Portorož.*

Klima/Reisezeit

Istrien hat fast ausschließlich *mediterranes Klima,* das von warmen Sommern mit wenig Niederschlägen geprägt ist. Der Regen fällt im Herbst, die Winter sind mild. Im Jahresdurchschnitt steigen die Temperaturen weder besonders hoch, noch fallen sie extrem ab – exzellente Bedingungen also für erholsame Urlaubstage. Kurzzeitige Temperaturstürze allerdings können auftreten, wenn die *Bora* vom Gebirge in den Küstenraum hinunter bläst. Weht im Sommer vom Meer her der *Maestral*, ein angenehm erfrischender Wind, ist mit klarem, schönem Wetter zu rechnen. Im Frühjahr und im Herbst bringt der warme *Jugo* Regen und Bewölkung.

Durchschnittstemperaturen und Klima in Pula

	April	Mai	Juni	Juli	Aug.	Sept.	Okt.
Tagestemperatur °C	17	23	26	28	28	25	19
Nachttemperatur °C	10	14	18	20	19	16	12
Wassertemperatur °C	13	17	20	22	24	22	19
Sonnenstunden pro Tag	6	8	8	11	9	8	5
Regentage im Monat	4	6	4	5	3	7	8

Badewetter: Die Badesaison beginnt in Istrien im Juni, dann steigen die Wassertemperaturen auf durchschnittlich 20 Grad und bleiben bis Ende September an der Küste konstant bei 20 bis 25 Grad. Dabei sorgt das mediterrane Klima auch in den heißesten Monaten Juli und August für erträgliche Temperaturen: Nachts wird es nicht zu kalt, tagsüber reicht das Quecksilber gerade an 30 Grad heran.

Reisezeit: Für einen Istrienurlaub sind, auch für Aktivurlauber, die Monate Mai, Juni und September bis Mitte Oktober ideal, da es weder zu heiß noch zu voll ist. Im Juli und August herrscht Hochbetrieb, zum einen durch die vielen ausländischen Touristen, zum anderen durch die Einheimischen, die dann ihren Urlaub verbringen.

Wetterprognosen: für Urlauber meist von großem Interesse, für Wassersportfreunde unerlässlich! Wetterprognosen können Sie in Englisch, Deutsch und Italienisch empfangen über:

Radio Rijeka, UKW-Kanal 24 um 5.35, 14.35 und 19.35 Uhr.
Wetterbericht vom Band über UKW-Seefunkgerät: **Radio Pula**, Kanal 73, rund um die Uhr (täglich aktualisiert um 7, 13 und 19 Uhr).

In **Hafenämtern** und **Marinas** findet sich täglich ein Aushang mit Vorhersagen für die kommenden 24 bis 96 Stunden.

Wetter-/Seewetterbericht der Küstenfunkstation: Gebiet Rijeka (9AR) nur in englischer Sprache: Kamenjak (Kanal 04) und Savudriaj (Kanal 81); jeweils um 5,35, 14,35 und 19,35 Uhr.

Internet: Wetterprognosen über die Website der „Adriatic sea forecast" (auch auf Deutsch) unter www.prognoza.hr/prognoze_en.html.

Nachrichten, Wetter, Verkehrslage: Jede volle Stunde im 2. Programm des Kroatischen Rundfunks sowie aus den Studios des Bayrischen Rundfunks, Ö 3, RAI Uno sowie Virgin Radio (englisch).

Winde

An der kroatischen Adria blasen die Winde aus allen Himmelsrichtungen. Die wichtigsten sind *Bora* (*Bura*, *Grego*), *Jugo* und *Maestral*.

Bora: Sie kann das ganze Jahr über wehen, kommt aus nordnordöstlicher und ostnordöstlicher Richtung und weht vom Land zum Meer, im Winter bläst sie häufiger und stärker. Der trockene und kalte Wind tritt plötzlich auf, schwillt zum Sturm an und bläst in unregelmäßigen Stößen. Mit Geschwindigkeiten bis zu 180 Stundenkilometern fegen die eiskalten Böen vom Gebirge herab und höchste Vorsicht ist geboten. Besonders heftig tritt die Bora im Bereich der Nord-Adria auf. Vorsicht

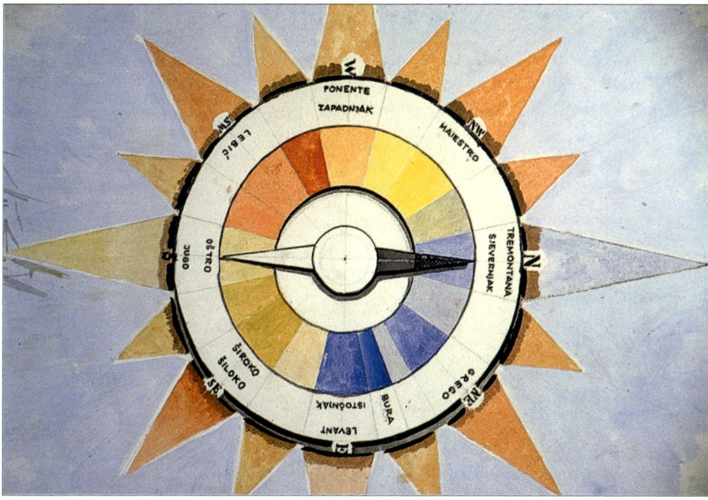

Kroatische Windrose

bei Segeltörns, aber auch beim Auto- und Motorradfahren! Meist hat sich die Bora nach 2–3 Tagen beruhigt und es gibt wieder schönes Wetter.
Eine Unterart der Bora ist die *Tramontana*, ein frischer, angenehmer Wind aus nordwestlicher Richtung.

Jugo: ein feuchter, warmer Wind von gleich bleibender Stärke aus südsüdöstlicher und ostsüdöstlicher Richtung. Innerhalb von 36 bis 48 Stunden wird er etappenweise stärker, bringt Wolken, unruhige See und Regen.

Maestral: ein frischer „Schönwetterwind", der aus nordwestlicher Richtung und im Sommer vom Meer zum Land bläst. Seine Stärke hängt vom Temperaturunterschied zwischen Meer und Land ab, doch er weht regelmäßig. Der Maestral beginnt gegen 9 Uhr, ist gegen 14 Uhr am stärksten und endet vor Sonnenuntergang.

Newera (*Neverin*): Diese fast schon launische Winddame, deren Auftritt sich im Wesentlichen auf den nordadriatischen Raum beschränkt, ist ebenfalls nicht zu unterschätzen und vor allem nicht auf den Tag vorhersehbar. Die Newera bringt örtlich begrenzte unwetterartige Stürme, auch Hagel oder extreme Regengüsse. Warnende Vorzeichen sind extreme Hitze und Schwüle, Sturmwolken, Luftdruckabfall, Temperaturanstieg und ein Sinken der relativen Luftfeuchtigkeit. Besonders gefährdet sind dann vor allem kleine Boote, die nicht schnell genug den sicheren Hafen erreichen. Daher die Wetterprognosen unbedingt beachten!

Die Landschaften

Das überschaubare Istrien ist reich an Landschafts- und Vegetationsformen. Wälder, Flussdeltas, Karst, Küste sowie unterschiedliche Böden bieten einer vielfältigen Pflanzenwelt Lebensraum, jede Region besitzt ihre typische Flora – ein Augenschmaus für Botaniker und Pflanzenliebhaber.

Die istrische Halbinsel ist hügelig bis bergig und gewässerreich – eine lebensnotwendige Grundlage für die Besiedelung. Die Nord- und Westküste ist flach und mitunter auch sandig, hier breiten sich die Deltas der im Osten auf der Hochebene entspringenden Flüsse wie Dragonija (Slowenien) und Mirna aus. In ihren weiten, fruchtbaren Tälern wächst Wein, Obst und Getreide, vor allem Weizen. Im Südwesten folgt der sich tief ins Land einschneidende Limski fjord, der sich im Landesinneren in einem Karsttal verliert. Im Süden, schützend vorgelagert, der Archipel der Brijuni-Inseln.

Der Südosten Istriens zeigt sich im breiten Raša-Tal und dem nordöstlich anschließenden, von Kanälen durchzogenen und landwirtschaftlich genutzten Čepićko-polje-Becken zunächst äußerst grün. Die fruchtbare Erde lässt so gut wie alles an Obst und Gemüse gedeihen. Dann folgt die steile, schroff abfallende Nordostküste mit dem bis 1394 m (Berg Vojak) ansteigenden Učka-Gebirge und der nordöstlich verlaufenden Hochebene des Ćićarija-Gebirges, das bis auf 1272 m (Berg Veliki Planik) in die Wolken ragt; das in fünf Paralleltälern nach Nordosten auslaufende Ćićarija-Gebirge bildet Istriens natürliche Grenze. Der Ostküste schützend vorgelagert ist die lange Kvarner-Insel Cres.

Die istrische Adriaküste und Teile des von Karst, Macchia und subtropischer Vegetation geprägten Landesinneren bestehen hauptsächlich aus wasserlöslichem *Kalkstein*. Seine horizontalen Schichten wurden in geologischer Vorzeit aus dem Erdinnern hochgeschoben und gebrochen – *Karst* entstand. Aber auch der Mensch hat durch Rodung der Wälder zur Verkarstung der Landschaft beigetragen. Die nunmehr haltlose Erde wurde vom Regen weggespült und von Winden abgetragen, so dass der Kalkstein zu seiner heutigen typischen Form verwitterte – Karren, Schratten, Rillen, Wannen, Löcher blieben übrig. Durch die Spalten drang Wasser in die unterirdischen Schichten und spülte all die Höhlen aus, in denen sich später Tropfsteine entwickelten. Von den einst riesigen istrischen Flaumeichenwäldern sind nur noch Waldflecken übrig geblieben, die den steinigen Boden bedecken. Den größten Baumbestand bildet heute die wieder aufgeforstete Aleppokiefer oder Seestrandföhre.

Pflanzenwelt

Die vom mediterranen Klima begünstigte Flora hat für Pflanzenliebhaber aus unseren Breiten eine große Anziehungskraft. Das Klima – lange Regenzeit im Winter, kaum Fröste, mehrmonatige heiße Trockenperiode im Sommer – bewirkt spezielle Wachstumszyklen: Im Herbst, mit Einsetzen der Regenfälle, beginnen die Pflanzen zu wachsen. Bis auf wenige Arten, die auch im Winter blühen, setzt die Blüte im April und Mai mit dem Ende der Regenperiode ein. Die Sommerhitze lässt die Blütenpracht schnell wieder verschwinden, es sei denn, die Pflanzen bekommen in Küstennähe oder durch künstliche Bewässerung Feuchtigkeit. Bäume und Sträucher überleben die Trockenzeit dank ihres tief reichenden Wurzelwerks. An krautigen Pflanzen überleben nur die einjährigen, die sich noch schnell durch Samenabwurf fortpflanzen, sowie die Knollenpflanzen, die sich, wie in unseren Breiten, zurückziehen und nach dem Winterschlaf mit der Regenperiode wieder austreiben. Im Spätsommer schließlich präsentiert sich die Pflanzenwelt mit Früchten und Blättern wieder in ihrer ganzen Farbenpracht.

Wälder: Durch den Raubbau und Rodung gibt es in Istrien keine dichten, urwüchsigen Wälder mehr; größere Waldbestände gibt es vor allem noch im Učka- und Ći-

... und im Frühling leuchtet der Mohn

ćarija-Gebirge. Hier wachsen üppigst die Kastanien und die Maronenbäume, die im Herbst die leckeren Maronen (Esskastanien) tragen. In den höheren Gebirgsregionen gedeihen Hopfenbuche und große Buchenwälder.

An der Küste ist häufig die Aleppokiefer vertreten, oft begleitet von Macchia-Unterwuchs. Vereinzelt gibt es noch die immergrüne Steineiche, Flaumeiche, orientalische Hainbuche, Rotbuche, Zedernwacholder, Pinie, Schwarzkiefer, Lorbeer- und Johannisbrotbaum.

Macchia: Die Macchia ist eine Landschaftsform, die durch menschliches Einwirken entstand – vor allem durch Rodung der immergrünen Wälder seit der Antike und später durch ständige Holzentnahme: Die Pflanzen lieferten nützliche Produkte wie Brennholz, Holzkohle, Harz, Gummi, Farben und Fasern. Aber auch Ziegen- und Schafverbiss richtete viel Schaden an.

Meist ist die Macchia dicht und undurchdringlich. Ab einem halben Meter bis zu zwei Metern und höher sind die Sträucher mit oft ledrigen Blättern, deren Schönheit man eigentlich nur im Frühling erkennen kann. Dann verwandelt sich die Landschaft in ein duftendes Blütenmeer – weiß und rosafarben blüht die Zistrose, weiß bis zartrosa die Baumheide, dazwischen leuchtet das Gelb verschiedener Ginsterarten und all die Blüten der Knollengewächse. Im Verlauf des Jahres wird die Macchia farbloser und zeigt sich in ihrer Gesamtheit nur noch als graugrüner Kontrast zu den Felsen. Allerdings duftet sie dann intensiv und würzig, denn durch die brennende Sonne werden all die ätherischen Öle über die Blätter freigegeben. Im Spätherbst lebt die Macchia noch einmal kurz auf: Das kräftige Rot des Mastixstrauches, das Blau des Wacholders und der Ölbaumgewächse leuchten in ganzer Pracht. Und wenn es mal ans Bein kratzt, ist es vermutlich der Mäusedorn oder Stechginster.

Garigue: Diese Vegetationsart tritt in heißen, trockenen Gebieten mit felsigem und flachgründigem Boden auf. Hier halten sich nur kleine Sträucher bis zu einem halben Meter Höhe. Die meisten Pflanzen sind aromatisch, einige haben Dornen: Es sind vor allem unsere Gewürzkräuter wie Thymian, Bohnenkraut, Salbei und Lavendel, aber auch Knollenpflanzen wie Krokus, Schwertlilie, Hyazinthe, Schachblume, Affodill, Immortelle, Wolfsmilchgewächse und viele Orchideenarten. Besonders nach der Regenzeit im Frühling kann man ihnen beim Wachsen und Aufblühen fast zuschauen.

Felsentrift: Hier wurde durch Mensch und Tier jede Vegetation fast vollständig zerstört – der nackte Fels tritt zutage. Trotzdem halten sich in den Felsritzen noch kleine, aber farbenprächtige Pflanzen wie Anemone, Alpenveilchen, Schwertlilie, spanische Winde, Gamander, Backenklee, Thymian, Affodillenarten und die dornige Wolfsmilch. Im Učka-Gebirge gedeiht neben Steinrosen, Iris und Narzissen auch die endemische Glockenblume (*Campanula Tomasiniana*).

Sumpf: Eine botanische Besonderheit im slowenischen Teil Istriens ist das Flussdelta der Dragonja und die Salinen von Sečovlje. Heute spielt die Salzgewinnung nur noch ein untergeordnete Rolle und dient mehr zu Demonstrationszwecken, dafür hat sich in den aufgelassenen Salinen eine eigene Flora entwickelt, und neuer Lebensraum für viele Vogelarten entstand.

Wiesen- und Grasland: Diese Vegetationsart ist vor allem im Učka- und Ćićarija-Gebirge anzutreffen, hier blühen die selten gewordenen Feuerlilien und Krainer-Lilien, daneben Küchenschelle, Gladiolen, verschiedenste Orchideenarten, Primulen und Nelken.

Kultur- und Zierpflanzen: Durch Handelsbeziehungen mit teils weit entfernten Ländern und Kontinenten gelangten auch exotische Pflanzen nach Kroatien und wurden hier heimisch – so z. B. Oliven, Feigen und Granatäpfel aus dem Orient. Die Araber brachten Zitrusgewächse aus China mit. Eukalyptusarten und Akazien stammen aus Australien, die unechte Dattelpalme von den Kanarischen Inseln. Agave, Bougainvillea, Rizinus, der Feigenkaktus, Oleander und die Tamariske wurden aus den tropischen Regionen Amerikas eingeführt. All diese Pflanzen, die Städte und Dörfer verschönern, sind heute aus Kroatien kaum mehr wegzudenken.

Tierwelt

So vielfältig wie die Landschaftsformen, so vielfältig ist die Fauna Istriens. Besonders reich, da kaum besiedelt und unwegsam, ist die Tierwelt im Učka- und Ćićarija-Gebirge. Hier leben Rötelmaus, Reh und Hase, Fuchs und Wildschwein. In Bäumen und Astlöchern nisten verschiedenste Vogelarten, Eichhörnchen und Siebenschläfer. Die **Felsen** sind Lebensraum für Blaumerlen und Steinröteln, Wanderfalken, Uhus, Steinadler und Gänsegeier, die bei der Futtersuche ihre majestätischen Kreise ziehen. An Schmetterlingen flattern u. a. Rundaugen-Mohrenfalter, Schwarzer Apollo, Steinkleebläuling, und die Feuchtgebiete der Bergschluchten sind Lebensraum für zahlreiche Insekten und Amphibien, verschiedenste Zweiflügler, wunderschöne Libellen, Feuersalamander und Molche. Durchs Gebüsch schleichen verschiedene, meist ungiftige Schlangenarten (siehe unten), und hier leben die letzten Exemplare der kroatischen Gebirgseidechse.

Zahlreich in Istrien sind auch die ganzjährig heimischen Vogelarten – Meisen, Lerchen, Stieglitze, Wachteln, Zaunkönige, Amseln, Krähen flattern durch die

Wer Glück hat, sieht Delphine springen

Lüfte. *Zugvögel*, die im Sommer an der Küste nisten, sind Nachtigall, Schwalbe, Wiedehopf, Kuckuck und Turteltaube. An *Greifvögeln* gibt es neben den oben erwähnten Habicht und Sperber, in entlegenen Gebieten auch Eulen, Uhus und Steinkäuze. Beliebte Jagdobjekte sind die reichlich vorhandenen *Fasane* und *Rebhühner*. An **Sümpfen und Gewässern** findet man *Wildgänse* und *Wildenten*, natürlich Möwen und zahlreiche andere Wasservögel. Augenfällig ist auch die Vielzahl von *Käfern und Schmetterlingen*. Vom Nachtpfauenauge über den Schwalbenschwanz bis zum gemeinen Blutströpfchen – überall flattert, hupft und surrt es in allen Farben.

An der **Küste** begegnet man auf Schritt und Tritt den Eidechsen, die sich in der Sonne aalen und durchs Gebüsch rascheln. Und spaziert man auf kleinen Pfaden durch die Macchia, verheddert man sich oft in prachtvollen Spinnennetzen, doch die meisten Spinnen sind harmlos.

Viele der in Istrien lebenden *Schlangen* wie Wasserschlangen, Eidechsennattern, Katzen-, Zorn- und Leopardnattern sind, obwohl gemeinhin als Giftschlangen bezeichnet, völlig ungefährlich. Vor der Hornviper und – seltener – der Kreuzotter sollte man allerdings auf der Hut sein, sie sind tatsächlich giftig. Bei Gebirgswanderungen empfiehlt sich deshalb immer festes Schuhwerk und vor allem ein waches Auge auf diese eigentlich menschenscheuen Tiere.

Im **Meer** tummelt sich verschiedenartigstes Wassergetier: Seebarsch, Steinbutt, Seezunge, Makrele, Thunfisch, Aal, Zander, Sardelle, Tintenfisch, Drachenkopf, Scholle, Languste. Im Limskj-Fjord werden Austern und Muscheln gezüchtet. In tieferen Gewässern gibt es kleine Haifische, und vor allem am Südkap von Istrien bei Pula sind munter springende Delfine zu sehen ...

Istrisches Idyll (um 1800)

Kurze Geschichte Istriens

Die istrische Halbinsel war schon in vorgeschichtlicher Zeit von Menschen besiedelt, wie 50.000 Jahre alte Schädelfunde belegen. Weitaus ältere Überreste zeugen von istrischen Siedlern ganz anderer Art:

Dinosaurier in Istrien

1934 stieß Adolf Bachofen-Echt, ein österreichischer Hobby-Paläontologe, auf die Fußstapfen von Dinosauriern – zuerst auf dem Kap Ploče (Insel Veli Brijun), später auch auf den Medulin vorgelagerten Inseln Fenoliga und Levan sowie bei Premantura. 1992 identifizierte ein italienischer Taucher auf dem Meeresgrund bei Bale (13 km südlich von Rovinj) Knochen des *Tarabosaurus*, des *Brachiosaurus* und anderer Dinosaurierarten, die vor etwa 80 bis 140 Millionen Jahren auf der istrischen Halbinsel lebten …

Um 1200 v. Chr. begann mit den aus Nordosten einströmenden Illyrern die eigentliche Besiedlung Istriens. Ihren Namen erhielt die Halbinsel vom illyrischen Stamm der *Histrer*, die sich an der Westküste niederließen. Zu ihrem Schutz bauten sie auf geeigneten Hügeln Ringburgen aus behauenen, unverfugten Steinblöcken, so genannte *Gradina*, in denen sie, durch eine Mauer vom Vieh getrennt, wohnten, sich von der Landwirtschaft ernährten oder ihren Lebensunterhalt als Seefahrer und Piraten verdienten.
In den folgenden Jahrhunderten gründeten Griechen Kolonien an der Küste, um 500 v. Chr. fielen die Kelten in Istrien ein. Die Piraterie der Histrer und Liburner war den Römern ein Dorn im Auge. Im Zweiten Histrischen Krieg brachten sie den

Histrern in der Schlacht bei Nesactium, der Hauptstadt der Histrer, 178 v. Chr. die entscheidende Niederlage bei. Ab 229 v. Chr. eroberten sie zuerst die Küstengegenden, später auch das Hinterland, bauten Landhäuser und militärische Befestigungsanlagen und führten bald ein Leben „wie Gott in Istrien“, bis das römische Weltreich ein paar Jahrhunderte später unter dem Ansturm der Goten wieder zerbrach.

Die Slawisierung und die damit verbundene Einführung des Feudalsystems begann im 5. Jh. mit der Absetzung des letzten römischen Kaisers *Augustulus* durch den Germanenführer *Odoaker*, dem späteren *Theoderich*. Im 6. Jh. fiel Istrien an das Oströmische Reich, im 7. Jh. marschierten die Kroaten ins Land. Als *Karl der Große* die Langobarden 788 besiegte, ging auch Istrien in fränkischen Besitz über. Im 11. Jh. wurde Istrien eine selbstständige Grafschaft, die zuerst die Patriarchen von Aquileia, später deutsche Adelsfamilien regierten. Doch auch Venedig begann sich für Istrien zu interessieren: Die Stadtrepublik breitet sich zunächst auf den Inseln aus und erobert 1277 die ersten Städte an der Westküste, deren Eroberung 1330 mit der Einnahme Pulas beendet ist. Nur die Grafschaft Mitterburg (Pazin) gehörte bis zum Jahr 1500, als sie an die Habsburger überging, den Grafen von Görz.

Kunstvolles Relief an der Burg Pazin

Die fünf Jahrhunderte dauernde Herrschaft Venedigs war von reger Bautätigkeit geprägt: Paläste, Patrizierhäuser, Kirchen, Glockentürme und der geflügelte Markuslöwe als allgegenwärtiges Machtsymbol der Lagunenstadt zeugen bis heute überall in Istrien davon. Im 16. und 17. Jh. zogen die Türken auf ihrem Weg nach Wien durch Slowenien und stießen zeitweise bis an die istrische Küste vor. Dazu attackierten Seeräuber, Genueser und räuberische Banden wie die Uskoken aus Senj die istrischen Städte, und immer wieder grassierten Pest- und Malariaseuchen, die viele Istrier das Leben kostete und ganze Städte und Landstriche entvölkerte.

1797 endete die Herrschaft Venedigs in Istrien. Nach dem napoleonischen Intermezzo von 1809 bis 1815 und dem Untergang Napoleons wurde Europa 1815 auf dem *Wiener Kongress* neu aufgeteilt: Istrien fiel an Österreich-Ungarn, das Pula zum Kriegshafen ausbaute, ein modernes Eisenbahnnetz aus dem Boden stampfte und mit dem Anschluss Opatijas an die Bahnstrecke Triest–Wien 1884 auch die Entwicklung des Fremdenverkehrs beschleunigte. Die Fahne der Habsburger Monarchie wehte bis zum Ende des Ersten Weltkriegs 1918 auf der istrischen Halbinsel.

Ein begehrter Zankapfel blieb Istrien auch im 20. Jahrhundert: Nach dem Ersten Weltkrieg beansprucht es Italien für sich, der Widerstand gegen den Einmarsch Italiens durch die Ausrufung der *Republik von Labin* (siehe Ortskapitel Labin) wird 1921 blutig niedergeschlagen. 1941 – der Zweite Weltkrieg ist in vollem Gange – ist ganz Istrien von deutschen und italienischen Truppen besetzt. Doch die von der Bevölkerung unterstützten Partisanentruppen unter Führung von *Josip Broz Tito*, dem späteren jugoslawischen Staatslenker, kämpfen gegen die faschistischen Besatzer und erringen schließlich, teilweise auch von den Westalliierten unterstützt, die Befreiung des Landes.

1945, nach dem Ende des Weltkriegs, wird die *Föderative Republik Jugoslawien* ausgerufen; Istrien, Zadar und die Gebiete nördlich von Triest werden Jugoslawien jedoch erst 1947 bzw. 1954 im *Frieden von Paris* zugesprochen. Die Föderative Republik Jugoslawien wird in Teilrepubliken – Slowenien, Kroatien, Serbien, Bosnien-Herzegowina, Makedonien und Montenegro – verwaltet, wobei Istrien in die Republik Kroatien eingegliedert ist.

Jugoslawiens Staatspräsident *Tito*, Sohn eines kroatischen Vaters und einer slowenischen Mutter, ist nun über fast vier Jahrzehnte Symbol der Einheit des jugoslawischen Vielvölkerstaats. Doch nach Titos Tod 1980 verschlechtert sich die wirtschaftliche und politische Lage Jugoslawiens unaufhaltsam, der Kampf der Einzelvölker um das Recht auf nationale Selbstbestimmung und Unabhängigkeit eskaliert im Jugoslawienkrieg von 1990 bis 1995 – der serbisch dominierte Bundesstaat Jugoslawien zerfällt. Istrien, das von den blutigen Kriegsereignissen nicht direkt betroffen ist, nimmt in den Kriegsjahren Zehntausende von Flüchtlingen in Hotels und auf Campingplätzen auf.

Mit der Unabhängigkeit Sloweniens und Kroatiens 1991 wird auch die slowenisch-kroatische Staatsgrenze neu gezogen – an allen wichtigen Zufahrtsstraßen nach Istrien stehen heute Grenzstationen. Doch die häufigen Grenzverschiebungen haben die kroatischen, italienischen und slowenischen Bevölkerungsteile Istriens gelehrt, friedlich miteinander zu leben. Es zeigt sich u. a. im zweisprachigen Schulunterricht und ebenso in Straßen- und Ortsbezeichnungen, die entweder slowenisch-italienisch oder kroatisch-italienisch sind. Für die italienische Minderheit in Istrien gilt Italienisch als Amtssprache, und in Koper strahlt eine Fernseh- und Radioanstalt ihr Programm in italienischer Sprache aus.

Seit 1994 hat Istrien den Status einer selbstverwalteten Region in der kroatischen Republik; istrischer Verwaltungssitz ist Pazin, Istriens größte Stadt sowie wirtschaftliches und kulturelles Zentrum der Halbinsel ist Pula.

Kroatiens Geschichte im Überblick

40000 – 5000 v. Chr.: Funde z. B. in Šandalja bei Pula belegen eine Besiedlung an der Küste seit der Neusteinzeit.

1200 v. Chr.: Illyrer siedeln sich an der Küste Istriens, Dalmatiens und auf dem Balkan an, darunter die Stämme der Histrer, Liburner, Delmaten, Japoden.

350 bis 700 v. Chr.: Griechen von Syrakus gründen Kolonien in der Küstenregion, hauptsächlich in Dalmatien.

221 v. Chr.: Erster römischer Feldzug gegen die Illyrer und Teileroberung von Dalmatien.

Römisches Erbe – das Amphitheater in Pula ist das sechstgrößte der Welt

178 v. Chr.: Das Römische Reich besiegt die Histrer in der Schlacht bei Nesactium, der Hauptstadt der Histrer.

33 v. Chr.: Die Römer unterwerfen die Illyrer endgültig und machen die eroberten Gebiete zur *Provinz Illyricum*. Sprache und Kultur werden „romanisiert", aus dem Stamm der Illyrer gehen wichtige römische Kaiser hervor, u. a. Diokletian und Konstantin.

um Christi Geburt: Die Donau wird zur Nordgrenze des Römischen Reichs, im Süden kommt die *Provinz Dalmatia* hinzu. Bedeutende römische Städte sind das heutige Pula sowie im Süden Dalmatiens Salona, das heutige Split, und Narona.

284–305: Regierungszeit Kaiser Diokletians

313: Das Mailänder Edikt (auch Toleranzedikt) Kaiser Konstantins erkennt das Christentum an und beendet die Christenverfolgungen. Aufschwung der christlichen Sakralarchitektur.

395: Teilung des Römischen Reichs unter Kaiser Theodosius in West- und Oströmisches Reich. Das Weströmische Reich wird römisch-katholisch mit lateinischer Schrift, das Oströmische Reich (Konstantinopel/Byzanz) wird griechisch-orthodox und übernimmt die kyrillische Schrift.

425: Das Christentum wird Staatsreligion.

476: Untergang des Weströmischen Reichs; die östliche Adriaregion wird dem Oströmischen Reich (Byzanz) zugeteilt.

493–536: Die Ostgoten unterwerfen die byzantinischen Städte an der Küste.

535–554: Byzantinisch-gotischer Krieg

568: Einfall der Langobarden

599–700: Erste Slawengruppen wandern auf dem Balkan ein. 614 Fall von Salona (Split). Ende des 7. Jh. zerstören Awaren auch Narona.

um 700: Slawen siedeln sich zusammen mit Awaren auf dem Balkan und an der Küste an. Aus den Slawen entstehen u. a. die Stämme der Slowenen (im Nordwesten) und Kroaten (im Westen).

788: Istrien wird Teil des Fränkischen Reichs.

um 800: Siegreiche Feldzüge der Franken unter Karl dem Großen. Christianisierung der nördlichen und mittleren Adria-Region.

812: „Frieden von Aachen". Byzanz erobert die istrischen Städte und Venedig.

863: Spaltung des Christentums in Ost- und Westkirche; die byzantinischen Städte fallen unter die Jurisdiktion der Ostkirche. Die missionierten Kroaten erkennen 879 den römischen Papst an.

ab 870: Aufstandsbewegungen und Unabhängigkeit der Kroaten, begründet durch Fürst Branimir (879–892).

Ende 9. Jh. – Anfang 10. Jh.: Festigung des kroatischen Staates an der Adria. Ab 878 zahlen die byzantinischen Städte Tribut an die Kroaten, seit 887 auch die Venezianer an Fürst Branimir für ungehinderte Seefahrt.

925: Fürst Tomislav wird erster kroatischer König und vereint alle kroatischen Gebiete (die Grenzen entsprechen ungefähr dem heutigen Kroatien).

977 und 1000: Pietro Orseolo II. (Doge von Venedig) führt Feldzüge gegen die adriatischen Städte, erobert Küstenabschnitte von Dalmatien und nennt sich „Dux Dalmatiae".

1058–74: Fürst Peter Krešimir, König von Kroatien, baut die kroatische Machtstellung aus.

1091: Mit der Ermordung König Zvonimirs endet die Dynastie der kroatischen Stammesfürsten. Kroatien wird ab 1102 mit Ungarn vereinigt und bleibt bis 1526 Teil dieser kroatisch-ungarischen Union.

ab 1100: Venedig wird Ordnungs- und Schutzmacht der Handelsschifffahrt und löst damit die Vormachtstellung von Byzanz ab.

1301: Die Adelsfamilie Anjou besteigt den kroatisch-ungarischen Thron.

1354: Beginn der osmanischen Eroberung der Balkanhalbinsel

1356–1358: Ludwig I. (Haus Anjou) führt Krieg gegen Venedig. Der Krieg endet mit dem „Frieden von Zadar", Venedig muss auf die adriatische Ostküste verzichten.

1389: „Schlacht auf dem Amselfeld". Das serbische Reich verliert die entscheidende Schlacht gegen Sultan Murad I. Die Osmanen marschieren ungehindert auf dem Balkan ein.

1396: „Schlacht bei Nikopolis": Das kroatisch-ungarische Heer verliert, der Nimbus der Unbesiegbarkeit eilt den Osmanen voraus.

1409: Ladislaus von Neapel (Haus Anjou) verliert die Kontrolle über das Land und verkauft Zadar und Dalmatien an Venedig für 100.000 Dukaten.

1453: Konstantinopel fällt an die Osmanen; erst 1529 wird ihr gewaltiges Heer vor den Toren Wiens gestoppt.

ab 1463: Die Landesgrenzen werden neu gezogen: Die Osmanen besitzen Bosnien, etwas später auch Herzegowina und Teile Montenegros. Den Habsburgern gehört

Nordkroatien und Slowenien, sie drängen 100 Jahre später mit serbischer Unterstützung bis Skopje vor. Die Venezianer sind nach wie vor in Dalmatien präsent. Einzig die Republik Ragusa (Dubrovnik) kann sich seine Unabhängigkeit erhalten. Die folgenden 200 Jahre sind geprägt durch Aufstände, Gebietseroberungen und -verluste.

1571: „Seeschlacht von Lepanto": Nach dem Tod Sultan Süleymans des Prächtigen verlieren die Osmanen erstmals eine Seeschlacht.

1699: „Frieden von Karlowitz": Durch Eroberungszüge von Prinz Eugen und den Friedensbeschluss erweitern die Habsburger ihre Landkarte um Südkroatien, Slawonien und Nordserbien. Kurz darauf, im „Frieden von Passorowitz" 1718, erhalten sie von den Osmanen noch Bosnien und Südserbien. Erst im Frieden von Belgrad müssen Südserbien und Belgrad wieder an die Osmanen abgetreten werden (Belgrad wird erst 1806 zurückerobert).

1797: Napoleon stürzt die einst mächtige Republik Venedig und gründet das von ihm kontrollierte Königreich Italien.

1805: Im „Frieden von Schönbrunn" verleibt Napoleon Istrien, Dalmatien und sogar Dubrovnik seinem Königreich Italien ein.

1809–1813: Napoleon besetzt die gesamte Adria-Ostküste sowie Teile des Landesinneren und bildet die „Illyrischen Provinzen" mit der Hauptstadt Laibach (Ljubljana).

1815: Auf dem „Wiener Kongress" erhält Österreich die von Napoleon besetzten Länder zurück.

Poreč – Euphrasius-Basilika

19. Jh.: Österreichs repressive Politik gegenüber den Kroaten stößt auf Widerstand und löst eine nationale Befreiungsbewegung aus.

1905: „Resolution von Rijeka": Bruch mit Österreich mit dem Ziel eines unabhängigen Nationalstaats der Südslawen.

28.06.1914: Der österreichisch-ungarische Thronfolger Franz Ferdinand und seine Gemahlin werden in Sarajevo erschossen.

28.07.1914: Kriegserklärung Österreich-Ungarns an Serbien und Beschuss Belgrads. Der *Erste Weltkrieg*, an dem alle europäischen Staaten beteiligt sind, beginnt.

1918: Nach dem Ende des Ersten Weltkrieges zerfällt die Doppelmonarchie Österreich-Ungarn und es bildet sich das *Königreich der Serben, Kroaten und Slowenen*

(SHS), das ab 1929 *Königreich Jugoslawien* heißt. Das Osmanische Reich verliert die meisten seiner Territorien und wird nach der Reform von Kemal Atatürk zur Türkischen Republik.

1920: „Vertrag von Rapallo": Istrien, die Inseln Cres, Lošinj und Zadar bleiben italienisch; Rijeka wird zum Freistaat erklärt. Der Nationalist d'Annunzio erobert die Stadt allerdings zurück und gibt ihr den Namen Fiume.

März 1941: Die nationalistische jugoslawische Regierung unter Cvetković tritt dem Dreimächtepakt (Italien, Deutschland, Japan) bei. Zwei Tage später kommt es zum Militärputsch; Hitler marschiert in Jugoslawien ein.

17.04.1941: Kapitulation des Königreichs Jugoslawien; Gebietsaufteilung zwischen Italien, Deutschland und Ungarn.

ab 1941: Dem Kroaten und linksorientierten Widerstandskämpfer Josip Broz Tito und seinen Partisanen gelingt es, einige besetzte Gebiete zurückzuerobern.

1943: Nach der Kapitulation Italiens und der Besetzung Istriens durch die Deutschen bekommt Titos Partisanenarmee starken Zulauf; durch seine innen- und außenpolitische Erfolge sowie große Waffenkäufe bei den Alliierten wird Tito alliierter Befehlshaber.

Oktober 1944: Titos Partisanen erobern, unterstützt durch die Rote Armee, Belgrad.

29.11.1945: Die *Föderative Volksrepublik Jugoslawien* wird ausgerufen.

31.01.1946: Die jugoslawische Verfassung tritt in Kraft: Es gibt nun die Volksrepubliken Serbien, Kroatien, Slowenien, Bosnien-Herzegowina, Makedonien und Montenegro mit eigenen Landesverfassungen und Parlamenten; Serbiens Regionen Kosovo und Wojwodina erhalten autonomen Status.

Februar 1947: „Friedensvertrag von Paris" – Nordwest-Istrien fällt zurück an Jugoslawien. Triest allerdings wird zum Freistaat unter alliierter Hoheit erklärt. Die Staatsgrenze zu Italien wird beidseitig erst 1975 anerkannt.

Juni 1948: Ausschluss Jugoslawiens aus der Kominform (Kommunistische Internationale); Titos gute internationale Beziehungen, vor allem zum kapitalistischen Westen, gelten als Verrat an der Arbeiterklasse. Die UdSSR verhängt eine Wirtschaftsblockade und beendet die Staatsbeziehungen. Jugoslawien orientiert sich verstärkt nach Westen, erhält wirtschaftliche Unterstützung von den USA und den Westmächten und nähert sich den NATO-Staaten an.

1953–57: Nach Stalins Tod Verbesserung der Staatsbeziehungen zur UdSSR und zur Bundesrepublik Deutschland (Jugoslawien hatte die DDR anerkannt).

1956: Tito ruft zur ersten Konferenz der blockfreien Staaten auf (Brijuni-Inseln), an der über 20 Länder teilnehmen. Ziel ist, einen von den beiden Supermächten unabhängigen Weg zu gehen.

04.05.1980: Tito stirbt – und damit auch die (verordnete) Einheit des jugoslawischen Vielvölkerstaats.

1980–87: Krisenhafte Wirtschaftsentwicklung und hohe Auslandsverschuldung verstärken die politischen Diskrepanzen.

17.09.1990: Aufstand der serbischen Minderheit in der Krajina. Mit dem Einmarsch der serbischen Armee beginnt der Jugoslawienkrieg.

Marschall Tito verlässt seine Jacht (im Brijuni-Museum)

23.12.1990: Die jugoslawische Teilrepublik Slowenien kündigt die Konföderation mit Jugoslawien und verkündet am 25.6.1991 ihre Selbstständigkeit. Einmarsch der serbischen Armee und 10-Tage-Krieg, der von slowenischer Seite erfolgreich beendet wird: Slowenien proklamiert am 23.12.1991 die Gründung der Republik Slowenien.

08.09.1991: Die jugoslawische Teilrepublik Kroatien erklärt ebenfalls seine Selbstständigkeit und Unabhängigkeit; erster Präsident der Republik Kroatien ist Franjo Tudjman. Kroatien wird am 15.1.1992 völkerrechtlich anerkannt, am 22.5.1992 wird Kroatien Mitglied der Vereinten Nationen.

1991–95: Kroatien bezahlt seine Selbstständigkeit mit einem erbarmungslosen Krieg. Der Kriegsherd breitet sich bis Bosnien-Herzegowina aus, Kroatien hat Hunderttausende von Flüchtlingen zu versorgen und zu beherbergen.

14.12.1995: „Friedensvertrag von Dayton" durch die erfolgreiche Vermittlung der Vereinten Nationen.

ab 1996: Langsam hält der Tourismus in Istrien und im Kvarner Raum wieder Einzug.

Dezember 1999: Tod des kroatischen Regierungspräsidenten Franjo Tudjman.

Februar 2000: Stipe Mesic gewinnt die Präsidentschaftswahl. Der Kritiker des Balkankriegs verspricht Verfassungsreformen.

2002: Kroatien beantragt die Mitgliedschaft in der Europäischen Union. Nach der Parlamentswahl im November bildet sich eine Regierung unter Führung der Kroatischen Demokratischen Gemeinschaft (HDZ), Ivo Sanader wird Premierminister.

2005: Die EU-Mitgliedsstaaten beginnen mit den Beitrittsverhandlungen zur Aufnahme Kroatiens in die Europäische Union.

Die Tauernautobahn ist eine schnelle und landschaftlich reizvolle Anreisevariante

Anreise

Istrien liegt vor unserer Haustür: Von München ist die kroatische Halbinsel in 70 Minuten mit dem *Flugzeug* erreicht. Fliegen ist die schnellste, bequemste, allerdings auch die teuerste Art des Reisens – für Norddeutsche sicher eine angenehme Variante. Angenehm ist die Anreise auch mit der *Bahn*, nur nicht ganz so schnell – rund 12 Stunden braucht der Zug von München bis Pula. Ein *Reisebus*, die billigste planmäßige Variante, benötigt je nach Abfertigung, Straßenverhältnissen und Pausen von München nach Pula fahrplanmäßig ebenfalls rund 12 Stunden; mit dem *Auto* sind es von München bis Pula knapp 8 Stunden, ohne mit Bleifuß fahren zu müssen – vorausgesetzt, die Straßen sind frei. Doch damit ist zu Beginn der Schulferien an Ostern, Pfingsten, im Sommer sowie an langen Wochenenden nicht zu rechnen; man muss sich auf Wartezeiten an den Grenzen und am Tauerntunnel gefasst machen. Eine gute Anreisevariante nach Istrien ist die kombinierte Anreise per Bahn oder Flugzeug nach Venedig und/oder Triest; von dort ist Pula via Katamaran in ca. 3 Stunden erreicht.

Entfernungen: München–Salzburg 140 km, Salzburg–Villach 180 km, Villach–Ljubljana 120 km, Ljubljana–Pula 190 km

Mit dem eigenen Fahrzeug

Wer seinen Urlaub flexibel und unabhängig gestalten und nicht nur an einem Ort bleiben möchte, dem bringt das eigene Fahrzeug größtmögliche Bewegungsfreiheit. Für Wassersportfreunde, die ihr eigenes Gummiboot, Surfbrett oder Kajak mitneh-

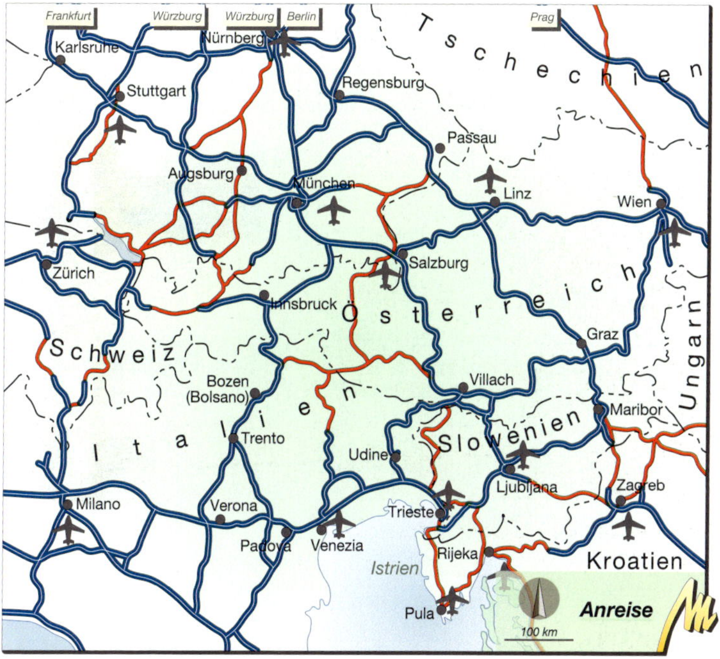

men wollen, aber auch für Familien mit Kindern bleibt als billigste Variante nur das eigene Vierrad. Das istrische Busnetz ist zwar gut ausgebaut, doch in der Hauptreisezeit auch überlastet – ohne Reservierung funktioniert das dann kaum. Wer allerdings ohne viel Gepäck reist oder sich überwiegend an einem Ort aufhält, kann sich mit öffentlichen Verkehrsmitteln sehr gut fortbewegen.

Papiere: Autofahrer benötigen die üblichen Papiere (Personalausweis oder Reisepass, nationaler Führerschein, Fahrzeugschein) und das Nationalitätenschild. Die *Grüne Versicherungskarte* ist nicht mehr vorgeschrieben (nur für Schweizer), vereinfacht das Verfahren aber im Schadensfall.

Versicherung: Empfehlenswert ist der Erwerb eines *Auslandsschutzbriefs*, der etwas Glück ins Unglück bringt. Fahrzeugrücktransport, Flug, Zugfahrt oder Leihwagen, Hotelkosten usw. werden übernommen, Kredite für Reparaturen etc. gewährt. Auslandsschutzbriefe gibt es bei den Automobilclubs und Haftpflichtversicherungen. Empfehlenswert ist der Schutzbrief des *VCD* (Verkehrsclub Deutschland), der sich nachdrücklich für die Interessen der Umwelt einsetzt. VCD, Eifelstr. 2, 53119 Bonn, ✆ 0228/98585-0, 📠 0228/98585-10.

Warnwesten: Seit 2005 ist wie in Italien auch in Österreich das Mitführen einer Warnweste sowie das Tragen derselben bei einem Unfall vorgeschrieben.

Autobahnen: Die Autobahnen in der Schweiz, Italien, Österreich und Slowenien (nur wenige Streckenabschnitte) sind mautpflichtig.

Abblendlicht: Auch tagsüber ist das Fahren mit Abblendlicht sowohl in Österreich (seit November 2005) als auch in Slowenien und Kroatien vorgeschrieben.

Die schnellste Anreiseroute verläuft über die Tauernautobahn, die mautpflichtigen Tunnels der Radstätter Tauern (9,50 €) und schließlich durch den ebenfalls mautpflichtigen Karawankentunnel (6,50 €) nach Slowenien und dann weiter nach Istrien. Oder auch ab Villach über Italien (Udine und Triest) nach Istrien. Auch für Gespannfahrer kein Problem.

Autobahn München – Salzburg – Villach – Karawankentunnel – Bled – Bundesstraße Kranj – Autobahn Ljubljana – Postojna – Koper – nach Istrien. Oder ab Postojna auf Bundesstraße bis Rupa; dann Autobahn Opatija und weiter über die Schnellstraße und den Učka-Tunnel nach Istrien.

- *Per Eisenbahn durch den Tauerntunnel* Autobahn München – Salzburg – Werfen – Landstraße St. Johann – Badgastein – Böckstein – Tauerntunnel (Bahnverladung) – Mallnitz – ab Spittal Autobahn Villach.
- *Tauernschleuse* Bahnverladung Böckstein-Mallnitz; ganzjähriger Betrieb, Mo bis Fr 5.45–22.45 Uhr alle 60 Min., in der Hauptsaison Sa und So alle 30 Min., Fahrtzeit 12 Min., Fahrpreis einfach für Pkw 14,50 € (ermäßigter Vorverkaufspreis für einfache Fahrt 10,10 €); Fahrpreis hin und zurück 23,20 €.

Eine gute Anreisealternative zur stauanfälligen Tauernautobahn ist (für Reisende aus dem Osten Deutschlands oder Österreichs) die 300 km lange Pyrhn-Autobahn mit ihren gebührenpflichtigen Tunnels (13 €). Diese Route verbindet Suben (deutsch-österr. Grenze) und Spielfeld/Šentilj (Grenzübergang Slowenien).

Autobahn Nürnberg – Passau – Regensburg – Wels – Bosruck-Tunnel; Gleinalm-Tunnel – Grailla – Spielfeld –Maribor – Celje – Ljubljana – Postojna – Koper – Pula oder Richtung Učka-Tunnel.

Eine ebenfalls gute, aber stauanfällige Route führt durch Österreich und Italien auf der Autobahn bis Triest:

Autobahn München – Innsbruck – Brennerpass/Brennerautobahn – Trient – Vicenza (oder Verona) – Venedig – Triest – Koper – Pula oder Richtung Učka-Tunnel.

Nützliche Infos für unterwegs

Autobahngebühren

Schweiz: Vignette (Plakette) pro Kalenderjahr pauschal 27 € (Anhänger zusätzlich 27 €) – obligatorisch auf Autobahnen und autobahnähnlichen Straßen.

Österreich: Vignette (Pickerl) auf Autobahnen und Schnellstraßen, Preis abhängig vom Gültigkeitszeitraum. Pkw z. B. 10 Tage 7,60 €, 2 Monate 21,80 €, 1 Jahr 72,60 €, Motorräder knapp die Hälfte.

Italien: Vignette, Preis abhängig von Hubraum oder Achsabstand. Beispiel Klasse 3 (Hubraum bis 1372 ccm bzw. Achsabstand 2,05–3,20 m) Brenner–Triest (483 km) 24 €.

Slowenien: geringe Autobahngebühren, z. B. Pkw Kranj–Ljubljana ca. 1,50 €. Inzwischen ist die Autobahn auf der Ost-West-Achse von Spielfeld nach Koper fertig, auf der Nordachse Ljubljana–Jesenice fehlen nur noch wenige Kilometer. Seit 2005 ebenfalls fertig gestellt ist das Autobahnteilstück von der slowenischen Grenze bei Rupa nach Rijeka/Opatija.

Kroatien–Istrien: in Istrien Maut nur am Učka-Tunnel, 3,50 €.

Notrufnummern

Schweiz: Polizei ✆ **17** oder **117**, Unfallrettung ✆ **144** oder über Polizei.

Österreich: Polizei ✆ **133**, Unfallrettung ✆ **144**.

Italien: Polizei/Unfallrettung ✆ **113**.

Slowenien: Polizei ✆ **113**, Rettungsdienst ✆ **112**

Kroatien: Polizei ✆ **92**, Unfallrettung ✆ **94**, Feuerwehr ✆ **93**.

Via Fähre nach Istrien – schont die Nerven und die Umwelt

Mit der Fähre von Italien nach Istrien

Wer über den Brenner oder gar über Mailand kommt, kann sich überlegen, ob er, anstelle in Richtung Triest–Koper, nicht lieber von Venedig, Rimini oder Ancona nach Pula übersetzen will – bestimmt eine hübsche und abwechslungsreiche Anreisevariante auf den letzten Kilometern, zudem lohnen die italienischen Städte eine Besichtigung. Wer mit Flugzeug oder Bahn z. B. über Venedig anreist, kann neben der Autofähre einen der zahlreichen Katamaranen in Richtung Istrien nehmen – in der Hauptreisezeit aber rechtzeitig Tickets reservieren.

Informationen zu Venedig unter www.turismovenezia.it, www.venezia.net, www.enit.it. Zu den Fährverbindungen siehe www.traghettionline.it

• *Deutschland* **Deutsches Reisebüro GmbH**, DER TRAFFIC, 60424 Frankfurt, Emil von Behring-Str. 6, ✆ 069/9588-5800, ℻ 069/9588-5822.

Armando Farina GmbH (für Adriatica), Lyonerstr. 15, Postfach 710103, 60491 Frankfurt, ✆ 069/666-8493, ℻ 069/ 666-8478.

• *Österreich* **Österreichisches Verkehrsbüro**, Schiffe & Fähren, 1090 Wien, Währingstr. 6-8/3.Stock/Tür 15, ✆ 01/316-8041, -8043, ℻ 01/315-5651.

Reisebüro Adria Reisen, 1070 Wien, Burggasse 23, ✆ 01/526-3630, ℻ 01/526-1140.

• *Schweiz* **Cosulich AG**, 8035 Zürich, Beckenhofstr. 26, P. O. Box 303, ✆ 01/ 363-5255, ℻ 01/362-6782.

Croatia Tours, 8006 Zürich, Beckenhofstr. 10, ✆ 01/361-3033, ℻ 01/361-3229.

• *Kroatien (Zentrale)* **Jadrolinija**, 51000 Rijeka, Riva 16, ✆ 051/666-111, ℻ 051/ 213-116; www.jadrolinija.hr.

Verbindungen

• *Mit dem Schnellboot Adriatica* **Triest–Grado–Lignano–Piran–Poreč–Rovinj–Brioni**. Stopps je nach Stadt 3–6 x wöchentl. von Ende Mai bis Ende Sept.; Preise: z. B. Triest/Grado–Rovinj 18 €; Fahrtzeit nach Rovinj 3:15 Std.

• *Mit dem Katamaran Venezia Lines* **Venedig–Umag–Poreč–Rovinj–Pula–Rabac–Piran–Mali Lošinj**. 1–7 x wöchentlich von April bis Anfang Oktober. Preis bis Rovinj: 43 € (hin u. zurück 82 €). Preis bis Pula: 45 € (hin u. zurück 82 €) Kinder jeweils halber Preis.

• *Mit dem Katamaran Venezia Lines* Diese neue Linie **Rimini–Pula–Poreč** verkehrt von Juni bis Anfang September. Preis Pula/Poreč 52 € (hin u. zurück 88 €), Kinder 26 €.

• *Mit dem Schnellboot Prince of Venice* **Venedig–Umag–Poreč–Rovinj–Pula**. In der Saison Juli/August 4 x wöchentl; später von Mitte Okt. bis April nur 1 x nach Poreč. Preis nach Poreč: hin u. zurück 50 €. Fahrtzeit Venedig–Poreč 3:30 Std.

Hafenagenturen

Ancona: Capt. P. Amatori (für Jadrolinija), Hafen, ✆ 071/2071-465, ℻ 071/2079-272; E-Mail: pamatori@tin.it.

Rijeka: Jadrolinija, Riva 16, ✆ 051/211-444, 666-100, ℻ 211-485, 213-116; www.jadrolinija.hr.

Venedig: Venezia Lines, ✆ 041/2424-000; www.venezialines.com.

Venedig: Adriatica Navigazione, Zattere, 1411, ✆ 041/781-611, ℻ 041/781-894; www.adriatica.it.

Mit der Eisenbahn

Von Deutschland bzw. von München aus fährt der Euro-City derzeit zweimal täglich, zusätzlich ein Nacht-D-Zug über Salzburg, Villach nach Ljubljana und weiter nach Pula oder auch nach Koper (Slowenien) und Rijeka. Von Italien (über Venedig und Triest) ist das Schienennetz nach Koper ebenso gut ausgebaut. Zur Hauptreisezeit wird Ljubljana zusätzlich von Sonderzügen angefahren. Erkundigen Sie sich auf jeden Fall nach Spartarifen, die die Deutsche Bahn jedes Jahr bereithält; besonders Jugendliche/Studenten und Familien fahren dann günstiger.

Wer nach Istrien möchte, muss in Ljubljana auf jeden Fall umsteigen und fährt dann weiter bis Koper (1 x täglich), Pula (1 x täglich) oder Rijeka (mehrmals täglich). Insgesamt eine bequeme und gute Anreisevariante, wenn man bedenkt, dass man ausgeruht schon mittags in Pula seinen Espresso trinken kann.
Möglich ist auch eine Bahnfahrt bis Venedig, von dort Weiterreise mit dem Schiff zu den istrischen Städten oder an die slowenische Riviera.

• *Preisbeispiele/Person* **München–Ljubljana–Pula**: einfach 86,40 €, hinzu kommt Liegewagen und Platzreservierung.
Abfahrt mit D-Zug in München 23.44 Uhr, Ankunft Ljubljana 5.58 Uhr, Weiterfahrt ab Ljubljana 7.10 Uhr, Ankunft Pula 11.16 Uhr.

München–Ljubljana–Koper: einfach 80,80 €, hinzu kommt Liegewagen und Platzreservierung.
Abfahrt mit D-Zug in München 23.44 Uhr, Ankunft Ljubljana 5.58 Uhr, Weiterfahrt ab Ljubljana 6.33 Uhr, Ankunft Koper 8.50 Uhr.

München–Venedig: einfach 91,40 € incl. Sitzplatzreservierung.
Die schnellste Verbindung bietet der Euro-City: Abfahrt 11.30 Uhr und 23.40 Uhr, Ankunft 18.31 Uhr und 7.15 Uhr.

Reservierung/Buchung: Zu den Hauptreisezeiten sind die Züge auf allen alpenüberquerenden Strecken voll. Rechtzeitig eine Platzkarte holen (3 €), Liegeplatz 13,40 €. Gebucht werden kann auch über das Internet: www.bahn.de oder telefonisch unter 11861.

Fahrradversand: Leider gibt es den Fahrradtransport mit der Bahn von Deutschland nur bis Österreich (Grenzstation Jesenice), ab dann heißt es bis Istrien radeln. Die Fahrradkarte, für die man eine Reservierung benötigt, kostet 10 €, leider gilt sie nicht für die oben erwähnten schnellen Züge. Ähnliches gilt für Italien: Wer sein Fahrrad nach Venedig mitnehmen möchte, muss den Zug um 7.26 Uhr nehmen; die italienische Bahn berechnet für das Rad eine Mitnahmegebühr von 12,40 € sowie eine Reservierungsgebühr. Besser ist es eventuell, das Fahrrad rechtzeitig mit einer Spedition zu senden. Aktuelle Informationen zur Fahrradmitnahme erhalten Sie unter der **Radfahrer-Hotline** ✆ 01805 – 151415, täglich von 8–20 Uhr.

München–Jesenice: Günstigster und schnellster Zug (EC und R) mit Fahrradmitnahme:
Abfahrt München 7.26 Uhr, an Villach 11.47 Uhr, ab Villach 18.12 Uhr, an Jesenice 18.56 Uhr. Normalfahrpreis einfach 2. Kl. 56,60 €, Fahrradkarte 10 €.

Weiterer Zug (RE) mit Fahrradmitnahme:
Abfahrt München 8.48 Uhr, an Salzburg 10.42 Uhr, ab Salzburg 11.04 Uhr, an Villach 13.47 Uhr, ab Villach 18.12 Uhr, an Jesenice 18.56 Uhr. Normalfahrpreis einfach 2. Kl. 53,10 €, Fahrradkarte 10 €.

München–Venedig mit Fahrradmitnahme: Hier gibt es nur einen Zug, die Fahrt dauert 15 Std. Abfahrt München 7.26 Uhr, an Villach 11.47 Uhr, ab Villach mit Eurocity 19.36 Uhr, an Venedig 22.29 Uhr.

Das Tor zum malerischen Städtchen Roč

Mit dem Autoreisezug: Zwischen 1. Mai bis Mitte Oktober verkehren Autoreisezüge von Berlin und Dortmund nach Villach; zudem von Hamburg, Dortmund und Frankfurt/Neu Isenburg nach Rijeka. *Info-Hotline* ✆ 0180/5241-224 (für alle Länder), www.dbautozug.de.

Berlin–Villach: Auto je nach Saison (billigste/teuerste Variante) zwischen 121 und 190 €, im Liegewagen pro Person mit 5er-Belegung (4er-Belegung) 50/79 € (56/88 €); am günstigsten im Familienabteil mit 2 Erwachsenen und 2 Kindern, max. 5 Betten, Abteilpreis insgesamt 174/273 €. Schlafwagen mit Waschbecken für 3 Pers. 205/322 €, mit eigener Dusche/WC 50 € Aufpreis.

Mit dem Bus

Der Europabus der Deutschen Touring GmbH bietet zahlreiche Fahrten nach Kroatien an, darunter auch die Linie nach Pula (von München knapp 12 Stunden). Die Ausstattung der Busse entspricht internationalem Standard. Buchen sollte man in der Hauptsaison ebenfalls rechtzeitig unter der Serviceadresse oder über das Internet. Die Rückreservierung erfolgt gegen Gebühr am Zielbahnhof.

• *Preisbeispiel/Person* Route T401 Frankfurt–Mannheim–Karlsruhe–Stuttgart–Ulm–München–Rijeka–Poreč–Rovinj–Pula: Fr und Sa ab Frankfurt 12.15 Uhr, München 19 Uhr, Ankunft in Rijeka 3.30 Uhr, in Pula 6.55 Uhr.

München (Frankfurt)–Pula: einfach 50 € (90 €), hin und zurück 77 € (137 €).

• *Ermäßigungen* Kinder unter 4 Jahren 80 %, 4 bis 12 Jahre 50 %. Jugendliche unter 26 Jahren und Studenten 10 %.

• *Gepäckgebühren* Das Reisegepäck ist auf maximal 2 Gepäckstücke (in Koffermaßen) und ein Handgepäck pro Person begrenzt. Pro Gepäckstück sind 3 € beim Fahrer zu entrichten (bei freier Kapazität für das dritte Gepäckstück 5 €.)

• *Zentrale Reservierungsstelle ab Deutschland* **Deutsche Touring GmbH (DTG)**, ☏ 069/790-350, ℻ 069/790-219; service@touring.de; www.touring.de.

• *Weitere Info- und Verkaufsstellen* Beratung, Reservierung und Ticketverkauf bei: DTG-Ticketcenter, Touring-Agenturen, DER-Reisebüros, Deutsche Bahn Reisebüros.

Reservierungs- und Abfahrtsstellen in Istrien

Poreč, Autotrans Bus Station, ☏ 052/432-153

Pula, Autotrans Bus Station, ☏ 052/500-025

Rovinj, Autotrans Bus Station, ☏ 052/811-453

Rijeka, Busbahnhof, Trg Zabica 1, ☏ 051/213-821

Mit dem Flugzeug

Wer per Flugzeug nach Istrien anreisen möchte, dem bietet sich inzwischen eine große und auch preiswerte Auswahl; also gut überlegen, ob man vor Ort ein Auto benötigt oder stattdessen öffentliche Verkehrsmittel nutzen möchte, auch der Umwelt zuliebe.

Von allen großen deutschen Flughäfen gibt es in der Regel mindestens 1 x bis 4 x täglich Linienflüge nach Zagreb. Leider gibt es keine direkten Anschlüsse für den Weiterflug nach Pula, die Wartezeit beträgt mindestens 90 Min. Die Flugzeit von Frankfurt nach Zagreb beträgt 80 Minuten, von Zagreb bis Pula sind es weitere 45 Minuten Flugzeit. Besser und kürzer ist da möglicherweise ein Flug nach Ljubljana.

Von München (ab Frankfurt, Zwischenstopp in München) gibt es Direktflüge nach Triest (Italien), Flugzeit 70 Min. (Frankfurt 3:35 Std.); Triest ist der Istrien am nächsten gelegene Flughafen.

Inzwischen gibt es auch nach Italien, Slowenien und Kroatien Billiganbieter von norddeutschen Flughäfen, eine lohnende und preiswerte Sache: Geflogen wird z. B. mit Hapag Lloyd Express zweimal wöchentlich ab Hannover, dreimal wöchentlich von Köln–Bonn nach Rijeka sowie von Hamburg, Hannover und Köln–Bonn nach Venedig. Diese „Schnäppchenflüge“ sind schon ab 18,50 € zu haben. Oder von Berlin mit Easyjet nach Ljubljana (Slowenien), geplant ist auch ein Direktflug nach Pula.

• *Preisbeispiele für die billigsten Linienflüge* **Adria Airways**: Linienflug **München–Ljubljana–München** ab 260 € incl. Sicherheitsgebühren.
Linienflug **Frankfurt–Ljubljana–Frankfurt** ab 270 €, incl. Sicherheitsgebühren.

• *Buchung* **Adria Airways**, 60547 Frankfurt, Flughafen, Terminal 1, Gebäude 201; ☏ 069/2695-6720, ℻ 069/2695-6721; www.adria-airways.de. Adria-Airways-Flüge arbeiten in Kooperation mit Lufthansa, so dass sie auch dort gebucht werden können.

Air Dolomiti (gehört zu Lufthansa): **München–Triest–München** (1:10 Std.), bis zu 4 x tägl., ca. 207 €, incl. Gebühren.

EasyJet: **Berlin–Ljubljana** (1:30 Std.), ab 5 (!) € bis 60 €, je nach Buchung und Tag. Buchung unter www.easyjet.com oder Hotline 01803-6554-321.

Hapag Lloyd Express: ab ca. 28 € nach Rijeka oder Venedig. Servicecenter 0180/5093-509, www.hlx.com.

Versand von Fahrrädern/Sportgeräten: Der Fahrradversand bei Adria-Airways kostet in der Economy-Class innerhalb der 20-kg-Freigepäckgrenze ca. 26 €. Sportgeräte müssen in der Flugreservierung mindestens 24 Std. vor Abflug eingetragen sein.

Die Küste per Segelboot erkunden wird immer beliebter

Unterwegs in Istrien

Für Autoreisen innerhalb Istriens gibt es zwei Hauptrouten über Schnellstraßen, das so genannte *istrische Ypsilon* (Y).

Route von Ljubljana nach Istrien: Von Ljubljana über die gebührenpflichtige Autobahn nach *Postojna* (Adelsberger Grotten). Geradeaus fahrend, erreicht man via Autobahn *Divača*, dann weiter auf der neuen Autobahntrasse über *Kozina* bis nach *Koper* am Golf von Triest.

- *Entlang der Westküste*: Von Koper über Bundesstraße nach Dragonija (slowenischer Grenzübergang); von dort über die fast fertig gestellte Schnellstraße weiter nach Süden in Richtung Pula.
- *Durch das Landesinnere zur Westküste*: Abzweig Autobahn bei Črni kal. Auf Bundesstraße nach Buzet und weiter über das Mirna-Tal in Richtung Umag und Poreč oder von Buzet weiter bis Lupoglav und die Schnellstraße über Pazin nach Poreč oder Pula nehmen.
- *Durch das Landesinnere an die West- oder Südküste*: Autobahn Ljubljana bis Postojna oder Kozina, auf Bundesstraße nach Rupa (kroatischer Grenzübergang), weiter auf der seit 2005 fertigen Autobahn bis Matulji (oberhalb von Opatija) und über die Schnellstraße durch das gebührenpflichtige Učka-Tunnel weiter nach Pazin und Richtung Pula.
- *Entlang der Ostküste*: Autobahn Ljubljana bis Postojna oder Kozina, auf Bundesstraße nach Rupa (kroatischer Grenzübergang), weiter auf der 2005 fertig gestellten Autobahn bis Matulji (oberhalb von Opatija), dann ca. 90 km auf der Ostküstenstraße bis Pula.

Informationen für Kraftfahrer in Kroatien

Personaldokumente: Für die Einreise nach Kroatien und einen Aufenthalt bis zu 3 Monaten benötigen Deutsche, Österreicher und Schweizer einen gültigen Personalausweis oder Reisepass. Kinder unter 16 Jahren müssen im Elternpass eingetragen sein oder einen eigenen Kinderausweis besitzen.

Kraftfahrzeugdokumente: Führerschein, Fahrzeugschein und Grüne Versicherungskarte. Nach Unfällen mit sichtbaren Karosserieschäden sollte man sich von der Polizei eine Schadensbestätigung (*Potvrda*) ausstellen lassen.

Kraftstoff: Bleifreies Benzin ist überall erhältlich. Tankstellen sind an den wichtigsten Straßen rund um die Uhr geöffnet, Zahlung mit EC-Karte problemlos möglich. Infos auch unter www.ina.hr, www.hak.hr oder www.omivistrabenz.hr.

Kraftstoffpreise pro Liter: Bleifrei Eurosuper plus (98 Oktan) 0,99 €; Bleifrei Eurosuper (95 Okt.) 0,96 €; Eurodiesel 0,84 €. Es wird auch verbleiter Kraftstoff verkauft.

Höchstgeschwindigkeit: Pkw und Motorräder innerhalb von Ortschaften 50 km/h, außerhalb 90 km/h; auf Schnellstraßen 110 km/h, auf Autobahnen 130 km/h; Wohnmobile bis 3,5 t auf Autobahnen 80 km/h, Wohnmobile über 3,5 t und Pkw mit Anhänger außerhalb von Ortschaften überall 80 km/h. Achtung: viele Radarkontrollen.

Abweichende Verkehrsregeln: Unfälle mit Personen- oder erheblichem Sachschaden müssen der Polizei gemeldet werden. Während des gesamten Überholvorgangs muss geblinkt werden. Kolonnenspringen ist verboten. Schul- und Kinderbusse dürfen nicht überholt werden, wenn sie anhalten. Beim Abschleppen muss an der Frontseite des Schleppfahrzeugs und am Heck des geschleppten Kraftfahrzeugs ein Warndreieck angebracht sein.

Die **Promillegrenze** liegt bei 0,0 (!). **Abblendlicht** ist auch am Tag vorgeschrieben. Nebelleuchten sind nur bei Sicht unter 50 m erlaubt.

Notrufnummern: Polizei **92**; Rettungsdienst **94**, Feuerwehr **93**.

Pannenhilfe: Die Straßenwacht des Automobilclubs **HAK** ist rund um die Uhr unter **Tel. 987** (Mobil-Tel. 00385/1987).

Der deutschsprachige ADAC-Notruf in Zagreb ist ganzjährig unter ✆ 00385/1/3636-666 und 01/3636-000 erreichbar.

Kroatischer Automobilclub (ADAC-Partnerclub): **Hrvatski autoklub (HAK)**, 10 000 Zagreb, Draškovičeva 25, ✆ 01/4640-800, www.hak.hr; zudem www.autoweb.hr.

Touristische Informationen sind unter ✆ 062/999-999 erhältlich.

Wettervorhersage und Verkehrsservice: ✆ 060/520-520.

Tiere: Für Tiere, z. B. Hunde oder Katzen, ist seit 2004 der blaue *EU-Heimtierausweis* obligatorisch. Näheres dazu siehe Wissenswertes A–Z/Papiere).

Wechselkurs: Währungseinheit ist die kroatische Kuna (KN). 1 KN = 0,13 €. 1 € = 7,5 KN (Stand: Ende 2005)

Mit dem Bus

Das kroatische Busnetz ist sehr gut ausgebaut und für die Weiterreise empfehlenswert – der Bus ist nach dem Zug das billigste Verkehrsmittel.

Auf längeren Strecken verkehren Expressbusse, alle sind mit Aircondition ausgestattet, z. B. von Zagreb nach Opatija und Pula. Die Busse fahren für wenige Cent pro Kilometer und sind dementsprechend ausgelastet. So zahlt man von Rijeka nach Pula ca. 6 €. Die Expressbusse verkehren mindestens einmal pro Tag. In der Hauptreisezeit ist bei längeren Strecken ist eine rechtzeitige Reservierung nötig. Zusätzlich gibt es zwischen den Städten den regionalen Busverkehr, tagsüber oftmals stündlich.

Die *Busbahnhöfe* liegen meist zentral – in der Stadtmitte, am Hafen oder bei den Zugbahnhöfen. Fahrkarten kauft man am Busterminal, die Abfahrtszeiten sind auf Tafeln angeschrieben: Abfahrt heißt auf *Polazak*, Ankunft *Dolazak*.

Informationen zum aktuellen Fahrplan an den Busterminals oder in den Agenturen; zudem unter ✆ 060/313-333, 01/6112-789 oder 01/6008-631; www.autotrans.hr.

Vom kleinen Flughafen bei Vrsar in die Lüfte

Mit der Eisenbahn

Die Eisenbahn ist Kroatiens billigstes Transportmittel, auf den Hauptrouten im Landesinneren ist das Schienennetz gut ausgebaut. Da es aber keine direkten Verbindungen zwischen den Küstenstädten gibt, muss man an der istrischen Küste auf Busse ausweichen.
Der Kilometerpreis der kroatischen Eisenbahn beträgt wenige Cent. An den Bahnschaltern gibt es für ein paar Euro das Kursbuch *Red Vožnje*.

Die **Hauptstrecke** verläuft auf der Linie *österreichische Grenze* (Jesenice)–*Ljubljana–Zidani most* und weiter nach Kroatien (Zagreb usw.); außerdem *Ljubljana–Postojna–Koper*.

Die **Nebenstrecken** nach und durch Istrien verlaufen eingleisig auf den Linien *Postojna–Pivka–Ilirska Bistrica–Matulji–Rijeka* und *Divača–Buzet–Pazin–Kanfanar–Pula*.

Nach Istrien: Von Ljubljana nach Pula gibt es täglich nur eine Direktverbindung. Ansonsten den Zug von Ljubljana bis Rijeka (mehrmals täglich) nehmen. Diese Route verläuft über Postojna Richtung Pivka – Ilirska Bistrica – Rijeka. In Rijeka in den Bus Richtung Opatija–Pula steigen. Alternativ: Zug von Ljubljana bis Koper und dann den Bus Richtung Portorož, Umag, Novigrad, Poreč, Rovinj nehmen.

Fahrradtransport: Die Fahrradmitnahme ist in Kroatien nur in Zügen mit Gepäckwagen möglich. Den Transport übernehmen alle Bahnhöfe mit Gepäckschalter oder direkt die Gepäckwagen. Der Preis ist von der Entfernung abhängig, insgesamt aber nur wenige Euro.

Informationen in Deutschland über die Auslandsauskunft ✆ 11861.; in Kroatien unter: ✆ 060/333-444 oder 01/378-2532; www.hznet.hr.

Mit dem Flugzeug

Wer nach Zagreb geflogen ist, muss den Inlandsflug nach Pula oder Rijeka oder nach Triest (Italien) nehmen. Eine teure Angelegenheit, da dies Linienflüge sind. Weitere Verbindungsmöglichkeiten von Ljubljana (Slowenien) nach Portorož (Slowenische Riviera) oder zum Flughafen Triest (Italien). Alle Flughäfen haben Busverbindungen zur Stadt, alternativ ein Taxi nehmen und oder zur Autovermietung gehen.
An einigen Flughäfen, wie z. B. Portorož (Slowenien), Vrsar und Medulin kann man kleine Flugzeuge mieten (Aviotaxen, Panoramaflugzeuge). Mehr dazu im Reiseteil unter den jeweiligen Orten.

• *Information Kroatien* **Flughafen Zagreb**, ✆ 01/6164-581, -582, ℻ 01/6164-585.
Flughafen Pula, ✆ 052/218-909, 218-943, ℻ 052/211-998.
Flughafen Rijeka, ✆ 051/842-132.
Inlandsflüge über **Croatia Airlines**, zentrale Reservierungsstelle in Zagreb: ✆ 01/4551-244.
Reservierung in **Deutschland**: Croatia Airlines, Klingerstr. 25, 60313 Frankfurt, ✆ 069/9200–520, ℻ 069/92005–252; www.croatiaairlines.com.

• *Information* **Flughafen Ljubljana/Brnik (Slowenien)**, ✆ 00386/4/2061-981.
Flughafen **Portorož**, ✆ 00386/5/6722-525.

Mit dem Fahrrad

Istrien hat sich zum Bike-Eldorado entwickelt, zahlreiche markierte Fahrradwege erschließen die Halbinsel, das Kartenmaterial ist gut. Schöne Touren führen z. B. an Flusstälern entlang, durch Weinberge und hügelige Landschaft, sehr anspruchsvolle Touren verlaufen durch das Ćićarija- und Učka-Gebirge.

Mountainbikes kann man sich in jedem größeren Ferienort mieten, der Mietpreis pro Tag beträgt ab 10 €. Zudem werden (auch mehrtägige) Fahrradtouren organisiert. Wer lieber sein eigenes Bike mitnehmen möchte, sollte ausreichend Werkzeug und Ersatzteile mitnehmen, weil sie in Istrien meist schwer zu beschaffen sind. Ansonsten weiß wahrscheinlich jeder Mountainbiker, dass funktionale Kleidung, Kopfbedeckung und Sonnenschutzmittel gerade in südlichen Gefilden unverzichtbar sind.

Weitere Infos siehe Kapitel *Sport/Fahrradfahren* sowie in den Ortskapiteln.

• *Anreise* Mit dem **Zug** bis Villach, Jesenice oder Venedig; siehe auch „Anreise mit dem Zug".

• *Informationen* **ADFC** (Allgemeiner Deutscher Fahrradclub), Hollerallee 23, 28209 Bremen, ✆ 0421/34629–0, ℻ 34629-50. Der Club unterhält eine Kontaktbörse und eine Landesinfobank; auch eine Liste von Veranstaltern von organisierten Busreisen mit Fahrradtransport ist hier erhältlich.

• *Information zu Istrien* Routenkarten gibt es gratis beim Tourismusverband Istrien sowie unter www.istra.com/zupan/nem/bike-index-2.html.

Mit dem Mietwagen

Autovermietungen gibt es in allen größeren istrischen Ferienorten und Städten, zudem am internationalen Flughafen in Zagreb. Die Preise sind relativ hoch, Preisvergleiche lohnen. Neben den internationalen Autoverleihern wie Avis, Europcar, Budget und Hertz gibt es kroatische Anbieter, die etwas billiger sind.

Die Verträge sollten genau studiert werden, sie unterscheiden sich von Anbieter zu Anbieter. Man kann den Wagen 1–3, 4–6 oder 7 Tage zuzüglich Kilometergeld mieten, je länger die Anmietung, desto billiger natürlich der Tagessatz. Ohne Kilo-

Auf dem Weg zum Baden

meterbegrenzung werden meist 4–6 Tage und 7 Tage angeboten. Eine Mietwagenreservierung von zu Hause aus bringt mitunter Preisvorteile. Wer mit dem Flugzeug anreist, kann die Fly & Drive-Angebote nutzen. Lokale Anbieter siehe in den jeweiligen Ortskapiteln.

Preisbeispiele bei unbegrenzter Kilometerzahl für 1 Tag: Fiat Punto ca. 42 €; Opel Astra ca. 90 €; Suzuki Baleno SW 4 x 4 ca. 145 €; zuzüglich Kaution ca. 100 € (unterschiedlich).

• *Einige Adressen* **Hertz**: Zentrale Zagreb, 10000 Zagreb, Mažuranićev Trg 2, ✆ 01/4847-222, 📠 01/4812-925; www.hertz.hr.
Zweigstelle Rijeka, Riva 6, ✆ /📠 051/311-098.
Avis: Zentral Zagreb, 10000 Zagreb, Hotel Opera, Kršnjavoga 1, ✆ 01/4836-006, -466, 📠 01/4836/296, -652; www.avis.hr.
Zweigstelle Rijeka, Riva 22, ✆ 051/337-917, rijeka@avis.hr.

• *In Pula* **Hertz**, im Hotel Histrer, ✆ 210-868; **Avis**, Doricheva ul. 1, ✆ 232-278; Budget, Carrarina ul. 7, ✆ 218-252; **Istraway**, Riva 14, ✆/📠 214-868, -613.

• *In Opatija* **Budget**, im Hotel Millennium, ✆ 711-978, www.budget.hr. **Generalturist**, siehe oben. **Bo Mo**, im Hotel Palace, M. Tita 144, ✆ 273-020, www.renta.hr.

Motorräder und **Mofas** kann man in fast jedem Touristenort mieten (übrigens gilt auch in Kroatien Helmpflicht!). Ein Scooter kostet ca. 10 €/Stunde, halber Tag ab 20 €, ganzer Tag ab 30 €.

Mit dem Taxi

In größeren Orten befinden sich die Taxistände im Zentrum, an Omnibusbahnhöfen, am Hafen und an Flughäfen. Für Überlandfahrten empfiehlt es sich, den Preis vorher auszuhandeln. Preisbeispiele: Opatija–Rijeka ca. 15 €; von Rijeka zum Flughafen Krk ca. 22 €.

Istrien bietet Übernachtungsmöglichkeiten in jeder Preisklasse

Übernachten

Das Übernachtungsangebot in Istrien ist groß und vielfältig. Sie haben die Wahl zwischen Privatunterkünften, touristischen Bauernhöfen, Appartements, Hotels, Landhäusern, Campingplätzen – und Leuchttürmen! Wildes Zelten ist verboten.

In den Hochsaison-Wochen von Anfang bis Mitte August, wenn auch die Italiener Ferien machen, wird es in Istrien schwierig, eine hübsche Unterkunft ohne Voranmeldung zu ergattern – sicherer ist es, in dieser Zeit rechtzeitig reservieren. In den anderen Wochen und Monaten dürfte es aber kein Problem sein, kurzfristig eine passable Unterkunft zu finden. Die Campingplätze sind in der Hochsaison zwar meist voll, wer aber kein riesiges Hauszelt aufstellen möchte, findet sicher noch ein schattiges Plätzchen.

> Ein jährlich neu erscheinendes Verzeichnis der Hotels, Privatunterkünfte, Touristischen Bauernhöfe und Campingplätze ist über das istrische und kroatische Fremdenverkehrsamt gratis erhältlich – siehe unten „Information".

Seit der Euro-Umstellung haben in Istrien die Übernachtungspreise gewaltig angezogen. Haupt- und Nebensaisonpreise sind an der Küste üblich, in den Touristenhochburgen gibt es von Anfang bis Mitte August sogar Top-Hochsaisonpreise; dagegen vermieten die Touristischen Bauernhöfe im Landesinneren meist ganzjährig zum gleichen Preis.

Die angegebenen Übernachtungspreise gelten für einen Aufenthalt ab 3 Tagen, für weniger Tage ist ein Aufpreis von 30 % fällig. Zusätzlich zum Übernachtungspreis ist eine Kurtaxe zu entrichten, je nach Gebiet 0,50 bis 1,50 € pro Tag. In der Nebensaison reduziert sich die Taxe zum Teil um die Hälfte.

Wer seinen Urlaub größtenteils an einem Ort verbringen möchte, kann mit den Privatvermietern einen reduzierten Preis aushandeln. Auch über die Reiseveranstalter kostet dasselbe Zimmer rund ein Drittel weniger, und dazu gibt's noch Halbpension; allerdings hat die Hotelküche der preiswerten Hotels nie das Niveau der meist sehr guten lokalen Restaurants, und Sie werden die Gaumengenüsse Istriens so nicht kennen lernen.

Alle im Reiseteil aufgeführten Preise sind **Hochsaisonpreise** und beziehen sich meist auf das Doppelzimmer inkl. Frühstück für 2 Personen (DZ/F). Preisangaben nur für DZ bedeutet: Zimmer ohne Frühstück.

Privatunterkünfte

In den Touristenorten weisen *Sobe*-Schilder an den Häusern auf Zimmervermietung hin. Privatzimmer werden von den Touristbüros oder Reiseagenturen vermittelt – oder man wendet sich direkt an den Vermieter. Dieser erledigt für die Gäste die Formalitäten, die sonst in der Touristinformation anfallen, wie Registrierung und Kurtaxe. Die meisten Zimmervermieter sind registriert und bezahlen für die Vermietung eine Gebühr. Manche Vermieter versuchen natürlich, diese Gebühr zu umgehen, um ihre Zimmer steuerfrei vermieten zu können. Privatunterkünfte sind in der Regel eine preiswerte Unterkunftsmöglichkeit, und wer möchte, kann auch mit Familienanschluss nächtigen. Gelegentlich wird Halb- oder Vollpension angeboten, doch meist gilt der Preis nur für das Zimmer. Frühstück kostet meist um die 5 € pro Person zusätzlich.
Wer sein Zimmer nicht über eine Agentur gebucht hat und nur 1–2 Tage bleibt, kann sich den ausgehandelten Preis sicherheitshalber schriftlich geben lassen oder sofort bezahlen – Leser klagten uns immer wieder ihr Leid über eine Verdoppelung des Preises über Nacht ...
Die Privatunterkünfte sind unterteilt in Kategorien von * bis *****.

*****	Doppelzimmer stilvolle Ausstattung mit modernster Technik (Internet etc.), Balkon/Terrasse, Sat.-TV, Telefon, Minibar, großem Bad, Tennis, Pool, Sauna.	ca. 60–80 €
****	DZ gehobene Ausstattung, mit Balkon oder Terrasse, Bad/Dusche/WC, Sat.-TV, Telefon, Sauna, Tennis, Pool.	ca. 40–60 €
***	DZ mit Bad/Dusche/WC, evtl. Balkon oder Terrasse, TV.	ca. 30–40 €
**	DZ einfache Ausstattung mit Dusche/Bad/WC	ca. 20–30 €
*	DZ mit Etagenbad	ca. 20–30 €

Einzelzimmer kosten ca. 30 % mehr als ein Bett im Doppelzimmer.

Appartements

Appartements sind eine gute Unterbringungsvariante, z. B. wenn man mit Kindern verreist oder sich selbst versorgen möchte. In fast jedem Touristenort werden Appartements vermietet – in Privathäusern oder in Hotel-Feriensiedlungen. In letzteren gibt es meist auch Restaurants, Bars, Einkaufs- und Sportmöglichkeiten.

Appartements gibt es für 2 bis 10 Personen, meist sind sie auf 2 bis 4 Personen ausgelegt. Je mehr Personen, desto billiger wird es natürlich pro Nase – und umso enger. Üblich sind 2 Räume für 4 Personen, Kochnische, Bad/Dusche/WC, evtl. noch ein kleiner Aufenthaltsraum und Terrasse. Für weitere Personen werden Klappbetten dazugestellt, oder die Couch im Aufenthaltsraum wird ausgeklappt. Buchungen direkt über die im Reiseteil erwähnten Adressen oder via Internet.

Die Appartements sind ebenfalls von * bis **** kategorisiert. In den Ferienanlagen sind sie meist teurer – und natürlich auch in beliebten Urlaubsregionen.

*****_***	Hoher Komfort (evtl. Spül- und Waschmaschine), moderne Ausstattung, schöne Lage; im Garten oder in der Anlage meist Pool, Fitness, Sportmöglichkeiten, Grill. 2 Personen ab 70–120 €.
***	Gute Ausstattung, mit Terrasse oder sogar kleinem Garten, evtl. mit Grill. 2 Personen 40–90 €.
**	Einfachere Ausstattung, oft auch in Ferienanlagen zu finden; 2 Personen 35–60 €.
*	Einfache, ältere Ausstattung; 2 Personen 25–50 €.

Touristische Bauernhöfe und Landhäuser (Agrotourismus)

Eine gute Möglichkeit vor allem für Familien mit Kindern, Land, Leute und die Küche kennen zu lernen, ist das Übernachten auf den in Istrien sehr beliebten und verbreiteten **Touristischen Bauernhöfen** (*Agroturizam*) – überall werben Bauernhöfe und Pensionen mit Aktivferien, Kinderferien usw. Vermietet werden Zimmer und Appartements in unterschiedlichem Standard. Im Durchschnitt zahlt man 14 bis 20 € pro Person inkl. Frühstück. Halbpension kostet ab 18 €, Vollpension ab 22 €. Die Hauswirtinnen zaubern oft leckere, uns häufig unbekannte Speisen auf den Tisch, Selbstversorger können die frischen Produkte vom Bauernhof kaufen.

Wer ganz in Ruhe oder ganz nobel wohnen möchte, kann sich ein **Landhaus** mieten. Im Angebot sind einfache Häuser bis hin zu wunderschön renovierten und sehr komfortabel eingerichteten **Gutshöfen**, auf Wunsch auch mit Haushälterin und Koch. Die Mietpreis beginnt bei ca. 80 € und reicht bis hin zu mehreren 1000 € pro Tag.

Information Wer sich für Agrotourismus-Angebote interessiert, kann über die kroatische oder istrische Fremdenverkehrszentrale eine kostenlose Broschüre anfordern (siehe Wissenswertes A–Z/Information).

Hotels

Die Hotels sind in vier Kategorien von ** bis ***** eingeteilt, wobei ** und ***** selten sind. Wie üblich, sind dabei Lage, Komfort des Hauses, Ausstattung der Räume und Extras wie Balkon und Ausblick von Bedeutung. Frühstück ist im Preis meist eingeschlossen. Bei der Zimmerwahl sollte man darauf achten, dass diese nicht in Restaurant- und Terrassennähe liegen – in vielen Hotels finden besonders an Wochenenden Tanzveranstaltungen mit Livemusik oder Hochzeiten statt. Die Musik endet zwar meist gegen 23 Uhr, doch ruhig ist es danach naturgemäß noch lange nicht.

Die meisten Hotels gehören zur ***-Kategorie; dabei sind die Preise in Ferienanlagen niedriger als in kleinen Hotels. Unsere Preisangaben sind Hochsaisonpreise für 2 Personen im Doppelzimmer inkl. Frühstück.

***** Höchster Komfort in meist kleinen, hübschen Villen. Ausstattung dementsprechend stilvoll, die Zimmer ebenso, meist mit Internetanschluss. Angeschlossen ist häufig ein Gourmetrestaurant oder eine Café-Bar. Meist mit Garten und Pool, Wellness- und Sportbereich, evtl. Nachtclub. Doppelzimmer mit Frühstück 150–200 € (und mehr).

**** Hoher Komfort, mit Swimmingpool, Hallenbad, Wellnessbereich, Sporteinrichtungen wie Tennisplätze, Sportgeräteverleih. Die Hotels verfügen über Restaurant, Bar, oft auch über eine Diskothek, Shops und Friseur. Je nach Lage kostet das DZ mit Bad/Dusche/WC, Balkon und Frühstück 100–180 €.

*** Diese Kategorie ist am häufigsten anzutreffen. Von der Ausstattung her (meist mit Swimmingpool) ähnlich der Kategorie ****, aber oft etwas weniger Komfort. DZ mit Bad/Dusche/WC und Frühstück ab 70–140 €.

** Wenn es nicht gerade ein Altbau ist, angegliedert an Hotels der Kategorie *** in Form von Nebenhäusern, so genannten *Dependancen*. Hier ist man abseits vom Rummel, genießt die Einrichtungen des Hauptgebäudes und schläft günstig. DZ mit Dusche/WC und Frühstück ab 60–85 €.

Motels, meist an verkehrsreichen Straßen gelegen, eignen sich für Zwischenstopps. Die Zimmer sind in der Regel ohne Komfort, doch mit Dusche/WC und TV ausgestattet. Das Doppelzimmer kostet je nach Gegend ab 40 €.

Agrotourismus – zurück zur Natur

Viele Hotels und Appartements findet man auch in den Broschüren der Reiseveranstalter wieder – zu einem Teil des Preises, den Individualreisende bezahlen. Hier gibt es im Vergleich zum selbst Buchen oder der Buchung vor Ort sehr kostengünstige Angebote mit oder ohne eigene Anreise. Vergleichen lohnt.

Jugendherbergen/Studentenwohnheime

Jugendherbergen und Jugendhotels sind in Istrien dünn gesät (siehe Reiseteil) und zudem zur Ferienzeit oft von Jugendgruppen ausgebucht – Voranmeldung deshalb empfehlenswert. Gäste unter 27 Jahren haben Vorrecht auf ein Nachtlager. Erforderlich ist ein internationaler Jugendherbergsausweis mit Passbild. Universitätsstädte bieten zur Ferienzeit zusätzlich die Möglichkeit, in einem Studentenwohnheim zu nächtigen; je nach Ausstattung und Lage kostet die Übernachtung 8–20 €.

Information Auskunft gibt das jährlich erscheinende **Internationale Jugendherbergsverzeichnis**, erhältlich beim Deutschen Jugendherbergswerk, ✆ 05231/74-010, ✆ 05231/740-149; www.jugendherbergen.de. In Istrien Auskunft über die lokalen Touristinformationen.

Camping

Istriens Campingplätze haben meist langjährige Tradition, ob textil oder textilfrei. An der Küste reihen sich die großen und kleinen Campingplätze dicht an dicht, im Landesinneren findet man dagegen kaum eine Möglichkeit, sein Zelt aufzustellen, außer man fragt einen Bauern um Erlaubnis.

Die großen Campingplätze an der Küste liegen meist in einer eigenen Bucht unter Olivenbäumen oder Strandkiefern, haben Restaurant und Supermarkt, moderne Sanitäranlagen, Kühlboxen und Grillplätze. Zusätzlich gibt es häufig Sportanlagen sowie Boots- und Wassersportgeräteverleih. In punkto Wasserversorgung kommt es auf großen Plätzen im Hochsommer leicht zu Engpässen. Spitzenkategorie-Campingplätze sind selten.

Freikörperkultur-Freunde können sich auf eigene FKK-Campingplätze freuen, die an der istrischen Küste zahlreich vertreten sind, der größte ist *Koversada* bei Vrsar, ein 1.200-ha-Gelände für bis zu 10.000 Personen; zudem gibt es auf manchen Camping-Arealen separate textilfreie Zonen.

Die meisten Plätze sind vom 1. Mai bis 30. September geöffnet, einige große auch vom 1. April bis Ende Oktober. Im August kann es eng werden, denn viele Einheimische und Italiener verbringen ihre Ferien auf den Autocamps. Die Plätze sind in die Kategorien * bis **** eingeteilt.

Über das kroatische Fremdenverkehrsamt ist die jährlich aktualisierte Broschüre *Camping* gratis erhältlich, die auch übers Internet abgerufen werden kann (siehe auch Wissenswertes A–Z/Information). Der *ADAC-Campingführer* ist zwar sehr umfangreich, enthält aber nicht jeden Platz/Ort.

• *Preise* **Autocamps** kosten im Durchschnitt zur Hauptsaison pro Tag und Person 4–8 €, Kinder 2,30–5 €, pro Parzelle 8–16 € (inklusive Zelt, Auto, Strom etc.). Dazu kommt die je nach Gebiet zu entrichtende Kurtaxe.

Rabatte: In der Nebensaison sind die Campingplätze etwas günstiger. Viele größere Autocamps gewähren Automobilclub-Mitgliedern Rabatt (CCI).

Leuchttürme

Wer außer Meeresrauschen absolute Ruhe möchte, mietet sich in einem der Leuchttürme ein – entweder stehen sie direkt am Meer oder auf einer kleinen Felsinsel. Die zu mietenden Türme bieten Ferienwohnungen unterschiedlicher Größe, allerdings in meist einfachem Standard. Das Hinbringen wird organisiert, ebenso – nach Absprache – die Lebensmittelversorgung. Meist gibt es auch eine kleine Slipanlage oder einen Anlegeplatz für Boote. Wer seinen Urlaub einmal in ganz ungewohnter Umgebung verbringen möchte, gelegentlich mit Blick auf die tobende See, ist hier genau richtig – für Familien mit kleinen Kindern allerdings nicht zu empfehlen und teils auch untersagt. Die Preise für ein 4-Personen-Appartement betragen ca. 80–120 €/Tag.

Folgende Leuchttürme stehen in Istrien zur Wahl: an Land die Leuchttürme Savudrija (bei Umag) und Rt Zub (bei Novigrad); auf den kleinen Felsinseln Sv. Ivan na Pučini (bei Rovinj) und Porer (südlich der Halbinsel Kamenjak).

Information **Kroatisches Fremdenverkehrsamt** (siehe Wissenswertes A–Z/Information); **I.D. Riva Tours**, Neuhauser Str. 27, 80331 München, ✆ 089/2311-000; info@idriva.de; www.idriva.de. **Agentur Adriatica** vermittelt ebenfalls Leuchttürme, www.adriatica.net/lighthouse.

Wildes Zelten

Wie in ganz Kroatien ist auch in Istrien wildes Zelten generell verboten. Die Angst vor Feuersbrünsten ist bei den Bauern oft groß, wenn sie Urlauber in ihren Wiesen liegen sehen. In touristischen Gegenden ist damit zu rechnen, auch im entlegensten Winkel nachts von der Polizei aufgeweckt und auf den nächsten Campingplatz verwiesen zu werden. Zudem kostet der Regelverstoß ab 30 € Verwarnungsgeld pro Person. Gleiches gilt übrigens auch für Urlauber, die in ihren Autos oder Caravans nächtigen!

Die istrische Küche ist reich an Genüssen

Essen und Trinken

Istriens Küche ist geprägt von der österreichisch-ungarischen, der kroatischen und der italienischen Kochkunst – es ist eine reine, unverfälschte Kochkunst, die hauptsächlich vom Meer lebt und von dem, was das Land hervorbringt. Und Istriens Küche ist reich an Spezialitäten: Die weltweit raren „weißen Trüffeln" aus dem Hinterland landen hier ebenso auf dem Tisch wie saftige Muscheln und Austern aus dem Limski-Fjord oder feine Gerichte mit Pilzen, Maronen und Wildspargel. Serviert wird dazu weißer oder roter istrischer Landwein, der bei keinem Essen fehlen darf.

An der Küste lebt die istrische Küche von *Fisch* und *Schalentieren*, die in guten Lokalen fangfrisch auf den Teller kommen: von Scampi, Hummer, Meeresspinne, Goldbrasse, Seezunge bis zu Austern und Muscheln. Vor allem in Landesinneren sind Spanferkel, Wildschwein und Zicklein vom Grill, Lamm und im Herbst Wildgerichte wie Fasan und Hase beliebte Spezialitäten. Eine typische und wichtige Zutat, mit der von der Vorspeise bis zur Nachspeise gern verfeinert oder gewürzt wird, ist der in Istrien beheimatete weiße und schwarze *Trüffel* (*tartuf*). Der Wildspargel (*šparogama*), der als Salat, Gemüse oder in Omeletts serviert wird, sprießt im Frühjahr überall. Sehr beliebt sind auch Pilzgerichte, z.B. mit *Gnocchi* oder *Fuži* oder zu Fleischspeisen. Und auch Naschkatzen kommen auf ihre Kosten – sie haben die Wahl zwischen Pfannkuchen (*palačinke*), Strudel, Krapfen oder Eis.

Die istrischen Küstenregionen, wo früher mehr Fisch als Fleisch die Speisekarte bestimmte, haben sich dem Touristengeschmack ziemlich angepasst: Steaks und Schnitzel (Naturschnitzel – *naravni šnicl*; Wienerschnitzel – *bečki šnicl*) mit Pommes frites *(pomfrit)* gibt es überall. Dazu kommen die aus der serbischen und

Balkan-Küche übernommenen *ćevapčići, ražnjiči* sowie der *Mixed Grill*. Mit Ausnahme des Mangold (*blitva*) fehlt in den Sommermonaten Gemüse als Beilage auf dem Teller. Dafür gibt es die leckere, aus jahreszeitlich verschiedenen Gemüsesorten gekochte Minestrone (*maneštra*). Zubereitet werden alle Speisen mit Olivenöl.

Essenspreise: Kalte und warme Vorspeisen wie Schinken (pršut), Salat aus Meeresfrüchten, Reis- und Nudelgerichte gibt es ab ca. 5–10 €, Fleischgerichte kosten rund 6–12 €, Gerichte von Meeresfrüchten ab 8 €, ganze Fische (z. B. Zahnbrasse) sind ab 15 € zu haben.

Getränke: Espresso ab 0,70 €, Cappuccino ab 0,80 €, Tafelwein ab ca. 6,70 €/Liter, Barriqueweine ab 16 € für die 0,75 Liter-Flasche, Grappa ab ca. 1,30 €. Einheimische Biere ab 1,60 € für die 0,33 Liter-Flasche.

Die Lokale

- **Restoran** (Restaurant): Das etwas gehobene Speiselokal gibt es hauptsächlich in den Hotels, es kann aber auch privat geführt sein. Die Speisenauswahl ist groß: Vorspeisen, Fisch- und Fleischgerichte, Nachspeisen.
- **Riblji restoran** (Fischrestaurant): Hier kommen vorwiegend Meeresspezialitäten aus der Adria auf den Teller: Meeresfrüchtesalat, Fischsuppen, gegrillte, gebackene und gekochte Weiß- und Blaufische, gebratene, gefüllte und gegrillte Tintenfische, Muscheln, Hummer ... Wer gerne Fisch isst, ist hier bestens aufgehoben – die Zutaten sind immer frisch und die Art der Zubereitung ist bei uns zu Hause nicht zu finden.
- **Gostiona** (Gasthaus): Gasthäuser werden meist als Familienbetrieb geführt. Oft steht der Wirt oder die Wirtin noch selbst am Herd, das Essen wird aus frischen Zutaten nach Art des Hauses zubereitet. Das Ambiente reicht von einfacher ländlicher bis zur gehobenen rustikalen oder modernen Ausstattung. In kleineren Gasthäusern beschränkt sich die Auswahl auf wenige preiswerte Fleisch- und Fischgerichte.
- **Konoba**: Weinkeller oder kleines Lokal, das Vorspeisen und gelegentlich auch kleine Fischgerichte anbietet.
- **Agrotourismus** (Touristischer Bauernhof): Hier kann man alles, was der Hof produziert, probieren und kaufen, vom Schinken und Käse bis zu Gemüse, Früchten und Wein; ab und zu ist auch ein Restaurant angeschlossen; wenn nicht, gibt es Essen für Nicht-Hausgäste gelegentlich nach Voranmeldung. Agrotourismus-Höfe sind hauptsächlich im istrischen Landesinneren verbreitet.
- **Pizzeria**: Die einstige italienische Vorspeise hat sich auch in Kroatien längst als Hauptgericht durchgesetzt – ein preiswertes, schnelles Essen und eine willkommene Abwechslung zu den Fleischgerichten. Pizzerias gibt es in jedem größeren Ort, allerdings wird dort, im Gegensatz zu ihren deutschen Schwestern, meist tatsächlich nur Pizza angeboten; Salate oder Fleischgerichte stehen selten auf der Karte. Dafür gibt es Pizzen oft in großer Auswahl, gelegentlich auch die wohlschmeckende Holzofen-Pizza.
- **Vinoteka** (Weingeschäft): Hier kann man vor allem Weine, Grappas und Hochprozentiges kaufen.
- **Kavana** (Café) und **Bife** (Buffet): Das Café serviert Kaffee, Tee, türkischen Kaffee, Torten, Gebäck, Eis, Getränke und manchmal auch kleine Snacks. Bifes sind eher eine Art Bar und Treff.

Wo Kinderaugen noch größer werden: istrische Slastičarna

- **Samoposlužni restaurant**: Das Selbstbedienungs-Restaurant, meist in Städten und größeren Feriensiedlungen an der Küste zu finden, ist ein preiswertes Esslokal.
- **Slastičarna** (Eisdiele/Café): die Profis für Espresso, Cappuccino, Kuchen, Torten und vor allem jede Menge eiskalte Variationen.

> Weitere Infos zu den regionalen Spezialitäten und Weinsorten finden Sie in den jeweiligen Regions- und Ortskapiteln im Reiseteil.

Vorspeisen und Snacks

An Vorspeisen gibt es *pršut*, den würzigen, luftgetrockneten Schinken, sowie Käse, *sir*, meist vom Schaf oder von der Ziege. Dazu werden Oliven oder eingelegte Zwiebeln, *kapulica*, und Weißbrot gereicht. Auch Tintenfischsalat, Scampi-Cocktail, gekochter Stockfisch (*bakalar*) oder marinierter Fisch (*marinirana riba*) sind als Appetizer beliebt (bei letzterem werden Makrelen oder Sardinen gebraten, dann in Essig, Öl und Zwiebeln für ein paar Tage eingelegt). Oder, ganz einfach und lecker, einen Trüffeltoast bestellen.

Burek, eine beliebte Zwischenmahlzeit, ist in Bäckereien oder Kiosken erhältlich – die Blätterteigpasteten gibt es mit Fleischfüllung oder auch mit Apfel oder Quark. *Omelettes* werden mit Pilzen, Käse oder Schinken zubereitet.

An leckeren Suppenvarianten gibt es Rindfleischsuppe mit Nudeln (*govećda juha sa tjesteninom*), Tomatensuppe (*juha od rajčica*), Gemüsesuppe (*juha od povrća*) Fischsuppe (*brodet* oder *riblja juha*) oder Lammsuppe (*jagječa čorba*). Last but not least, die in guten Konobas servierte traditionelle *istrische Suppe*, bei der auch die Weinliebhaber Löffel für Löffel auf ihre Kosten kommen: Ein Tonkrug wird mit Teran oder Burgunder gefüllt, mit Zucker, Öl und Pfeffer abgeschmeckt und zum Schluss mit Crostinis angereichert.

Olivenöl – Istriens Grünes Gold

Der Olivenbaum, eine der ältesten Kulturpflanzen der Mittelmeerregion, wurde schon vor Jahrtausenden im Westen Asiens angepflanzt, und wo er bis heute noch wild wachsend vorkommt. Im ersten Jahrtausend vor Christus wurde der Olivenbaum nach Italien exportiert und kam mit den Römern bald auch nach Istrien.

Für ein gutes Wachstum benötigen Olivenbäume heiße, trockene Sommer, kühle Winter und lehmige Böden – das istrische Klima bietet damit beste Voraussetzungen für gute Öle. Schon Griechen und Römer schätzten das wohlschmeckende istrische Olivenöl, das im Mittelmeerraum lange Zeit Maßstäbe setzte: Der Handel mit dem istrischen „grünen Gold" florierte seit der frühen Antike. Nach dem Zweiten Weltkrieg geriet der traditionell hohe Qualitätsanspruch für istrische Öle in Vergessenheit, und es dauerte Jahrzehnte, bis man sich in Istrien der Kunst des Olivenanbaus wieder besann, die man heute mit modernen Techniken kombiniert; seit 1997 wurden in Istrien 280.000 neue Olivenbäume gesetzt, bis 2008 sollen es rund eine Million sein!

Aus der istrischen Küche ist Olivenöl nicht wegzudenken: Fische garen in reichlich Öl, Scampis und Hummer werden in der beliebten „buzzara", einer Sauce aus Wein, Öl und Knoblauch, serviert. Auch Gemüse wird mit einem Schuss Olivenöl verfeinert, und natürlich fehlt es bei keinem Nudelgericht. Dass Olivenöl sehr gesund ist, ist bekannt: es enthält das lebensnotwendige Vitamin E und ist cholesterinsenkend. Ebenso wertvoll ist die frische Olive, die neben Öl, Glykosiden und Eiweißstoffen zahlreiche Mineralien wie Kalzium, organische Säuren, Enzyme sowie die Vitamine A, B1, B2 u. a. enthält. Auch die Kosmetikbranche nutzt die Qualitäten der kostbaren Frucht – z. B. für Seifen, Shampoos und Ölmassagen, die schon zu Römerzeiten als Jungbrunnen galten.

Gutes, kalt gepresstes Olivenöl und eingelegte Oliven gibt es in den Delikatessläden, aber auch auf vielen Bauernhöfen, die hin und wieder eine alte, museumsreife Ölpresse ziert.
Eine umfassende Liste der istrischen Olivenölproduzenten ist beim Tourismusverband erhältlich.

Auswahl istrischer Olivenöl-Produzenten (Uljara = Ölmühle)

Tranquilino Beletic, Ulica Torci 34, Novigrad, ✆ 052/757-799.

Veralda, Kršin 4, Brtonigla, ✆ 052/774-111.

Franco Basiaco, Manzini 15, Buje, Mobil-Tel. 098/334-075.

Dino Antonac, Antonci 9, Grožnjan.

Claudio Ipša, Ipši 10, Livade, Mobil-Tel. 098/219-538.

Giancarlo Zigante, Livade 7, Livade, ✆ 052/664-302.

Novi Torać, Rovinjsko Selo, ✆ 052/816-308 (nur nach tel. Vereinbarung).

Stancija Meneghetti, Bale 091/4553-221.

Aldo Balija, Galižanska 8, Fažana, ✆ 052/521-565.

Livio Belci, Mlinska 7, Vodnjan, ✆ 052/511-035.

Trüffeln – Istriens Weißes Gold

Der Trüffel, halb Knolle, halb Pilz, wächst etwa 30 bis 40 Zentimeter unter der Erde, verströmt einen etwas penetranten Geruch und wird von speziell darauf trainierten Hunden aufgespürt. Das istrische Trüffelgebiet umfasst das Viereck von Buzet (unweit der Mirna-Quelle) bis Motovun und hinab nach Pazin und Lupoglav. 1999 wurde bei Motovun ein 1,31 Kilogramm schwerer Weißer Trüffel entdeckt, der bislang größte der Welt, wie das Guinness-Buch der Rekorde bestätigt.

Zwei Hauptarten von Trüffeln gibt es – den Weißen Trüffel (*beli tartuf*) und den Schwarzen Trüffel (*črni tartuf*). Die kostbare weiße Variante wächst weltweit außer in Istrien nur noch im Piemont (Italien), der Schwarze Trüffel gedeiht auch im französischen Savoyen. **Weiße Trüffeln** (lat. *Tuber magnatum pico*) wachsen von Mitte September bis Januar vor allem im Norden in den feuchten Mischwäldern und Tälern der Region um Motovun und Livade. Was die „weiße" Knolle so rar und teuer macht: sie lässt sich nicht kultivieren. Weitere Unterarten der Weißen Trüffeln wachsen bis in den Mai hinein. Der **Schwarze Trüffel** (lat. *Tuber aestivum vitt*) gedeiht von Mai bis Oktober in den mehr bergigen Regionen südlich von Motovun. Ein halbes Dutzend weitere Unterarten des Schwarzen Trüffels wachsen bis in den Frühling hinein. So ist fast übers ganze Jahr stets für frischen Nachschub auf der Trüffelspeisekarte gesorgt.

Die Trüffeln gibt es frisch geschnitten (die teuerste, aber auch beste Variante), konserviert oder getrocknet (dann wird er in geriebener Form verwendet). Je nach Qualität und Größe der Knolle kostete 2004 ein Weißer Trüffel zwischen 3,50 bis 5 € pro Gramm; der Schwarze Trüffel ist mit 0,30 bis 0,50 € pro Gramm vergleichsweise billig.

Frische Trüffelgerichte erkennt man an den hauchfein geschnittenen weißen oder schwarzen Scheiben. Mit Trüffeln angereicherte Speisen werden meist mit getrockneten, geriebenen Trüffeln verfeinert. Wer sich also im Sommer ein Gericht mit frischen Trüffeln bestellt, kann sicher sein, die Schwarze Knolle auf dem Teller zu haben. Trüffelgerichte gibt es z. B. mit Fuži, Gnocchi, Spaghetti, Fisch, Fleisch, aber auch mit Süßspeisen, wie Mousse, Palatschinken oder Vanilleeis – der Fantasie sind keine Grenzen gesetzt, und Jahr für Jahr erscheinen neue Trüffelkreationen auf der Speisekarte.

Übrigens sind Trüffelgerichte keine Erfindung der Nouvelle Cuisine. Schon vor Jahrhunderten genossen Kaiser und Könige, Künstler und Dichter die Qualitäten der feinen Knolle – die einen priesen ihren Geschmack, die anderen in ihre aphrodisischen Folgen ... *Tartufo vero*, ein Zusammenschluss führender istrischer Trüffelrestaurants, verspricht, dass es dabei bleiben soll und dass unter dieser Marke je nach Jahreszeit zwar unterschiedliche, aber immer frische und gute Trüffeln auf dem Teller landen.

Trüffelsuche: Wer sich auf Trüffelsuche begeben will, kann dies auf eigene Faust, aber auch im organisierten Rahmen tun, z. B. über die Agentur Activatravel Istra in Pula. ✆ 052/215-497.
Wem dies zu mühsam ist: Spezielle Trüffelläden bieten diverse frische und konservierte Trüffeln und Trüffelprodukte an. Adressen und Tipps in den Ortskapiteln.

Trüffelläden: Weiße und Schwarze Trüffeln, eingelegte Trüffeln, Trüffeln in Nudeln und Öl etc. gibt es in gut sortierten Delikatessengeschäften (*Trgovina*) in fast in jedem größeren Ort. Einige Adressen:
CEA-Trade, Portoroška 15, Plovanija, 52460 Buje, ganzjährig geöffnet täglich 9-19 Uhr. ✆ 052/777-409, -410, www.zigantetartufi.com
Buje: Trg J.B. Tita 12, ✆ 052/772-125.
Buzet: Trg Fontana, ✆ 052/663-340.
Livade: Livade 7, ✆ 052/664-030
Pula: Smareglina 7, ✆ 052/214-855.
Umag: Hotel Umag, Punta bb, ✆ 052/714-036
München: Bayernstr. 24, 80335 München, ✆ 089/543-498-61, Vertrieb Leopoldstr. 236.
Wien: IBZ Bienenhof, Kaiserstr. 33, 1070 Wien, ✆ 01/523-5374

Istriens saftigste Muscheln kommen aus dem Limski-Fjord

Fisch und Meeresfrüchte

Charakteristisch für die istrische Küste und die Inseln sind die Fischgerichte, die auf vielerlei Arten mit den unterschiedlichsten Kiemenatmern zubereitet werden. Auf den Tisch kommen Drachenkopf (*škarpina*), Seezunge (*list*), Zahnbrasse (*zubatac*), Goldbrasse (*orada*), Seebarsch (*brancin*), zudem Scampi, Muscheln, Austern, Langusten, Hummer, Tintenfisch.

Na žaru heißen die **gegrillten Fische** – der Holzofen, geschürt mit Olivenholz oder dem Reisig der Weinstöcke, gibt Fischen und Schalentieren seine besondere Würze. Gold- und Zahnbrassen, Seebarsche, Meeräschen, aber auch Makrelen und Sardinen werden davor mit Knoblauch gespickt und mit Kräutern und Lorbeerblättern gewürzt.

Für die **gekochten Varianten** (*na lešo*) wandern Drachenkopf, Zahnbrasse oder Hechtdorsch in den Topf, die dann in Wasser, Öl, Weinessig und mit Lorbeerblättern, Zwiebeln und Pfefferkörnern gegart werden. Besonders lecker ist der **Fischeintopf** *brodet*, für den verschiedenste kleine Fische mit Wein, Öl, Lorbeerblättern, Zwiebeln, Petersilie und Tomatenmark längere Zeit im Topf garen. Dazu wird Maisgrieß (*pura* oder *polenta*) gereicht.

Eine Delikatesse sind die **gedünsteten Fische**: Langusten (*scampi na buzaru*), gefüllte Tintenfische (*punjene lignje*) und anderes Meeresgetier schmoren mit Knoblauch und Zwiebeln gespickt in einem mit Knoblauch ausgeriebenen, mit Öl und Wein gefüllten Topf. Auf ähnliche Weise werden Muscheln in Wein und mit viel Knoblauch gedünstet. Dazu wird Weißbrot gereicht, mit dem man die leckere Soße aufsaugt. Auch im Ofen gebackener Fisch mit Kartoffeln ist eine beliebte Variante.

Schalentiere sind ein etwas teuerer Genuss: Hummer (*jastog*) wird in Weißwein und Kräutern gekocht und überbacken mit hausgemachten Nudeln oder nach individuellem Wunsch serviert. Fast immer stehen Muscheln, manchmal auch Austern auf der Karte.

Gebackene und **panierte Fische** sind eine Variation der österreichischen Küche; dazu werden Sardinen, Thunfisch (*pečena tuna*) oder die beliebten Kalamaris (*prežene lignje*) verwendet.

Fleischgerichte

Beliebte istrische Spezialitäten sind *Wildschwein* und *Spanferkel* am Spieß, die sich besonders an Sonntagen überall auf den vor den Gasthäusern aufgestellten Grills drehen. Populär ist auch das Fleischgaren unter der *peka*, auch *cripnja* genannt, einer Art Tonglocke, die mit Glut und Asche bedeckt ist (*meso pod pekom*). Dabei wird das Fleisch (Wildschwein, Kalb, Huhn oder Lamm) langsam und schonend gegart und bleibt dadurch zart und saftig.
Eine besondere Spezialität sind die Lammgerichte: Lammsuppe, Lammbraten (unter der *peka*), Lamm gekocht und auch Lamm am Spieß.
Speisen vom Holzkohlengrill gelten als Nationalgerichte Ex-Jugoslawiens und stehen überall auf der Karte. Die bekanntesten und verbreitetsten sind die *ćevapčići* (Fleischröllchen aus gehacktem Schweine-, Hammel- oder Kalbfleisch), *ražnjiči* (gemischte Fleischspieße) und *pljeskavica*, eine Art Hamburger.
Der *Mixed Grill* ist eine Grillplatte mit verschiedenen Fleischgerichten – čevapčići, ražnjiči, Lamm- und Schweinekotelett sowie Leber.

▸ **Wildgerichte** werden meist mit Hasen und Wildschweinfleisch zubereitet, manchmal wird auch Fasan serviert; meist kommt das Fleisch als Gulasch mit Fuži oder Gnocchi auf den Tisch (fuži, njoki s divljači).

▸ **Weitere istrische Fleischspezialitäten**: *Istrisches Schnitzel* – paniertes Kalbsschnitzel, gefüllt mit *pršut* und Käse (ab und zu Schafskäse), dazu Reis und Gemüse.
Pfeffersteak – Rinderfilet mit Pfeffersoße und Kroketten.
Rumpsteak mit Trüffeln (*ramtek s tartufma*) oder Kalbsmedaillons mit Pilzen (*teleći medaljoni s gljivama*).
Mesni pladanj za dva osobe – gegrilltes Fleisch aller Art mit Kartoffeln und Reis für zwei Personen.
Ombolo – luftgetrocknetes Schweinefleisch vom Kotelett, mit Salz, Pfeffer, Knoblauch und Lorbeerblatt eingerieben und mindestens 3 Wochen mariniert (Vorbereitungszeit insgesamt länger als 1 Monat). Schmeckt hervorragend als Vorspeise oder gegrillt.
Njoki sa šugom od zeca – Gnocchi mit Hasenfleischsoße (frische Tomatensoße wird mit Rosmarin, Pfeffer, Knoblauch und Lorbeerblatt abgeschmeckt).
Purica na lovranski način – Pute mit Füllung aus Maronen, Schlagsahne, durchpassiertem Kalbfleisch, Eiern und etwas Cognac, langsam gebacken und immer wieder mit Wein übergossen.

Reis- und Nudelgerichte

Die Venezianer hinterließen Reis- und Nudelgerichte in zahlreichen Variationen – mit Meeresfrüchten, Fleisch (z. B. Hähnchenrisotto), mit Gemüse, Pilzen oder Hackfleischsoße.

Die **Reisgerichte** (*rižota*) werden vegetarisch mit Erbsen, Pilzen und Trüffeln, an der Küste mit schwarzen oder weißen Tintenfischen, Muscheln oder Langusten zubereitet. **Spaghetti** gibt es in ebenso zahlreichen Varianten: mit Tomaten- oder Hackfleischsoße, mit Meeresfrüchten, Muscheln oder Trüffeln (sehr lecker); auch **Gnocchi** (zarte Kartoffelmehlklößchen) mit Pilzen oder Gorgonzola oder Trüffeln sind oft auf der Karte zu finden, sowie **Fuži**, eine Art Pasta, die auf Holzstäbchen eingedreht wird.

Überhaupt spielen die weißen und schwarzen Trüffeln in der nordkroatischen Küche eine große Rolle; sie kommen mit Reis, Pasta, Fuži, Gnocchi und Fleisch auf den Tisch. Am seltensten und begehrtesten ist der weiße Trüffel, der im Herbst in den Wäldern Istriens wächst, das zu den wenigen Trüffelgebieten Europas zählt.

Gemüse

Das beliebteste Gemüse an der Küste ist Mangold, *blitva*, gekocht und mit viel Olivenöl abgeschmeckt. Daneben gibt es Tomaten (*paradižnik* – österreichisch „Paradeiser"), Bohnen, Auberginen, Zucchini und eine weitere istrische Spezialität, den grünen Wildspargel.

Beilagen

Eine istrische Spezialität ist Maisbrei, *pura* oder *polenta*, der zu Fischsud oder frischem Tintenfisch und Makrelen gereicht wird. Die üblichen Beilagen auf der Karte sind Kartoffeln, Reis, Nudeln und die unvermeidlichen Pommes frites. Zu Grillfleisch, *pljeskavica*, isst man *ajwar*, ein rötliches Mus aus Tomaten, Paprika und Auberginen. Gehackte Zwiebeln dürfen ebenfalls nicht fehlen. An Salaten gibt es Blatt-, Tomaten-, Gurken-, Krautsalat-, Ruccola- und Radicchiosalat. Einige Restaurants bieten auch Salatbuffets.

„K. u. k. Symphonie" – eine edle Trüffelspeise

Nachspeisen

Palačinke – Pfannkuchen mit Marmelade, Schokolade, Walnüssen oder auch mit Eis und flambiert.

Savijača s jabukama (sa sirom) – Apfel- (oder Topfenstrudel).

Voćni kupovi – Obstbecher in verschiedenen Variationen mit Sahne oder Eis.

Neben Eiscreme, *sladoled*, ist die *kremšnite* eine beliebte Nascherei: ein mit Creme oder Vanillepudding gefüllter Blätterteig, manchmal unter einem Schokoladenüberzug versteckt. Die kremšnite gibt es in Restaurants als Nachspeise oder in Eisdielen (*slastičarnas*).

Istrische Süßspeisen-Spezialitäten sind *fritule* und *kruštule*; sie werden aus Hefeteig zubereitet, wie Krapfen in Öl ausgebacken und mit Puderzucker bestreut. *Rošata*, eine Art Eierstich, besteht aus Eiern, Zucker und Milch.
Die stark gezuckerte Nachspeise *baklava*, Blätterteig mit Walnussfüllung, wird hauptsächlich in slastičarnas serviert.

Weit reicht der Blick über die Weinfelder nach Buje

Istriens Weine

Wein ist in Istrien mehr als ein Getränk. Wie in vielen mediterranen Regionen steht Wein auch auf der kroatischen Halbinsel für eine Jahrtausende alte Lebenskultur. „Brot für den Leib, Wein für die Seele" ist ein auch für Istrien passendes Motto. Weinreben waren schon bei den Illyrern und Histrern bekannt. Doch erst die Griechen hatten die Kunst des Weinanbaus kultiviert, zu dessen Verbreitung auch die römischen Soldaten beitrugen: Bei ihren Feldzügen führten sie die Pflanzen mit und bauten sie dort an, wo sie sich länger niederließen.

Heute, zwei Jahrtausende später, beträgt die Anbaufläche der istrischen Weingärten rund 6.150 Hektar; unter den Habsburgern war sie bis Anfang des 20. Jahrhunderts mit rund 33.000 Hektar fünf Mal so groß, der Absatz der istrischen Weine blühte. Das sollte sich im 20. Jahrhundert ändern: Sowohl die jugoslawischen Staatssozialisten unter Tito als auch die Reblaus hatten an blühenden Weinbergen kein Interesse.

Das mit 5.840 Hektar größte istrische Anbaugebiet erstreckt sich heute an Istriens Westküste von Buje im Norden bis hinab nach Pula. In Küstennähe ist die eisen- und mineralhaltige Erde lehmig-rot – für den *Teran* und säurebetonte fruchtige Weine eine hervorragende Grundlage. Im Hinterland um Buzet, Pazin und um Labin herrschen „weiße Erde" und Flysch-Gestein vor; hier werden auf einer kleinen Fläche von 210 Hektar fast ausschließlich weiße Trauben angebaut. Die Weißweine dominieren in Istrien mit rund 70 Prozent, der Rest sind Rot- und Roséweine; allerdings unterliegt der Anbau auch häufig wechselnden Modetrends.

Bei den Weißweinen zählen neben Malvazija, Chardonney und Muskat die Weiß- und Grauburgunder zu den beliebtesten istrischen Rebsorten; bei den Rotweinen sind es Teran, Merlot, Gamay, Cabernet, Sauvignon und Blauburgunder.

Der *Teran* mit seiner intensiv rubinroten Farbe ist eine bodenständige, jahrhundertealte Rebsorte, den daraus gewonnenen *vinum pucinatum* genossen schon

Erlesene Weine ...

Kaiser und Könige. Die raue Bora, die über die Berge fegt, lässt hier nur einen widerstandsfähigen kleinen, gedrungenen Rebstock überleben. Neben dem mit ca. 12 Prozent Alkohol vergleichsweise schweren Teran ist der *Refosco*, eine Untersorte des Teran mit violettroter Farbe, wegen seiner Bekömmlichkeit sehr beliebt und mit einem mit einem Alkoholgehalt von 8 bis 9 Prozent deutlich leichter. Eine Besonderheit sind die Teran-Weine, die in den aus Eichenholz gefertigten Barrique-Fässern ausreifen und dadurch ihren speziellen Geschmack erhalten. Teran-Weine passen hervorragend zu Eintöpfen, Fleisch- und Wildgerichten.

Der Gegenspieler des roten Teran ist der fruchtig-frische weiße *Malvazija*, dessen strohgelbe bis goldgelbe Farbe an Akazienblüten erinnert. Die Malvazija-Traube, eine ebenso widerstandsfähige Rebsorte, wurde wahrscheinlich von venezianischen Kaufleuten eingeführt und ist die Basis für Istriens meistgetrunkenen Wein. Viele junge Winzer haben sich in den letzten Jahren mit dem lange Zeit stiefmütterlich behandelten Wein intensiv beschäftigt und zahlreiche internationale Medaillen gewonnen, neuerdings lässt man auch den Malvazija in Barrique-Fässern ausreifen. Der Malvazija wird gerne zu Fisch- und Krustentiergerichten getrunken.

Eine dritte bekannte istrische Weinsorte ist der *Muskat*, der bevorzugt in der Gegend um Momjan kultiviert und süß oder trocken ausgebaut wird. Er besitzt eine goldgelbe Farbe, sein Bouquet verströmt den Duft wilder Nelken und man sagt ihm aphrodisierende Wirkung zu. Je nachdem, ob süß oder trocken, findet er seinen Platz in der feinen Gourmetküche und bei Desserts.

Wem das alles zu stark ist: Die Istrier schätzen auch die bei uns bekannten, mit Wasser gestreckten Weinschorlen, auf Kroatisch *gemišt*.

Weinstraßen

Die istrischen Winzer-Betriebe reihen sich an vier *Hauptweinstraßen*:

Weinstraße Buje (Brtonigla, Umag, Novigrad, Dajla, Nova vas, Grožnjan, Buje, Savudrija)

Weinstraße Poreč und Umgebung (Visnjan-Tar, Baderna, Funtana, Lovrec)

Weinstraße Pazin und Umgebung (Buzet, Tinjan, Pazin)

Weinstraße Rovinj (Rovinj, Vodnjan, Vabandon)

Die zentrale istrische Winzergenossenschaft residiert in Poreč, ✆ 052/452-797.

... in großer Auswahl

Weingüter

Es gibt ein ganze Reihe guter bis sehr guter Winzer, die im größeren und kleinen Stil keltern; einige davon haben sich über die Grenzen Istriens einen Namen gemacht, ob durch bessere Werbung oder durch bessere Qualität sei dahingestellt. Die Weine der bekannteren Winzerbetriebe der Region finden sich in vielen Restaurants und Feinkostgeschäften überall in Kroatien – ein Privatankauf in kleinen Mengen und ohne Vorbestellung ist hier oft nicht möglich, am besten sich vorher telefonisch erkundigen. Etliche Winzer bieten auch Agrotourismus an – man kann also abends in aller Ruhe die Weine probieren und sich dann gleich wohlig schlafen legen.

Mini-Weinlexikon

Crveno vino	Rotwein
Bijelo vino	Weißwein
Pjenusavo vino	Sekt
Stolno vino	Tafelwein
Kvalitetno vino	Qualitätswein
Cuveno vino	Auslese
Desertno vino	Dessertwein
suho	trocken
polusuho	halbtrocken
slatko	süß
poluslatko	halbsüß

Empfehlenswerte Winzer (Auswahl)

Region Buje

Moreno Degrassi, Basanija b.b., Savudrija, ✆ 052/759-844.
Moreno Coronica, Koreniki 86, Umag, ✆ 052/730-196.
Lupi, Palih boraca 17, Brtonigla, ✆ 774-717.
Veralda, Kršin 4, Brtonigla, ✆ 052/774-111.
Gianfranco Kozlović, Valle 78, Momjan, ✆ 052/779-177.
Kabola, Kremenje b.b., Momjan, ✆ 052/779-047.
Clai, Brajki 104, Krasica, Mobil-Tel. 091/577-6364.

Region Buzet

Damir Sirotić, Sovinjsko polje b.b., Buzet, ✆ 052/663-027.

Region Poreč

Elido Pilato, Vrh Lašići 16, Vižinada, ✆ 052/446-281 (nur nach Voranmeldung und mit organisierter Führung).
Frank Arman, Narduči 5, Vižinada, ✆ 052/446-226.
Marijan Arman, Narduči 3, Vižinada, ✆ 052/446-229.
W. Waltraud & Wolfgang Ernst, Bajkini 11, Vižinada, 052/446-055.
Peter Poletti, Markovac 14, Višnjan, ✆ 052/449-251.
Franko Radovan, Radovani 14, Višnjan, ✆ 052/462-166.
Ivica Matožević., Krunčići 2, Sv. Lovreč, Mobil-Tel. 098/367-339.

Region Pazin

Darko Matijašić, Pekasi, Zamaski dol, ✆ 052/682-126.
Ranko Andelini, Velanov brijeg 42, Pazin, ✆ 052/622-599,

Region Vodnjan

Demjan, Radeki polje 83, Marčana, ✆ 052/506-352.

Andere Getränke

- **Spirituosen**: Der Dessertwein *prošek* ist als „vinum sanctum" (heiliger Wein) seit römischer Zeit bekannt. *Istra-Bitter* nennt sich ein Aperitif, der ähnlich wie Campari schmeckt. An härteren Sachen findet man Spezialitäten wie den Kräuterschnaps, *travarica*, und natürlich *šljivovica*, den Pflaumenschnaps. Fast jede Gostiona hat zudem ihren eigenen Hausschnaps, der vor oder nach dem Essen angeboten wird.
  Rovinjer Pelinkovac (Wermutschnaps): ein bitterer Likör aus Wermut (Arthemisia absinthium), das berüchtigte Wermutströpfchen ...
- **Bier**, *pivo*: Beliebte einheimische Biere sind z. B. das *Karlovac* oder das slowenische *Laško*, aber auch bayerische Biere sprudeln aus istrischen Zapfhähnen sowie eine bekannte Marke aus dem hohen deutschen Norden.
- **Kaffee** wird traditionell in einem langstieligen Kupferkännchen zubereitet und als süßer türkischer *kava* serviert; der Zucker wird entweder gleich mitgekocht oder separat gereicht. Häufig bieten die Cafés und Café-Bars echten italienischen Espresso und Cappuccino, daneben auch Milch, Kakao und Tee mit Rum oder Zitrone.
- **Säfte**: An nichtalkoholischen kalten Getränken gibt es neben diversen Mineralwassern (eine ähnliche Palette wie bei uns zuhause) u. a. Apfel-, Orangen- und Aprikosensaft, Limonaden und Zuckerwassersäfte oder frisch gepressten Orangensaft (meist in Eisdielen).

Hochprozentiges für jeden Geschmack

Istrisches Surfer-Paradies – Halbinsel Kamenjak

Sport

Zu allen hier erwähnten Sportarten finden Sie im Reiseteil unter den jeweiligen Orten detaillierte Angebote und Adressen.

- **Baden**: Die istrische Küste bietet rundum gute Badebedingungen, ist aber bis auf wenige Abschnitte meist felsig. Die für gute Wasserqualität stehende „blaue Flagge" weht auch an den Stränden der großen Touristenorte wie Umag, Poreč und Rovinj, wo sich Zigtausende im Meer tummeln. Das meist klare Meerwasser bietet in die Tiefe oft Sichtweiten von bis zu 15 Metern. Die Wassertemperaturen liegen zwischen 20 und 23 °C. In der Nähe von Städten oder in Häfen sollte man das Bad im Meer freilich meiden.

Über die Badewasserqualität an der istrischen Küste informiert der ADAC vom 28. Mai bis 31. August unter ✆ 0180/ 5232221 oder www.adac.de.

- **Canyoning**: Wird vor allem im Učka-Gebirge und bei Ausflugsfahrten ins slowenische Soča-Tal angeboten – eine Kombination aus Klettern, Erkunden von Schluchten sowie Überspringen und Hinabrutschen von Wasserfällen.
- **Fahrradfahren**: Istrien ist ideal zum Radeln und Mountainbiken – über die gesamte Halbinsel zieht sich ein groß angelegtes Netz von markierten Touren mit ca. 1.500 km Länge! Fahrräder (meist Mountainbikes) kann man in allen größeren Orten über Touristinformationen, Hotels und Verleihgeschäfte mieten – pro Tag ab

Radler finden in Istrien ein dichtes, markiertes Wegenetz (am Limski-Fjord)

ca. 12 €. Wer allerdings Wert auf sehr gute Qualität (Federung!) legt, nimmt seinen Drahtesel besser von zu Hause mit.

Information und Fahrradkarten In den Agenturen, bei den Touristbüros, beim Tourismusverband Istrien oder unter www.istra.com/zupan/nem/bike-index-2.html.

- **Free-Climbing** und **Klettern**: Tolle Klettergebiete sind das Učka- und Ćićarija-Gebirge, die für alle Konditionen und Schwierigkeitsgrade Felsengärten bieten (Näheres in den Ortskapiteln „Lovran" und „Opatija").

- **Fischfang**: Das im Norden bis auf 10–15 m Tiefe klare adriatische Meer lädt zum Fischen und Angeln ein – 365 verschiedene Fischarten soll es hier geben. Die *Fangmittel* sind gesetzlich festgelegt.

Für das Meer gilt: Mit Ausnahme des Angelns vom Ufer aus braucht man eine Genehmigung der zuständigen Gemeinde. Am Ufer ist ein Fang von bis zu 5 kg täglich erlaubt. In Häfen und Naturschutzparks ist der Fischfang verboten – auch Muscheln und Krebse sind geschützt.

Fischfanggebiete sind die Gewässer rund um die Küste und die Inseln. Gefangen werden von Nord nach Süd hauptsächlich Tintenfisch, Makrele, Goldbrasse, Brauner Serran, Thunfisch, Drachenkopf, Meeräsche, Aal, Zahnbrasse, Gelbstriemen, große Geisbrasse, schwarzer Schattenfisch, Muräne, Sackbrasse, Seebarbe und Rotbrasse.

• Informationen Die Broschüre *Sportfischerei* liegt in den Fremdenverkehrsämtern kostenlos aus. Über Fischereizentren geben die örtlichen Touristinformationen Auskunft.

• Sportfischereiverband Verband für Unterwasseraktivitäten und Sportfischerei am Meer Kroatien, Ul. Grada Vukovara 78, ✆/℻ 01/6106-208.

- **Golf**: Auf der Hauptinsel *Veli Brijun* können Golfer inmitten der wunderschönen Landschaft des Nationalparks der Brijuni-Inseln stilvoll ihr Eisen schwingen – Veli Brijun bietet den derzeit einzigen Golfplatz in Istrien.

▸ **Kanu- und Kajakfahren**: Hierzu fährt man am besten über die Grenze nach Slowenien ins Soča-Tal. Die Zentren sind Tolmin, Kobarid und vor allem Bovec. Als Tages- oder auch mehrtägiger Ausflug eine tolle Sache.

▸ **Paragliden**: Eine wunderschöne Art, Istrien buchstäblich aus der Vogelperspektive kennen zu lernen. Agenturen bieten Paragliding im Učka- und Ćićarija-Gebirge an (Details in den Ortskapiteln „Lovran" und „Opatija").

▸ **Rafting**: Auch für diese Sportart muss man sich nach Slowenien ins Soča-Tal (Tolmin, Kobarid oder Bovec) aufmachen – als individueller oder von einer Agentur organisierter Tagesausflug gut machbar.

▸ **Reiten**: Pferdeliebhaber finden in Istrien überall gute Möglichkeiten zum Reiten (Details dazu über die Kroatische Fremdenverkehrszentrale – siehe Wissenswertes A–Z/Information – sowie in den Ortskapiteln im Reiseteil).

▸ **Schnorcheln**: Die istrischen Felsküsten sind ein Paradies für Schnorchelfreunde, zahlreiche Fischarten und krebsartiges Getier tummeln sich in den klaren Tiefen. Schnorchelausrüstung am besten von zuhause mitnehmen!

▸ **Sportschifffahrt**: Für Segelfreunde und Motorbootfahrer ist die Küste ein ideales Revier – die kroatische Küste misst insgesamt 6.116 Kilometer und bietet mehrere hundert Häfen an der Küste und auf den Inseln sowie zahlreiche schöne Jachthäfen (Details siehe „Marinas und Jachthäfen" im Reiseteil). Und weil der Nautiksport boomt, werden Jahr für Jahr die Marinas ausgebaut – die Zahl der ganzjährig aufgenommenen Segelschiffe und Motorboote steigt ständig, und die schönsten und am besten ausgestatteten Marinas sind schnell wieder ausgebucht.
Immer beliebter werden auch Boots- und Segeltörns in der Adria. Wer keinen Segel- oder Bootsführerschein besitzt, kann ihn an der Küste erwerben. Und wer sich keine Luxusjacht leisten kann, kann sich auf fast jeder Insel für 40–60 € pro Tag ein 4-PS-Motorboot mieten.

• *Infos zum Jacht- und Bootscharter* **Udruženje nautičkog turizma** (Verband des nautischen Tourismus), Bulevar oslobodenja 23, 51000 Rijeka; www.hgk.hr. **ACI-Club**, Maršala Tita 151, P.O.B. 109; 51410 Opatija, ✆ 051/271-288, 📠 051/271-824; www.aci-club.hr.

• *Jachtcharter* **Agentur X-Dream**, vermittelt exklusive Jachten, z. B. TriStar 27 (27 m lang, 6,50 m breit, 3 Etagen!), 6000 €/4 Personen/Tag mit Crew und Betreuung und Anreise mit Flugzeug ab Graz. Sicher eine tolle Sache für den, der sich's leisten kann. X-dream, ✆ 0043/676/3110-431, www.xdream.at.

▸ **Surfen**: Die Adriaküste bietet Anfängern wie Profis sehr gute Bedingungen zum Surfen und zum Kite-Surfen – sehr beliebt ist die Gegend um Premantura, hier werden auch internationale Wettbewerbe ausgetragen. Anfänger haben die Möglichkeit, sich in windgeschützten Buchten mit dem Brett vertraut zu machen. Surfbrettverleihe gibt es in den meisten Hotels und auf Campingplätzen, manchmal sind auch Surfschulen angegliedert. Ein 5-tägiger Kurs kostet ca. 200 €.

▸ **Tauchen**: Die kroatische Adria ist ihrer extrem tiefen Sichtweite und des sauberen Wassers wegen ein Tauch-Eldorado. Getaucht wird zu Wracks (z. B. alte Handels- und Passagierschiffe), zu Amphorenfeldern und an Steilwänden, in Grotten und Höhlen mit bizarrer Meeresflora und -fauna.

Das Tauchen mit Pressluftflaschen ist erlaubt, muss aber angemeldet werden. Tauchgenehmigungen gibt es bei der Polizei, beim Gemeindeamt, Hafenamt oder in den Touristinformationen. Die Ämter informieren auch über die Sperrgebiete. Für das Unterwasserfotografieren gelten dieselben Vorschriften. Unterwasserjagd mit der Harpune ist verboten.

Dutzende moderne Marinas säumen die istrischen Küsten (Pješčana uvala)

Tauchschulen gibt es in jedem Touristenort an der istrischen Küste. Nicht vergessen: für die Lehrgänge braucht es ein Gesundheitszeugnis, das die Tauchtauglichkeit bescheinigt; am besten von zu Hause mitbringen; manchmal wird das Zeugnis auch von Tauchclubs ausgestellt (**Tauchernotruf: 9155**).

• Zentrale Infostelle des Kroatischen Tauchclubs **Pro Diving Croatia**, Dalmatinska 12, 10000 Zagreb, ✆ 00385/1/4848-765, 00385/1/4849-119; www.diving-hrs.hr. **Udruženje nautičkog turizma** (Verband des nautischen Tourismus), Bulevar oslobodenja 23, 51000 Rijeka; ✆ 051/ 209-111, 051/216-033; www.prodiving.hr.

▸ **Tennis**: Istrien ist ein Mekka für Tennisfreaks, Tenniszentren sind die Stadt Umag und Poreč. In Umag werden jährlich die *ATP-Croatia-Open* ausgetragen, hier haben auch die führenden Tennisschulen ihren Sitz. Aber auch in anderen Orten Istriens gibt es in allen besseren Hotelanlagen, auf Campingplätzen und in Sportzentren Tennisplätze.

▸ **Wakeboard**: Per Wasserlift mit dem Board über *pipes* jumpen kann man in Poreč/Zelena laguna, siehe dort.

▸ **Wandern**: Schöne Wanderungen locken im Učka- und Ćićarija-Gebirge. Wer nicht auf eigene Faust wandern möchte, wendet sich an die Agenturen oder erkundigt sich nach einem Bergführer. Gutes Schuhwerk empfiehlt sich, für Bergtouren ist es unabdingbar (Details in den Ortskapitel „Lovran" und „Opatija").

▸ **Wasserski**: In allen größeren Touristenorten an der Küste ist Wasserskifahren möglich. Wer weder eigenes Boot noch Skier dabei hat, kann sich die Ausrüstung in Hotels oder über die Touristeninformationen leihen.

Bitte beachten: Zum Strand ist ein Mindestabstand von 150 m einzuhalten, erst dann darf der Bootsmotor auf vollen Touren laufen, und der Spaß für den Läufer ist gesichert. Zudem muss neben dem Fahrer ein Beifahrer anwesend sein, der den Wasserskiläufer beobachten kann, und das Boot muss über einen Rückspiegel verfügen.

Wissenswertes von A bis Z

Ärztliche Versorgung

Nach dem Versicherungsabkommen mit Kroatien gilt der *Auslandskrankenschein* (HR/D 111). Gegen Vorlage des HR/D 111 erhalten Sie von der örtlichen Krankenversicherungsanstalt Kroatiens (*Hrvatski Zavod Za Zdravstveno Osiguranje – HZZO*) eine „Bescheinigung über die Inanspruchnahme von Sachleistungen", mit der Sie bei jeder medizinischen Einrichtung ärztliche und zahnärztliche Behandlung, Heilmittel oder Krankenhausbehandlung in Anspruch nehmen können. Im Notfall können Sie Leistungen mit der HZZO auch direkt nutzen. In der Regel fallen Zuzahlungen zwischen 5% und 25% der Kosten an; bei Medikamenten, die nicht auf der Positivliste stehen, bis zu 100 %.

Private Auslandsversicherung: Wer im Krankheitsfall kein Risiko eingehen will, sollte diese Versicherung abschließen, die auch die Kosten des Krankenrücktransports trägt. Die ärztliche Versorgung in Slowenien entspricht europäischen Standards, und in jedem größeren Ort gibt es ein Krankenhaus oder eine Klinik. Im Sommer sind in Touristenorten separate Ambulanzen für ausländische Besucher eingerichtet, größere Hotels bieten zudem medizinische Erstversorgung.

Krankenhäuser (*Bolnica*), Krankenstationen (*Dom zdravlja*) oder eine Ambulanz (*Ambulanta*) gibt es in fast allen Städten. Ärzte finden sich in nahezu jedem Ort, in Touristenorten gibt es auch Hotelärzte. Die Ärzte sprechen Englisch, Deutsch oder Italienisch.

Apotheken (*Ljekarna*) gibt es in jedem größeren Ort; sie sind meist von 8–19 Uhr, samstags bis 14 Uhr (teils auch sonntags) geöffnet. Zudem gibt es wie bei uns auch einen Apotheken-Notdienst.

In dringenden Fällen können Sie sich an den ADAC-Telefondienst (München ✆ 089/22 22 22) wenden, der Adresse und Telefonnummer eines Deutsch sprechenden Arztes vermittelt oder einen Krankentransport veranlasst.

Polizeinotruf ✆ **92**
Unfallrettung ✆ **94**
Deutschsprachiger ADAC-Notruf ✆ **01/363-6666** und **01/363-6000**
Siehe auch unten: **Telefon/Wichtige Nummern**

Diplomatische Vertretungen

• *Botschaften der Republik Kroatien* **Deutschland**, Ahornstr. 4, 10787 Berlin, ✆ 030/21915-514, 📠 030/23628-951.

Österreich, Haubergasse 10, 1170 Wien, ✆ 01/4802-083, 4864-285, 📠 01/4802942.

Schweiz, Gurtenweg 39, P. O. Box 231 Muri/Bern, ✆ 031/9256-659, 📠 031/9256-693.

• *Botschaften in Kroatien* **Deutsche Botschaft**, 10000 Zagreb, Ul. grada Vukovara 64, ✆ 01/6158-105, 📠 01/6158-103.

Österreichische Botschaft, 10000 Zagreb, Jabukovac 39, ✆ 01/4881-050, -052, 📠 01/ 4834-461.

Schweizer Botschaft, 10000 Zagreb, Bogovićeva 3, ✆ 01/4878-800, 📠 01/4810-890.

Weitere Infos unter **www.mvp.hr**

Elektrizität und Trinkwasser

Die Spannung beträgt 220 V, 50 Hz. Das Trinkwasser ist im ganzen Land einwandfrei und trinkbar. Dennoch bevorzuge ich immer Wasser aus Flaschen.

Finanzen

Währung: Kroatische Kuna (KN oder HRK) – 1 Kuna (1 Kuna = 100 Lipa). 1 KN = 0,13 €; 1 € = ca. 7,50 KN. Die Ein- und Ausfuhr ist bis 15 000 KN erlaubt. Fremdwährungen unterliegen keiner Beschränkung. Die meisten Preise sind in Euro angegeben.

Geld kann man in Banken, Wechselstuben und auf der Post tauschen, aber auch an den Rezeptionen von Hotels und Campingplätzen.

Bargeld sollte man auf jeden Fall zumindest teilweise mitnehmen; der Bargeldumtausch ist in Kroatien günstiger als z. B. in Deutschland. Der Kurs entspricht dem von Reiseschecks.

Geldautomaten zum Abheben mit EC-Karte gibt es in jedem touristischen Ort, darauf verlassen sollte man sich nicht; Höchstgrenze pro Tag sind 1000 €.

Reiseschecks sind das sicherste Zahlungsmittel für unterwegs und werden ebenso problemlos akzeptiert. Zu Hause in der Heimatwährung (bei Banken und Postämtern) in verschiedenen Stückelungen ausstellen lassen.

Wer ein Postbank-Sparkonto besitzt, kann mit der **Sparcard** an Geldautomaten mit Visa-Symbol Geld abheben.

Zahlen kann man auch mit **Kreditkarten** (American Express, Diners, Eurocard, Visa); diese werden in der Regel aber nur von Hotels, Autovermietungen, Jachtcharters, exklusiven Restaurants und größeren Geschäften akzeptiert.

Achtung: seit 2005 gibt es die (für Deutschland) kostenlose Karten-Notrufnummer **116116**, über die Kunden verlorene oder gestohlene Bankkarten sperren lassen können. Viele Banken (Sparkasse, Volks-/Raiffeisenbank) sind an diese Nummer angebunden.

Feste und Veranstaltungen

Im Juli und August bieten die größeren Städte und Touristenorte ein breit gefächertes Musik-, Theater- und Folkloreprogramm. Die Fremdenverkehrsämter geben jährlich einen Veranstaltungskalender mit genauen Spielzeiten heraus, der in den

Vrsar – die „Montraker"-Bildhauerschule lädt im Sommer zum Meißeln ein

großen Touristinformationen erhältlich ist. Zusätzliche Infos gibt der kostenlose Kulturführer „Kulturlandschaft Istrien" vom istrischen Tourismusverband. Weitere Informationen im Internet unter *www.croatia.hr/events.*

Im Folgenden eine Auswahl der größeren jährlichen Kulturereignisse; detaillierte Infos sowie weitere Termine entnehmen Sie bitte den jeweiligen Ortskapiteln unter der Rubrik „Veranstaltungen".

• *Barban* **Trka na Prstencac**, ein Ritterspiel, Ende August.

• *Brtonigla* **Hortus Niger**, internationale Schule der Bildenden Künste, im August.

• *Buzet* **Trüffelfest** am 2. Septemberwochenende.

• *Grožnjan* **Musiksommer**, internationales Treffen der Musikjugend.
Ex Tempore, Künstler schaffen Werke zu vorgegebenen Themen; im September und Oktober.

• *Livade* **Agrarmesse u. a. mit Trüffelprodukten**, jeden Samstag im Oktober.

• *Motovun* **Internationales Filmfestival**, 1. Augustwoche.

• *Novigrad* **Music Nights**, Jazz- und Blues-Festival; 2-3 Tage Ende Juli/Anfang August.

• *Opatija* **Festspiele** mit Opern, Ballett, Konzerten u. a.; im Juli/August.
Liburnia-Jazzfestival, 1. Juliwochenende.
Segelregatten: Anfang Juli und am 3. Wochenende im November.
Karneval mit traditionellen Masken, Mitte Januar bis Mitte Februar.
Maronenfest (Marunada) in Dobreć und Lovran (bei Opatija); Mitte bis Ende Oktober.

• *Oprtalj* **Filmwochenende** im Juli.

• *Pazin* **Jules-Verne-Tage**, am letzten Juliwochenende.

• *Poreč* **Annale**, internationale Kunstausstellung im August.
Kirchenkonzerte in der Euphrasius Basilika.
Filmfestival „Charming 10", Anfang August.
Street Art, Kultur & Musik auf den Plätzen der Stadt; im August.

• *Pula* **Histria-Festival**, Theater, Konzerte, Opern u. a. im Amphitheater und auf anderen Plätzen; im Juli/August.
Pula Filmfestival Mitte Juli.

• *Rovinj* **Grizija**, Künstlertreff und große Open-Air-Ausstellung in der Innenstadt; am 2. Sonntag im August.
Rovinjer Nacht, am 3. Augustwochenende.

• *Svetvinčenat* **Konzerte** im Rahmen des Ethno-Jazz-Festivals, Anfang Juli im Kastell; **Tanz- und Pantomime-Festival** Ende Juli.

• *Umag* **Istrische Orgeltage**, hochkarätiges Event mit den bekanntesten europäischen Orgelspielern; in der 2. Septemberwoche. **Tennisturniere**, unterschiedliche Termine; **ATP-Tennisturnier** ab Ende Juli.

• *Vrsar* **Montraker**, Sommerbildhauerschule. „**Meer und Gitarre**“, diverse Konzerte am Hafen.

• *Žminj* **Patronatsfest Bartulja**, eine der größten Kirchweihen Istriens; Ende August.

Feiertage

An diesen Tagen bleiben Geschäfte und Banken geschlossen:

1. Januar: Neujahrstag
6. Januar: hl. Drei Könige
März/April: Ostersonntag und Ostermontag
1. Mai: Tag der Arbeit
30. Mai: Fronleichnam
22. Juni: Tag des antifaschistischen Widerstands
25. Juni: Staatsfeiertag
5. August: Tag des Sieges und Dankfeiertag
15. August: Mariä Himmelfahrt
8. Oktober: Tag der Unabhängigkeit
1. November: Allerheiligen
25./26. Dezember: Weihnachten

Fotografieren

Am besten nimmt man seine Filme und Speicherkarten von zuhause mit; spezielles Fotomaterial ist (außer in Großstädten) schwer zu bekommen und wenn, dann wesentlich teurer als bei uns.

Informationen

Kostenloses Informationsmaterial und Auskünfte über Kroatien erhält man in Reisebüros oder bei den unten stehenden Fremdenverkehrsbüros. Es gibt Karten, Hotel- und Campingverzeichnisse, Informationen über Nautik etc. Auch das Angebot an Internet-Web-Seiten ist in Kroatien inzwischen sehr groß. Fast jede Stadt präsentiert sich informativ und mit nützlichen Adressen.

• *Fremdenverkehrsbüros in Kroatien* **Kroatische Zentrale für Tourismus**, 10000 Zagreb, Iblerov trg 10/IV; p.p. 251, ✆ 00385/01/4699-333, 📠 00385/01/4557-827; E-Mail: info@htz.hr; Internet: www.kroatien.hr.
Tourismusverband der Region Istrien, 52440 Poreč, P.O.B. 151, Pionierska 1. ✆ 052/452-797, 📠 052/452-796; info@istra.hr, www.istra.hr.

• *In Deutschland* **Kroatische Zentrale für Tourismus**, Kaiserstr. 23, 60311 Frankfurt, ✆ 069/2385-350, 📠 069/23853-520; kroatien-info@gmx.de; www.kroatien.hr.
Rumfordstr. 7, 80469 München, ✆ 089/ 223-344, 📠 089/223-377; kroatien-tourismus@t-online.de.
Istrien-Info, Bayernstr. 24, 80335 München, ✆ 089/54370-480, 📠 089/54370-481; istrien-info@t-online.de

• *In Österreich* **Kroatische Zentrale für Tourismus**, Am Hof 13, 1010 Wien, ✆ 0043/1/5853-884, 📠 0043/1/58538-420; office@kroatien.at

Karten

Das in Istrien erhältliche Kartenmaterial ist inzwischen von sehr guter Qualität, manchmal ist es vor Ort sogar preiswerter als bei uns zu Hause. Verlassen sollte man sich aber nicht darauf, wenn man eine Karte dringend benötigt – womöglich ist sie gerade vergriffen. Karten gibt es in Touristbüros, Agenturen, Buchläden und an Tankstellen.

Autokarten

1 : 100.000, Istra, Straßenkarte mit Stadtplänen, Höhenlinien etc., sehr gut und übersichtlich. In istrischen Buchhandlungen und Tankstellen erhältlich.

1 : 250.000, f&b, Kroatien Straßenkarte mit Kulturführer und Farbfotos.

1 : 300.000, RV, Euro-Regionalkarte, Slowenien und nördl. Kroatien.

1 : 500.000, K+F, Straßenkarte Kroatien/Slowenien.

1 : 100.000, f&b, Istrien.

Seekarten

Delius Klasing Sportbootkarten. *Satz 7: Adria 1 – Lignano bis Zadar*; Maßstab 1 : 80.000, Kartendatum: WGS 84; GPS kompatibel. Delius Klasing Verlag, Bielefeld, 2005.

Hrvatski Hidrografski Institut, *Male Karte 1 DIO, Jadransko More – Istocna Obala;* Maßstab 1 : 100.000. HHI, Split.

Bundesamt für Seeschifffahrt und Hydrographie (BSH), *Amtliche Seekarten 1071-1077;* Maßstab 1 : 100.000. Die Karten decken die gesamte Küste Kroatiens ab.

Kleidung

Auch wenn die Tourismuswerbung viel Sonne verspricht, sollte man die Stürme nicht außer Acht lassen, die je nach Jahreszeit die Küste heimsuchen können. Zwar bietet sich die Adriaküste gerade im Frühjahr und Spätherbst für verfrorene Mitteleuropäer an, trotzdem *warme und regenfeste Bekleidung* nicht vergessen! Für die Berge auf jeden Fall funktionale Kleidung einpacken, hier ist vor allem gutes, festes Schuhwerk unentbehrlich!

Literaturtipps

Hösch, Edgar, *Geschichte der Balkanländer*, C. H. Beck Verlag, 1988. Umfassendes Werk zum Verständnis der Entwicklung auf dem Balkan.

Strutz, Johann, *Europa erlesen. Istrien*, Wieser Verlag Klagenfurt, 1997.
Literarisches Sammelwerk verschiedenster Autoren.

Manfred Matzka, *Istrien*, Verlag Christian Brandstätter, Wien, 2002.

Verne, Jules, *Mathias Sandorf*, Wieser Verlag Klagenfurt, 1999. Spannender Abenteuerroman über einen ungarischen Grafen. Hier wird auch die Burg von Pazin beschrieben.

Die Bahnen zwischen Ortler und Isonzo, 1914–1918, Bohmann Verlag, Wien.

Steinbachs Naturführer, *Pflanzen des Mittelmeerraums*, Mosaik Verlag, München 1987. Bestimmungsbuch zur Mittelmeerflora; gute Fotos.

Grandjot, Werner, *Reiseführer durch das Pflanzenreich der Mittelmeerländer*, Schroeder Verlag, Köln. Informative Einführung in die Pflanzenwelt; neben der Bestimmung viel Geschichtliches über die Pflanzen.

Friaul und Istrien, Prestel-Landschaftsbücher.

Lexe, Peter, Neumüller, Ferdinand, *Istriens köstliche Ziele*, Verlag Carinthia, 2002. Ein Farbbuch über Kultur, Küche und Keller; gute Rezepte, Adressen von guten Restaurants.

Hafenhandbuch Adria, DSV-Verlag. Pläne und Beschreibungen von über 500 Häfen, Buchten und Ankerplätzen. Angaben über gesetzliche Bestimmungen, Service-Einrichtungen, Wetter etc. Das Buch wird in zwei Teilen geliefert: Teil Nord, Nördl. Adria bis Zadar – S. Benedette d. T.

Küstenhandbuch Kroatien, *Häfen und Ankerplätze zwischen Umag und Dubrovnik*, Edition Maritim, Hamburg.

Karl-Heinz Beständig, *Kroatien, Slowenien, Montenegro – 808 Häfen und Buchten*; erscheint jährlich, Standardwerk für jeden Skipper! Eigenverlag Beständig, Pressig.

Karl-Heinz Beständig, 1000 GPS Wegepunkte. Istrien, Kvarner Bucht, Dalmatien, Montenegro. Eigenverlag Beständig, Pressig (Marienstraße 7, 96332 Pressig ✆ 09265/913240, 📠 7250, karl-heinz.bestaendig@t-online.de).

Öffnungszeiten

Es gibt keine gesetzlich geregelten Öffnungszeiten. In der Saison sind Post, Bank, Touristinformationen und Geschäfte meist durchgehend von 7 bis 21 oder 22 Uhr geöffnet. In der Nebensaison reduzierte Öffnungszeiten. Auch an Sonntagen haben viele Geschäfte, zumindest bis Mittag geöffnet. Nähere Infos dazu in den entsprechenden Rubriken in den Ortskapiteln.

Öffnungszeiten der Kirchen: Die meisten istrischen Kirchen sind nur zur Messe geöffnet. Wer außerhalb dieser Zeit eine Kirchen besichtigen möchte, kann im Pfarramt oder in der Touristinformation nachfragen; manchmal einfach auch im Nachbarhaus. Nach dem Besuch sollte man freundlicherweise einen Obulus hinterlassen.

Papiere

Für die Einreise nach Kroatien und einen Aufenthalt von bis zu drei Monaten benötigen Deutsche, Österreicher und Schweizer einen gültigen *Reisepass* oder einen *Personalausweis*. Kinder unter 16 Jahren benötigen ihren *Kinderausweis* oder einen Eintrag im Pass der Eltern.

Für einen Aufenthalt von mehr als drei Monaten ist ein *Visum* erforderlich. Fahrzeuglenker benötigen *Führerschein* und *Fahrzeugschein*, die *Grüne Versicherungskarte* ist nur noch für Schweizer verbindlich.

Für Tiere, z. B. Hunde oder Katzen, ist seit 2004 der blaue *EU-Heimtierausweis* mit den vorgeschriebenen Impfungen obligatorisch. Neu dabei ist, dass die Tiere über eine lesbare Tätowierung oder einen implantierten Chip verfügen müssen. Die Impfung muss (wie bisher) mindestens 30 Tage alt, darf jedoch nicht älter als 6 Monate sein. Der Gesundheitsnachweis durch einen Tierarzt darf nicht älter als 10 Tage sein. Die bisher erforderliche Beglaubigung durch einen amtsärztlichen Tierarzt entfällt durch den neuen EU-Heimtierausweis.

Post

Die kroatischen Postämter (*pošta*) sind mit einem blau-gelben Schild und der Aufschrift „HPT" gekennzeichnet. Hier kann man auch telefonieren, telegrafieren, faxen, Geld wechseln und erhält Telefonkarten (*telefonska karta*).
Briefe und Postkarten benötigen ca. 2 bis 3 Tage nach Deutschland. Briefmarken gibt es außer am Postschalter auch an jedem Kiosk. Einschreiben oder Päckchen werden am Schalter abgegeben. Pakete für den Auslandsverkehr sind bis 10 kg zugelassen – die internationale Paketkarte und Zollerklärung (dreifach) sind am Schalter erhältlich.

Achtung: Wer auf ein Päckchen aus Deutschland wartet, sollte sich danach auch am Zoll, *Carina* (meist im oder neben dem Postgebäude), erkundigen – hier werden die meisten ausländischen Pakete bis zur Abholung aufbewahrt.

Strom

Wechselstrom, 220 V, 50 Hz.

Souvenirs

Ob aus Metall, Glas, Holz, Keramik, Leder, Stoff oder Wolle – Souvenirs gibt es in reicher Auswahl in Läden und auf Märkten. Doch braucht man schon einen geübten Blick, um Touristenkitsch von echter Handarbeit zu unterscheiden.

Filigranarbeiten aus Gold oder (häufiger) aus Silber haben in Kroatien eine alte Tradition; angefertigt werden sie in Makedonien und im Kosovo, feilgeboten werden sie in Schmuckläden, teils auch in speziellen Filigranläden.

Beliebtes Souvenir: Heilsames und Hochprozentiges in allen Farben

Ein beliebtes Mitbringsel sind *ätherische Öle* aus Lavendel und Rosmarin. Kunstliebhabern seien die zahlreichen großen und kleinen *Galerien* empfohlen – für viele Künstler sind die Touristenorte die einzige Möglichkeit, Käufer für ihre Werke zu finden. Kroatien hat viele bekannte und beachtenswerte Maler und Bildhauer hervorgebracht, die besonders in den USA großen Anklang finden (siehe z. B. Ortskapitel *Lovran*/Charles Billich); sehenswerte Skulpturenparks gibt es in *Vrsar* und *Labin/Dubrova* (siehe dort).

An halt- und essbaren Mitbringseln empfehlen sich der luftgetrocknete Schinken *pršut,* ein kalt gepresstes *Olivenöl* und die begehrten *Schwarzen* oder *Weißen Trüffeln.* Nicht zu vergessen natürlich die istrischen *Weine,* wie z. B. ein roter Teran, ein weißer Malvazija oder einer der in bunten Farben schillernden Liköre und Schnäpse – z. B. ein leckerer *Pelinkovac* (Wermutschnaps), ein *Travarica* (Kräuterschnaps) oder ein feiner *Loza* (Grappa)?

Weitere Tipps und Adressen im Kapitel *Essen und Trinken.*

Telefon/Wichtige Nummern

Öffentliche Telefonzellen findet man in Kroatien überall, sie können aber nur mit *Telefonkarten* (telefonska karta) benutzt werden. Diese sind mit verschieden hohen Guthaben an Zeitungskiosken, in Postämtern und Hotels erhältlich. Internationale Gespräche vermitteln die Postämter oder (mit Aufschlag) alle größeren Hotels, Touristinformationen und Campingplätze. Das Telefonnetz ist gut ausgebaut. Gespräche nach Deutschland kosten pro Minute ca. 0,95 €, in die Schweiz ca. 1 €, nach Österreich und Italien ca. 0,50 €.

Vorwahlnummern von Kroatien nach:

Deutschland	0049
Österreich	0043
Schweiz	0041

Innerhalb Kroatiens kostet in der Zone I die Minute 0,19 KN; derselbe Preis gilt in Zone II für 0,36 Gesprächsminuten. Verbilligte Tarife gelten wochentags ab 21.00 Uhr sowie an Sonn- und Feiertagen.

Wichtige Telefonnummern

Polizei	92	Pannenhilfe	987
Feuerwehr	93	Inlandsauskunft	988
Rettungsdienst	94	Auslandsauskunft	902
Rettung auf Meer	9155	Verkehrsservice	060/520520
SOS	211888		

Für Ferngespräche aus Deutschland, Österreich und der Schweiz **nach Kroatien** wählt man zunächst **00385**, dann die Städtevorwahl ohne Null.

Mobiltelefone: In Kroatien kann man mit D1- und D2-Mobilfunk problemlos telefonieren.

Hinweis: Viele Telefonnummern in Kroatien ändern sich zur Zeit aufgrund von ISDN-Anschlüssen ständig – für die im Reiseteil angegebenen Nummern können wir deshalb nicht garantieren!

Zoll

In Kroatien gelten die Zollbestimmungen der EG-Länder. Für Tiere (Hunde, Katzen) ist der EU-Heimtierausweis (siehe „Wissenswertes/Papiere") obligatorisch.

Einfuhr: Alle wertvollen Gegenstände, die den Rahmen eines normalen Reisegepäcks übersteigen, sollten an der Grenze mündlich deklariert werden. Betriebsgenehmigungen für Funksprechgeräte sind im Voraus beim kroatischen Konsulat oder bei der Botschaft zu beantragen.

Über die Mitnahme von Waffen für Jäger und Sportschützen gibt das Fremdenverkehrsamt Auskunft.
Die Ein- und Ausfuhr der Landeswährung ist bis 15.000 KN erlaubt. Fremdwährungen unterliegen keiner Beschränkung.
An den meisten Grenzübergängen Kroatiens sowie in grenznahen Jachthäfen gibt es *Duty-free-Shops*.

Mehrwertsteuer-Rückerstattung mit PDV-Formular

Ausländer haben bei Kauf und Ausfuhr von Waren (mit Ausnahme von Treibstoff) ab einem Mindestbetrag von 500 Kuna (ca. 68 €) ein Recht auf Rückerstattung der Mehrwertsteuer. Voraussetzung für die Auszahlung nach dem System Europe Taxfree Shopping ist: Man muss beim Kauf das PDV-P-Formular verlangen, das vom Verkäufer ausgefüllt und quittiert werden muss. Bei der Ausreise am Zoll beglaubigen bzw. abstempeln lassen. Die Mehrwertsteuer kann innerhalb von 6 Monaten nach Kauf zurückerstattet werden: Entweder direkt vom Verkäufer (dann erfolgt die Erstattung sofort) oder umständlich über die Post an die Adresse des Verkäufers unter Angabe der Bankverbindung und Kontonummer, auf die der Betrag eingezahlt werden soll. Die Rückerstattung erfolgt 15 Tage nach Eingang des Antrags. Informationen: Zollverwaltung der Republik Kroatien ✆ 01/6102-333.

Abendromantik bei Novigrad

Westküste: Von Savudrija bis Novigrad

Der über 50 Kilometer lange Küstenabschnitt von Savudrija bis Novigrad, die Region Bujština, wird von der Slowenischen Riviera im Norden durch den Dragonja-Fluss, im Süden durch den Mirna-Fluss von der Region Poreč getrennt. Geprägt ist die Bujština von mittelalterlichen Städtchen, Trutzburgen, Weinbergen – und von riesigen Ferien- und Campinganlagen mit großem Sportangebot, das vom Tennisstadion bis zum größten Jachthafen Kroatiens reicht.

Die Küste der Bujština ist überwiegend flach, mit zahllosen größeren und kleineren Buchten, meist Kies- und Felsstränden, dazwischen findet sich ab und zu ein „Sandsträndchen“. Schon in der frühen Antike und zur Römerzeit standen hier herrschaftliche Sommerhäuser – gut erhaltene venezianische Sommerresidenzen sind hier noch heute zu finden. Die größte und touristisch bedeutendste Stadt der Bujština ist **Umag**, das Verwaltungszentrum **Buje** liegt etwa 10 km von der Küste entfernt im Hinterland. Bekannte Urlaubsorte sind **Savudrija** und **Novigrad**, zu den sehenswerten Orten im Hinterland zählen **Grožnjan**, **Momjan** und **Oprtalj**.

Die rote Erde der Region ist fruchtbar, Maisfelder wechseln mit Weizenfeldern, Weinberge gehen dicht am Meer in flache Weingärten über, und an den Böschungen zwischen den Wäldern und neben den Olivenhainen grasen Ziegen und Schafe. Die dichten Wälder um **Motovun** herum sind reich an Wild, im feuchten **Mirna-Tal** gedeiht das „istrische Gold“, die begehrten Weißen und Schwarzen Trüffeln. Der dünne, wild wachsende Grünspargel, der in der kroatischen und italienischen Küche als Delikatesse gilt, wird am Straßenrand von Bäuerinnen angeboten.

Von der Hauptstraße Richtung Pula zweigt wenige Kilometer nach der kroatischen Grenze die Straße zur Küste und zum **Kap Savudrija** ab – eine angenehme Fahrt durch macchiabedeckte Landschaft mit vereinzelten Bauernhöfen zu zahlreichen, für istrische Verhältnisse kaum besiedelten, meist felsigen und kiesigen Stränden.

Kap Savudrija (Salvore)

Savudrija steht als Sammelname für die einstmals kleinen Dörfer Zambratija, Bašanija, Borozija und Savudrija am Kap der Savudrija-Landzunge; verwaltungstechnisch gehört das Kap zum Städtchen Umag.

Attraktion des Kaps ist der 1826 gebaute, 36 Meter hohe Leuchtturm – der erste im östlichen Teil der Adria. An diesem Küstenabschnitt von Savudrija kann man in glasklarem Wasser baden und danach im Schatten alle Viere von sich strecken – die niedrigen Kiefernwälder reichen teilweise bis ans Meer.

In **Savudrija**, ein Fischerdörfchen mit ein paar alten Häusern am Hafen, steht in der Nähe des Leuchtturms die auf romanischen Fundamenten erbaute Kirche *Sveti*

Ivan Apostol (Heiliger Apostel Johannes) aus dem 19. Jh., das Baptisterium stammt aus dem 17. Jh.

Savudrijas gut geschützter Hafen wurde schon in römischer Zeit genutzt. Um 1176 soll hier eine Seeschlacht stattgefunden haben, in der die Venezianer gegen die Flotte Friedrich Barbarossas und des Papstes siegreich waren und den Sohn des Kaisers gefangen nahmen. 400 Jahre später soll Tintoretto die Schlacht im Dogenpalast verewigt haben. Tatsache ist jedenfalls, dass die Venezianer von da an für Jahrhunderte die Herrschaft in der Region an sich rissen, den Hafen von Savudrija ausbauten und den Wehrturm errichteten, von den heute nur noch Reste erhalten sind.

Zeugnisse einer größeren römischen Besiedlung mit Festung sind auf dem Ausgrabungsgelände im südlichen Ortsteil Sipar zu besichtigen, das damals *Sipara* hieß. Man vermutet, dass die Siedlung Ende des 9. Jh. von den Kroaten oder Piraten zerstört wurde. Erhalten blieben die aus dem 5. Jh. stammenden Reste eines Kastells, eines Lagerhauses und einiger Villen. Etwas südlich von Sipar wurde Ende des 20. Jahrhunderts zudem eine große *villa rustica* mit Thermen freigelegt.

In der Bucht südlich des Leuchtturms, vor dem Campingplatz Pineta, hängen die Fischer an der Mole ihre Boote an Holzgestellen auf, um sie vor Sturm und Flut zu schützen – das malerische Motiv ist Savudrijas weit bekanntes Wahrzeichen.

Die wenig besiedelte Gegend lädt zu reizvollen Mountainbiketouren durch üppige Macchia ein, die sich im Frühjahr in blühender Pracht zeigt – ein Feuerwerk der Farben erfreut das Auge, vom Ginstergelb bis zum Rosé und Weiß der Zistrosen.

Information/Verbindungen/Diverses

• *Telefonvorwahl* 052

• *Postleitzahl* 52475 Savudrija

• *Information* **Tourismusverband Savudrija**, Istarska 2 (in der Schule), Bašanija, ☏ 759-659, ℻ 759-855; tz-savudrija@pu.htnet.hr. Mo–Fr 8–15 Uhr.

Agentur Sirene, Trg Marije i Line, Bašanija, ☏ 759-541, ℻ 759-790.

Agentur Trevitours, Bašanija 13, ☏ 759-735, ℻ 759-722; www.istra. com/trevitours.

Agentur Simbioza, gegenüber Villa Valdepian; Savudrija, Svjetioničarska 20, ☏ 759-244, ℻ 759-243, www.simbioza.hr.

Agentur Laumar, Zambratija b.b, ☏/℻ 759-602, 759-412.

• *Verbindungen* regelmäßige Busverbindung nach Umag.

• *Bank* **Istrska kreditna banka Umag**, in der Ortsmitte von Bašanija.

• *Einkaufen* Supermarkt in Bašanija und Borozija, Minimarket in Savudrija und in Zambratija.

Weingut Moreno Degrassi, Bašanija (nördlich neben Hauptstraße), ☏ 759-844.

• *Tanken* Tankstelle in Volparija.

Übernachten/Camping

• *Übernachten* **Privatzimmer** ab 19 €/Person. **Ferienwohnungen** für 2 Pers. ab 35 €. Unsere Übernachtungsempfehlungen haben wir nach Ortsteilen aufgelistet, beginnend mit Savudrija, dann folgen Bašanija und Zambratija:

Appartements Taverna Porto Salvore, direkt oberhalb vom Hafen in Savudrija, gutes Restaurant, 6 moderne Appartements mit Balkon. Savudrija, Luka 5, ☏ 759-213.

Villa Anna, gut geführtes Appartementhaus; je nach Größe zwischen 45–70 € Savudrija, Luka 13a, Mobil-Tel. 098/294-781; www.villaanna-savudrija.hr.

Villa Valdepian (***), zwei rot-weiße große Villen mit Restaurant direkt am Meer in Bašanija – einst war hier ein Kinderkrankenhaus untergebracht; schöne, von Pinien umgebene Korbstuhlterrasse. Bootssteg, verschieden große Appartements mit 4–7 Betten ab 104 €. Savudrija, Svjetioničarska 18, ☏ 759-904, 905, -906, ℻ 759-907; www.valdepian.com.

Appartements Villa Cardea, 10 nagelneue, 2004 erbaute hübsche Appartements hinter Villa Valdepian, angeschlossen die Agentur Simbioza (siehe oben). Svjetioničarska 20, ☏ 759-244, ℻ 759-243, www.simbioza.hr.

Pension Zatišje, komplett neu renoviertes Haus beim Campingplatz. Bašanija b.b, ☏ 759-629, ℻ 759-540.

Hostel Emi, stattliches älteres Haus, umgeben von großem, baumbestandenem Garten, angeschlossen ein Restaurant. Preiswerte einfache Unterkünfte in 2- bis 5-Bett-Zimmern; Halb- und Vollpension möglich. Pro Person inkl. Frühstück 21 € Geöffnet April bis Oktober. Bašanija, Mojmirska 1, ☏/℻ 759-191.

Hotel Moj Mir (*), ca. 1 km südlich von Bašanija; direkt am Meer. Die Terrassen zeigen zur Meeresseite; DZ/F 70 € Bašanija, Mojmirska b.b; ☏ 709-500, ℻ 709-999.

Appartements Savudrija (*), zum Hotel Moj Mir gehörend; einfache, einstöckige Häuschen mit Terrasse für 4–6 Personen von 95–132 €. Adresse wie Moj Mir.

Pension Gisella, preiswerte familiäre Unterkunft; 15 €/Person, Frühstück 5 € Zambratija, Istarska 4, ☏/℻ 759-544.

• *Feriensiedlung Kanegra*

Die große Feriensiedlung mit Bungalows im üppigen Pinienwald und FKK-Campingplatz direkt am Meer liegt östlich von Savudrija an der Bucht von Piran (Piranski zaliv), 10 km von Umag entfernt. Alle Versorgungseinrichtungen, Restaurants, Pizzeria, Cafés, Post, Diskothek, Tennisplätze, Wassersportangebot, Geräteverleih, Bootsanlegeplatz; Kies-/Felsstrand.

Die **Bungalows** (***) für 4–6 Personen mit Balkon sind komplett eingerichtet. Je nach Saison starke Preisschwankungen; z. B. 15-

22. August 100 €., 1 Woche später nur 70 €. Kanegra b.b. ✆ 732-186, 732-212; www.istra.com/istraturist.

Leuchtturm Savudrija, er gilt als der älteste an der Adria und steht am Festland. Außen herum verwilderter Garten, Fels- und Kiesbadestrand, Parkplatz. 2 Appartements für jeweils 4 Pers. Buchung unter ✆ 021/322-321 oder über Agenta Adriatica oder die Münchner Agentur Riva Tours; siehe auch Kapitel Übernachten.

• *Camping* **Autocamp Pineta** (*), neben dem Hotel Moj Mir. 17-ha-Platz für bis zu 1300 Personen. Schattig, alter Kiefernbestand, mit Fischrestaurant Feral, Pizzeria und akzeptablen Sanitäranlagen; grober Kiesstrand, teils Felsplatten, teils betoniert. Verleih von Fahrrädern, Kanus u. a. Pro Person 4,40 €, 5,60 €/Parzelle. ✆ 759-518, 📠 759-526, www.istraturist.hr. Geöffnet Ende April bis Ende September.

FKK-Autocamp Kanegra (**), 3-ha-Platz für 400 Personen direkt am Meer; leider sind die gepflanzten Bäume noch zu klein. Bar, Restaurant, Supermarkt und Wassersportangebot. Preise: 4,60 €/Person, Auto/Zelt 8,30 €, Caravan 6,50 €. Kanegra b.b. ✆ 732-186, 732-212; www.istraturist.hr. Geöffnet Ende April bis Ende September.

Autocamp Veli Jože (*), nördlich des Leuchtturms; bewaldetes Gelände und Wiesen auf 20 ha. Felsstrand mit Betonliegeflächen. Restaurant, Supermarkt, Sport- und Freizeitanimation auch für Kinder. Borozija; ✆ 759-645, 📠 759-646, www.nazor.hr. Geöffnet Ende April bis Ende September.

Angegliedert ist das **Internationale Jugendcamp California**. Hier können Jugendliche von 9–16 Jahren ihre Ferien verbringen; um keine rein nationalen Gruppen zu bilden, ist eine Nationalität nur mit jeweils 3–4 Kindern in der Gruppe vertreten. Verständigungssprache ist Englisch. Infos unter www.campcalifornia.com.

Essen

Im Gebiet Savudrija gibt es zahlreiche gute, teils traditionsreiche Restaurants, u. a.:

Taverna Porto Salvore, in Savudrija oberhalb des Hafens, schöne Terrasse und gute Küche; Fisch- und Fleischgerichte. Luka 5, ✆ 759-213.

Gostiona Laterna, sehr schön in Bašanija beim Leuchtturm gelegen, oberhalb vom Meer, mit Terrasse und verglaster Veranda. Ravna dolina b.b, ✆ 759-365.

Restaurant Bruno, großes Restaurant mit Neonbeleuchtung, trotzdem füllt sich die lange, überdachte Terrasse abends schnell mit hungrigen Touristen. Spezialitäten sind Nudeln mit Hummer, Krebsen, Meeresfrüchten, Platten mit verschiedenen Käsesorten oder istrischem Pršut. Bašanija b.b (in Ortsmitte, an der Hauptstraße nach Umag), ✆ 759-592.

Restaurant Mario, neben Restaurant Bruno; abends voll mit Gästen der umliegenden Campingplätze und Ferienwohnungen. Hier gibt es besonders leckeren Fisch. Bašanija b.b, ✆ 759-532.

Wem mal wieder nach Pizza ist: **Pizzeria Dama,** Bašanija b.b, ✆ 759-820.

Im *Ortsteil Zambratija* die beiden gut besuchten Fischlokale **Restaurant Maruzza** (✆ 759-588) und **Restaurant Antonia** (✆ 759-565).

Vorzügliche Küche bietet **Restaurant Toni** – der Vater des Wirts kochte schon für Papst Johannes Paul II.; ✆ 759-570.

Sehr gut lässt sich's auch im **Restaurant Pergola** speisen – wie der Name verrät, unter üppig berankter Pergola; leckere Fischgerichte, dazu eigene Weine, Honigschnaps und eine der köstlichen Nachspeisen wie Schokotorte oder Mandeltarte. ✆ 759-685.

• *Café* **Slastičarna Zdravljak**, an der Ecke hinter dem Restaurant Bruno; vorne kleine Terrasse; Kuchen und Eisspezialitäten.

Baden: Bademöglichkeiten für zwischendurch gibt es an der Straße nach Umag – felsige Küste mit schmalem Liegestreifen. Eine gute Badestelle: In Bašanija zum Meer fahren (Bootständer), dann nach rechts Richtung Leuchtturm.

Mountainbiketour durch die kleinen Weiler von Savudrija (ca. 1,5 Std., 16 km, Markierung: Fahrrad-Piktogramm):
Von Bašanija fahren wir am Meer entlang nordwärts bis zum Weiler *Gornja Savudrija*. Beim Kirchlein Sv. Ivan biegen wir auf den Weg östlich landeinwärts ab; durch herrliche Macchialandschaft geht es hinauf nach *Alberi* und *Crveni vrh* und wieder westlich nach *Medigija* an der Hauptstraße. Von dort wieder kurz Richtung Osten auf der Hauptstraße, bis wir nach 500 m den Abzweig nach *Kortina* erreichen. Auf Makadam nun über *Maran* hinab über *Sipar* nach *Zambratija* und über *Pineta* (Campingplatz) wieder nordwärts zurück nach Bašanija.

Umag (Umago)

Das mittelalterliche 7.000-Einwohner-Städtchen auf der ins Meer ragenden Landzunge ist für seine Tennisturniere, seine Weinkeller und vor allem als größter Exporthafen für istrische Weine bekannt. Die großen Ferienanlagen mit breitem Sportangebot rund um Umag und die größte ACI-Marina Kroatiens locken die Touristenströme in den Ort.

Die Region Umag mit ihren 13.000 Einwohnern und 45 km Küste erstreckt sich im Norden von der Feriensiedlung Kanegra an der Bucht von Piran über das Kap Savudrija bis südlich zum Autocamp Finida. Als Touristenhochburg verfügt Umag mit seinen zahlreichen Feriensiedlungen und internationalem Tenniszentrum über Kapazitäten für mehr als 5.000 Gäste. Die Altstadt von Umag liegt an einer großen, gut geschützten Hafenbucht auf einer kleinen Halbinsel, ursprünglich eine Insel, die man Anfang des 18. Jahrhunderts mit dem Festland verband.

Im Frühling leuchtet die Piraner Bucht in üppiger Pracht (bei Kanegra)

Umags erste Siedler waren die Kelten im 3. Jahrhundert. Später kamen die Römer, bauten Villen und Tempel und erholten sich in ihrer Siedlung *Umacus*, die von den slawischen Kroaten im 9. Jh. zerstört wurde. Bedeutender allerdings war die römische Siedlung wenige Kilometer nördlich in *Sipar* (siehe dort). 827 soll hier vor Umag das Schiff mit den Reliquien des hl. Markus auf dem Weg von Alexandria (Ägypten) nach Venedig gestrandet sein. Der Sarg wurde geborgen und mit seinem wertvollen Inhalt dem venezianischen Dogen übergeben – vielleicht war dies die Ursache, weshalb die Venezianer in späteren Jahren Umag bevorzugten.

Im 10. Jh. hatte die Stadt die Bischöfe von Triest als Herren. Durch Verträge band sich die Stadt allerdings mehr und mehr an Venedig, von dem sie sich besseren Schutz erhoffte. Von 1269 bis 1797 war Umag endgültig unter der Kontrolle Venedigs, das Umag mit einem jährlich wechselnden Podestà, dem Statthalter, regierte. Kriege und Pestepidemien peinigten Umag immer wieder. 1370 und 1379 brandschatzten die Genuesen die Stadt und raubten die Reliquien des Stadtheiligen Nicephorus. Im 16. und 17. Jh. folgten weitere Pestepidemien, die die Bevölkerung derart dezimierten, dass Venedig Flüchtlinge aus Griechenland und Albanien ansiedelte, um den Fortbestand Umags zu sichern. Während des napoleonischen Intermezzos (1809–1813) machte Umag weithin von sich reden: Die Stadt organisierte einen Aufstand gegen die neuen Besatzer.

Bei einem Bummel durch die schmalen Altstadtgassen sind viele hübsche Häuser aus der Renaissance- und Barockzeit zu entdecken. Von der Stadtmauer mit Türmen aus dem 14. Jh. sind nur noch Reste erhalten; kaum etwas blieb auch von den im Mittelalter erbauten sechs Kirchen, den zwei Klöstern und dem Kastell mit Zugbrücke.

Gleich zu Beginn der Altstadt, an ihrer schmalsten Stelle am einstigen Übergang zur Insel, steht das Kirchlein *Sv. Rochus*, das 1515 während der ersten Pestepidemie

Pfarrkirche hl. Maria und hl. Pelegrin

erbaut wurde – sehenswert im Innern sind die hübsche Holzdeckenbemalung und zwei Holzskulpturen.

Sehenswert ist auch die wuchtige barocke **Pfarrkirche hl. Maria und hl. Pelegrin** aus dem 18. Jh. auf dem *Trg Slobode* in Meeresnähe. Im Kirchenraum ist neben dem Eingang die Reliefplatte mit dem Schutzpatron der Stadt, dem heiligen Pelegrin, eingelassen, der die Kirche schützend in der Hand trägt; in der Nähe die Marmorstatue von Nicephorus, des zweiten Stadtheiligen. Sehenswert ist auch das Polyptichon, ein hölzerner venezianischer Altar aus dem 15. Jh., der reiche Deckenschmuck sowie die Orgel, die Francesco Dacci, ein Schüler des šibeniker Orgelmeisters Petar Nakić, 1776 baute. Der Glockenturm nebenan stammt wie der Altar aus dem 15. Jh. und wurde 1691 restauriert.

Neben der Kirche steht die wuchtige *Zisterne* (1677, 1780 erneuert), die die Wasserversorgung der Stadt sicherstellte. Der große Kirchplatz, inzwischen zur Hälfte von Autos zugestellt, wird häufig für Kulturveranstaltungen genutzt.

Einen Besuch wert ist auch das **Stadtmuseum** am mittelalterlichen *Meneghei-Turm*, das Funde aus dem antiken Katoro zeigt; im ersten Stock ist Töpferware aus dem 1. bis 3. Jh. zu sehen, riesige Amphoren und Öllampen aus dem 1. bis 4. und 5. Jh., alles sehr schön präsentiert. Im Erdgeschoss gibt es wechselnde Kunstausstellungen. Öffnungszeiten 10–14 Uhr, in der Hochsaison auch 19–20 Uhr. Gradski muzej Umag, Trg Sv. Martina b.b.

Kunstlieberhaber(innen) können in der renommierten **Galerie Marino Cettina** oder in einer der wechselnden Ausstellungen mit zeitgenössischer Kunst fündig werden. Dante Alighieri 20, ✆ 752-917, www.galerijacettina.com.

Die **Feriensiedlungen und Campingplätze** Punta, Stella Maris, Katoro und Polynesia erstrecken sich entlang der Küste Richtung Savudrija, nördlich des Kaps folgt Kanegra, und auch südwärts bis Novigrad folgen weitere Campingplätze. Das Sportangebot in den Feriensiedlungen ist riesig: Tennis auf über 90 Sandplätzen, Reiten, Surfen, Tauchen, Segeln ... und natürlich bis spät in die Nacht Vergnügungsprogramm.

Unangefochtener Vorreiter in Sachen Sport ist die Feriensiedlung *Stella Maris* mit ihrem internationalen Tenniszentrum, wo man von Frühling bis in den Herbst an frischer Meeresluft bei Tages- und Flutlicht seine Asse schlagen kann; jährlich findet hier das *ATP-Croatia-Open-Turnier* statt, mit Spitzenspielern wie Carlos Moya, Marcelo Ríos, Gustavo Kuerten ...

Gebadet wird um Umag in den Feriensiedlungen an Fels- und Kiesstränden, etwas Sand ist ab und zu auch dabei, in der Sonne braten kann man an den betonierten Molen. Die Wasserqualität an diesem Küstenstreifen ist trotz der zahlreichen Ferienanlagen bestens: an acht Stellen weht die „Blaue Flagge".

Umags schönes Hinterland mit seinen Weinbergen und -feldern lädt zu Ausflügen und Entdeckungstouren mit dem Fahrrad ein – markierte Radwege gibt es überall.

Information

- *Telefonvorwahl* 052
- *Postleitzahl* 52470 Umag
- *Information* **Touristinformation TIC**, Trgovačka 6 (die Hauptstraße zum Stadtzentrum, vor dem Einkaufscenter), ✆ 741-363, 📠 741-649; tz-grada-umaga@pu.htnet.hr, www.istra.com/umag. Mitte Juni bis Mitte Sept. täglich 9–21 Uhr, danach 9–19 Uhr.

Istraturist Umag, Jadranska 66 (in Punta), ✆ 719-100, 📠 719-999, crs@istraturist.hr, www.istraturist.hr; zentrale Buchungsabteilung für viele Hotels und Campingplätze.

Agentur Plavo More, in Umag, Nova Obala, ✆ 752-740; in Katoro an der Zufahrtsstraße, ✆ 743-990; www.plavo-more.hr.

Atlas, Trg Slobode, ✆/📠 741-779.

Kompas Travel, Wechselstube, Autovermietung, ✆ 741-613.

Agentur Bitt, Savudriska ulica, gegenüber vom Aeroclub; hier kann man sich auch gute Fahrräder mieten. ✆ 742-830, 📠 742-009, www.bitt.hr.

Verbindungen

- *Bus* **Lokalbusse** nach Koper, Novigrad, Poreč, Rovinj. Busbahnhof am Stadteingang, an der Durchgangsstraße Kolodvorska; ✆ 741-817.
- *Zug* am besten bis Koper, von dort noch eine gute Stunde mit dem Bus.
- *Mini-Eisenbahn* Die Kleinbahn mit vielen bunt bemalten Waggons verkehrt auf den Straßen zwischen Umag (Obala) und den Feriensiedlungen Katoro im Halbstundentakt bis 24 Uhr – eine gute Alternative zum Autoverkehr und zu müden Füßen. Fahrkarte ca. 2 €, Kinder zahlen die Hälfte. In einer halben Stunde ist man z. B. in Katoro, zwischendurch kann man an einer der vielen Haltestellen aus- oder zusteigen.

Diverses

- *Ausflüge* Jede Menge Angebote bei den Agenturen; z. B. mit dem Bus nach Lipica und Postojna (beide Slowenien); per Schiff nach Rovinj, Venedig oder zu den Brijuni-Inseln; eine Fahrt zum Limski-Fjord oder zum Fischpicknick. Dazu viele Halbtags-Ausflüge per Boot.
- *Auto-, Moped-, Fahrradverleih* **Interauto**, Trgovačka, ✆/📠 741-483, -358. **Vetura rent a car**: Verleih von Fahrrädern, Mopeds, Autos in der Feriensiedlung Stella Maris; Mobil-Tel. 099/489-139. Weiterer Fahrradverleih bei **Agentur Bitt** (siehe oben) oder in der **Agentur Plavo More** in Umag und Katoro.
- *Einkaufen* Das große **Einkaufszentrum** mit Supermarkt (gleich vor der Altstadt) bietet alles von Lebensmitteln über Sportartikel bis zur Campingausrüstung. Ganz in der Nähe täglich ein **Gemüse- und Obstmarkt**.

Große Weinkellerei an der Straße Jadranska (geöffnet Mo–Sa 8–13 und 17–20 Uhr); gute Adresse für die trockenen Weine der Gegend, vom roten Merlot bis zum weißen Malvasija.

Weingut Moreno Coronica, Koreniki ul. 86; Besonders empfehlenswert der junge oder in Barrique-Holzfässern gereifte Malvasija sowie der „Gran Teran", der 18 Monate im Eichenfass ruhte. Verkostung nur nach Voranmeldung. ✆ 730-196.

Auch die **Selbstbedienungsläden** in den Feriensiedlungen sind gut mit istrischen Weinen bestückt.

- *Flüge* z. B. Panoramaflüge entlang der Küste; Aeroklub, Umag, ✆ 753-571.
- *Nachtleben* Discotheken im Hotel Kristal (Stadt), Stella Maris, Katoro. **Casino Soleil** zusätzlich mit Automaten, rund um die Uhr geöffnet.
- *Post* am Eingang zur Altstadt (Hauptstraße), geöffnet Mo–Sa 7–19 Uhr bzw. 8–21 Uhr.
- *Taxi* Zentrale, Trg Slobode, ✆ 741-322.
- *Wellness* **Hotel SOL Umag**: 2004 neu eröffneter, geschmackvoller Wellness- und

Beautybereich auf 1600 qm, mit verschiedenartigen Saunas, Whirlpools, Fitnessgeräten, Schwimmbad, breites Massage- und Entspannungsangebot, Aromatherapie, Programme für Stressgeplagte und Figurbewusste. ✆ 719-100, 714-000, www.istraturist.hr.

• *Veranstaltungen* Am Trg Slobode im Juli und August kostenlose Auftritte einheimischer Folklore- und Musikgruppen unter freiem Himmel. In der Pfarrkirche um 20.30 Uhr Klavier-, Harfen-, Oboe- oder Violin-Konzerte. Orgelkonzerte Anfang September. Freunde klassischer Musik fahren zu den Abschlusskonzerten der Musikschüler nach Grožnjan. Das jährliche ATP-Tennisturnier ab Ende Juli dauert eine Woche. Aktuelle Termine und Karten in den Touristagenturen.

Übernachten

Privatunterkünfte vermitteln die zahlreichen Agenturen. DZ 30–25 €, Appartements je nach Typ 25–30 €/2 Pers. bis 40–55 €/4 Pers./Tag.

Die angeführten Hotelpreise beziehen sich auf die Hauptsaison Mitte Juli bis Ende August, danach wird es deutlich günstiger.

Hotel Kristal (***), in schöner Lage an der Spitze der Altstadt am Meer. Großes Schwimmbad im Freien und Hallenbad, Fitnesscenter, Sauna. Zimmer und Appartements mit AC. DZ/F 120–150 €. Obala M. Tita b.b., ✆ 700-000, ℻ 700-399; www.hotel-kristal.com.

• *Touristenstadt Punta* am Ortsende der Altstadt von Umag in Richtung Savudrija, 3 km entfernt. Eine Touristenstadt aus Hotels, Feriensiedlungen, Campingplatz. Auch der ACI-Jachthafen ist hier zu finden.

Hotel Sipar (***), direkt am Meer mit Swimmingpools und kleinem Hallenbad. DZ/F 94–104 €. Jadranska b.b., ✆/℻ 741-233; www.istraturist.hr.

Hotel SOL Umag (****), 2004 neu eröffnet mit großem Sportangebot, Pools und Meerwasserschwimmbad. Mehrere Restaurants. Großes modernes Beauty- und Wellnesscenter im Haus. Täglich Animation und Kinder-Club. DZ/F 124–140 €. Jadranska b.b., ✆ 741-000, ℻ 741-999; www.istraturist.hr.

In den Buchten vor Umag, Richtung Savudrija, etliche weitere Touristensiedlungen mit großem Sportangebot:

• *Feriensiedlung SOL Stella Maris* 4 km von Umag entfernt; für Tennisfreunde sicher die erste Adresse (siehe Sport). Tennisstadion, neue Einkaufspassage und viele Restaurants; Wasserrutsche, Reitzentrum und Disco Monte Kristo. Die Mini-Eisenbahn fährt am Badestrand vorbei und überquert auf einer Brücke die Bade-Lagune. Der Badestrand ist in der Lagune angelegt, das Wasser kristallklar und warm. Es gibt Appartements (***) für 3–6 Personen. 104–114 €/3 Pers. (je nach Lage). Auch *Campingplatz* (siehe unten, Camping). Savudrijska cesta, ✆ 710-000, ℻ 710-999; www.istraturist.hr.

• *Feriensiedlung Polynesia-Katoro* Hier ist für die Mini-Eisenbahn Endstation. Die größten Attraktionen des Polynesia sind der Vergnügungspark Mon Plaisir mit großer Tanzterrasse, Disco und Aqua-Park mit riesiger Wasserrutsche ins Meer. Auf dem FKK-Badestrand (nur für Nudisten) kann man Reste antiker Thermalbäder und römischer Villen besichtigen. Es gibt zwei große Hotels und eine Appartementsiedlung.

Hotel SOL Koralj (****), bestausgestattetes Hotel der Region. Schwimmbad und Hallenbad, 3 Swimmingpools, Sauna, großer Fitnessbereich etc.; angenehme Atmosphäre; der Badestrand ist teilweise betoniert. Animation und Miniclub für die Kleinen. Ganzjährig geöffnet, DZ/F 144–160 €. Katoro b.b, ✆ 701-000, ℻ 701-999; www.istraturist.hr.

Hotel SOL Aurora (****), ähnliche Ausstattung und Komfort wie Koralj. DZ/F 142–150 € Katoro, ✆ 741-346, ℻ 741-289; www.istraturist.hr.

SOL Polynesia Appartements und Bungalows (***), je nach Größe für 2–5 Pers. 82–90 €/2 Pers., 115–126 €/Bungalow für 4 Pers. ✆ 718-000, ℻ 718-999; www.istraturist.hr.

Feriensiedlung Kanegra (siehe Savudrija).

Camping

Autocamp Stella Maris (*), ca. 4 km Richtung Savudrija, an der Bucht mit Feriensiedlung; stadtähnlicher Zeltplatz auf 5,8 ha in einem Kiefernwald für bis zu 1.500 Personen. Eigene Post, Ambulanz, Kinderbetreuung; durch die Straße zweigeteilt (wegen Verkehrslärm nicht an der Straße zelten), sonst in Ordnung. Im Sommer meist sehr voll. Großes Sport- und Freizeitprogramm, die Gäste des Campingplatzes können alle Einrich-

Berühmter Center Court – das Tenniszentrum in Umag

tungen der Feriensiedlung benutzen. Belebter Badestrand in der Bade-Lagune bei den Tennisplätzen. 4,50 €/Person, Parzelle 8,60 € ✆ 710-900, 710-909; www.istraturist.hr. Geöffnet Mitte April bis Mitte Oktober.

Autocamp Finida (*), 6 km Richtung Novigrad, auf einer ins Meer ragenden Landzunge, gleich an der Bucht mit flachem Kiesstrand. Großer 3,3-ha-Platz für bis zu 400 Personen, schön schattig unter Laubbäumen. Market und Restaurant; ein freundliches Plätzchen für alle, die Erholung und Ruhe suchen. Sv Ivan 55a. 4 €/Person, 6 €/ Parzelle; ✆ 756-296, 756-295; www.istraturist.hr. Geöffnet Anfang April bis Ende September.

Camping Ladin gaj (**), 8 km südlich, kurz vor dem Ort Karigador (siehe Novigrad)

FKK-Autocamp Kanegra (*), siehe Savudrija.

Essen

In Umag und in den Feriensiedlungen gibt es rund 200 Restaurants – wirklich gute Lokale finden sich aber fast nur außerhalb.

Restaurant-Konoba Umag, schöne Sitzplätze hinter der Kirche am Meer, zudem noch am Anfang der Lokalreihe. Innen rustikal eingerichtet. Hier gibt's leckere Fischgerichte. Ul. Pod urom 7, ✆ 751-423.

Restaurant-Pizzeria Mani, in der Altstadt, Sitzmöglichkeiten vor dem Haus; Spezialitäten sind Fischgerichte, auch aus der Peka. Marina Bemba 3, ✆ 751-222.

Trattoria-Pizzeria Vili, an der Zufahrtsstraße nach Umag. Von der vegetarischen bis zur Meeresfrüchtepizza ist alles auf der Karte. Spezialitäten sind Risotto mit Scampi, Spargel oder Hummer. Savudrijska cesta b.b, ✆ 752-145.

Konoba Cipi, im Weiler *Donje Picudo* kurz vor Juricani, ca. 6 km von Umag entfernt. Spezialitäten sind Garnelen mit Ruccola und Fisch im Brotteig. Donji Picudo 50, ✆ 730-030.

Konoba Buščina, Lokal im gleichnamigen Ort (nahe Sv. Marija na Krasu), 7 km östlich von Umag. Gnocchi, Fuži (eine Art Maultasche), gefüllt mit Wild oder Trüffeln, sowie fein zubereitetes Lammfleisch sind die Spezialitäten des Hauses. Sv. Marija na Krasu, Buščina 18, ✆ 732-088. Mi Ruhetag.

Slastičarna Vila Soši, für Naschkatzen der perfekte Platz; eine Deutsche bäckt feine Kuchen und rührt das Eis; Spezialität: orientalische Süßspeisen. Soshi 50h.

Sport

• *Baden* Betonierte Liegeflächen an der Landspitze. Wer einen Badeplatz nur für sich sucht, fährt besser in Richtung Savudrija oder Richtung Novigrad. In der Lovrečica-Bucht kann man in der Nähe der Straße baden – oder gleich nach der Bucht rechts zu den versteckten Sommerhäusern vor dem Campingplatz *Ladin gaj* an der Landzunge fahren. Auf den flachen Felsen in der Mitte der Landzunge lässt es sich entspannen; das Wasser ist sofort tief, Badeschuhe wegen Seeigeln sind hier nicht nötig, und als Zugabe gibt's einen schönen Blick über die Bucht bis nach Lovrečica hinüber. Die Blaue Fahne für die öffentlichen Badeplätze bei den Feriensiedlungen wurde bereits 7 x vergeben.

• *Tennis* **Internationales Tenniszentrum Umag**, in der Feriensiedlung Stella Maris – mit 18 Tennisplätzen und Center-Court für 3.500 Zuschauer Istriens Tenniszentrum. Hier wird jedes Jahr Ende Juli das Croatia-Open-Turnier mit 400.000 $ Preisgeld ausgetragen, das Spektakel findet nur 100 m vom Meer statt. Im modernen Stadion sind Restaurants, Sauna, Massageräume und Arztpraxen untergebracht. Die Saison dauert von April bis Ende September; auch Tennisunterricht. Tennis Center, Savudrijska cesta, ✆ 741-704.

• *Fahrradfahren* Im Angebot sind organisierte Mountainbiketouren entlang der Küste und ins Landesinnere, Auskunft über die Touristagenturen. Radverleih siehe Agenturen. Tourenvorschlag für Mountainbiker siehe unten.

• *Höhlentouren* Im Karstgebiet Bujštinas verstecken sich eine Reihe von Höhlen. Näheres bei **Speleološko društvo** oder **Alpska Ruža**, beide in Buje, ✆ 772-687.

• *Wandern* Ein Bergwanderweg verläuft von Buje über Buzet nach Brest. Wer kürzere oder längere Touren unternehmen möchte, wende sich an den Verein **Planinarsko društvo „Planik"** in Umag, ✆ 743-003.

• *Jagd* Das Mirna-Tal und die Buština sind beliebte Jagdreviere für Fasane, Rebhühner, Hasen, Rehe und auch Wildschweine. Auskunft über **Trčka**, Umag, ✆ 741-390, und **Istarski Gonič**, Umag, ✆ 730-250.

• *Reiten* **Reitzentrum Juricanija**, in der Feriensiedlung Stella Maris, an der Straße nach Savudrija, ✆ 743-285. Angeboten werden Reitkurse für kleine und große Anfänger, für Fortgeschrittene, auch Kurse für Hindernisspringen und Dressurreiten, Reitausflüge am Meer und übers Land.

Reiterzentrum Konjički klub Sv. Pelegrin, Katoro, ✆ 741-222.

• *Wassersport* **Jachtclub Umag** organisiert regelmäßige Segelregatten wie Novigrad–Umag–Novigrad oder Monfalcone(Italien)–Umag–Monfalcone; ✆ 741-066.

Tauchen: in Stella Maris.

Infos über alle anderen Sportarten ebenfalls am besten in der Feriensiedlung Stella Maris oder in Katoro.

• *Wellnesscenter* im Hotel SOL Umag, Jadranska b.b. ✆ 741-000. Saunabenutzung, etc. 20 €.

• *Jachthafen* **ACI-Marina Umag**, im nördlichen Teil des Hafens mit Slipanlage und Trockendock für Jachten bis 18 m. Mit 518 Liegeplätzen im Wasser, 120 Stellplätzen an Land (alle mit Strom- und Wasseranschluss) und 50-t-Travellift ist die Marina inzwischen die größte des Landes. Tankstelle 200 m von der Marina entfernt. Sanitäranlagen, Wäscherei, Supermarkt. V. Gortana b.b., ✆ 741-066, 📠 741-166; www.aci-club.hr.

Mountainbiketour auf kleinen Wegen ins weinreiche Hinterland von Umag (ca. 32 km, 2,5–3 Std., Markierung Fahrrad-Piktogramm):

Von Umag führt uns der Weg nach Murine. Achtung, an der Straßenkreuzung in der Ortsmitte von Umag den Abzweig nach *Sv. Marija na Krasu* nehmen, nach ca. 100 m nochmals Abzweig nach Norden in Richtung Murine. Von dort südlich über *Ungarija* nach *Vilanija*. Nun über Feldwege weiter leicht ansteigend südöstlich, bis wir kurz vor *Juricani* auf die Asphaltstraße stoßen und in Richtung Osten bis zum Ort fahren. Von Juricani auf kleinem Weg südlich nach *Šverki* und weiter nach *Lukoni*. Von Lukoni auf Asphaltstraße westlich nach *Radini* und hinab nach *Lovrečica*. Weiter meerseitig der Hauptstraße auf schmalen Wegen über *Sv. Ivan* und *Sv. Pelegrin* wieder zurück nach Umag.

Weiterreise von Umag nach Novigrad

Wer Umag Richtung Novigrad verlässt, sieht den einzigen industriellen „Störenfried“ an dieser Küstenregion: die Zementfabrik von Umag. Danach folgen der *Campingplatz Finida* und kleine Siedlungen an der Straße.

In **Lovrečica (San Lorenzo)** mit seiner neuen Mole kann man einen Badestopp an der seichten, warmen Bucht einlegen. Im Ort wurden Reste einer römischen Sommerresidenz freigelegt. Der Glockenturm ist erst gut 100 Jahre alt, die *Sv. Lovro-Kirche* (heiliger Laurentius) ist nur wenig älter. Am 10. August feiert die Bevölkerung auf der Mole ein großes Fest mit Grillfisch, Wein und Musik – dann wird hier in allen gängigen Sprachen gesungen: Kroatisch, Italienisch und Slowenisch.

Die Seele baumeln lassen ...

Nach dem Campingplatz *Ladin gaj* folgt **Karigador**, das sich entlang der Straße an einer weiten Bucht erstreckt und auf der gegenüber liegenden Seite in den Ort **Dajla** übergeht. Hier erstreckt sich direkt am Meer eine prächtige Anlage, die um das Jahr 1000 als Benediktinerkloster entstand. 1775 wurde der Komplex von den Grafen Grisoni aus Koper zu einer barocken Villa ausgebaut, die spätbarocke *Kirche Sveti Ivan Krstitelj* (Johannes der Täufer) und ein Pfarrhaus kamen dazu. Die Gebäude gruppieren sich um einen Hof, durch ein hübsch verziertes Portal gelangt man an die Mole am Meer. 1830 wurde das alte Kastell an der Hofseite abgerissen und an seiner Stelle ein Turm sowie ein klassizistisches Gebäude errichtet. 1835 ging die Anlage wieder an seine früheren Besitzer, die Benediktiner von Praglia (nahe Pudua), über. Sie gründeten eine Volksschule und bewirtschafteten das Anwesen bis zum Ende des Zweiten Weltkriegs. Danach diente das Kloster als Altersheim und Waisenhaus, derzeit ist es unbewohnt.

Teile des relativ großen Anwesen erinnern stark an den französischen Klassizismus, der in Istrien sehr selten anzutreffen ist. Der parkähnliche, fast bis ans Meer reichende Garten ist heute leider verwahrlost. Die Klosternlage soll zu einem Hotel umgebaut werden und wurde inzwischen teilweise renoviert.

In den vielen privaten Sommerhäusern im Grünen links und rechts der Straße werden Zimmer und Ferienwohnungen vermietet.

• *Essen* An der Straße von Umag nach Novigrad reiht sich ein Restaurant ans andere. Etwas Abwechslung bietet die **Taverna Istriana** in Dajla: Gleich nach der geraden Straße von Karigador Richtung Novigrad links abbiegen (beschildert), dann noch 1 km zu dem allein stehenden Haus zwischen Böschung und Weingärten. Abends romantisch beleuchteter Garten mit großen Tischen und Sitzbänken unter mächtigen Bäumen; ringsherum verstreut ein paar Bauernhäuser. In aller Ruhe kann man hier unter dem Sternenhimmel den zirpenden Grillen zuhören. Schmackhafte Gerichte, Nudeln mit Trüffeln, Fischplatte oder Risotto mit Meeresfrüchten, dazu ein fruchtiger Malvazija. Zum Nachtisch hausgemachter Apfelstrudel oder Palatschinken. Ideal auch für Wohnmobilbesitzer – großer Parkplatz! Šaini 36, geöffnet 17–23 Uhr, sonntags 12–23 Uhr. ✆ 052/422-017.

Restaurant Belveder, ursprüngliches, einfaches Restaurant in Dajla, im alten Ortskern an der Karigador zugewandten Seite der Bucht (an der Hauptstraße ausgeschildert). Direkt über dem Meer schattige Terrasse unter alten Bäumen, abends romantischer Sonnenuntergang. Oft voll, deswegen früh kommen. Grill- und Fischspezialitäten. Karigador 51, ✆ 757-949.

Novigrad (Cittanova)

Das historische Städtchen auf der Halbinsel hat Charme: schmale Gässchen, gemütliche Winkel und Plätze, einladende Parks, dazu ein windgeschützter Hafen und eine brandneue, gut ausgestattete Marina, Uferpromenade mit Badestränden und die gelungene Synthese eines alten Fischerorts mit moderner Infrastruktur – Novigrad bietet alles, um sich wohl zu fühlen.

Cittanova, die inzwischen 1400 Jahre alte „Neue Stadt“, wird von einer zinnenbewehrten Festungsmauer beschützt, die Altstadt ist mit Grünanlagen verschönt. In den heißen Sommernächten, wenn das Zentrum für den Autoverkehr gesperrt ist, sitzen die Bewohner in den Parks und Gassen beisammen und lassen die Gäste an sich vorbeiströmen. Schöne Eisdielen, Cafébars und Restaurants mit Terrassen am Meer locken zur Einkehr. In den verwinkelten Gassen und auf dem *Veliki trg*, dem großen Kirchplatz, werden Souvenirs, Filigran- und Goldschmuck verkauft, dazwischen bieten Boutiquen und Lebensmittellädchen ihre Ware feil. Alles hat bis spätabends geöffnet – genug Zeit für die Gäste der umliegenden Ferienanlagen zum ausgiebigen Bummeln. Dann haben auch die letzten Jachten im alten Hafen angelegt. Hier am Kai fand sich Platz für einen kleinen Lunapark, in dem abends rege Betriebsamkeit herrscht. Gegenüber liegen die Fischrestaurants mit Blick auf schaukelnde Masten und alte Kähne. Frühaufsteher können die zurückkehrenden Fischer bei ihrem morgendlichen Ritual beobachten und direkt vom Boot frischen Fisch kaufen. Im Park am Hafen wird roter und weißer Wein von den umliegenden Weingärten preisgünstig aus Holzfässern angeboten – Novigrad ist für seinen *Malvazija* bekannt, ein fruchtig-frischer Weißwein, der in Holzfässern ausreift.

Das Städtchen in der Nähe der Mirnamündung, einst eine griechische Kolonie, dann römische Siedlung und von 524 bis 1831 Bischofssitz, hat sich sein mittelalterliches Stadtbild bis heute bewahrt. Man vermutet, dass Flüchtlinge aus Emona (Ljubljana) an dieser Stelle die antike Stadt *Emonia* erbauten; schriftlich erwähnt wird sie erstmals Ende des 6. Jahrhunderts. Später taucht sie unter anderen Namen wieder auf: *Neopolis* oder *Civitas Novum*, aus dem sich Novigrad, die Neustadt, entwickelte.

Seine Blütezeit erlebte Novigrad unter den Byzantinern. Ausbeutung und Knechtschaft prägten die Karolingerzeit. Im 12. Jh. suchte die Stadt den Schutz der Stadtrepublik Venedig, das sich diesen durch teures Olivenöl bezahlen ließen. Seit 1270 stand die Stadt endgültig unter der Kontrolle des Markuslöwen und entwickelte sich zu einem wichtigen Umschlagplatz für Bauholz, das aus dem Hinterland die Mirna heruntergeflößt wurde. Bis ins 16. Jh. litt auch Novigrad unter Kriegen und Pest. Durch das Sumpfland um die Mirna breitete sich obendrein noch die Malaria aus und jeder, der nicht unbedingt bleiben musste, verließ die Stadt – jahrelang blieb das Bistum Novigrad unbesetzt. Nach dem Uskokenkrieg Anfang des 17. Jh.

Im Jachthafen von Novigrad

verschlechterte sich die Lage durch eine weitere Pestepidemie, Ende des 17. Jh. folgten Plünderungen durch die Türken, die obendrein noch den Bürgermeister entführten. Nur ein paar Hundert Novigrader waren es, die verarmt und in verfallenen Gemäuern in der Umgebung hausend, diese Zeit überlebten.

Im 18. Jh. setzte durch venezianische Investoren ein kurzer Aufschwung ein, der das Gesicht der Stadt bis heute prägt: Die Venezianer verbanden die Insel mit dem Festland, Großgrundbesitzer wie die Familie Rigo förderten die Landwirtschaft und erwirtschafteten gute Ernten, das Rathaus und neue prächtige Bürgerhäuser wurden gebaut, die Wirtschaft blühte – was nicht blühte, war nur das karge Einkommen der Landarbeiter.

Information/Verbindungen

- *Telefonvorwahl* 052
- *Postleitzahl* 52466 Novigrad
- *Information* **Touristinformation**, Porporella 6, am Hafen. ✆ 757-075, 758-011, 📠 757-075; tz-novigrad@pu.tel.hr; www.istra.com/novigrad. Mo–Fr 8–15 Uhr.

Agentur Laguna Novigrad, Skverska b.b (bei Hotel Maestral), ✆ 757-463, 📠 757-314; www.istra.com/laguna-novigrad. Fahrradvermietung, Ausflugsangebote.

- *Verbindungen* **Busbahnhof** nahe der Hauptstraßenkreuzung Umag–Buje–Poreč, etwa 500 m vor der Altstadt; gute Busverbindungen entlang der Küste sowie nach Opatija, Rijeka, Ljubljana.

Minieisenbahn durch die Stadt vom Hotel Maestral bis zum Campingplatz Mareda; halbstündlich von 9–24 Uhr (nur zur Saison), Haltestellen jeden Kilometer.

Diverses

- *Auto* Im Juli/August ist die Altstadt für Autos gesperrt, Parkmöglichkeit dann auf dem großen gebührenpflichtigen Parkplatz nördlich des Hafens – bis in die Altstadt sind es ungefähr 5 Minuten zu Fuß.

Autoverleih bei Šime Trade, vor Hotel Maestral an der Hauptstraße (gegenüber der Tankstelle), ✆ 757-542.

Tanken, an der Ausfallstraße Novigrad–Poreč (gegenüber Hotel Maestral) sowie in der Stadtmitte beim Hafen.

• *Einkaufen* Für Selbstversorger ideal ist der kleine Markt gleich vor der Altstadt – täglich verkaufen die Bauern aus der Umgebung frisches Gemüse und Obst. Großer Supermarkt mit Kleider- und Sportartikelabteilung am Hafen. Weitere kleinere Lebensmittelläden in der Altstadt. Vinothek beim Hafen.

• *Geldwechsel* am besten in den Banken in der Altstadt. Beim großen Supermarkt am Hafen wechselt **Istarska kreditna banka**, geöffnet Mo–Fr 8–20 Uhr.

• *Gesundheit* **Apotheke**, Općinska ulica, ✆ 757-660. **Ambulanz**, Ulica Rijeke Mirne, ✆ 757-544.

• *Hafenamt* ✆ 757-035

• *Nachtleben* **Disco-Pub Aquarius**, **Disco Sperone**. Novigrads größter Tanztempel ist die **Disco Otro Mundo** (ca. 1 km Richtung Umag). **Café-Bar Vitriol**, an der nordwestlichen Hafenpromenade (siehe Cafés).

• *Post* am Hafen (an der Ecke beim Park, bei der Slastičarna), Mandrač 28, täglich 8–20, Sa 8–12 Uhr.

• *Veranstaltungen* **Stadtfest Sv. Pelagij** am 28. August. Gefeiert wird mit Wein und Musik, überall stehen Buden mit verschiedensten istrischen Spezialitäten.

Music Nights, Musikfestival 2–3 Tage Ende Juli/Anfang August; Jazz und Blues, mit internationalen guten Interpreten, Auskunft über die Touristinfo oder unter www.istra.com/novigrad.

Zudem über den ganzen Sommer **Konzerte** in der Sv. Pelagija-Kirche sowie auf dem großen Platz (Veliki trg). In der **Galerie Rigo** 5–6 Kunstausstellungen pro Jahr.

Beachvolley-Turniere, im Sommer jeden Freitag (15 Uhr) und Samstag (11 Uhr) auf dem Sportplatz beim Hotel Maestral.

• *Zeitungen* Deutsche Zeitungen gibt's am Zeitungskiosk vor dem Supermarkt, an der Straße durch den Park am Hafen.

Übernachten/Camping

Privatunterkünfte: Die Agenturen vermitteln Zimmer ab 19 €/Person; Ferienwohnungen ab 35 €/2 Pers. bis 97 €/6 Pers./Tag. Appartementvermietung z. B. bei **Date Vela Ventis**, Veliki trg 5, ✆ 758-455.

Hotel Nautica (*****), kürzlich eröffnete Nobelherberge in der Marina direkt am Meer, inklusive Wellness- und Fitnessbereich, Sauna, Pool etc., geplant ist zudem eine Segelschule. Sv. Antuna 12, ✆ 600-400, 📠 600-450, www.marinanovigrad.com.

Hotel Cittar (***), hinter der Stadtmauer. Nobles, historisch-modernes Ambiente mit Säulen und Korbstühlen auf dem Marmorpflaster; klein und familiär; DZ/F 76–80 € (Hochsaison bis 110 €). ✆ 757-737, 📠 757340; scitar@pu.tel.hr.

Hotel Rotonda della Rivarella (***), auch schlicht Rivarella genannt. An der Südseite der Altstadt, direkt an der Uferpromenade. Innen angenehme Atmosphäre, betonierter Badestrand direkt unterhalb des Hotels, Spielcasino; im 4. Stock Fischrestaurant mit ausgewählten Fischspezialitäten. DZ/F 76–80 € (Hochsaison bis 110 €). Rotonda 3, ✆ 757-736, -737, 📠 757-468.

Hotel Emonia (*), kleines, einfaches Hotel direkt am Hafen; nur im August geöffnet, wenn die Hotels von Laguna voll sind. DZ/F 54–58 €. ✆ 757-322, 📠 757-314; www.istra.com/laguna-novigrad.

Hotel Makin (****), kleines 40-Betten-Haus 2 km nördlich vom Zentrum mit sehr gutem *Restaurant Taverna Sergio*, angenehme Zimmer. Kleines Wellnesscenter in Planung. DZ/F 100 €. Ganzjährig geöffnet. Šaini 2a, ✆ 757-714, www.istra.com/makin

• *An der Ausfallstraße nach Poreč* die beiden großen Hotels (***) **Maestral** (DZ/F 108–124 €, ✆ 757-557, 📠 757-314) und **Laguna** (DZ/F 90–108 €, ✆ 757-050, 📠 757-314); wenig Schatten, Spielcasino und Hallenbad (Hotel Maestral), Swimmingpools, breiter Kiesstrand und Beachvolleyball-Feld bei den Tennisplätzen. Infos für beide Hotels unter www.istra.com/laguna-novigrad.

Bis zur Altstadt sind es 500 m auf dem angelegten Fußweg am Strand. Beide oben genannten Anlagen zeichnet das aus, was wir von Umag kennen und was den Besucher auch am Küstenabschnitt bis Vrsar und Rovinj erwartet: große, mit Phantasienamen geschmückte Hotel-, Appartement- und Bungalowsiedlungen, deren komplette Infrastruktur ein Verlassen der Anlage sozusagen überflüssig macht ...

Hotel San Rocco (****), 7 km nordöstlich von Novigrad (siehe Hinterland/Brtonigla).

• *Camping* **Autocamp Mareda** (**), 4 km nördlich von Novigrad in Richtung Dajla. Der auf 17.000 m^2 angelegte Campingplatz gehört zu einer aus dem Boden gestampften Touristenstadt; teils schattig, teils fast baumlos, jedoch komfortabel mit modernen Sanitäranlagen, Restaurant, Supermarkt, Sportzentrum, Wassersportgeräte- und Fahrradverleih. Person 5,10 €, Stellplatz 5,50–8,90 €, Strom 2,20 €, Wohnmobil 5 €;

Fangfrisch

✆ 735-291, ✆ 735-035; www.istra.com/laguna-novigrad. Geöffnet Anfang Mai bis Ende September.

Camping Sirena (***), das 7-ha-Areal für bis zu 1.800 Personen (neben Hotel Laguna) zählt zu den bestausgestatteten Plätzen Istriens; Felsstrand mit betonierten Liegeflächen, großes Sport- und Animationsangebot, täglich Aerobic-Party auf einer Terrasse im Kiefernwald. Preise wie Autocamp Mareda; www.istra.com/laguna-novigrad. Geöffnet Anfang April bis Ende September.

Camping Ladin gaj (**), 7 km nördlich, nach dem Ort Karigador. 127 ha großes Gelände für rund 5.000 Personen! Ein typisches Beispiel für eine durchgeplante Anlage mit allem Komfort für verwöhnte und sonnenhungrige Urlauber – die Bäume müssen allerdings teils noch wachsen. 5 km langer Stein- und Kiesstrand. Gute Sanitäranlagen, Restaurants, Bar, Laden. Das Camp ist in Textil- und FKK-Zone unterteilt. 4,50 €/Person, Parzelle 7–10 €. ✆ 756-270, ✆ 756-230; istraturist@itu.tel.hr. Geöffnet Ende April-Ende September.

Essen

Fischrestaurants und Pizzerias gibt es überall in der Altstadt; direkt am Hafen sowie an der Zugangsstraße zur Altstadt reiht sich Restaurant an Restaurant.

• *Restaurants* **Restaurant Sidro** und **Restaurant Mandrač**, beide direkt am Hafen mit Blick auf ankernde Fischerboote und Jachten. Abends romantisch beleuchtete Terrassen. Spezialitäten sind Spaghetti mit Hummer oder Meeresfrüchten; frische Fische, die man sich aus der Glasvitrine aussuchen kann, sowie Fleischgerichte; guter Malvazija und Teran. Freundliche Bedienung, oft sehr voll. Sidro, ✆ 757-601. Mandrač, ✆ 757-120.

Restaurant Santa Maria, am Hafen; bereits ab 7 Uhr geöffnet. Hier kann man in aller Frühe in Ruhe frühstücken und abends bis 24 Uhr speisen. Große Auswahl, Terrasse. Ulica gradskih vrata 37, ✆ 757-144.

Fischrestaurant Damir & Ornella, kleines Gourmetlokal mitten in einer Altstadtgasse, Sitzplätze nur innen (mit AC), nur mit Reservierung; sehr gute Fischgerichte, familiäre Atmosphäre. Ul. Zidine 5. ✆ 758-134.

Konoba Čok, täglich stehen zwei leckere Menus mit Fisch oder Fleisch auf der Karte, je nach Saison und Fang oder was gerade auf dem Markt an frischen Zutaten angeboten wird. Daneben natürlich auch Risotti, Pasta, Gnocchi, Muscheln, Hummer, verschiedene Fischgerichte, dazu ausgesuchte istrische Weine. Sv. Antona 2, ✆ 757-643.

Taverna Sergio, zum Hotel Makin gehörend, ca. 2 km nördlich der Altstadt. Gemütliches Lokal mit Kamin und dschungelartig von Pflanzen umrankter Terrasse. Hervorragende Brodetto und Polenta oder Fleisch und Fisch vom Grill. Šaini 2a, ✆ 757-714.

Bonanza, kleines Lokal am Meer, an der Nordwestseite der Hafenpromenade. Einfache Fisch- und Fleischspeisen, sehr netter Service. Der Sonnenuntergang, den man von hier bis zum letzten Moment genießen kann, ist einfach traumhaft.

Pizzeria Mamma Mia, in der Ulica Torci, der Parallelstraße zur Uferpromenade Rivarella, vom Veliki trg (Platz mit der Kirche) links und wieder links. In der schmalen Gasse ist eine Terrasse mit Rattansitzmöbeln eingerichtet, sehr angenehm zum Verweilen. Die Pizzeria mit Holzofen befindet sich im Innenhof; serviert wird auf der Terrasse; reiche Pizzaauswahl (z. B. leckere Knoblauch-Pizza).

Pizzeria Točkica, an der Zufahrtsstraße, nach dem Busbahnhof rechts. Bis 2 Uhr morgens wird hier Holzofen-Pizza serviert; auch Lieferservice. ✆ 757-624.

Restaurant Date Vela Ventis („Gib dem Segel Wind"), im Zentrum am schönen Hauptplatz mit Blick aufs Meer. Fisch- und Fleischgerichte, Pizza; auch Appartementvermietung. Veliki trg 5, ✆ 758-455.

Restaurant Giovanni, sehr gute Fischgerichte. Hübscher Blick von der Terrasse auf die Stadt. Sv. Roželo b.b. (ca. 3 km in Richtung Poreč), ✆ 757-122.

Konoba Astarea, hervorragendes Lokal 6 km nordöstlich von Novigrad in Brtonigla (siehe Kapital Landesinneres/Brtonigla).

• *Cafés* Am Hafen und nahe dem Hauptplatz – wunderbar! Die Slastičarnas bieten neben vielen Eissorten auch Torten, Kuchen, Cremeschnitten und Gebäck (kolači). In der **Slastičarna Europa** (Velika ulica) kann man frischen warmen Burek mit Apfel-, Hackfleisch- oder Topfenfüllung genießen, dazu einen feinen Espresso oder Cappuccino.

Café-Bar Vitriol, an der nordwestlichen Hafenpromenade; die prächtigen Sonnenuntergänge gibt's gratis, die guten Cocktails werden gegen Entgelt serviert. Bis frühmorgens geöffnet, immer gut besucht.

Sehenswertes

Die **Pfarrkirche**, eine dreischiffige Basilika mit nach außen gewölbter Apsis, ist nicht nur nach dem *heiligen Pelagius* (Sveti Pelagij), einem christlichen Märtyrer aus Novigrad, benannt – daneben schmückt sie sich mit den Namen *heilige Maria* und *heiliger Maximus*. Die Ursprünge der Kirche reichen bis ins 5. Jh. zurück, ab ca. 1290 wird sie im gotischen Stil erweitert, im 15./16. Jh. wird der Innenraum umgebaut, im 18. Jh. teilweise barockisiert, die heutige neoklassizistische Fassade stammt aus dem Jahr 1935.

Den dreischiffigen Innenraum prägt ein tiefer *Chor* mit Barockalter, darunter eine für Istrien einzigartige frühromanische Krypta. Einen Blick wert sind die Gemälde „Die Muttergottes mit dem hl. Maximus und Pelagius", Ende des 16. Jh. von einem unbekannten Meister geschaffen, „Hl. Karl, hl. Lucia und hl. Anton", ein Werk von *Carlo Alvise Fabris* (1776) sowie die interessante Porträtreihe von rund 30 einst amtierenden Bischöfen. Im Juli und August wird die Basilika zum Konzertsaal für klassische Musik.

In der Mitte der sehenswerten, ebenfalls dreischiffigen **Krypta** mit starkem Kreuzgewölbe befindet sich die „Konfession" von 1146 sowie ein Sarkophag aus dem 12. Jh. Die Krypta diente eigentlich nur dem Zweck, dem Sarkophag mit den 1046 geborgenen Reliquien der Heiligen Pelagius und Maximus einen geschützten Raum zu schaffen. Die sterblichen Überreste des hl. Maximus liegen heute nicht mehr im Sarkophag, sie wurden im 18. Jh. nach Venedig überführt. In den Jahren ab 1997 wurden hier bei Ausgrabungen römische und vorromanische steinerne Kostbarkeiten entdeckt, die besichtigt werden können.

Neben der Kirche der frei stehende **Kirchturm** von 1883 mit der hölzernen, mit Bronzeblech überzogenen Statue des hl. Pelagius obenauf – das Vorbild des Markusturms in Venedig ist unverkennbar.

Novigrad – ein quirliges Städtchen mit Charme

Etwas nördlich vom Kirchturm liegt inmitten eines von alten Föhren bestandenen Parks ein schlichter Steinsarkophag aus altchristlicher Zeit – ein vor allem in der Mittagshitze herrlicher Platz, um sich zu entspannen, den harzigen Duft einzuatmen und aufs Meer zu blicken.

Der Kirchplatz **Veliki trg** (auch Markusplatz genannt) wird im Sommer für diverse Kulturveranstaltungen genutzt. Neu hinzu gekommen ist der moderne, 2005/2006 fertig gestellte Glaspalast für das sehenswerte **Lapidarium**, das früher im Rigo Stadtpalais untergebracht war – eine Sammlung von 93 Steindenkmälern aus antiker, frühmittelalterlicher und spätmittelalterlicher Zeit, u. a. kostbare Wappen, Türschwellen, Fenstersimse, Altarplatten, Kapitelle.

Etwas östlich davon, in der Velika ul., fällt das **Rigo Stadtpalais** ins Auge, ein hübsch verzierter Patrizierpalast, in dem um 1790 die Adelsfamilie Rigo residierte. Bis vor wenigen Jahren war hier das städtische Lapidarium untergebracht, das nun am Veliki trg (siehe oben) seinen neuen Sitz erhielt. Heute präsentiert hier in den Sommermonaten eine Galerie mit sechs bis sieben wechselnden Ausstellungen vor allem die Arbeiten junger Künstler.

Die dem Meer zugewandte Südseite des Städtchens präsentiert sich bis heute so geschlossen und wehrhaft wie im frühen 15. Jahrhundert, lediglich ein kleiner Durchgang, die **Porta a marina**, bietet eine Lücke. Hier lehnt sich die **städtische Loggia** (auch *Belveder* genannt) aus dem 16. Jh. an die Stadtmauer, von der sich die Brandung schön beobachten lässt.

Weitere Stadtmauerreste sind südlich des Hafenbeckens zu sehen, ebenfalls zinnenbewehrt und mit zwei gut erhaltenen Rundtürmen. Hinter einem Teil der alten Stadtmauer versteckt sich das stilvolle Hotel Cittar.

Gegenüber von Stadtmauer und Hotel fällt ein rotfarbener, erst Anfang des 20. Jh. im Stil der venezianischen Gotik errichteter Bau ins Auge, zwar kein historischer Bau, aber ein hübsches Fotomotiv.

An der nördlichen Mole beim Hafenamt ankert der stolze, fast 100 Jahre alte Zweimaster *Roditelj*, der zu den ältesten Schiffen der Adria zählt; er ist aus Eichenholz gebaut und wird bis heute eingesetzt.

Südlich vom Hotel Cittar, in der Ul. Gradska vrata, der Hauptstraße, steht die **Kirche der hl. Muttergottes von Karmel** aus dem Ende des 15. Jahrhunderts, Erneuerungen fanden in der zweiten Hälfte des 18. und der ersten Hälfte des 19. Jh. statt. Die Kirche ist ein einschiffiger, für das venezianische Istrien jener Zeit typischer Bau. In dem Gebäude neben der Kirche befand sich ein kleines Kloster, das über die Jahrhunderte verschiedenen Ordensbrüdern ein Dach bot: vom 15. bis 17. Jh. den Dominikanern, ab der zweiten Hälfte des 17. Jh. den Augustinern, dann den Franziskanern.

Auf der Ul. Gradska vrata weiter stadtauswärts liegt linker Hand der Friedhof mit der **St. Agatha-Kirche**, im 10.–11. Jh. im romanischen Stil gebaut und 1644 umgestaltet; sehenswert sind hier die beiden spätbarocken Statuen und das Altarbild der hl. Agatha.

Stadtauswärts und nordöstlich der Meereseinbuchtung steht die in ihrer Art einzigartige mittelalterliche **St. Anton-Kirche**; das einschiffige gotische Gotteshaus wurde im 17. Jh. umgestaltet, Mitte des 19. Jh. wurden das Sanktuarium und zwei Seitenfenster dazugefügt.

Etwa 1 Kilometer entfernt im Norden der Stadt ist im Ortsteil Karpinjan der 1762 errichtete barocke **Rigo-Palast** sehenswert, benannt nach seinem Bauherrn Graf Carlo Rigo, der der Stadt etliche schöne Gebäude hinterließ. Es ist ein typisches istrisches Landhaus aus dieser Zeit, momentan leider in einem maroden Zustand. Ob Gelder für eine Sanierung mobil gemacht können, ist fraglich.

Sport

Baden: Durch Türme und Mauernischen sowie über die Treppen der Stadtmauer gelangt man von allen Seiten ans Meer. Auf der West- und Südseite wird bis Sonnenuntergang gebadet, die weit ins Meer ragende Mole an der Spitze des Altstädtchens bietet eine weitere Möglichkeit, das Handtuch auszubreiten, sich den rauschenden Wellen zu überlassen oder einfach das Panorama Novigrads zu genießen. Weitere Bademöglichkeiten auf der dem Hafen gegenüber liegenden Seite (Richtung Restaurant Tri palme): Kies- und Felsstrand, mit schönem Blick auf die Altstadt; auch mit dem Auto von der Hauptstraße Umag–Novigrad erreichbar – beim Schild *Restaurant Tri palme* links abbiegen.

Segeln: Der *Jachthafen Marina Novigrad* ist nagelneu (2005 eröffnet) und befindet sich nördlich der Bucht. An den strahlenförmig auslaufenden Stegen für Boote (von 10–40 m Länge) gibt es 365 Liegeplätze im Wasser (alle mit Strom- und Wasseranschluss), außerdem: 100 Stellplätze an Land; 80-t-Travellift, 20-t-Kran, Tankstelle im alten Hafen, Überwinterungsmöglichkeit. Sanitärbereich, Wäscherei, 5-Sterne-Hotel, Restaurants und Supermarkt.

Information Civitas Nova d.o.o, Domovinskih Žrtava b.b., ✆ 757-330, www.marinanovigrad.com.

Sonstiges: *Tennis* wird im Sportzentrum vom Hotel Maestral sowie nördlich gegenüber der Altstadt auf der Landzunge gespielt. Die Agentur Laguna-Sport verleiht Fahrräder, Mountainbikes und Motorboote bis 4 PS. *Beachvolleyball-Turniere* siehe Veranstaltungen. *Paragliden* bei Sv. Dionizije/Srbani (südlich von Nova vas im Osten von Novigrad).

Ruhige Badebuchten finden sich in Novigrads Umgebung

Wandern: Ein schöner Wanderweg durch die Buština führt von Buje über Grožnjan nach Buzet. Auch geführte Wanderungen sind möglich – Auskunft bei der Touristinformation Novigrad oder beim Bergsteigerverein Planik, Umag, ✆ 743-003.

Fahrradausflüge: Ins Hinterland oder an der Küste entlang führen viele markierte Fahrradwege quer durch Istrien. Radverleih bei Agentur Laguna (s. o.) oder in der Altstadt bei Rent-a-bike, Rotonda ulica, (✆ 757-737).

Mountainbiketour durch das weinreiche Hinterland und die Küste entlang (ca. 35 km, ca. 3–3,5 Std., Markierung Fahrrad-Piktogramm):

Von Novigrad südlich beim Hotel Maestral hinauf nach *Sv. Roželo* und wieder hinab nach *Antenal* (Meereseinbuchtung und Brücke). Vor der Brücke über den Meeresschlund den schmalen Weg östlich landeinwärts durch die *Mirna polje* nehmen und unter der Autobahnbrücke hindurch fahren. Nach ca. 6 km Abzweig auf Makadamweg Richtung Norden und bergan nach *Sv. Dionizije* und *Srbani*. Herrlicher Blick auf das Mirnatal. Im etwas größeren *Nova vas* (Villanova) zweigen wir in der Ortsmitte westlich ab über den schmalen Weg hinab nach *Pavći* und *Sv. Drušković*. Weiter Blick gen Meer. Dann geht es westlich hinab durch die Weiler *Turini*, *Marinčići*, *Štroligarija* und *Punta* bis nach *Karigador*. Hier fahren wir ein kurzes Stück auf der Hauptstraße. Beim Ortsende von *Dajla* wieder ans Meer auf einem kleinen Weg, der südlich am Campingplatz Mareda vorbei und weiter nach Pineta führt. Hier können wir uns noch in die kühlen Fluten stürzen, ehe wir die letzten 3 Kilometer nach Novigrad zurück radeln.

Alternativroute über Baredine: Wer mag, kann den Ausflug verlängern und anstatt bei Nova vas westlich abzuzweigen z. B. geradeaus weiter zum hübschen Ort *Brtonigla* radeln. Von dort über *Grobice* hinab nach Baredine und über das Mirna-Tal und *Sv. Roželo* wieder zurück (leider gleicher Rückweg). Oder diesen Weg bei der Hinfahrt nehmen und von Brtonigla nach Nova vas fahren und wie oben beschrieben nach Westen Richtung Karigador.

Buje – wehrhafte Häuserfront

Landesinneres: Mirnatal und Umgebung

Das Küstenhinterland zwischen den Flüssen Dragonja im Norden und Mirna im Süden lockt mit reizvollen Ausflügen z. B. nach Grožnjan, Motovun, Buzet oder zu Wander- und Klettertouren in den Ćićarija-Bergen. Trutzige Burgen und Kastelle wachen auf den Hügeln über das Land, in den Weinbergen reifen edle Tropfen, in feuchten Wäldern und Tälern gedeihen die kostbaren istrischen Trüffeln (siehe Kapitel „Essen und Trinken"). Ein Genuss ganz anderer Art, vor allem für Leute mit Kondition, sind die Mountainbiketouren auf Seitenstraßen oder Feldfluren durch die oft noch unberührte Landschaft. Die Ortschaften sind auf guten Straßen auch mit Lokalbussen gut erreichbar.

Die meist schwer befestigten Dörfer und Städtchen, die sich um die mittelalterlichen Kastelle entwickelten, bieten weite Ausblicke ins Umland, oft bis zur Adria. Dicht an dicht, meist in Sichtweite zueinander thronen sie auf Hügeln und sorgten, wenn feindliche Truppen oder Schiffe sich näherten, für schnelle Informationsübertragung; drohte Gefahr, dienten die Kastelle, in denen die Militärkommandanten mit ihren Familien residierten, der Bevölkerung als Zufluchtsort. Bis auf wenige größere Ortschaften wirken die Siedlungen heute verlassen, viele sind dem Verfall preisgegeben. Nach dem Zweiten Weltkrieg wurde Istrien Jugoslawien zugesprochen, was viele italienische Einwohner veranlasste, ihrer Heimat den Rücken zu kehren.

Buje (Buie)

Auf 220 Metern Höhe breitet sich westlich der Durchgangsstraße Bujes sehenswerte Altstadt aus – weit kann der Blick von hier oben über die fruchtbaren Felder und Weingärten bis zum Meer schweifen.

Die Römer nannten das Städtchen *Bullea* und umgaben es mit einer Verteidigungsmauer, die bis heute begehbar ist; daneben sind viele barocke Bauten und auch einige Häuser im venezianischen Stil erhalten – das schönste steht am Hauptplatz; einen Blick wert ist die dort stehende Steinsäule, die im 16. Jahrhundert den Einwohnern als Maßeinheit diente. Die barocke **Pfarrkirche Sveti Servul** wurde ebenfalls im 16. Jh. auf Überresten eines römischen Tempels erbaut. An der Vorderseite ist ein älteres romanisches Engelrelief eingelassen, im Inneren sind die holzgeschnitzte Madonna mit Kind, Altarbilder aus dem 18. bis 19. Jh. sowie der barocke Hochaltar von 1735 sehenswert. Neben dem Gotteshaus ragt der mit dem Markuslöwen geschmückte Kirchturm (1482) in die Lüfte – den Turm kann man besteigen und von oben den herrlichen Fernblick genießen. In Bujes zweitem Gotteshaus, **Sveta Marija Milosrdnica** (heilige Maria die Barmherzige) aus dem 15. Jh., sind gotische Plastiken und Malereien zu sehen, die man der Tintorettoschule und der Schule von Caspar della Vecchia zuordnet.

Informativ ist ein Besuch des **Ethnographischen Museums**, das u. a. historische Einrichtungsgegenstände eines istrischen Hauses zeigt (Trg slobode 4, ✆ 772-023, geöffnet im Sommer Di, Do, Sa 9–13 Uhr, Mo, Mi, Fr 16–19 Uhr.)

Wandern: Ein schöner Wanderweg durch die *Bujština* führt von Buje über Grožnjan nach Buzet. Auch geführte Wanderungen sind möglich – Auskunft bei der Touristinformation Buje oder beim Bergsteigerverein Planik, Umag, ✆ 743-003.

Mountainbiketour rund um Buje über Brtonigla (ca. 28 km, 3 Std., unmarkiert. Kondition mittel, Höhenunterschied 240 m):
Von Buje-Zentrum fahren wir südlich hinab zum Ortsteil *Rudine*, dann den Flurweg hinauf zum *Berg Kastanjari* und weiter den leicht abfallenden Weg südlich nach Baredine. Von Baredine westlich über Schotterstraße zum Weiler *Grobice*. Von Grobice auf Asphaltstraße Richtung Westen bis zum hübschen Ort *Brtonigla*. Hier kann man sich in einer der örtlichen Lokalitäten stärken (siehe unten, Brtonigla). Von Brtonigla (Ortsmitte) führt ein Teersträßchen westwärts und leicht abwärts zum Weiler *Lukoni*, von hier weiter nördich (Makadam) nach *Šverki*, wieder

Mountainbiketouren im Landesinneren

Die hügelige Gegend im Landesinneren ist ein Genuss für Radler mit guter Kondition, die mal schnell ein paar Runden drehen wollen. Aber auch für langsame Genießer, die sich's erlauben, an einem Berg abzusteigen und sich ins duftende Gras zu setzen, ist diese malerische, stille Landschaft ein reizvolles Ziel. Die immerzu wechselnden Ausblicke, hübsche touristische Bauernhöfe und Weingüter mit gutem Essen und guten Weinen lassen die Touren zu einem Erlebnis werden, über das sich Körper und Geist freuen ...
Unsere Tourenvorschläge in diesem Kapitel lassen sich auch mit anderen Orten zu größeren Routen kombinieren. Fahrradkarten gibt's bei den Touristinformationen und Agenturen.

kurz Asphalt und dann nochmals weiter nördlich auf Makadam nach *Juricani*. Hier wird die Hauptstraße Umag–Buje überquert. Geradeaus geht es weiter bis *Gornij Picudo*. Dann biegen wir rechts (östlich) in den Makadamweg in Richtung Goli Vrh ein und fahren bergan bis *Škabarija*. Kurz führt der Weg bergab, bis wir, schon Buje in Sichtweite, gleich wieder hinauf zurück zum Ausgangspunkt strampeln müssen.

Buje/Umgebung

Kaštel (Castel Venere): In dem kleinen Grenzort 7 km nördlich von Buje gibt es einige gute Konobas mit istrischen Spezialitäten und leckeren Trüffelgerichten. Wie der Name andeutet, wurde auch Kaštel weithin sichtbar auf einem Hügel (119 m) erbaut und wehrhaft eingefriedet. Die teilweise noch erhaltenen Befestigungsmauern sind mittelalterlichen Ursprungs, doch schon Jahrhunderte vorher stand hier eine Wallburg der Illyrer.

Erstmals schriftlich erwähnt wird Kaštel 1064, als Istrien zum Herrschaftsgebiet des deutschen Kaisers gehörte. Weitere Herrscher waren die Patriarchen von Aquileia, dann folgten die deutschen Grafen Rauenstein (bis 1422 war die Festung nach ihnen benannt) und schließlich die Venezianer. Gegen die Angriffe der Habsburger, Uskoken und Türken wehrte sich das Kastell tapfer, bis es 1825 ganz unheldenhaft durch einen Brand zerstört wurde. Zu sehen sind heute nur noch die Überreste der Kapelle und von drei Toren.

• *Telefonvorwahl* 052

• *Information* **Touristinformation**, 52460 Buje, Istarska 2, ✆ 772-122, ✆/℻ 773-353; tzg-buja@pu.tel.hr; www.tzg-buje.hr. Geöffnet in der Saison von 8–20 Uhr.

• *Geldwechsel* **Istarska banka**, rechts an der Ampelkreuzung vor der Altstadt. Geöffnet Mo–Sa 7.15–20.30, Sa 7.15–13.30 Uhr.

• *Einkaufen* **Enotheka**, Trg J. B. Tita 12, ✆ 772-125 (siehe auch Kapitel Istrische Spezialitäten/Essen und Trinken).

• *Essen/Übernachten* **Pod Voltom**, mit Terrasse (in der Seitenstraße links, wenn man in die Altstadt hinaufläuft); von hier hat man einen schönen Ausblick über die Küste und die Umgebung. Auch für den Hunger zwischendurch geeignet; z. B. Tortellini mit istrischem Pršut oder Bandnudeln mit Hummer.

Hotel-Restaurant Miro (**), einfach ausgestattete Zimmer, DZ/F 65 €. Das Restaurant wird gelobt. Das hoteleigene Casino ist Treffpunkt der Glücksspieler. Portoroška 3, ✆ 777-050; hotel-miro@pu.tel.hr.

Hotel Volpija (***), ca. 2 km nördlich von Buje im Weiler Volpia (in Richtung Grenzübergang Dragonja), abseits der Hauptstraße; kleines, 2004 neu eröffnetes 32-Betten-Hotel im renovierten Gutshof; herrliche Terrasse und leckeres Essen mit hausgemachten Produkten; beste Adresse für die, die nicht in Buje nächtigen möchten. DZ/F ca. 75 €. Buje, Volpia 3, ✆ 777-425, ℻ 777-424, www.agriturizam-volpia.com.

Restaurant-Pension Marino, Weingut in Kremenje, 4 km nordöstlich in Richtung Momjan. Sehr schönes Ambiente, man speist unter Arkaden; Spezialitäten des Hauses sind Trüffelgerichte und Wild sowie hervorragende Weine aus eigener Kelterei. Einige DZ vorhanden. Di Ruhetag. Kremenje b.b, Buje, ✆ 779-047.

• *Gute Restaurants in und um Kaštel*

Konoba Kod Davida, Spezialitäten sind Trüffelgerichte mit Gnocchi, Pasta und Fleischgerichte. Sitzgelegenheiten auch im Freien. Geöffnet tägl. außer Do von 11–24 Uhr. Kaštel 120c, ✆ 777-090.

Restaurant Igor, hier stehen ebenfalls istrische Trüffelspezialitäten auf der Karte, vor allem mit Weißem Trüffel, aber auch Seefisch, z. B. aus dem Backofen. Geöffnet tägl. außer Di von 12–23 Uhr. Kaštel, 120e, ✆ 777-131.

Konoba Malo Selo, in Fratrija, ca. 4 km nördlich von Buje (in Richtung slowenischer Grenzübergang). Sehr gute Küche, Spezialitäten sind Pasta- und Pilzgerichte – natürlich auch mit Trüffeln verfeinert. Rustikales, gemütliches Interieur, familiäre Atmosphäre, guter Service. Fratrija, Buje; ✆ 777-332.

• *Wein* **Weingut Clai** (Terre bianche), im Ort Krasica (Crasizza), ca. 5 km südlich von Buje (Hauptstraße Nr. 21), Brajki 104, Mobil-Tel. 091/5776-364.

Brtonigla (Verteneglio): kleine, malerisch zwischen sonnigen Feldern und Weingärten gelegene Siedlung an der Hauptstraße Buje–Novigrad, ca. 6 km südwestlich in Richtung Küste. Die Römer nannten den Ort *Hortus Niger*, 1102 wird Brtonigla erstmals schriftlich erwähnt. Die Pfarrkirche hl. Zenon wurde 1520 erbaut und in der zweiten Hälfte des 19. Jh. umgestaltet; unterhalb der Pfarrkirche steht die Kapelle hl. Rochus aus dem 17. Jh. – ihm zu Ehren wird jährlich am 16. August das Stadtfest San Rocco gefeiert. Abseits von Touristenrummel und Verkehr lässt es sich auf dem Hauptplatz gemütlich auf der schattigen Restaurantterrasse entspannen. Angenehm ist auch ein Spaziergang durch die umliegenden Weingärten. Am östlichen Ortsrand lädt in einem neu erbauten Haus eine *Galerie* Kunstinteressierte zum Besuch ein – hier residiert auch die internationale Schule für bildende Kunst *Hortus Niger*, die ihre Pforten im August öffnet (Information unter ✆ 774-307).

• *Übernachten* **Hotel San Rocco** (****), komfortables, gemütliches Landhotel im stilvoll umgebauten 200-jährigen Hof, erst 2004 eröffnet; Pool und herrliche Terrasse, Vinothek, sehr gutes Restaurant – ein angenehmes Ambiente zum Wohlfühlen. Ganzjährig geöffnet. DZ/F 150 €. Srednja ulica 2, 52474 Brtonigla; ✆ 725-000, www.san-rocco.hr

• *Essen* **Konoba Astarea**, hervorragendes, gut besuchtes Lokal am Ortsrand von Brtonigla. Innen ziert ein großer Kamin den rustikalen Raum, Sitzplätze auch auf der überdachten Terrasse. Spezialitäten sind Gerichte aus der Peka, Fleisch, Fisch und ganz besonders lecker: der Apfelstrudel. Ronkova b.b, Brtonigla, ✆ 774-384.

• *Weingüter* **Lupi**, Inhaber Ivan Vuk; Palih boraca 17, ✆ 774-717; www.lupi.hr.

Otium d.d., Palih boraca b.b., ✆ 774-720, www.otium.hr.

Veralda, im Ortsteil Krišin, Krišin 4, ✆ 774-111, www.veralda.hr.

Ravalico, im Ortsteil Nova vas (Villanova), Nova vas 101, ✆ 774-152, 774-150.

Momjan (Momiano), ein paar Kilometer nördlich von Buje, schön über dem Dragonja-Tal gelegen – ein weiterer Ort im Hinterland mit herrlichem Fernblick. 1102 war Momjan ein Geschenk von Markgraf Ulrich II. an den Patriarchen von Aquileia. Im 15. Jh. wurde es von den Venezianern mit Zugbrücke, Türmen und Mauern bewehrt, zur Festung ausgebaut und blieb bis Ende des 18. Jahrhunderts unter ihrer Kontrolle. Von dem strategisch und militärisch einst bedeutsamen Kastell zeugen heute nur noch schwer zugängliche Ruinen. Eigentümer der Siedlung um das Kastell war lange Zeit die Familie Rota, ihr Patrizierhaus im Ort mit schönem Portal und Familienwappen ist noch erhalten. Durch die anhaltende Landflucht im 20. Jh. verkam das Örtchen mehr und mehr zu einer Geisterstadt, doch bei einem Spaziergang durch die Gassen ist viel zu entdecken – die *St. Martin-Kirche* aus dem 16. Jh., stattliche Bürgerhäuser, malerische Fassaden und Denkmäler, allerdings teils sehr renovierungsbedürftig, erinnern an den Glanz vergangener Zeiten.

Die *Konobas* in und um Momjan bieten häufig sehr gute Küche; der von Weinbergen umgebene Ort ist bekannt für seinen *Muskatel*, ein hervorragender, mal trockener, mal süßer Roséwein, dessen Geschmack an wilde Nelken erinnert und der zu Fisch, Hummer oder auch zum Dessert gereicht wird. Zum Verkosten laden eine Reihe guter Weingüter ein.

• *Übernachten/Essen/Wein* **Agrotourismus San Mauro**, im idyllischen Weiler San Mauro (östlich von Momjan), zum Übernachten wie zum Essen eine gute Adresse. Neben sehr guten Weinen und Grappas bietet Familie Sinković hervorragende Küche mit hausgemachten Produkten (Gnocchi mit Huhn, Aufschnitt, Oliven …). Gut ausgestattete Appartements, vom obersten Stockwerk mit Meerblick. Als öffentliches Esslokal nur im August Sa und So von 12–22 Uhr geöffnet, sonst nur für Hausgäste. Sinković, San Mauro 157, ✆ 779-033, Mobil-Tel. 098/4202-42.

Konoba Furia, Spezialitäten des Hauses sind Trüffelgerichte, Wild- und (gegrillte) Fleischgerichte, dazu süffige Weine aus der Umgebung. Sitzgelegenheiten auch vor dem Haus. Geöffnet täglich außer Mi und Do 12–22 Uhr. Smilovići 145, ✆ 779-001.

Konoba Rino, auch hier serviert die Küche Trüffelgerichte, Wild mit Gnocchi und Grillfleisch. Schöne Sitzgelegenheiten auf der Terrasse. Geöffnet tägl. außer Di 12–22 Uhr. Momjan 49, ✆ 779-170.

• *Weingüter* **Gianfranco Kozlović,** Valle 78, ✆ 779-177.

Armando & Rino Prelac, Donja ulica 48a, ✆ 779-003.

Libero Sinković, San Mauro 157, ✆ 779-033.

Kabola, Inhaber Marino Markežić, im Ortsteil Kremenje, ✆ 779-047.

Grožnjan (Grisignana)

Das Städtchen oberhalb der Mirna, von dessen wuchtiger Mauer der Blick weit ins Tal und über die Hügel bis zum Meer reicht, war einst der Verwaltungssitz der Stadtrepublik Venedig. In die stille Harmonie des Orts mit seinen alten Gassen und blumengeschmückten Plätzen mischen sich in den Sommermonaten ungewohnte Musikklänge ...

In Grožnjan haben sich nicht nur viele Bildhauer und Maler niedergelassen, im Sommer beherbergt das Städtchen jugendliche Musiktalente aus aller Welt. Die Abschlusskonzerte der 1969 gegründeten *Sommerakademie Jeunesses Musicales* im August sind immer gut besucht – und in den Wochen vorher dürfen die angehenden Musiker nach Herzenslust üben; in der sonst stillen Gegend nimmt niemand daran Anstoß, im Gegenteil: Die Klänge der Saiteninstrumente und Klaviere geben dem mittelalterlichen Städtchen ein besonderes Flair.

1103 wird Grožnjan erstmals schriftlich erwähnt. Bis 1358 herrschten hier die Patriarchen von Aquileia. Doch weil der Unterhalt der prächtigen, wehrhaften Stadt offenbar damals schon kostspielig war, wurde sie an die reichen Venezianer verkauft. Die brachten neuen Glanz in die alten Gemäuer und machten Grožnjan Ende des 14. Jahrhunderts zum west-istrischen Verwaltungssitz der Stadtrepublik – erhalten aus dieser Zeit blieb jedoch nur das Stadttor.

Fast uneinnehmbar wirkt das Städtchen auf dem 260 Meter hohen Kegelberg, das neben Wallgraben und Stadttor etliches an Sehenswertem zu bieten hat. Beeindruckend ist schon die zur Stadt führende Kastanienallee, die am Kirchplatz mit einem herrlichen Blick aufs Meer endet. Die **Pfarrkirche** mit ihrem gewaltigen Uhrturm wurde in der 2. Hälfte des 18. Jahrhunderts umgebaut. Den Altar ziert ein Gemälde mit dem heiligen Blasius (1716), ein Werk von *Francesco Travi*. Das **Kastell** gegenüber der Kirche stammt aus dem 12. Jh. und war seit Ende des 14. Jahrhunderts venezianische Residenz; heute werden im Konzertsaal Musikabende veranstaltet.

Im alten **Kornhaus** mit Loggia aus dem 14. Jh., gleich am Stadttor, lädt die *Galerie Fonticus* mit Werken der Stadtkünstler sowie ein *Ethnographisches Museum* zum Besuch ein (geöffnet April bis Okt. 9–12 und 17–20 Uhr). Geht man von hier durch das Stadttor, kommt man zu einer **Kapelle** aus dem 16. Jh., deren Fresken erst 1988 gemalt wurden. Vor der Kapelle sind links die Reste einer alten Ölfabrik zu sehen sowie ein über 400 Jahre alter Baum. Die **historische Schmiede** im Westen der Stadt stammt aus dem 15. Jh. Der *Friedhof* mit einigen sehenswerten Skulpturen auf den Gräbern liegt nördlich, außerhalb der Stadtmauer. Viele der alten Gebäude der Stadt wurden inzwischen liebevoll restauriert und beherbergen heute eine Reihe schöner Kunstateliers. Die Gassen und Plätze sind blumengeschmückt, eine anheimelnde Atmosphäre durchzieht den alten Ort.

Grožnjans Umgebung lädt zu herrlichen Mountainbiketouren auf schmalen Straßen und Makadamwegen ein. Hübsch ist z. B. die ca. 30 km lange Rundtour über

Blick auf Grožnjan und das Mirnatal

Martinčići (*Martincici*) zum verträumten **Završje** (*Piemonte*), dazu vielleicht noch ein Abstecher nach **Kostanjica** (*Castagna*), dann wieder zurück nach Grožnjan. Diese Tourvariante kann natürlich verkürzt werden (mehr dazu siehe Grožnjan/ Umgebung).

• *Telefonvorwahl* 052

• *Information* 52429 Grožnjan, **Touristinformation**, Trg Lode (vor Loggia), ✆/℻ 776-131. In der Saison 10–13 und 17–20 Uhr. Mo geschlossen.

• *Geldwechsel* Bankomat bei **Erste-Bank**.

• *Sport* **Mountainbike**: Tourenvorschläge siehe Grožnjan/Umgebung und Oprtalj.

• *Veranstaltungen* **Musiksommer in Grožnjan**, internationales Treffen junger Musiktalente, ✆/℻ 776-106, Ansprechpartnerin zudem Fr. Mojca Makovac, ✆ 01/6111-542; www.hgm.hr (nur in kroatischer Sprache).

Ex Tempore im September und Oktober; Künstler schaffen Werke zu einem jährlich wechselnden, vorgegebenen Thema; ✆ 776-131.

• *Essen/Übernachten* **Konoba Bastia**; in der Mitte des Städtchens; schöner Fernblick und große Terrasse unter mächtigen Bäumen. Das Hausinnere in typisch istrischer Ausstattung, mit lauschigem Innenhof. Hausspezialitäten sind Wild, Trüffeln, Pilze und hausgemachte Gnocchi, Nudeln oder Fuži, hausgebackenes Brot, gute Maneštra, aber auch Seefisch und Scampi – dazu roter und weißer Tafelwein aus den umliegenden Weinbergen. Ganzjährig täglich bis 24 Uhr geöffnet, in den Wintermonaten Donnerstag geschlossen. 1. Svibnja 1, ✆ 776-370.

Konoba Klija, im Weiler Martinčići, 2 km nördlich von Grožnjan. Küche und Keller servieren leckere istrische Gerichte und Weine – alles vom eigenen Hof. Martinčići 19, ✆ 776-389.

Privatunterkünfte in *Grožnjan* (DZ ca. 40 €) vermieten u. a.:

Fam. Černac, Ul. Vladimira Gortana 5, ✆ 776-122, Mobil-Tel. 091/5429-546.

Fam. Pucer, Trg 1. maja 2, ✆ 776-116, Mobil-Tel. 091/5318-074, pucer.peter@hi.hinet.hr.

Privatunterkünfte im ruhigen, 1 km nordwestlich gelegenen Weiler *Peroj*:

Agrotourismus Radanići, sehr gutes Essen, Zimmer. ✆ 776-353.

Fam. Antolović, Peroj 13 b, ✆ 776-107, Mobil-Tel. 091/5047-244.

Fam. Oplanić, Peroj 13, ✆ 776-276, 757-097, plusing@pu.hinet.hr.

• *Trinken/Essen* **Trüffelladen und Enotheka** in der Hauptgasse; Adriano Zigante, der Sohn des kroatischen „Trüffelkönigs" Zigante (siehe Kasten im Ortskapitel Livade), verkauft hier ausgewählte Weine, Antipasti und Trüffeln. Terrasse in der stilvollen Loggia. Ul. Gorjan 5, ✆ 776-099.

Grožnjan/Umgebung

Kostanjica (Castagna), ein sonnenverwöhnter Weiler südöstlich von Grožnjan; ebenfalls eine gute Adresse zum Weinkaufen und Essengehen, in Verbindung mit einer Radtour ein netter Ausflug. Man kann die bergabwärts führende Makadamstraße von Grožnjan nach Süden nehmen (ca. 4 km), stößt dann auf die Hauptstraße bei *Ponte Porton*, an der Brücke mit Straßenkreuzung ins Mirna-Tal, hält sich kurz östlich, zweigt dann wieder nordwärts ab und erreicht nach zwei Kilometern Kostanjica.

Završje (Piemont), östlich von Groznjan oberhalb des Mirna-Tals – ein weiterer verträumter, verlassen wirkender Ort mit schönem Weitblick. Anfahrt z. B. von Süden, von der Hauptstraße im Mirna-Tal (N44). Završje drängt sich, umgeben von Weinbergen, auf einem 370 m hohen Hügel zusammen. An bessere Zeiten erinnern das gut erhaltene Stadttor mit Wappen, Fragmente römischer Skulpturen sowie zwei große Kirchen: im Zentrum die spätgotische, ab 1684 weiter ausgebaute Kirche *hl. Maria vom Rosenkranz*; und am Ortsrand die barocke Pfarrkirche *Mariä Geburt* von 1794, mit einer Orgel aus dieser Zeit und üppiger Ausschmückung mit Altarbildern, Fresken und einer herrlichen Deckenbemalung.

• *Trinken* **Weingut Duvillio Zigante**, in *Kostanjica* (Castagna) südöstlich von Grožnjan, Nr. 66; Zufahrt über kleine Straße nach Norden, an der Straßenkreuzung ins Mirna-Tal. Prämierte Weine, von Rot bis Weiß sowie Grappas. ✆ 776-320.

• *Essen/Übernachten* **Agrotourismus Dešković** – Wein und gutes Essen vom Bauernhof: z. B. Maneštra, Kalbfleisch aus der Peka, hausgemachte Nudeln, Käse etc. Die hauseigenen Weine wurden schon mehrfach prämiert, im Keller lagern Muskat, Refošk, Teran, Pino sivi. Geöffnet Fr–So von 13–22 Uhr. Anfahrt von Grožnjan östlich über Makadam nach Pertići, nach 2 km südlich. Kostanjica, Sveti Stjepan 58, ✆ 776-315.

Agrotourismus Pincin, im ruhigen Ort Završje (Weiler Montižel); hier kann man sich wunderbar einquartieren und bestens essen. Spezialität sind Gerichte aus der „čripnja" (Glocke), z. B. Lamm, Wild etc., zudem hausgemachte Fuži und natürlich Trüffelgerichte. Die meisten Produkte kommen vom eigenen Hof, auch die zahlreichen Weine, wie Malvasija, Teran, Cabernet sauvignon, Muškat. Završje, Montižel 59, ✆ 776-212, Mobil-Tel. 091/5012-391.

Vižinada (Visinada)

Kleiner hübscher Ort oberhalb des Mirna-Tals, am Abhang des knapp 300 m hohen *Sv. Tomo-Bergs* – die Sicht von hier in Richtung Motovun, Oprtalj und Mirna-Tal ist fantastisch. Vižinadas Geschichte ist jünger als die der umliegenden Orte, doch sicher war es schon zu Römerzeiten besiedelt; erstmals erwähnt wird der Ort im 12. Jh., 1523 fällt Vižinada an die Venezianer. Die Familie Grimani kauft ihnen den Ort für wenige Dukaten ab und verwaltet und beherrscht Vižinada die folgenden Jahrhunderte.

Am südlichen Ortseingang sind noch Reste der alten Befestigungsmauern und die romanische **Kapelle Johannes des Täufers** zu sehen. Der Stadtkern besticht durch seinen großen Platz, um den sich die **St. Hieronymus-Kirche** (1837) mit frei stehendem Glockenturm (17. Jh.), prächtige Barockhäuser, eine barocke Zisterne (1722) und die Stadtloggia (17. Jh.) reihen, die den einstigen Reichtum des Städtchens erahnen lassen. An der Zisterne wird jährlich im Frühjahr ein kleines Poetenfest veranstaltet, unter dem Motto „Verse an der Zisterne“ (Versi na šterni) – Infos über die Touristinformation. In einem Bürgerhaus neben dem Kirchturm ist ein kleines *Lapidarium* eingerichtet.

Der wertvollste Sakralbau des Ortes, die **Pfarrkirche Sv. Barnaba** (13. Jh.), steht westlich des Hauptplatzes; ihre Wände und Apsiden wurden Mitte des 15. Jh. komplett mit Fresken ausgeschmückt: Szenen aus dem Leben Christi (Geburt, Heilige Drei Könige, das letzte Abendmahl, Auferstehung Christi u. a.). Anfang des 18. Jahrhunderts war dies offensichtlich nicht mehr modern – die Kunstwerke verschwanden unter einer Mörtelschicht. Erst durch das Abfallen des Putzes wurde man auf den verborgenen Schatz wieder aufmerksam und begann mit umfangreichen Restaurierungsarbeiten, die im Jahr 2000 beendet wurden. Ein weiteres Kirchlein, 1579 dem **hl. Johannes** geweiht, steht am südlichen Ortsbeginn.

Vižinada ist übrigens der Geburtsort der berühmten *Ballerina Carlotte Grisi* (1819–1899), die in der Hauptrolle des Balletts „Giselle“ das Publikum in ganz Europa mit ihren Künsten fesselte.

Kapellchen am Wegesrand

Das Städtchen ist ein guter Ausgangspunkt für Touren ins Landesinnere; in der Umgebung locken gute Weingüter und nette ruhige Übernachtungsmöglichkeiten.

• *Information* **Touristinformation** (Fremdenverkehrsamt), 52447 Vižinada, ✆ 052/446-102.

• *Übernachten/Essen* **Agrotourismus Fatorić**, ca. 2 km südlich im Weiler Ferenci. Hausgemachte Teigwaren und Produkte aus eigener Schlachtung stehen hier auf der Karte, Gemüse und Wein sind aus eigenem Anbau. Essen nach Vorbestellung. Ferenci 36 a, ✆ 446-146, www.agroistra.com/fatoric.

Agrotourismus Circota, Appartements und Zimmer, Obst und Weine aus eigenem Anbau. Vižinada 5a, ✆ 446-267, ✆ 431-862, fcircota@inet.hr.

Agrotourismus Ritossa, schöner Gutshof in schöner Lage; Zimmer und ein Appartement. Essen nur für Hausgäste; selbst gekelterte Weine, Fleisch aus eigener Schlachtung. Vižinada 46, ✆ 446-211; rita.ritossa@inet.hr

Agrotourismus Geržinić, im Weiler Ohnići, 5 km südwestlich (Straße in Richtung Poreč). Hier kann man Weine probieren und kaufen und sich mit istrischen Spezialitäten wie Pršut und Oliven stärken. Ohnići 9, Vižnada, ✆ 446-285.

• *Weingüter* **Elido Pilato**, Lašići 16, Vižinada, ✆ 446-281. Eines der besten Weingüter der Gegend; kein Verkauf in kleinen Mengen, nur organisierte Führungen. Pilato-Weine sind in vielen Restaurants und Delikatessengeschäften erhältlich.

Frank Arman, Narduči 5, Vižinada, ✆ 446-226.

Marijan Arman, Narduči 3, Vižinada, ✆ 446-229.

Motovun (Montona)

Eine mächtige Stadtmauer beschützt das auf einer 280 m hohen Bergkuppe thronende mittelalterliche Städtchen. Allein der fantastische Blick über die Hügellandschaft, das breite Mirna-Tal und das Meer lohnt einen Besuch.

Die Venezianer konnten das Mirna-Tal noch bis Motovun mit dem Schiff befahren, was heute wegen der Versandung nicht mehr möglich ist. Heute führt eine Straße teils schnurgerade durch das Tal Richtung Buzet. Der sagenumwobene Ort, an dessen Stelle früher eine Fluchtburg stand, ist schon von weitem zu sehen. Eine schmales Sträßchen windet sich den Berg hinauf, geparkt wird kurz vor der Altstadt.

Im 10./11. Jh. unterstand Motovun den Bischöfen von Poreč, 1278 kamen die Venezianer und bauten neue Befestigungsanlagen für die strategisch wichtige Burg. Mit der Zeit wurde es innerhalb der Stadtmauern zu eng, die Siedlung wurde unterhalb des alten Kerns um einen neuen Stadtteil erweitert und zwischen dem 14. und 17. Jh. ebenfalls mit Wehranlagen geschützt.

Das schier uneinnehmbare Städtchen mit seinen mächtigen inneren und äußeren Befestigungssystemen ist gut erhalten. Auf einem Spaziergang entlang der Stadtmauer und durch etliche dicke Tore hindurch – der alte und neuere Teil sind geschickt miteinander verbunden – lässt sich die Stadt gut umrunden und erkunden. Ein wappenverziertes, mit dem geflügelten Markuslöwen geschmücktes **Stadttor** führt auf einen kleinen Freiplatz mit Café. Im Durchgang des im 16. Jh. erbauten Tors sind Steinreliefs und Familienwappen eingelassen. Von der wuchtigen **Stadtmauer**, die hier bis zu 15 Meter abfällt, schweift der Blick weit ins Tal bis nach Grožnjan hinüber. Kurz vor dem Tor blickt man auf die im 17. Jahrhundert an die Stadtmauer angebaute *Loggia.*

Ins Stadtinnere und zum Hauptplatz führt der Weg durch das wuchtige, zwischen zwei Wehrtürmen liegende Stadttor. Auf dem großen Hauptplatz lässt sich's beim Hotel im Schatten der hohen Bäume angenehm essen und trinken. Von hier fällt der Blick auf den **Glockenturm** aus dem 13. Jh. mit gut erhaltenen Zinnen, der damals als Wachturm diente. Die **Renaissance-Kirche** nebenan stammt aus dem 17. Jh. Das Zentrum des Platzes schmückt ein schöner *Brunnen* aus dem 15. Jh. In einige der lange Zeit leer stehenden Altstadtwohnungen sind mittlerweile Kunstgalerien und Boutiquen eingezogen.

In der ersten Augustwoche wird es im sonst stillen Motovun richtig lebendig – dann finden die *internationalen Filmfestspiele* statt. Auf zahlreichen Bühnen im Ort und rundherum flimmern die Leinwände rund um die Uhr. Das meist junge Publikum nächtigt dann in Zelten vor dem völlig überfüllten Städtchen.

Motovun bietet sich auch als Ausgangspunkt für schöne Fahrradtouren oder Wanderungen auf dem BBB-Bergwanderweg an, der von Buje über Grožnjan weiter nach Buzet und Brest verläuft (mehr Infos unter Planinarsko društvo, „Planik", ✆ 052/743-033, Umag).

- *Telefonvorwahl* 052
- *Information* 52424 Motovun, **Touristinformation**, Andrea Antico b.b., ✆/📠 681-642
- *Geldwechsel* **Riječka banka,** beim Stadttor, geöffnet Mo–Sa 7.15–15.00 Uhr, Fr 7.15–14.30 Uhr, Sa geschlossen. Kleinere Geldmengen auch an der Rezeption des Hotels Kaštel.
- *Veranstaltung* **Internationales Filmfestival** in der 1. Augustwoche, ✆ 01/464-7700, www.motovunfilmfestival.com.

Weiter Blick von Vižinada (Sv. Tomo Berg) auf Motovun

• *Essen/Übernachten* Es gibt einige kleine Café-Bars, in denen man seinen Durst stillen kann.

Hotel Kaštel (***), am Hauptplatz; kleines, 2004 komplett renoviertes Hotel mit zwei großen schönen Terrassen unter mächtigen 100-jährigen Kastanien, innen geht es stilecht und zünftig zu. Gut ausgestattete Zimmer (29 Zimmer, 2 Appartements) mit herrlicher Aussicht, je nach Lage und Komfort 70–100 €. Hier übernachten oft Jäger, die sich in den wildreichen Wäldern um Motovun auf die Pirsch begeben. Die Küche serviert Fisch-, Wild- und Fleischgerichte, natürlich auch mit Trüffeln. ✆ 681-607, 📠 681-652; www.hotel-kastel-motovun.hr.

Restaurant-Pension Mcotić, neues Gebäude mit großer Terrasse unterhalb der Altstadt von Motovun. Gutes Restaurant mit istrischen Gerichten. Zudem Appartement- und Zimmervermietung (2 Pers. ca. 50 €) Zadrugarska 19, ✆/📠 681-758.

Enotheka-Restaurant Barbacan, am Ortsbeginn kurz vor dem Stadttor, mit kleiner überdachter Terrasse. Hier stehen Trüffelspezialitäten auf der Karte, z. B. Beef mit Trüffelbutter, Fuži mit Schwarzen Trüffeln, gebratene Ente mit Trüffelreis oder Panna cotta mit Trüffeln; geöffnet 12.30–15.30 und 18.30–22.30 Uhr. Barbacan 1, ✆ 681-791.

Appartements Bella Vista; wie der Name verspricht: schöner Weitblick von der Terrasse. Gut ausgestattete Appartements ab 40 €. Kanal 27, ✆ 681-724, 📠 617-113, www.apartmani-motovun.com

Agrotourismus Toni, im Weiler Brkač, 2 km südwestlich von Motovun; Anwesen mit Appartementvermietung, ruhig inmitten eines Obstgartens gelegen. Hauseigene Weine und Obst, die Küche serviert gute Hühnchen- oder Trüffelgerichte. Fam. Milanović, Motovun, Brkač 26, ✆ 681-651, Mobil-Tel. 098/698-554 sowie 098/1888-869.

Agrotourismus Tikel, von „Toni" aus eigentlich nur über dem Hügel gelegen, man muss aber von Motovun 4 km nach Karojba fahren, dann ca. 3 km Richtung Višnjan, um schließlich bei Rapki nach Špinovci abzuzweigen. Einsamer, idyllischer Weiler, hübsch renovierter Hof und Appartementhaus, herrliches Panorama rundum. Versorgt wird man mit sehr guter Hausmannskost, Fleisch von eigenen Tieren, Trüffeln und selbst gekelterten Weinen. Wer Ruhe sucht, ist hier goldrichtig. 52423, Špinovci 88, ✆/📠 683-404, www.agroturizam-spinovci.com

Agrotourismus Štefanić, touristischer Bauernhof 5 km südwestlich von Motovun (Abzweig bei Karojba); gutes Essen aus eigener Landwirtschaft und Tierhaltung (nach Vorbestellung), gute Weine. Motovun, Stefaniči 55, ✆ 689-026; www.agroistra.com/stefanic.

Agrotourismus-Vinothek Matijašić, Bauernhof 14 km östlich von Motovun, nahe dem Stausee Jezero Butoniga; idyllische Lage im Weiler Pekasi, bei Zamaski dol. Küche und Keller servieren gutes Essen und leckere Weine; auch Übernachtungsmöglichkeiten. 52000 Pazin, Pekasi 37, Zamaski dol, ✆ 422-211.

Veli Jože – der Riese von Motovun

Einst lebte in Motovun eine stattlichte Gestalt, den die Leute respektvoll *Veli Jože*, den „Riesen-Sepp" nannten. Und Veli Jože war in der Tat nicht nur ein echter Riese, sondern kämpfte auch tapfer für die Freiheit seines Volks. Viele sagenhafte Heldentaten erzählten sich die Leute über Veli Jože, wie zum Beispiel diese:

Einmal soll der Riese über einen ungerechten Lehensherrn so in Wut geraten sein, dass er seine gewaltigen Arme um den Turm von Motovun geschlungen und ihn mächtig durchgeschüttelt haben soll. Die Folge: Bis heute ist der Turm rissig und windschief; doch wie der Rest der trutzigen Siedlung, die von den Kroaten über ein Jahrtausend lang tapfer gegen Eindringlinge verteidigt wurde, steht er bis heute: ein steinernes Symbol der kroatischen Freiheit.

Veli Jože aber musste für seinen unbeherrschten Widerstand bitter büßen. In der Felswand der Krvara-Schlucht, deren Wasser zum nahen Mirna-Fluss strömt, hängen zwei Eisenringe, an die der Kämpfer für die Rechte seines Volkes geschmiedet und grausam gefoltert worden sein soll.

Oprtalj (Portole)

Gegenüber von Motovun, auf der nördlichen Talseite der Mirna, thront auf fast 400 Metern Höhe das gut erhaltene Oprtalj mit mittelalterlichen Gassen, sonnigen Plätzen und einer den Weg weisenden Pinienallee.

In Oprtalj stand einst eine prähistorische Fluchtburg, die später ausgebaut wurde und im Mittelalter Feudalherren gehörte. 1209 bemächtigten sich ihrer die Patriarchen von Aquileia, 1490 eroberte Venedig die Burg und befestigte sie neu. Oprtaljs mittelalterliches Stadtbild samt der Stadtmauer blieb bis heute erhalten. Sehenswert ist die *St. Georg-Kirche* (Sv. Juraj) mit ihrem frei stehenden, hohen Glockenturm. Ihr Inneres zieren schöne Gemälde und Altäre, die zwischen dem 16. und dem 18. Jh. geschaffen wurden. Die städtische *Loggia* (17. Jh.) nahe dem Stadttor beherbergt ein Lapidarium. Außerhalb der Stadtmauern ist die *Kirche heilige Maria* (Sveta Marija) mit ihrer von Säulen getragenen Vorhalle sehenswert; sie wurde im 15. Jh. erbaut und im 17./18. Jh. erweitert – einen Blick im Kirchenraum lohnen besonders die mittelalterlichen Fresken und die Renaissancegemälde von *Clergin*.

Veranstaltung **Wochenende mit internationalen Filmen** im Juli, Info-Tel. 052/215-287.

Oprtalj/Umgebung: In **Čabarnica**, ein Weiler ca. 7 km östlich von Oprtalj (mit dem Fahrrad eine schöne Strecke), kann man Weine verkosten und sehr gut essen:

Agrotourismus Tončić, renovierter Gutshof der Familie Tončić, am Ende der Straße über Sv. Lucjia, Šorgi, Zrenj, danach Abzweig (0,5 km) nach Osten zum Weiler Čabarnica. Nach Voranmeldung bekommt man hier Produkte und Weine aus eigenem Anbau. Čabarnica 42, ✆ 052/644-146, Mobil-Tel. 091/2060-512.

Mountainbiketour von Oprtalj nach Grožnjan und zurück – bergauf und bergab auf Feldfluren, durch Weinberge und entlang der alten Eisenbahnstrecke (ca. 48

km, ca. 5 bis 5,5 Std., 430 m Höhenunterschied, gute Kondition erforderlich; Strecke nicht markiert):
Wir starten am Marktplatz in Oprtalj, fahren 500 m kurz nordwärts in Richtung *Sv. Lucija* und biegen bei der Kapelle westlich ab und hinauf nach Vižintinj Vrhi. Dann auf Makadam nördlich hinab nach *Sv. Ivan*. Von dort ebenfalls auf Makadam westlich weiter und über die Weiler Šajini, kurz steil bergan nach Sv. Juraj und wieder hinab nach *Grožnjan* – ideal für eine Rast und einen Bummel im Städtchen.
Von Grožnjan (östliches Stadttor) führt ein breiter Makadam hinab ins Tal nach *Ponte Porton*. Von dort geht es auf Asphalt weiter nordöstlich hinauf zum Weiler *Kostanjica* (siehe Grožnjan/Umgebung, Weingut Zigante), dort kurz auf der Asphaltstraße stadtauswärts und weiter auf Makadam hinauf nach *Završje*. Dann südlich hinab durch Tunnels, vorbei an einem Viadukt nach *Zubini* ins Mirna-Tal. Unten biegen wir östlich auf den Makadamweg Richtung *Livade* ab. Nach ca. 1,5 km biegen wir nordwärts und bergan ab zum Weiler *Balini*. Weiter geht es stetig bergan und immer nordwärts, bis wir *Sv. Jelena* erreichen. Nun können wir uns bergab auf Asphaltstraße über *Ipši* bis *Gradnje* rollen lassen. In Gradnje können wir uns nochmals stärken, ehe wir uns auf den steil ansteigenden Heimweg machen: In Gradnje führt der Weg nordwestlich zurück und stark bergauf über *Sv. Lucija* nach Oprtalj.

Diese Strecke ist um rund 10 km erweiterbar, indem man sich bei *Gradnje* nicht auf den Rückweg macht, sondern geradeaus weiter nach *Livade* fährt. Von dort evtl. auch noch kurz hoch nach *Motovun* (z. B. auf einen Espresso) und hinüber nach *Istarske Toplice*. Von dort erst kurz östlich und beim alten Steinbruch knapp 5 km bergan nach *Žnijdarići*. Von hier geht es über *Poli, Medici, Vižintini, Laganisi* hinab nach *Sv. Lucija*; von dort auf Teersträßchen hinauf und wieder zurück nach Oprtalj.

Livade (Levade)

Das Örtchen ca. 3 km nördlich von Motovun liegt im Herzen des „Motovuner Waldes“, einem feuchten Naturschutzgebiet, in dem Stieleiche (*Quercus robur*) und Esche ihre Wurzeln schlagen. Der Wald ist bekannt für den sagenumwobenen *Veli Jože* (siehe Kasten oben) und die feinen Trüffeln. Früher hatte Livade als Eisenbahnhaltestelle der einspurigen Parenzana-Bahn, die von 1902 bis 1935 von Triest nach Poreč durch das Mirna-Tal führte, eine gewisse Bedeutung. Dann wurde die Linie eingestellt, die Schienen demontiert und in Richtung Afrika verfrachtet, wo sie allerdings nie ankamen, weil das Schiff mit seiner schweren Ladung sank. Anfang des 20. Jahrhunderts war Livade vor allem Umschlagplatz für Wein und Olivenöl. Doch der Ort verwaiste mehr und mehr, und wäre man nicht auf die Trüffeln gestoßen, würde das Örtchen heute noch seinen Dornröschenschlaf schlafen.

Bekannt wurde Livade durch den weit bekannten „istrischen Trüffelkönig“ *Giancarlo Zigante*, der in der Umgebung vor Jahren einen riesigen Fund des kostbaren „Weißen Trüffels“ machte und heute mit seiner Familie ein Gourmet-Restaurant und Delikatessengeschäft im Ort führt. Damit wurde Livade sozusagen zur Wiege der istrischen Trüffelkultur (siehe auch Kasten im Kapitel „Istrien Land und Leute/ Istriens Spezialitäten“); inzwischen gibt es in ganz Istrien zahllose Trüffelrestaurants, Feinkost-Trüffelläden und Enothekas, die Gerichte und Produkte der kostbaren Erdknolle verkaufen. Konserviert und verarbeitet werden die Trüffeln in der kleinen Familienmanufaktur CEA-Trade d.o.o. in Plovanija bei Buje, die erste und bisher einzige Trüffelfabrik Kroatiens.

Giancarlo Zigante: Der Trüffelkönig von Istrien

Dass in Istriens Erde eine besondere Art von Gold schlummert, war den Einheimischen über die Jahrtausende nicht klar. Erst 1932 wurden sie auf die seltsamen, eigenartig riechenden Erdknollen aufmerksam – da waren sie bei den benachbarten Italienern (fast) schon in aller Munde. Von da an dauerte es beinahe noch ein halbes Jahrhundert, bis ein ganz spezieller Goldrausch im Land einsetzte: der istrische Trüffelboom. Und der bisher erfolgreichste istrische „Goldgräber" heißt Giancarlo Zigante.

1973 beschloss Zigante, seine Hunde auf die Trüffelsuche zu trainieren – eine harte, zwei bis drei Jahre dauernde Ausbildung. Der Lohn für die Mühen ließ nicht auf sich warten. Schon ein paar Jahre später eröffnete der passionierte Knollensucher ein Trüffelrestaurant in Istrien und ein weiteres in Slowenien. Als professionelle Trüffelsucher hatten Zigante und seine Hunde offenbar eine gute Nase: 1982 fanden sie an einem Tag gleich sechs Kilogramm des kostbaren Weißen Trüffels. Und 1986 ging als ein Traumtrüffeljahr in Zigantes Annalen ein, als seine Lieblingshunde Dina, Sarah und Dijki insgesamt 125 kg des weißen Goldes erschnüffelten.

Zigantes Geschäftsbilanz konnte sich sehen lassen: Wurde der istrische Trüffel in den 70er Jahren noch mit rund 60 € für das Kilogramm gehandelt, wandert heute ein Kilogramm je nach Qualität für 3500 bis 5000 € über den Ladentisch. Und so legte der erfolgsverwöhnte Zigante 1995 nach und begann, ganz im Geist der Zeit, sein Geschäftsfeld zu globalisieren: Er gründete die Trüffelfirma CEA-Trade, ein Familienbetrieb in Plovanija bei Buje, in dem die Trüffeln konserviert, zu verschiedensten Produkten weiterverarbeitet und inzwischen weltweit vertrieben werden.

Seinen bisher größten persönlichen Erfolg aber erlebte Zigante am 2. November 1999, als er wieder einmal mit seinen Lieblingshunden die Runde um Livade drehte. Der gelernte Dreher staunte nicht schlecht, als Dina, Sarah und Dijki auf einen 1,31 Kilogramm schweren weißen Trüffelpilz stießen. Damit war Zigante, der mit ihrer Hilfe in den letzten 20 Jahren etwa 1000 kg Trüffeln aufgespürt hatte, endlich auch ein Eintrag im Guinnessbuch der Rekorde sicher. Bis heute wurden weder sein Weltrekord noch sein Vermarktungsgeschick in Sachen Trüffeln übertroffen. Und solange die Erde feucht genug und die Gourmets ihm treu bleiben, bleibt ihm sein Ehrentitel sicher: Trüffelkönig von Istrien.

• *Essen* **Restaurant Enoteka & Zigante Tartufi**, edles Restaurant mit geschultem Personal und Sommeliers, auch für den kleinen Trüffelsnack zwischendurch. Je nach Jahreszeit stehen unterschiedliche Trüffelgerichte auf der Karte. Die Hausspezialitäten reichen vom Goldbrassen-Carpaccio mit Weißen Trüffeln bis zum Dessert mit Crepes und gefülltem Mousse von weißer Schokolade mit Schwarzem Trüffel. Für den mittäglichen Snack empfiehlt sich z. B. das kleine Menue: Trüffel mit Schafskäse, danach im alten Champagnerglas die „k&k-Symphonie", Scampi mit Wildspargel und Polenta mit Trüffeln, als Dessert Kroštula Moderna (Kuchen mit Eis und Waldfrüchten) – alles zum Inklusivpreis von ca. 25 €. Die Karte für das Dinner ist natürlich ebenfalls vom Feinsten. Einziger Minuspunkt: bei Tag kann man nicht im Freien sitzen, und die Räumlichkeiten sind etwas dunkel. Livade 7, ✆ 052/664-302.

• *Einkaufen* Im Laden nebenan können frische, konservierte oder tiefgefrorene Trüffeln, zahlreiche weitere Trüffelprodukte und ausgezeichnete Weine erworben werden. Livade 7, ✆ 052/664-030. Geöffnet täglich 9–19 Uhr.

Bis zu drei Jahre dauert die Ausbildung zum meisterlichen Trüffelhund

• *Veranstaltung* Im Oktober gibt es in Livade jeden Samstag eine **Bauernmesse** mit Trüffelprodukten, aber auch Honig, Weinen, landwirtschaftlichen Maschinen usw.; an den Sonntagen werden weiße Trüffelgerichte serviert und der größte Trüffelfund prämiert.

Istarske Toplice

Rund 10 km vor Buzet liegt unterhalb eines 85 m hohen Felsens, dem höchsten Istriens, das schon zu Römerzeiten bekannte Heilbad. Istarske Toplice zählt wegen seiner heilsamen schwefelhaltigen und radioaktiven Quellen zu Kroatiens wichtigsten Kurbädern, zugleich ist es Istriens einziges Thermalbad. Wer unter rheumatischen Beschwerden, Schäden an der Wirbelsäule oder Entzündungen der oberen Atemwege leidet, ist hier gut aufgehoben. Die Wassertemperatur in den Badebecken beträgt zwischen 30 und 35° Celsius.

Happy-End im Klettergarten

Der Istarske Toplice überragende, 85 m hohe Felsen ist heute zu einem hervorragenden Klettergarten ausgebaut. Auf seiner Spitze thront das im 19. Jahrhundert errichtete *St. Stephan-Kirchlein*, der (gesicherte) Klettersteig ist bis hinauf begehbar. Der Legende zufolge tat dies – ohne Kletterhilfe – auch ein Mädchen, dem man sündiges, unmoralisches Verhalten nachsagte. In ihrer Verzweiflung soll sie den heiligen Stephan um göttliche Hilfe angerufen haben: „Ich springe jetzt von diesem Felsen! Wenn ich gesündigt habe, soll ich sterben. Bin ich aber unschuldig, soll unter meinen Füßen Wasser fließen, das die Menschen heilen kann!“ Zu unserem Glück hatte das Mägdelein nichts Böses getan, und so fließt für uns Nachgeborene bis heute das heilende Quellwasser von Istarske Toplice.

• *Übernachten* **Hotel Mirna** (*), das in einem Wäldchen versteckte Kurbad mit rund 300 Betten wurde 2003 modernisiert und verfügt nun zusätzlich über einen Wellness- und Beautybereich. Hallen- und Freibad, Fahrradverleih. DZ/F 50–60 €. 52427 Livade, Sv. Stjepana 60. ✆ 052/603-000, 📠 603-403; www.istarske-toplice.hr.

• *Essen* **Konoba Šegalin**, ca. 2 km westlich von Istarske Toplice, in Gradinje; gutes rustikales Lokal mit offenem Kamin und hervorragender istrischer Küche: unter der Čripnja gegarte Gerichte wie Lamm, Zicklein, Wildschwein, Spargel- und Pilzgerichte, verschiedenste Trüffelspeisen, Wildgerichte mit Gnocchi oder Fuži (natürlich hausgemacht). Wer mag, kann auch im Freien sitzen. Geöffnet 13–23 Uhr, Sonntag bereits ab 12 Uhr; Do Ruhetag. Gradinje b.b, ✆ 664-141.

• *Sport/Klettern* Um Istarske Toplice, z. B. am Stephans-Fels und südwestlich im Mirna-Tal, kommen Kletterfans auf ihre Kosten – es gibt einige fordernde Klettersteige. Die Umgebung lädt zu Mountainbiketouren auf kleinen Straßen in Richtung Livade und Oprtalj ein. Auch nach Süden in Richtung Vrh und Jezero-Butoniga-Stausee sehr schöne Tourenvarianten auf kleinen Straßen.

Buzet (Pinguente)

Unweit der Mirna-Quelle gelegen, erstreckt sich das teils mittelalterliche, teils barocke Stadtzentrum auf einem Felsmassiv am Fuß der über 1000 Meter hohen Ćićarija-Bergkette. Allein wegen des phantastischen Fernblicks in alle Richtungen lohnt Buzet einen Besuch.

Auf dem 158 m hohen Fels mit weitem Rundumblick lebten schon die Kelten. Die Römer erbauten an der strategisch wichtigen Stelle ein Militärlager und die Siedlung *Pinguentum*. Im 6. Jh. herrschten die Byzantiner in Buzet, später die Franken, im Mittelalter dann die Patriarchen von Aquileia, die bis 1420 auch das geistliche Zepter führten. Von da an stand Buzet bis 1797 fast vier Jahrhunderte lang unter der Herrschaft der Stadtrepublik Venedig, die das Städtchen an der Ostgrenze ihres Reichs als Bollwerk gegen die Türkenüberfälle ausbaute und ab 1511 die sog. Capitani als Verwalter einsetzte. Diese Militärkommandanten waren von ihrem einstigen Stützpunkt Rašpor (siehe dort) nach Buzet umgesiedelt worden (daher auch ihr Name *Rašporski kapetani*), um nun von hier aus das Grenzkastellsystem Venedigs zu verwalten. Trotz geschützter Lage und starker Befestigungen war es auf Dauer unmöglich, das Städtchen gegen die ständigen Überfälle zu halten: Habsburger und vor allem die Uskoken, ein kriegerischer serbisch-kroatischer Bauernstamm, der im nahen Lupoglav (siehe dort) seinen Hauptstützpunkt hatte, verwüsteten und plünderten Buzet immer wieder und beschleunigten den Verfall der Stadt. Erst im 18. Jahrhundert konnte sich Buzet wieder erholen, Spinnereien und Tuchmacher siedelten sich unten im Tal, in der Neustadt an, die Textilindustrie blühte.

Sehenswertes

Buzets Altstadt mit ihrem Gassenlabyrinth, den rundum verlaufenden Befestigungsmauern und zwei Stadttoren entstand vom 15. bis 16. Jahrhundert (wer auf den schönen Fußweg nach oben verzichten will, kann auch mit dem Auto hinauf ins Zentrum fahren.) Die Paläste, Patrizierhäuser und die hübschen reliefverzierten Fassaden und Tore stammen vom Anfang des 17. bis Mitte des 18. Jahrhunderts, der Blütezeit der Stadt; viele dieser prachtvollen Bauten gehörten den reichen „Capetani", den Militärverwaltern der Stadtrepublik Venedig.

Sehenswert ist die 1789 im Rokokostil errichtete **Große Zisterne** am Stadtplatz mit dem Capetano-Wappen des Stifters und geflügeltem Markuslöwen. Um den idyllischen Platz reihen sich einige Renaissancehäuser aus der Mitte des 16. Jahrhunderts. Am Nordende der Altstadt duckt sich die 1611 erbaute, im 18. Jh. vergrößerte **St. Georgs-Kirche** (Sv. Jurja) an die Stadtmauer; ein kostbarer vergoldeter Holzaltar, Gemälde aus der Schule Tiepolos und das geschnitzte Chorgestühl aus dem 17. Jahrhundert schmücken den Innenraum.

Auffahrt in die Altstadt

Weiter im Süden ist die Pfarrkirche der **hl. Jungfrau Maria** (Sv. Bl. Dj. Marija) von 1784 sehenswert, mit wertvollem Innenschmuck und einer schönen Orgel aus dem Jahr 1787, ein Meisterwerk von *Gaetano Callido*. Etwas westlich der Kirche der 1897 errichtete Glockenturm mit einer in Glagoliza beschrifteten Glocke.

Das **Heimatmuseum von Buzet** residiert im stattlichen Bigatto-Palast (1639), westlich der Pfarrkirche, am Trg rašporskih kapetana 1. Es präsentiert seine archäologischen, historischen und ethnographischen Sammlungen auf drei Stockwerken, gelegentlich gibt es wechselnde Kunstausstellungen (geöffnet Mo–Fr 8–11 Uhr). Hinter dem Palast steht eine weitere kleine Zisterne an der Stadtmauer, die im 16. Jh. die Wasserversorgung des Städtchens sicherstellte.

Unterhalb von Altstadt und Festung ist die kleine **Kapelle des hl. Veit** (Sv. Vida) auf dem Friedhof sehenswert. Sv. Vida wurde im Mittelalter erbaut, ist mit römischen Kapitellen sowie dem Wappen eines venezianischen Capitano geschmückt, der Glockenturm ist jüngeren Datums, er stammt aus dem 16. Jahrhundert.

Stipan Konzul Istranin (1521–1568)

Das Städtchen kann sich eines landesweit berühmten Mannes rühmen: In Buzet erblickte der Protestant, Schriftsteller und Übersetzer *Stipan Konzul Istranin* das Licht der Welt. In Urach bei Tübingen übersetzte er Bücher in glagolitischer, kyrillischer und lateinischer Schrift in die kroatische Sprache und druckte sie. Zu seinen wichtigsten Übersetzungsarbeiten zählt das Neue Testament in kroatischer Sprache. Einer seiner wichtigsten Kollegen und Mitarbeiter war *Antun Dalmatin*. Zur Erinnerung an ihn trägt die Zufahrtsstraße zur Altstadt den Namen Istranin-Straße.

Trotz seiner nur noch rund 500 Einwohner ist Buzet bis heute ein wichtiger Verkehrsknotenpunkt: Hier kreuzen sich die Hauptverbindungsstraßen vom slowenischen Kozina–Črni kal nach Opatija–Rijeka sowie durch das Mirna-Tal Richtung Poreč–Rovinj–Pula.

In der Gegend um Buzet wachsen im Herbst die begehrten Weißen Trüffeln; gefeiert wird dieses Ereignis jährlich am zweiten Septemberwochenende mit der **Subotina**, ein kombiniertes Trüffel-Volksfest und Patronatsfest. Dann wird unten in der Neustadt auf der *Trg Fontana*, dem Hauptplatz, in einer gigantischen Pfanne ein ebenso gigantisches Trüffelomelett zubereitet – mit je nach Jahreszahl berechneten Eiern: 2004 wurden 2004 Eier und 10 kg Trüffeln verarbeitet! Für angemessene Stimmung beim Verspeisen des feinen Omeletts sorgen Musikgruppen, zum Runterspülen fließt reichlich Wein.

• *Telefonvorwahl* 052

• *Information* **Touristinformation**, 52420 Buzet, Trg Fontana 7/1 (in der Neustadt, hinter Hotel Fontana). ✆/℻ 662-343, trg-buzeta@pu.thnet.hr, www.buzet.hr.

• *Veranstaltung* **Trüffelfest** am 2. Septemberwochenende – gleichzeitig auch **Subotina**, der Kirchenfesttag der Pfarrkirche hl. Jungfrau Maria.

• *Einkaufen* **Enotheka**, Trg Fontana, ✆ 663-340.

• *Übernachten/Essen* **Hotel Fontana** (**), einfaches Hotel. DZ/F 42 €. Trg. Fontana 1, ✆/℻ 662-615.

Gostiona-Pizzeria Sv. Martin, im nördlichen Stadtteil Sv. Martin; gute Küche, auch Trüffelgerichte und Pizze. Tägl. 15–23 Uhr, Montag Ruhetag. Sv. Martin b.b. ✆ 662-011.

Konoba Paladin, ebenfalls in Richtung Stadtteil Sv. Martin. Geöffnet tägl. 9–23 Uhr. Ferenčići naselje, ✆ 662-061.

Gostiona Most, sehr gute Trüffelspeisen. Stadtauswärts Richtung Vrh (Pazin). Geöffnet tägl. außer Mi von 11–22 Uhr. Most 18, ✆ 662-867.

Gostiona Toklarija, weit bekanntes, gutes Lokal 10 km südwestlich von Buzet. In der ehemaligen Ölmühle mit schöner Terrasse gibt es istrische Speisen mit Trüffeln, Wildspargel- und Wildgerichte, z. B. Kaninchenroulade. Geöffnet tägl. außer Di von 13–22 Uhr. Sovinjsko Polje 11, ✆ 663-031.

Agroturismus Karoca, im Ort *Sovinjak*; malerisch auf einer Anhöhe, inmitten von Weinbergen und Olivenbäumen gelegener Hof; überdachte, luftige Terrasse mit herrlichem Fernblick. Die Küche serviert Spezialitäten aus eigener Herstellung wie Schinken, Käse, Fuži, Spargel, Trüffelgerichte, nach Vorbestellung auch Lamm, Ziege, Hase ... Geöffnet tägl. außer Mo von 13–22 Uhr, Sa und So ab 12 Uhr. Sovinjak, ✆ 663-039.

Gostiona Vrh, ca. 15 km südlich von Buzet, im Ort Vrh. Auch hier werden leckere Trüffelgerichte serviert – oder Fuži und Gnocchi mit Wild. Vrh 2, ✆ 667-123.

• *Sport/Paragliden* Viele Sportagenturen bieten Flüge und auch Kurse auf der Ćićarija-Bergkette an. Siehe Agenturen unter Pazin, Opatija und Lovran.

Buzet/Umgebung

Die sich gegenüber von Buzet erhebende *Ćićarija-Bergkette* ist beliebtes Aktionsfeld für Paraglider, Mountainbiker, Kletter- und Höhlenfans. Ein schöner Ausblick auf Buzet bietet sich unterhalb von Slum – Anfahrt über Roč und Gornje Nugla nach oben.

Südwestlich von Buzet einige schöne Dörfer auf Hügeln, die sich auch gut mit dem Mountainbike erkunden lassen; zum Einkehren locken etliche gute Restaurants und Bauernhöfe in *Sovinjsko Polje, Sovnjak* und *Vrh* (siehe Buzet/Essen).

Vrh wie auch Sovinjak bei Sovinjsko Polje waren einst blühende Orte mit Kastellen; Anfang des 16. Jahrhunderts kamen sie unter die Kontrolle Venedigs und gehörten zum Grenzkastellsystem der *Raporški kapitani* (siehe auch Buzet). Aus dieser Zeit sind allerdings nur noch wenige Gebäude erhalten. Sehenswert in Vrh ist die *Pfarrkirche Mariä Himmelfahrt* mit glagolitischen Inschriften; der Glockenturm nebenan lohnt den Aufstieg, ein herrlicher Weitblick wartet.

Vogels Perspektive – Paraglider über Buzet

Sovinjak, von den Römern *Pucinum* genannt, war einst eine römische Festung und bedeutende Weinstadt; sehenswert ist die kleine *St. Rochus-Kapelle* aus dem 16. Jh. Die römische Festung ist längst verschwunden, geblieben ist der gute Wein, wenn er auch nicht mehr von Kaisern getrunken wird ...

Wanderung von Buzet nach Hum: Eine landschaftlich wunderschöne Route (2,5 Std. Gehzeit) führt an hübschen Weilern und Wasserfällen vorbei die Mirna flussaufwärts, die sich durch Wiesen und Felsen ihren Weg bahnt. Der Weg führt zunächst von Buzet zum Ortsteil *Sv. Ivan* oder *Jurčići*, dann immer, nicht zu verfehlen, an der Mirna entlang, mal links, mal rechts des Flusses über die Weiler *Pengari*, *Podkuk*, *Kotli* mit renovierter malerischer alter Wassermühle und hübschem Gehöft – und schließlich über *Benčići* nach Hum. Kurz vor Kotli bahnt sich die helltürkis leuchtende Mirna ihren Weg über Felsen, stürzt sich über einen Wasserfall steil hinab und hat hier schöne Becken geschaffen, die sich wunderbar zum Baden eignen.

• *Essen* **Gostiona Kotlić**, direkt oberhalb der Mirna gegenüber der Wassermühle gelegen; schöne Terrasse. Es gibt Fuži, Gnocchi und Pilzgerichte, nach Vorbestellung auch Gerichte aus der Peka. Geöffnet Mai bis Oktober von 12–20 Uhr, außerhalb der Saison nur Sa und So. Anfahrt von Buzet in Richtung Hum, kurz vor Hum Abzweig nach Kotli. Mobil-Tel. 099/3517-077.

Draguć

Malerischer alter Ort ca. 15 km südlich von Buzet, an der Straße in Richtung Cerovlje und Pazin – ein Idyll, das sich auch für einen längeren Aufenthalt eignet. Das wegen seiner exponierten Lage schon im Mittelalter besiedelte Städtchen thront hoch oben auf einem Bergrücken über dem Tal, den gleichnamigen, 503 m hohen Berg im Nacken. Dicht an dicht stehen die Häuser an der Straße; im Stadtkern dienten die eng zusammengedrängten Hausfassaden gleichzeitig als Verteidigungsmauer. Wegen der Türkengefahr und der Überfälle der Uskoken aus Senj befestigten die Venezianer die Stadt zusätzlich – auch Draguć spielte für Venedig eine wichtige Rolle bei der Verteidigung der venezianisch-istrischen Grenze.

Den Stadtkern dominiert die Pfarrkirche am Kirchplatz. Sehenswert in Draguć sind allerdings zwei andere Sakralbauten: die heutige **Friedhofskirche Sv. Elizej**, ein einschiffiger romanischer Bau mit Fresken aus dem 13. oder 14. Jh., das Werk eines unbekannten istrischen Meisters. Und etwas unterhalb von Draguć, am östlichen Ortsrand, die bedeutende **Votivkirche Sv. Rok**, ein einschiffiges Bauwerk mit Spitzgewölbe aus dem 16. Jh. und einer Vorhalle von 1565; sehenswert sind hier die Fresken des istrischen Meisters *Anton von Padova*, u. a. „Die Flucht nach Ägypten“ und „Huldigung der Heiligen Drei Könige“, mit denen er das Gotteshaus 1529 ausmalte. 1537 schuf er nachträglich das Altarbild; seinen Namen verewigte er oberhalb der Kirchentür in Glagoliza-Schrift.

• *Übernachten/Essen* **Agrotourismus Gržinić**, wunderschöner Ort in alten, renovierten Gemäuern; gutes Essen aus eigener Landwirtschaft und süffige Weine. Lokal tägl. 13–22 Uhr geöffnet. Zimmervermietung und ein Appartement für ca. 4–5 Personen. 52402 Cerovlje, Draguć 35, ✆ 052/665-105, 📠 052/665-182; www.agroistra.com/grzinic.

Agrotourismus Poljanice, schöner alter Gutshof im Weiler *Poljanice* (ca. 6 km westlich von Draguć), hübsch renoviert; mit Pensionszimmern und Restaurant; Essen nur nach Vorbestellung. Käse, Obst, Getreide aus eigener Herstellung, Fleisch aus eigener Tierhaltung. Absolut ruhiger, idyllischer Standort. Poljanice 18, 52402 Cerovlje, ✆/📠 052/684-150.

Ćićarija-Gebirge

Das rund 40 km lange, etwa 10 km breite Karstmassiv mit mehreren Bergrücken in Nord-Südrichtung grenzt Istrien zur Kvarner-Region nach Osten ab. Die Ćićarija-Bergkette mit ihrem weißem Kalkgestein und dem 1272 m hohen *Veli Planik*, der höchsten Erhebung im Süden, gehört bereits zum Učka-Naturpark, der die Opatija-Riviera begrenzt.

Die Ćićarija ist eine einsame, wilde Berglandschaft mit den für den Karst typischen geologischen Erscheinungen wie Höhlen, Dolinen und Mulden; ihre Hochfläche prägen teils Gras- und Heidelandschaft, teils dichte Bewaldung mit Föhren, Flaumeichen, Weißbuchen und auch Kastanien. Zahlreiche unter Naturschutz stehende Pflanzen wie Glockenblume, Küchenschelle, Orchideen, Lilien, Gladiolen und Heilkräuter wie Thymian, Arnika usw. fühlen sich hier wohl. Und ebenso die Schafherden, die begierig die feinen Kräuter fressen, aber auch Rehe, Wildschweine, Siebenschläfer, Wanderfalken und Uhus. Die rauen Winde, die hier von Osten über die Hochebenen pfeifen, und die bitterkalten Winter lassen sehr wenig Landwirtschaft zu, nur vereinzelt gibt es Siedlungen.

Doch für Naturliebhaber und Sportler ist die Ćićarija-Bergkette ein Eldorado: Schöne Mountainbikerouten locken, man kann paragliden, klettern, Höhlen erforschen oder einfach auf den Pfaden die Natur erkunden.

Ab dem 11. Jahrhundert fand auf der Ćićarija ein spärliche Besiedlung statt. Ab dem 14./15. Jh. kamen die *Tschitschen* (kroat. *Ćići*), ein Hirtenvolk, das aus dem slawisierten Rumänien in Richtung Istrien wanderte und sich hier niederließ. Die Tschitschen, deren Dialekt sich bis in die jüngste Zeit erhalten hat, lebten hier als Halbnomanden, waren Hirten und Köhler. Ihr klägliches Auskommen besserten sie von Zeit zu Zeit durch Straßenüberfälle auf, später durch Schmuggel. Im Zweiten Weltkrieg bot die unwegsame Ćićarija den Partisanen guten Unterschlupf, die Nazis rächten sich, indem sie viele Orte niederbrannten – in vielen Ortschaften erinnern Denkmäler an die Gräueltaten dieser Zeit.

Blick auf das wild-einsame Ćićarija-Gebirge

Auf die Ćićarija führen schmale, kurvenreiche Straßen, zudem erschließen etliche Makadamwege und Bergpfade die Bergkette. Interessante Orte sind **Slum** mit einer rund 500 Jahre alten Kirche aus Naturstein oder auch **Brest** mit herrlichem Fernblick. Oberhalb von Brest ragt der bei Drachenfliegern beliebte Berg *Žibevnica* 1014 Meter in die Wolken. Die Kirche von **Trstenik** ist wehrhaft eingefriedet, an ihrer Außenfassade ist das Steinrelief einer musizierenden Gottesmutter zu sehen – ein sehr seltenes Motiv.

Weiter südlich folgt **Rašpor**, wie auch Trstenik ein guter Ausgangspunkt für Wanderungen auf den 1036 m hohen *Vršiči*. Unter der Herrschaft Venedigs wurden in Rašpor von 1394 bis 1511 Militärverwalter eingesetzt, die sog. „Capitani" (auch *Rašporski kapetani*, Kapitäne von Rašpor genannt), um die Ostgrenze Istriens zu sichern. Ab 1511 wurden die Capitani nach Buzet umgesiedelt. Von dem einst mächtigen Kastell von Rašpor blieb nur eine Ruine – eine malerische, sich in die Natur einfügende Kulisse.

Wenige Kilometer südlich folgt das schöne Hochtal bei **Račja Vas**. Hinter **Lanišće** führt die Straße mit herrlichen Ausblicken hinab ins Tal nach **Lupoglav** (siehe unten).

Vodice liegt an der zur Ćićarija östlich verlaufenden Straße – schön mit seinen halb verfallenen Häusern, aber fast verlassen. Weiter südöstlich stoßen wir auf **Male Mune** mit hübschen Natursteinbauten. Durch eine Doline getrennt, folgt der Nachbarweiler **Vele Mune** mit der Sv. Križ-Kirche und einem Friedhof, auf dem uralte Grabinschriften zu entdecken sind.

• *Anfahrt* Von Buzet führt die Straße z. B. über Brest östlich nach Vodice; oder auf der Bergkuppe ca. 5 km hinter Brest südlich in Richtung Trstenik, Rašpor, Lanišće und dann wieder hinab nach Lupoglav. Eine Anfahrtsalternative im Osten besteht kurz nach dem slowenisch-kroatischen Grenzübergang Pasjak-Starod in Richtung Vele Mune, ebenso im Nordosten vom slowenisch-kroatischen Grenzübergang Jelovice-Podgorje.

Eine weitere schöne Anfahrtsvariante mit herrlichem Blick ist die Route von Buzet nach Südwesten in Richtung Roč (N44). Dann Abzweig hinauf über Gornje Nugla in

Richtung Slum. Bis Gornje Nugla ist die Straße asphaltiert. Von hier oben herrlicher Weitblick auf Buzet und die Hügelkette ringsum.

• *Essen/Übernachten* **Agrotourismus Šverko**, im kleinen Ort Lanišće; hier kann man wunderbar nächtigen – optimaler Startpunkt für Radler, Wanderer, Kletterer, Paraglider. 52422 Lanišće, Prapoće b.b, Mobil-Tel. 098/757-646, www.agrotourism.org.

• *Sport* Es gibt eine Reihe von Agenturen, die Klettern, Drachenfliegen, Mountainbiken und Trekking als organisierte Touren anbieten. Z. B. **Agentur Olinfos**, ✆ 051/292-481, www.olinfos.hr (siehe auch unter Lovran).

Roč (Rozzo)

Rund zehn Kilometer hinter Buzet Richtung Učka-Gebirge thront das uralte Städtchen hoch oben auf einem Berg – Roč war vor einem halben Jahrtausend das Zentrum der Glagoliza, der altslawischen Schriftkultur.

Roč war schon in prähistorischer Zeit besiedelt. Funde aus späterer Zeit belegen einen Kirchenbau aus dem 6. Jh. und noch ältere slawische Gräber. Das im Grenzbereich gelegene Städtchen war seit alters her ein umkämpfter strategischer Stützpunkt – schon die illyrischen Stämme der Liburnen und Histrer stritten sich um Roč, später die Byzantiner und Franken, die Venezianer und Österreicher. An Roč's mittelalterliche Blütezeit erinnert das gut erhaltene Befestigungssystem der Venezianer, die vom 15. bis zum 17. Jh. die Stadt kontrollierten. Die 1421 erbaute Stadtmauer hatte einst neun Türme, von denen vier noch erhalten sind, zwei davon sind Tortürme. Beim Nordtor finden sich einige römische und mittelalterliche Steintafeln. Interessant ist auch die kleine romanische **Rochuskapelle**, die mit einer halbkreisförmigen Apsis in das Nordtor gebaut wurde. Die Apsis zieren zwei Freskoschichten aus dem 14. und 15. Jahrhundert, die ältere Schicht zeigt Christus mit den 12 Aposteln, das Werk eines unbekannten Meisters.

Glagoliza – die glagolitische Schrift

Die *Glagoliza* ist eine altslawische Schrift mit ganz eigenen, aus dem Griechischen, Orientalischen und Slawischen abgeleiteten Formgebungselementen. Wahrscheinlich wurde die Glagoliza im 9. Jahrhundert vom „Slawenapostel" *Kyrillos* aus Saloniki im Zuge seiner Bibelübersetzung zum besseren Verständnis des Inhalts geschaffen. In Istrien und auf der Insel Krk ist sie heute noch auf zahlreichen Steininschriften, in Handschriften und Drucken erhalten.

Grundlage der glagolitischen Schrift sind die griechischen Kleinbuchstaben, die Lettern sind orientalischen Alphabeten entlehnt und wurden an die Lautbesonderheiten der slawischen Sprache angepasst und umgestaltet. Die Schrift fand Eingang in die slawische Kirchenliteratur und konnte sich trotz des Widerstands der lateinisch orientierten Papstkirche in ihrem westlichsten Verbreitungsgebiet bis heute behaupten.

Alle im Gebiet von Roč in der Glagoliza verfassten Bücher sind heute in den Museen von Zagreb, Wien und Kopenhagen ausgestellt. Das Wiener Nationalmuseum zeigt das bekannte Novak-Missale, das unweit von Roč gedruckt wurde und dem ersten kroatischen Buch, dem kroatisch-glagolitischen Missale von 1483, als Vorlage diente.

In der Ortsmitte dominiert die große dreischiffige **Pfarrkirche St. Bartholomäus** aus dem 14. Jh., unterschiedlichste Stilelemente zeugen von ständigen Umbauten und Erneuerungen, die bis ins 19. Jh. andauerten. Der frei stehende barocke Kirchturm wurde 1676 gebaut.

Wenige Meter neben der Pfarrkirche ist in der **St. Antonius-Kirche** ein sehr seltenes Dokument des Glagolismus aus dem 12. Jh. zu entdecken – ein in Votivkreuze geritztes, so genanntes *Abecedarium*, ein Verzeichnis altslawischer Schriften.

Zur Erinnerung an die altslawisch-istrische Glagoliza-Kultur wurde an der Straße nach Hum die **Glagoliter-Allee** (Aleja glagoljaša) geschaffen – sie zweigt unterhalb von Roč von der Hauptstraße ab. Der Bildhauer *Želimir Janeš* schuf hier von 1977 bis 1983 unter der Regie des Schriftstellers *Zvane Črnja* zehn moderne steinerne Monumente; das 11. Denkmal ist das reich verzierte und mit einem Willkommensgruß versehene Stadttor von Hum.

• *Essen* **Konoba Roč**, gemütliche Konoba mit istrischer Küche, nettes Ambiente. Geöffnet tägl. außer Mo von 12–22 Uhr. ✆ 666-451, -717.

• *Übernachten* **Landhaus Paladin**; wer seinen Urlaub in Ruhe verbringen möchte, ist in dem hübschen Natursteinhaus mit 6 Betten sicher richtig. Roč, ✆/℻ 666-716.

Hum

Die mittelalterliche Städtchen auf dem grünen Hügel begrüßt seine Besucher herzlich mit einer glagolitischen Inschrift am Stadttor – und warnt vor bösen Absichten. Das mit Kupferplatten beschlagene Tor zieren zwölf Zeichen, die wohl den Jahreslauf symbolisieren. Hier in Hum, der „kleinsten Stadt der Welt", endet die Glagoliter-Allee.

Hum wird 1102 unter dem Namen *Chlom* erstmals urkundlich erwähnt. Wie Roč gehörte auch Hum zu den Zentren der glagolitischen Schriftkultur. Hinweise darauf finden sich in der **Friedhofskirche des heiligen Hieronymus** (Sveti Jeronim) auf einer Wandtafel aus der zweiten Hälfte des 12. Jahrhunderts, einem der ältesten istrischen Zeugnisse in glagolitischer Schrift. Die einschiffige romanische Kirche schmücken sehenswerte Fresken, die die Patriarchen von Aquileia ebenfalls in der zweiten Hälfte des 12. Jh. anfertigen ließen. Die **Barockkirche Mariä Himmelfahrt** (1802) erfreut das Auge mit fünf reich geschmückten Marmoraltären, einer schönen Sakristei und kostbaren Gemälden, darunter hinter dem Hauptaltar ein Werk des venezianischen Meisters *Baldassare d'Anna* aus dem 16. Jh.

Die bescheidenen Reichtümer aus vergangenen Zeiten kontrastieren fast schmerzhaft mit der Gegenwart: Läuft man durch die Gassen oder auf der gut erhaltenen Stadtmauer entlang, sieht man reihenweise verschlossene Fensterläden; Hum schmückt sich mit dem Titel „kleinste Stadt der Welt" nicht wegen irgendwelcher Bonsai-Bauten, sondern weil es mittlerweile nur noch ganze drei Bewohner hat ...

Ein schöner Spazierweg führt von Hum in 2,5 Std. Gehzeit an der Mirna entlang über *Kotli* nach Buzet (genaue Wegbeschreibung siehe Buzet/Umgebung). Wer unterwegs Hunger verspürt, kann in Kotli eine Pause einlegen, die schön restaurierte Wassermühle bewundern und in der Konoba einkehren.

• *Essen* **Humska-Konoba**, eine urige, schön restaurierte istrische Kneipe. Die schwarz gebeizte Holzdecke, Holztische und ein manchmal loderndes Feuer im offenen Kamin laden zum Verweilen ein. Von der kleinen Terrasse genießt man einen weiten Blick über die Hügel. Serviert werden Pršut und Käse, Teigwarengerichte wie Fuži mit Trüffeln, süffiger Wein und natürlich der berühmte, aus Misteln destillierte Biska-Pfarrerschnaps. Geöffnet 11–22 Uhr. Hum 2, ✆ 052/660-001.

Gostiona Kotlić, gemütliches Lokal in Kotli oberhalb der Mirna; istrisches Essen; geöffnet von Mai bis Oktober von 12–20 Uhr; weitere Infos siehe Buzet/Umgebung.

Agrotourismus Mlini, südlich von Hum, im Weiler *Mlinić*, nahe der Mirna; hier gibt es Gerichte aus dem Fluss; z. B. Forelle gebacken, wahlweise natürlich auch mit Trüffeln. Warmes Essen nur nach Voranmeldung! Mlinić 54, ✆ 669-057.

Lupoglav (Lupogliano)

Der Ort am Abhang der Ćićarija-Bergkette war schon in der Antike ein strategisch wichtiger Verkehrsknotenpunkt; im Mittelalter stand hier die militärisch bedeutende mächtige *Burg Mahrenfels*. Das später auf die Burgruinen erbaute Schloss zeigt sich heute baufällig. Spannend ist die gut dokumentierte Geschichte der Burg, die über die Jahrhunderte zum Herrschaftsbereich Österreichs gehörte – inmitten des von Venedig kontrollierten Landes. Burgbesitzer war um 1400 die Familie Herberstein, 1527 folgten die Habsburger, die als Verwalter Krusić, einen Uskoken aus Senj, einsetzten, der von hier aus mit seinen Mannen zehn Jahre lang den Großteil des venezianischen Istriens terrorisierte. Krusićs Ende war ebenso gewaltsam – er wurde bei einem türkischen Überfall enthauptet. Danach beherrschten die Uskoken mit etwas gemäßigteren Umgangsformen das Umland bis ins 17. Jh. Erst Mitte des 19. Jahrhunderts fand ihre Ära und damit auch das Schicksal der einst mächtigen Burg ihr Ende: ein Bauernaufstand gegen die herrschenden Machenschaften wurde zwar niedergeschlagen, der amtierende Herrscher aber zur Aufgabe gezwungen.

• *Essen* In Lupoglav laden zwei gute Restaurants zur Einkehr ein – mit istrischer Küche und leckeren Weinen: **Restaurant Planik**, Lupoglav 22a, Mobil-Tel. 098/214-493; täglich 8–23 Uhr, Di nur bis 17 Uhr. **Konoba Leader**, Lupoglav 8, ✆ 685-300; geöffnet 7–24 Uhr.

• *Übernachten/Essen* siehe Buzet/Umgebung: Draguć, Hum, Roč, Ćićarija-Bergkette.

Boljun

Das reizvolle mittelalterliche Städtchen mit trutzigem Kastell, 7 km südlich von Lupoglav auf einem Hügel gelegen, war wegen seiner exponierten Lage schon seit Römerzeiten bewohnt. 1064 hatte hier Markgraf Ulrich I. das Sagen; zwischen dem 12. bis 14. Jh. fiel Boljun an die Patriarchen von Aquileia, ab Mitte des 14. Jh. an das Fürstentum Pazin; ab 1644 gehörte das Städtchen einem venezianischen Adeligen. Das seit dem 11. Jh. bis ins 17. Jh. immer wieder umgebaute und modernisierte Kastell ist noch gut erhalten – und der Ausblick von hier in Richtung Učka und Boljunsko Polje ist fantastisch. Neben dem Kastell entwickelte sich ab dem 13. Jh. eine Siedlung, die sich im 16. Jh. selbst verwalten durfte und damals ihre Blütezeit erlebte. Heute leben nur noch 70 Menschen in Boljun, das den Gast gleich am Ortseingang mit dem Kirchlein **St. Cusman und Damian** aus dem 12. Jh. und glagolitischer Inschrift am Glockenturm begrüßt. Die Gasse ein Stückchen weiter gelangt man zum **römischen Opferstein** (1. Jh.) und weiter zum *Hauptplatz*. Hier steht die Stadtloggia, eine Getreidekammer aus dem 16. Jh. sowie die **Pfarrkirche Sv. Juraj** (1640), an deren Außenwand ebenfalls glagolitische Inschriften von 1590 und 1641 zu entdecken sind. Zwischen 1596 und 1660 verfasste hier der Priester Vinzenz Frlanić eine Chronik in Glagoliza, die heute in der Kroatischen Akademie der Wissenschaft und Kunst in Zagreb aufbewahrt wird.

• *Essen* **Boljunska konoba**, schöner Ort zum Einkehren; offener Kamin und sehr gutes Essen. Spezialitäten sind Pilzgerichte, Speisen aus der „Čripnja" (in Dalmatien Peka), Wildgerichte, dazu werden Gnocchi und selbstgebackenes Brot serviert. Für Schleckermäuler gibt es süße Ravioli oder Palatschinken mit Walnuss. Der süffige Wein kommt von den lokalen Weinbauern. Geöffnet tägl. 15–23 Uhr, So und Feiertage 11–23 Uhr, Dienstag Ruhetag. Von Ende Juni bis Anfang Juli ca. 10 Tage geschlossen. Boljun 30a, ✆ 631-100.

Poreč – Kroatiens größtes Touristenzentrum und Zentrum der Poreština

Westküste: Von Poreč bis Vrsar

Das Umland von Poreč, die Poreština, erstreckt sich über rund 60 Kilometer von der Mirna-Mündung bis Vrsar und zum Limski-Fjord. Neben zahlreichen Buchten und Landzungen lassen sich von Poreč bis zum Limski-Fjord viele kleine, oft mit einem Wäldchen bedeckte Inseln ansteuern.

An Unterkünften mangelt es an der *Riviera von Poreč* nicht: 70.000 Übernachtungsplätze auf oft riesigen Campinganlagen, 30.000 Betten in Hotels und Pensionen, in Appartements und Privathäusern – da findet jeder ein Plätzchen nach seinem Geschmack und Geldbeutel. Das bedeutet aber auch, dass die Küste um Poreč ziemlich zugebaut ist. Trotzdem kann jeder, der darauf Wert legt, auch stillere Badeplätze finden. Doch viele Touristen kommen gerade wegen des großen Vergnügungs- und Sportangebots an die Poreč-Riviera: Konzerte, Discos, Veranstaltungen, Ausflüge in alle Himmelsrichtungen; allein etwa 20 große Sportzentren gibt es, in denen man Tennis, Volleyball, Tischtennis, Fußball und mehr spielen kann. Für Wassersportfans stehen Tauchgeräte, Surfbretter, Kanus, Boote zur Verfügung. Ins Hinterland werden Wanderungen und Mountainbiketouren organisiert, hier kann man ausreiten, Golf spielen, klettern, paragliden. Kaum ein Wunsch bleibt unerfüllt, und oft muss man nicht einmal die Hotel- oder Campinganlage verlassen, um aus dem breiten Angebot an Amusement seine Wahl zu treffen – es sei denn, man will sich die zahlreichen Sehenswürdigkeiten nicht entgehen lassen, die z. B. das geschichtsträchtige Poreč bietet, das mehr als einen Kurzbesuch lohnt.

Baden kann man an der Poreč-Riviera von Mai bis Oktober vorwiegend an Kies- und Felsstränden, auf konventionellen wie auf FKK-Arealen. Bootsbesitzer steuern einen der zahlreichen Jachthäfen an. Insgesamt rund fünf Millionen Gäste sind es jährlich, die in der Poreština beherbergt und verköstigt werden.

Poreč (Parenzo)

Die malerische Stadt an der Westküste Istriens besitzt mit ihrer Basilika eines der großen Werke spätantiker und frühbyzantinischer Architektur, das seit 1997 auf der UNESCO-Liste der Weltkulturdenkmäler der Menschheit steht. Poreč ist Kroatiens größtes Touristenzentrum. Abend für Abend schieben sich die Besucherströme durch die schmalen Gassen der ehemaligen römischen Kolonie Julia Parentium.

Wer das 11.000-Einwohner-Städtchen besucht, stellt schnell fest, dass die historische Altstadt und die umliegenden Ferienkomplexe glücklicherweise wenig miteinander zu tun haben. In der Altstadt, deren rechtwinklige Anlage deutlich den römischen Charakter zeigt, buhlen zahllose Läden um Gunst und Geldbeutel der einheimischen und ausländischen Urlauber – Konsum steht hier ganz oben, wie nirgendwo sonst an der istrischen Küste. Auf Straßen und Plätzen und besonders auf dem *Decumanus*, der sich vom Trg Slobode zum Trg Marafor bis fast zur Spitze der Halbinsel ziehenden Hauptstraße, konkurrieren Schmuckhändler, Porträtmaler, Eisverkäufer – Poreč ist für seine guten Slastičarnas (Eisdielen) bekannt.

Wer vor den Menschenmassen in die Seitengassen ausweicht, stößt immer wieder auf überraschende Winkel, die teils üppig bepflanzt sind und bei Mondschein in goldgelbem Licht erstrahlen. Ein Stadtplan beim Stadtbummel ist überflüssig, in Poreč findet man sich schnell zurecht. Tagsüber, wenn die meisten Urlaubsgäste in ihren Ferienkomplexen sind, wirkt Poreč angenehm, entspannt und freundlich. Dann kann man sich auf den schattigen Gassen auf Erkundungstour machen, in einem Café einen Erfrischungsstopp einlegen und anschließend mit dem Taxiboot auf die *Insel Sveti Nikola* zum Baden übersetzen.

Die Ballung der Übernachtungsangebote rund um Poreč lässt erahnen, wie es um Parkraum bestellt ist. Direkt vor der autofreien Altstadt versucht ein riesiger Parkplatz die schier endlose Blechlawine aufzufangen, die sich am späteren Abend durch verstopfte Straßen zu den Camps und Hotels zurückwälzt. Die großen Ferienkomplexe liegen außerhalb von Poreč auf den Landzungen in Strandnähe und sind alle gut ausgeschildert.

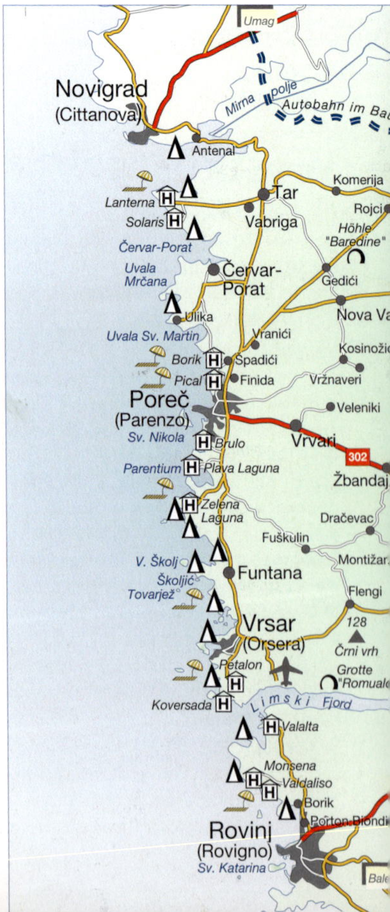

Geschichte

Funde aus dem Stadtteil Pical belegen, dass Poreč schon im Neolithikum (4000 bis 1800 v. Chr.) besiedelt war. Um 800 ließ sich der illyrische Stamm der Histrer bei Poreč nieder und baute den ersten geschützten Hafen. In dieser Zeit wurde bereits reger Handel mit Süditalien betrieben, wovon etruskische und apulische Keramiken zeugen (6. bis 5. Jh. v. Chr.). 177 v. Chr. eroberte der römische Konsul *Claudius Pulcher* Nesactium (Pula), die Hauptstadt der Histrer, und kaum ein halbes Jahrhundert später, 129 v. Chr., stand ganz Istrien unter der Kontrolle der römischen Weltmacht.

Von diesem Zeitpunkt an spielte *Parentium* (Poreč) aufgrund seiner Lage am Meer und an der Straße von Aquileia nach Pula für die römische Expansionspolitik eine wichtige Rolle. Auf der Halbinsel entstand ein großer befestigter Heeresstützpunkt, in dessen Schutz die Stadt blühte und gedieh. Die beiden Porečer Straßennamen *Decumanus* und *Cardo Maximus* erinnern an diese Zeit. Caesar erhob Poreč zum *Municipium*, zur privilegierten römischen Stadt, Tiberius verlieh dem frisch gebackenen römischen Gemeinwesen den Ehrentitel *Colonia Julia Parentium*.

Das Christentum fasste in Poreč frühzeitig Fuß. Schon im 3. Jh. n. Chr. gab es hier einen Bischof, der an einem geheimen Ort, dem sog. Oratorium mit Taufkapelle (die heutige Maurus-Kapelle), die verbotene christliche Lehre verkündete. Ende des 6. Jahrhunderts war Poreč wiederholten Angriffen von Slawen und Awaren ausgesetzt. Mitte des 7. Jahrhunderts – es herrschten gerade die Ostgoten – siedelten sich Slawen an, die sich von Ackerbau und Viehzucht ernährten.

Mutige Märtyrer, mächtige Bischöfe – Facetten der Porečer Stadtgeschichte

Das Christentum prägt Poreč' Geschichte seit Mitte des 3. Jahrhunderts. Damals traf sich die von *Bischof Maurus* geführte Gemeinde an einem geheimen Ort zum Gebet, an dem die ebenso geheimen Taufen durchgeführt wurden (heute Komplex des Maurus-Baptisteriums). Es war die Zeit, als es auf die Frage: „Wem gehorchst du – dem Kaiser oder Christus?" nur eine richtige Antwort gab. Gläubige Christen, die sie „falsch" beantworteten, wie Bischof Maurus und die Diakone Euterius und Akolit, wurden erbarmungslos getötet; doch die Ermordeten wurden als Märtyrer verehrt, ihr Mut verstärkte den Zulauf zur Porečer Christengemeinde nur umso mehr. Erst 313 setzte *Kaiser Konstantin* mit dem Toleranzedikt den christenfeindlichen Verfolgungen ein Ende.

Das berühmte „Fischmosaik", Ausdruck und Symbol dieser geheimen frühchristlichen Kultstätte (heute ein Privathaus in der Nähe des Nordtors) wurde übrigens später entdeckt; es ist heute in der Euphrasius-Basilika zu sehen.

Nach dem kaiserlichen Toleranzedikt wuchs die Porečer Christengemeinde schnell, im 4. Jh. war sie die größte Istriens, Poreč wurde Bischofssitz. An der Stelle des geheimen Betsaals wurde eine Kirche gebaut und dem hl. Maurus geweiht. Im 5. Jh. folgte eine Erweiterung, die Bodenmosaiken aus dieser Zeit sind bis heute erhalten (zu sehen an der Nordseite der Kirche).

Um 550 setzte sich *Bischof Euphrasius* mit dem Neubau der dreischiffigen Basilika, die er auf und neben die Maurus-Kirche errichten ließ, ein Denkmal. Inspirieren ließ er sich dabei von der Haghia Sophia in Konstantinopel. Um sein Gotteshaus ähnlich prachtvoll zu gestalten, ließ er Marmorblöcke vom Marmara-Meer und Künstler aus Konstantinopel kommen, die den Bau mit Säulen, Kapitälchen und Wandmosaiken aus Permutt, Gold und verschiedenfarbigen Marmor ausschmückten (woher die dafür nötigen Gelder kamen, liegt allerdings bis heute im Dunkeln).

Im 7. Jh. wurden die Stadtmauern zum Schutz gegen Überfälle verstärkt, doch den inzwischen wertvollen Kirchenschatz mussten die Porečer an den Patriarchen von Aquileia übergeben. Auseinandersetzungen zwischen Byzanz und Langobarden folgten, danach die politische Anlehnung an das fränkische Königreich. Die Schwächung der fränkischen Herrschaft in Istrien (siehe Kapitel Geschichte) ließ die Porečer Bischöfe erstarken, die ab 788 die Herrschaft über die Stadt übernahmen und vom 9. bis 10. Jh. ein mächtiges Imperium aufbauten, dessen Gebiet sich über Rovinj, Vrsar, Svetvinčenat, Dvigrad, Motovun bis nach Pazin erstreckte. Dabei vernachlässigten sie aber offensichtlich die Stadt, die nach und nach verwahrloste. Die Piratenüberfälle mehrten sich, Poreč musste Schutzverträge (inklusive entsprechender Schutzgelder) mit Venedig abschließen. Der lachende Dritte bei den wachsenden Zwistigkeiten zwischen Bischöfen und Bürgerschaft waren die

Patriarchen von Aquileia, die 1232 Poreč unter ihre Kontrolle brachten, bis 1267 Venedig die Macht an sich riss. Zwar fügten sich die Bischöfe vorerst den neuen Herren, bis Bischof Bonifaz per Dekret mitteilen ließ, dass Poreč schon immer den Bischöfen und sonst keinem gehöre. Die Bürger von Poreč, der Machtpolitik der Bischöfe längst überdrüssig, sahen das anders und rebellierten, sodass Bonifaz schleunigst die Stadt verlassen musste – nicht ohne vorher die gesamte Bürgerschaft exkommuniziert zu haben.

Nach Kriegen, Überfällen und Pestepidemien lebte die Stadt allmählich wieder auf und widmete sich über die Jahrhunderte dem Handel und der Kunst – Porečer Meister schufen Werke von Weltruhm, das kulturelle Leben und die Geschäfte mit den Nachbarn blühten. Erst ab 1815 (Venedigs Stern war längst gesunken, Österreich-Ungarn hatte politisch das Sagen) ging die Blütezeit der Stadt und ihres mächtigen Klerus zu Ende: Österreich baute Pula zum Hafen aus und gab ansonsten Rovinj den Vorzug. Lediglich die istrische Provinzversammlung hatte noch in Poreč ihren Sitz ...

Der Bischofssitz für das Bistum Poreč-Pula ist Poreč bis heute geblieben. Doch die Bischöfe sind inzwischen aus dem prächtigen Bischofspalast in einen nahe gelegenen Palast umgezogen, während die Archäologen die geschichtsträchtigen Gemäuer aus dem 5. bis 6. Jahrhundert erkunden.

Mit der Teilung des Römischen Reichs wurde Poreč 774 zunächst dem (oströmischen) Byzanz zugeschlagen, seit 788 stand es unter fränkischer Herrschaft. Mit dem wachsenden Einfluss der Bischöfe von Poreč verbreitete sich das Christentum auch in den anderen istrischen Gebieten. Für kurze Zeit übernahm 1232 der Patriarch von Aquileia die Kontrolle, bis sich Venedig 1267 Poreč als erste istrische Stadt einverleibte. 1334 zerstörten die Genuesen, die Konkurrenten Venedigs, die Stadt und raubten bei dieser Gelegenheit die Reliquie des Schutzheiligen von Poreč, *St. Maurus*.

Vom 15. bis ins 17. Jahrhundert wurde die Stadt von ständigen Angriffen der Genueser, Türken und der Uskoken von Senj gepeinigt. Seeräuber und Pestseuchen verminderten die Einwohnerzahl zusätzlich. Nach dem Fall Venedigs 1797 und der kurzen Regentschaft Napoleons (1809–1813) übernahm Österreich die Herrschaft über Istrien und machte Poreč zu dessen Hauptstadt. Nach dem Ende des Ersten Weltkriegs kam Poreč zu Italien, Ende des Zweiten Weltkriegs wurde die von den Deutschen besetzte Stadt 1944 durch die Bombenangriffe der Alliierten schwer beschädigt. 75% der Gebäude wurden zerstört und nach Kriegsende langsam wieder instand gesetzt. Am 30. April wurde die Stadt von Titos Partisanen befreit und kam danach zur Teilrepublik Kroatien.

Heute ist Poreč neben Opatija und Portorož (Slowenien) der älteste Fremdenverkehrsort Istriens – einen gedruckten Stadtführer gibt es seit 1845. Schon Ende des 19. Jahrhunderts wurde auf der vorgelagerten Insel *Sveti Nikola* ein erster öffentlicher Badestrand eingerichtet, 1910 wurde das Hotel Riviera an der Spitze des Hafens erbaut. Doch bis in die 1960er Jahre gab es in Poreč nur sechs Hotels mit gerade mal 300 Betten – erst mit dem aufkommenden Massentourismus begann der Bau der Hotelkomplexe an der Küste nördlich und südlich des Kleinstädtchens. Heute empfängt Poreč Jahr für Jahr rund fünf Millionen Gäste, 240.000 Menschen übernachten in der Stadt, mit Umgebung sind es stolze 700.000! Zahlen, die für die Attraktivität und Beliebtheit der Stadt und der Region sprechen.

Karte S. 116/117

Information

- *Telefonvorwahl* 052
- *Postleitzahl* 52440 Poreč
- *Information* **Touristinformation TIC**, Zagrebačka 11, ✆ 451-293, -458, 📠 451-665; ticporec@hotmail.com; www.istra. com/ porec. Geöffnet Mo–Sa 8–21 Uhr.

Agentur Adriatic, Trg Slobode 2a, ✆ 452-663, 📠 452-18, geöffnet Mo–Sa 8–22 Uhr; Privatzimmer etc.

Agentur Di-Tours, Prvomajska 2, ✆ 452-018, 432-100, 📠 431-300; Privatzimmer etc.

Istra-Line, Parizanska 2, ✆ 432-339, 451-067

Kompas Istra, Obala M. Tita 16, ✆ 451-100, -200.

Atlas, Bože Milanovića 11, ✆ 432-184.

Zudem gibt es in der Stadt zahlreiche weitere größere und kleinere Agenturen.

Verbindungen

- *Bus* Fast stündlich Busse von der Busstation beim Hotel Poreč zu den umliegenden Ferienkomplexen. Gute Verbindung mehrmals täglich nach Pula, Koper und Pazin, nach Rijeka, Zagreb und Ljubljana. Busbahnhof: Rade Končara 1, ✆ 432-153; geöffnet 5–21 Uhr.
- *Schiff* Schiffsverkehr mit der Adriatica von Poreč nach Piran, Grado, Lignano und Triest (Italien); von Poreč nach Rovinj, Brioni, Mali Lošinj; aktuelle Abfahrtszeiten im Hafenamt, Obala M. Tita, oder in den Touristagenturen. Bootsverbindung auf lokalen Linien mehrmals täglich zur Insel Sveti Nikola (Überfahrt dauert nur etwa 5 Minuten). Mit dem Touristenschiff zu den Feriensiedlungen Brulo, Plava und Zelena laguna – das Schiff pendelt von 8.30 bis 24 Uhr zu jeder vollen Stunde.
- *Zug* Der Poreč nächstgelegene Bahnhof ist im ca. 25 km südöstlich gelegenen *Kanfanar*; hier verläuft die Bahnlinie durch Istrien vom slowenischen Divača nach Süden über Pazin nach Pula. Zugverbindung ab Kanfanar mehrmals täglich, von dort noch eine gute ¾ Stunde mit dem Bus nach Poreč. Aktueller Fahrplan in den Reisebüros und am Busbahnhof.

Minieisenbahn: ein guter Zubringer in die Feriensiedlungen; „Zug Blau" nach Zelena laguna, „Zug Grün" bis Hotel Luna (Richtung Spadići). Während der Sommermonate von 9–24 Uhr mehrmals stündlich.

- *Flug* Flüge vom internationalen Flughafen Istarski Aerodrom, Pula (✆ 052/550-900), ca. 60 km von Poreč. Informationen bei **Aviomar**, Obala M. Tita 21, ✆ 431-642, oder bei **Kompas Istra**, ✆ 451-100.
- *Taxi* beim Busbahnhof, Ecke Karla Huguesa b.b., ✆ 432-465, 431-301.

Diverses

- *Ausflüge* Informationsstellen, Touristagenturen und Hotels bieten vielfältige Ausflugsprogramme an. Abfahrtsstelle für Schiffsausflüge am Stadthafen; z. B. mit dem Oldtimer-Schiff täglich nach Novigrad, Rovinj und zum Limski-Fjord. Zudem Schiffe nach Venedig oder mit dem Bus zu den Plitvicer Seen.
- *Autovermietung* **Budget**, Zagrebačka 17, ✆ 453-570. **Vetura**, Trg Joakima Rakovca 2, ✆ 434-700, -070 sowie in Zelena laguna, ✆ 451-391, -395. Auch Pkws mit Chauffeur sind zu mieten; **Unlimited**, Vukovarska 3, ✆ 434-644.
- *Fahrradvermietung* **Car Moto**, Karla Huguesa 4, ✆ 427-430; **Bike Point**, B. Parentina 19, ✆ 453-520; **Ivona**, Prvomajska 2, ✆ 434-037; **Parenzo**, Istarskog razvoda 11, ✆ 427-103. Rad-/Mountainbiketouren siehe Poreč/Sport.
- *Einkaufen* **Markt** am Trg M. Gupca bei der Uferpromenade: Glas, Töpferwaren, Kerzen, Bilder, Lederwaren, Muscheln etc. **Einkaufszentrum Riva**, R. Končara, beim Hotel Poreč, mit vielen Lebensmittelläden, kleineren Fachgeschäften und Boutiquen. Die Lebensmittelgeschäfte sind meist von 6 oder 6.30 Uhr bis 22 Uhr geöffnet, einige machen von 12 bis 17 Uhr Mittagspause. Auch in den **Feriensiedlungen** gibt es zahlreiche gut ausgestattete Supermärkte. Weine siehe Kapitel „Essen und Trinken".
- *Geldwechsel* In Poreč haben sich zahlreiche Banken niedergelassen, z. B. **Zagrebačka banka**, Obala M. Tita; eine weitere Bank am Trg slobode neben der Post. Geöffnet meist Mo–Fr 8–13 und 17–21 Uhr, Sa 8–12 Uhr. Zudem viele Bankomaten.

Alter Segler am Hafen von Poreč

• *Gesundheit* **Krankenhaus**, Maria Gioseffia 2, Bereitschaftsdienst 0–24 Uhr. ✆ 451-611. **Touristenambulanz** und **Zahnarztdienst** Mo–Fr 7–21 Uhr, Sa 7–15 Uhr (im Krankenhaus).

Saisonambulanzen sind im Sommer in allen Feriensiedlungen eingerichtet (meist in den Hotels), z. B. in den Hotels Delfin, Diamant, Pical, Materada, Fortuna, dazu in den Feriensiedlungen Plava laguna, Lanterna, Autocamp Ulika und Červar-Porat (7–21 Uhr).

Apotheke: Trg slobode 12, ✆ 432-362; M. Gioseffa 2, ✆ 434-950. Ulica P. Kandlera 1, ✆ 432-526.

• *Wellness* **Hotel Diamant**: neues Wellnesscenter mit Sauna, Hamam, Fitness, Aerobic, Massage und Hallenbad; ganzjährig geöffnet. Brulo, ✆ 400-000.

• *Nachtleben* Fast jedes Hotel verfügt über Disko oder Tanzterrasse, Nachtbar oder Bierkeller. Zentrum der Vergnügungen ist der **International Club** gleich neben dem Strand in Zelena laguna; im Hotel Parentium gibt es auch ein **Casino**. In Lanterna vergnügt man sich bis 3 Uhr früh im **Zodiak**. In Poreč selbst gibt es die **Discothek Capitol** (bis 3 Uhr).

Café-Bar Kula (4), im Runden Turm, Obala M. Tita/Narodni trg; hier sitzt man ganz oben herrlich luftig und genießt bei einem Cocktail die Aussicht. Im Turminneren sind kleine Bars untergebracht; geöffnet von früh bis in die Nacht.

Bar-Club Julio Parentium, im Wäldchen südlich der Marina in Richtung Brulio, für Jüngere.

Lauschige **Cafébars** mit guter Musik gibt es am Trg Marafor und in den kleinen Gassen rundum; auch für Abendbesuche geeignet.

• *Post* Trg slobode 14, schräg gegenüber vom Touristbüro; geöffnet Mo–Sa 8–22 Uhr, So 9–12 Uhr. Poststationen auch in Zelena laguna, Lanterna, Červar-Porat sowie in den umliegenden kleineren Orten, allerdings nur bis 13/14 Uhr geöffnet.

• *Veranstaltungen* Das Veranstaltungsprogramm ist üppig und wechselt ständig; aktuelle Termine den Plakaten entnehmen oder in den Touristagenturen erfragen. Hier eine kleine Auswahl:

Konzerte in der Euphrasius-Basilika 2 x wöchentlich von Juni bis September.

Jazz im Lapidarium des Museums (Decumanus 9) von Juli bis Ende August.

Street Art im August. Kultur & Musik auf den Plätzen von Poreč.

Poreč-Sommer am Trg slobode; Unterhaltungsprogramm jeden Montag und Donnerstag.

Filmfestival „Charming 10", Anfang August im Freilichtkino am Narodni trg; hier werden die zehn meistgesehenen Filme in der Originalfassung gezeigt.

Porečer Delfin am 1. Samstag im September; hier kann jeder auf dem 4.600 m langen Kurs rund um Sv. Nikola seine Schwimmkünste beweisen; ärztliche Voruntersuchung ist Pflicht.

Fest-Saisonende, Mitte September wird inzwischen „drei" Tage rund um die Uhr gefeiert, mit großem Sport- und Kulturprogramm und natürlich kulinarischen Genüssen.

Übernachten/Camping

Auf der 17 km langen Strecke von der südlichen Landspitze an der Mirnamündung, der Halbinsel Lanterna, bis kurz vor dem Städtchen Funtana südlich von Poreč gibt es zahllose Übernachtungsmöglichkeiten.

Privatzimmer und **Ferienwohnungen** vermitteln die Touristinformationen und Agenturen. In Poreč, Špadići und Červar-Porat im DZ ab 19 €/Person, in anderen Orten ab 16 €/Person; auf den Dörfern im Hinterland, die mehr als einen halben Kilometer vom Meer entfernt sind, etwas günstiger. Private Ferienwohnungen je nach Lage ab 35 €/2 Personen bis 100 €/8 Pers./Tag; auf den Dörfern billiger, Hund 3–5 €/Tag. Frühstück 5–8 €/Person.

Im Hinterland zudem viele Übernachtungsmöglichkeiten in den **Agrotourismus-Höfen**, Adressen über die Touristinformationen.

• *Stadthotels* **Hotel Poreč (2)** (**), nahe der Busstation und Marina; dreistöckiger Bau mit Ausblick auf Insel Sveti Nikola und Altstadt; ideal für alle, die gern in der Nähe des Zentrums wohnen, der Badestrand ist nur etwa 100 m entfernt. Preiswerte Alternative zu Poreč. Rade Končara 1, DZ/F 78 €. Ganzjährig geöffnet. ✆/℻ 451-811; www.hotelporec.hr.

Hotel Neptun (8) (***), gut geführtes Altstadthotel direkt an der Uferpromenade beim Hafen. Komfortable, moderne Zimmer; gutes Restaurant, schöne Terrasse, Bar; DZ/F 96–104 €. Ganzjährig geöffnet. Obala M. Tita 15, ✆ 400-800, ℻ 431-351; www.riviera.hr.

Dependancen Jadran (11) (**) und **Parentino (9)** (**), fast am westlichen Ende der Uferpromenade, wo sich viele Cafés und Restaurants befinden. Im Parentino DZ/F 70–84 €; im Jadran etwas günstiger; April bis Ende September geöffnet. ✆ 400-800, ℻ 431-351; www.riviera.hr.

• *Hotels auf Insel Sveti Nikola* Die kiefernbewachsene Insel ist nur 300 m von Poreč entfernt. Für Insulaner Tag und Nacht kostenloser Transfer zwischen Poreč und Sveti Nikola. Auskunft und Reservierung für alle Hotels ✆ 406-000, ℻ 431-119; www.riviera.hr.

Hotel Fortuna (12) (***), moderner Bau mit viel Komfort. Sport- und Freizeiteinrichtungen, Pool, Schwimmbad und betonierter Strand, Restaurant, Café, Bar; alles gleich bei der Bootsanlegestelle. DZ/F 104–122 €.

Aparthotel Isabella (13) (***), ein paar Minuten von der Anlegestelle entfernt, in schön restauriertem, neoklassizistischem Schloss vom Ende des 19. Jh. Schlaf-, Wohn- und Badezimmer mit Parkettboden und stilvoll eingerichtet. Blick aufs Meer zur Südseite der Insel. Frühstückssalon im Erdgeschoss, gleich daneben Tennisplätze. Nur von April bis Oktober geöffnet. 103–128 €/2 Personen, 209–250 €/4 Pers.

• *Feriensiedlung Lanterna Tar* 12 km nördlich von Poreč; große Feriensiedlung auf der gleichnamigen Halbinsel inmitten üppigen Immergrüns und duftender Sträucher. Drumherum viele kilometerlange Fußwege, man kann an der steilen Küste entlang sogar tief in die Mirna-Bucht bis nach Luka Mirna (Hafen Mirna) laufen – ein paar Häuser, ein paar ankernde Schiffe. Überquert man darauf die Hauptstraße Novigrad–Poreč, steht man an der schilfbewachsenen Mirna-Mündung. Das intensiv-grüne Flusswasser mischt sich mit den blauen Fluten der Adria, ein schönes Farbenspiel. Infos unter www.riviera.hr.

Aparthotel Iris (**), 237 Betten, 84–94 €/4 Personen, ✆ 402-000, ℻ 443-303.

Hotel Tamaris (***), 702 Betten, Swimmingpools, DZ/F 100–110 €, ✆ 401-000, ℻ 443-500.

FKK-Pavillons Solaris (**/***), viel Abstand zu den einzelnen Häusern im Kiefernwald, 77–111 €/4 Pers., ✆ 404-000, ℻ 404-091.

Appartements Lanterna (**), 2884 Betten, 77–88 €/4 Pers., ✆ 402-000, ℻ 443-303.

• *Camping* **Camping Lanterna** (***), riesiger 80-ha-Platz für 8.800 Personen. Von Slipanlage über Surfschule bis zum Fahr-

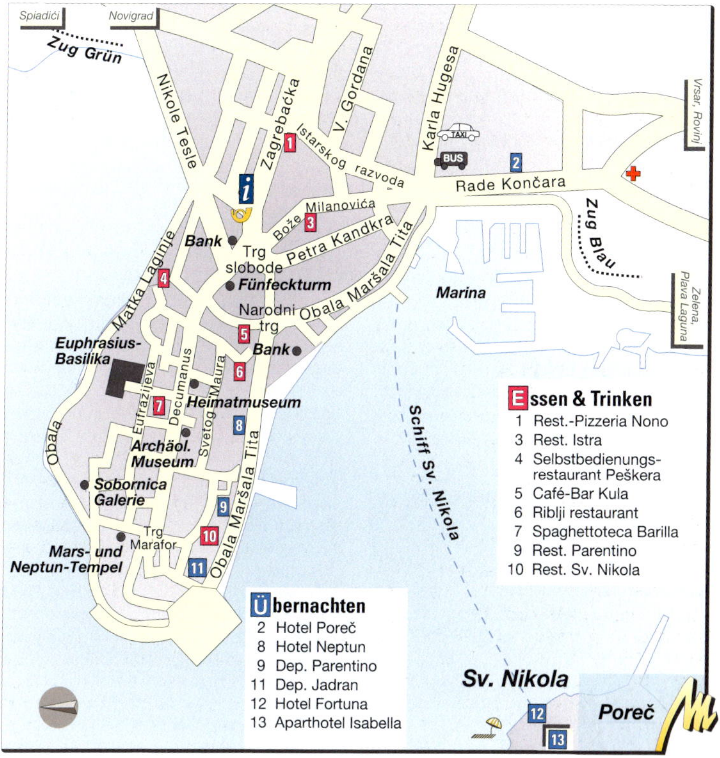

radverleih ist alles vorhanden, leider etwas wenig Schatten; mehrere Kilometer Strand, großes Sport- und Freizeitprogramm auch für Kinder, großer Kinder-Swimmingpool, etliche Restaurants, Supermärkte, Kioske etc. 6,20 €/Person, Stellplatz 10–11,50 €, 14 €/Parzelle. ✆ 404-500, 📠 404-591, www.riviera.hr. Geöffnet Anfang April bis Mitte Oktober.

FKK-Camping Solaris (***), 65-ha-Platz für 4.000 Personen in üppiger mediterraner Vegetation direkt am Meer. Sportzentrum und großer Swimmingpool. Ökologisch ausgerichtetes Management. Profis sind mit dem Klapprad auf dem weitläufigen Gelände unterwegs; 2 km langer Felsstrand mit kleinen Kiesbuchten. 5,50 €/Person, 9–10,50 €/ Stellplatz, 12 €/Parzelle. ✆ 404-000, 📠 404-091, www.riviera.hr. Geöffnet Anfang April bis Anfang Oktober.

• *Feriensiedlung Červar-Porat* 7 km nördlich von Poreč; die Anlage ist bis auf den Campingplatz im Süden und die Marina geschlossen. Am Strand bei der Marina sind Reste einer römischen Villa zu sehen.

FKK-Camping Ulika (***), 26-ha-Platz für 3.000 Personen auf der südlichen Seite der Halbinsel. An der Gabelung geradeaus weiter, an riesigen Olivenhainen vorbei (Ulika heißt Olive); nur für Nudisten. Teilweise spenden Kiefern Schatten; Restaurants und Supermarkt, gepflegte Sanitäranlagen, weitläufige Kies- und Felsstrände. Reisemobile und große Wohnwagen können direkt am Strand stehen. Ökologisch ausgerichtetes Management. Person 6,50 €, 9,30 €/Stellplatz, 12,50 €/Parzelle, ✆ 436-325, 📠 436-352; www.plavalaguna.hr. Geöffnet Anfang April bis Anfang Oktober.

• *Feriensiedlung Spadići* Ca. 3 km nördlich von Poreč, rings um die Anlage die Neubausiedlungen von Poreč. Zu Fuß gute 30 Minuten an der Küste entlang zur

Altstadt; man kann von Spadići aus auch bis nach Červar-Porat an der Küste laufen.

Hotel Luna all-incl. (**), 392-Betten-Hotel mit Pool, im DZ mit All-incl.-Arrangement pro Person 79–88 €, ✆ 451-899, 📠 451-465, www.riviera.hr.

Appartements Luna all-incl. (***), 352 Betten. All-incl. 316–352 € für´s 4-Personen-Appartement, ✆ 451-899, 📠 451-465; www.riviera.hr.

Hotel Laguna Park (***), 243-Betten-Hotel, DZ/F 90–108 €, ✆ 451-366, 📠 451-619; www.plavalaguna.hr.

Angeschlossen sind die **Bungalows** und **Appartements Laguna Park** (***), für 2 Pers. 78–106 €, 4 Pers.-Bungalow 103–138 €. ✆ 451-366, 📠 451-619; www.plavalaguna.hr.

• *Feriensiedlung Pical* 1 km nördlich von Poreč, nur 15 Minuten Fußweg zur Altstadt; beliebter Badestrand der Einheimischen. Weitere Infos unter www.riviera.hr.

Gässchen im Zentrum

Hotel Zagreb (***), 542-Betten-Hotel, DZ/F 94–98 €, ✆ 407-500, 📠 451-821.

Hotel Pical (***), 484-Betten-Hotel mit Hallenbad und allem Komfort, DZ/F 102–122 €, ✆ 407-000, 📠 451-242.

Appartements Pical (***), 440-Betten-Anlage. Die geräumigen Appartements gibt es für 4–6 Personen. 86–96 €/4 Personen, 107–116 €/6 Pers. ✆ 407-500, 📠 451-821.

• *Südlich von Poreč* Hier liegen die Touristenanlagen **Brulo**, deren Architektur an Anlagen in Südfrankreich erinnert, sowie **Plava laguna** und **Zelena laguna** (beide siehe unten); zwei große Buchten mit riesiger Aufnahmekapazität, großem Unterhaltungsangebot und allen Sport- und Freizeitmöglichkeiten. Zwischen den Hotels, Appartements, Bungalows und auf den Campingplätzen viel Grün, üppige Föhren-, Kiefern-, Zedern- und Eichenwälder. Von Segelbootfahren bis Minigolf und Tischtennis ist alles für Aktivurlauber geboten. Nicht mehr so überlaufen wie früher.

An den Stränden und durch die schattigen Wälder sind viele Wege und Pfade angelegt, ideal für lange Spaziergänge oder Fahrradausflüge. Von Plava laguna kann man in einer guten Stunde schön an der Küste entlang über Brulo nach Poreč laufen. Wer eine Strandwanderung von Zelena laguna nach Poreč plant, muss hin und zurück mit mehr als 15 km um die vielen großen und kleinen Buchten rechnen. Ansonsten den Bus benutzen, es gibt eine regelmäßige Verbindung zur Altstadt.

• *Feriensiedlung Brulo* In der ersten südlichen Bucht, etwa 15 Min. zu Fuß bis zur Altstadt, liegen große Hotels mit Restaurants, Hallenbad (Diamant), beheizten Swimmingpools (Kristal) und Tennisanlagen. Weitere Infos unter www.riviera.hr.

Hotel Kristal (***), 453-Betten-Hotel, DZ/F 98–110 €, ✆ 400-500, 📠 451-406.

Hotel Rubin (***), 505-Betten-Hotel, DZ/F 100–114 €, ✆ 406-600, 📠 432-072.

Hotel Diamant (***), 511-Betten-Hotel, sehr gut ausgestattet mit neuem Beauty- und Wellnessbereich. DZ/F 128–148 €, ✆ 400-000, 📠 451-206.

Appartements Diamant (***), 480-Betten-Anlage im Reihenhausstil für 4–6 Personen; 4 Pers./124–152 €, 6 Pers./158–172 €. ✆ 400-000, 📠 451-206.

• *Feriensiedlung Plava laguna* Ca. 2 km südlich von Poreč; auf der Halbinsel Molindrio und an den Touristenkomplex Brulo angrenzend, in üppigem Grün und gepflegten Parkanlagen. Information und Buchung unter ✆ 451-877, ✆ 452-399; www.plavalaguna.hr

Hotel Laguna Galijot (***), schön auf einer Landzunge gelegen; komfortabel; DZ/F 120–185 €.

Village Laguna Galijot (****), schön im Kiefernwald auf der Halbinsel, DZ/F 120–175 €.

Appartements Laguna Galiot (***), ebenfalls schöne Lage auf einer Landzunge, mit Bootsanlegehafen; 2 Pers. 102–144 €, 4 Pers. 135–211 €.

Daneben, noch in *Gržina*, weitere Appartements und Villen; Restaurants, die gute *Istarska Konoba*, Grillterrassen, Supermarkt, Ambulanz, Sportzentrum. Information unter ✆ 451-766, ✆ 431-114, www.plavalaguna.hr.

Appartements Laguna Bellevue (***), geräumige Appartements für 2–4 Personen, 97–124 €/2 Pers., 120–164 €/4 Pers.

Studio/Appartements Laguna Bellevue (****), ebenfalls für bis zu 4 Personen; 76–109/2 Pers., 113–155 €/4 Pers.

• *Feriensiedlung Zelena laguna* ca. 5 km südlich von Poreč. Der größte Touristenkomplex an der Poreč-Riviera. Tennisplätze, Marina in der Nähe des Hotels Parentium (***) mit Spielcasino, an der Zufahrtsstraße rechts das riesige Unterhaltungszentrum International Club. Vor dem gastronomischen Zentrum Zec mit Café-Bars, Kneipen, Restaurants (unter anderem Steak-House Boškarin, Grill-Terrasse Zeleni vrt, Kellerschenke Spacio) warten die Porträtmaler geduldig auf Kundschaft. Die Hotels bieten meist auch Halbpension, da viele Gäste die Anlage nicht verlassen. Die Hotels Albatros und Delfin sowie die Campingplätze gehören bereits zu Funtana (siehe dort). Zentrale Information unter www.plavalaguna.hr.

Hotel Parentium (****), 681-Betten-Hotel, DZ/HP 90–124 €, ✆ 411-500, ✆ 451-536.

Hotel Galeb (**), preiswertes 766-Betten-Hotel, DZ/HP 60–82 €, ✆ 412-000

Etwas teurer sind **Hotel Laguna Istra** (***), DZ/HP 92–138 €, ✆ 413-300, ✆ 413-301.

Hotel Plavi (***), DZ/HP 78-114 €, ✆ 451 844.

Hotel Zorna (***), DZ/HP 78-114 €, ✆ 410-500.

• *Leuchtturm* 13 km nördlich von Poreč auf dem Kap Zub. Das hübsche Haus mit 8 Betten steht in unmittelbarer Nähe zum Meer, die Sportanlagen von der Feriensiedlung Lanterna können mitbenutzt werden. Buchung siehe Kapitel „Übernachten/Leuchtturm".

Essen und Trinken (siehe Karte S. 123)

Poreč und seine unmittelbare Umgebung ist bestückt mit einigen hundert Restaurants, Konobas, einfachen Gaststätten, Grill-Terrassen, Tavernen, Pizzerias, kleinen Café-Bars (Kafić) und größeren Café-Eisdielen. Die meisten sind in Privatbesitz, einige À-la-carte-Restaurants sind den großen Hotels angeschlossen. Viele Restaurants sind nur in den Sommermonaten geöffnet und auf die Essgewohnheiten der internationalen Gästeschar eingestellt. Wie überall an der istrischen Küste stehen an erster Stelle Gerichte mit Fisch, Meeresfrüchten, Fleisch vom Grill, Lamm, Antipasti und Wildgerichte.

Für Vegetarier interessant: In vielen Restaurants gibt es Gemüseplatten, die Pizzerias haben vegetarische Pizzen auf der Karte.

Wer den Tag gerne inmitten des Touristenrummels genießt, geht in die sonnigen Restaurants an der Uferpromenade am Hafen oder auf dem Trg slobode, wo sich´s gemütlich im Freien sitzen lässt. Sehr angenehm sind die kleineren gemütlichen Straßencafés und -restaurants um den Decumanus. Und schließlich locken noch die Bierstuben, wo neben den bekannten slowenischen Bieren Union und Zlatorog auch Heineken, Tuborg oder Guinness in den Gläsern schäumen.

Restaurant-Pizzeria Nono (1), sehr gute Fleischgerichte und Pizzen. Zagrebačka ulica 4, ✆ 453-088.

Restaurant Istra (3), mit Terrasse und Holzofen. Aus der Peka gibt es leckeren Fisch, zudem Trüffelgerichte. B. Milanovića 30, ✆ 434-636.

Riblji Restaurant (6), in der Obala M. Tita 30, gute Fischgerichte.

Restaurant Parentino (9), gute Fisch- und Fleischgerichte, schönes Ambiente mit Blick auf den Hafen.

Spaghettoteca Barilla (7), hier kommen Spaghetti-Fans auf ihre Kosten. I Eufraziana 26, ✆ 452-742.

Restaurant Sv. Nikola (10), an der Uferpromenade, mit Blick zur gleichnamigen Insel; schickes, modernes Lokal, 2004 eröffnet; exklusive Fisch- und Fleischgerichte. Obala Maršala Tita 23, ✆ 423-018.

Selbstbedienungsrestaurant Peškera (4), beliebtes Lokal mit schöner großer Terrasse an der Nordseite der Fischerbucht. Wie der Name schon sagt, werden hier u. a. viele Fischvariationen serviert; preiswert. Nilole Tesle b.b.

• *Außerhalb der Altstadt* **Restaurant Nostromo**, in der Marina Parentium, mit schönem Blick aufs Meer. Spezialitäten sind Fischgerichte und flambierte Speisen. ✆ 451-917.

Gostiona Hrast, an der Straße Richtung Feriensiedlung Pical, Nikole Tesle 13. Große Auswahl an frisch zubereiteten Fischen und Krebsen, leckere Suppen, leckere Grillgerichte und Pizza. ✆ 432-138.

Gostionica Dalmacija, Mate Vlašića 17, an der Zufahrtsstraße vor dem großen Parkplatz; auch hier gemütliches Ambiente und große Auswahl an fein zubereiteten Fisch- und Meeresfrüchte-Gerichten. Spezialität ist Hummer. ✆ 431-406.

• *In Spadići/Vranići* (ca. 3 km nördlich)

Restaurant-Pension Gargamelo (***), Dalmatinska 10 (Vranići); gute Küche, Spezialitäten sind Steak Gargamelo, gemischte Buzara und Hummer mit Nudeln. ✆ 431-488.

Konoba Kvartin, Humska 14 (Vranići); sehr gemütliches, gutes Lokal mit überdachter sowie Freiterrasse im Garten, Holzofengrill, im Innern angenehm rustikal; leckere istrische Trüffel-, Fisch- und Fleischgerichte, dazu hervorragende Weine. ✆ 438-364.

Restaurant Dvi Murve, Grožnjanska 17 (Vranići); sehr gutes Lokal; Spezialitäten sind Beefsteak, gebackener Fisch und Fisch in der Salzkruste. ✆ 434-115.

Restaurant Ilona, Bračka 39 (Spadići); besonders lecker sind hier die Gnocchi, Fuži und Brodetto. ✆ 431-335.

• *Weine* Die **istrischen Weine** sind von bekannt guter Qualität; zu den trockenen Weißweinen zählen Malvazija und Pinot, trockene Rotweine sind Merlot, Burgunder, Cabernet und istrischer Teran. Beliebt ist auch der Hrvatica, ein trockener Roséwein, sowie die Dessertweine Muškat und Malvazija slatka (süßer Malvazija). Wer die Weine probieren und kaufen möchte, kann das im traditionsreichen Weinkeller der *Landwirtschaftlichen Schule* (seit 1875) tun, K. Hugesa, ✆ 434-003; oder bei *Agrolaguna* (seit 1934) in der Vukovarska ulica 19, ✆ 431-203.

Weitere Weingüter siehe Vižinada und Višnjan sowie Novigrad.

• *Cafés* An Eisdielen und Cafés mangelt es weder in Poreč noch in den Feriensiedlungen, auch die Auswahl an Eissorten und Kuchen, Torten und Gebäck ist riesig. Spezialität der Region ist die süße Baklava – Blätterteig mit Walnussfüllung und Zuckerguss, in viereckiger Blechform gebacken, meist in dreieckige Stücke geschnitten, die man zum Kaffee genießt.

Café-Bar Kula (5), im Runden Turm, ganz oben herrlich luftig, abends trifft sich hier die „Szene".

Weitere schöne **Café-Bars** finden sich am säulenbestandenen Trg Marafor; abends kann man hier zu guter Musik ebenso gute Cocktails schlürfen – einfach idyllisch.

Eisgags der Saison

Die Eismänner von Poreč überraschen jede Saison mit neuen Kreationen. Vor Jahren war das „Doppeleis" der Gag des Sommers: Einer Eistüte wird eine zweite verkehrt herum aufgesetzt, die auf ihrer Spitze wiederum eine Eiskugel trägt. Dieses Jonglieren mit verschiedensten Eisvariationen hat sich bis heute gehalten. Flaniert eine größere Gästegruppe an einer *Slastičarna* vorbei und ordert brav ein Tüteneis, wird sie von flinken Eisverkäufern freundlich zum Platznehmen gebeten. Zur allgemeinen Freude gibt's dann für alle zusammen eine riesige Eisportion mit nicht selten 30 mit Tüten gespickten Kugeln. Dann wird nicht nur viel gelacht und das eiskalte Kunstwerk bestaunt, sondern natürlich auch fürs Familienalbum abgelichtet.

Sehenswertes

Weit bekanntes Kulturdenkmal von Poreč ist die dreischiffige **Euphrasius-Basilika**, die Bischof *Euphrasius* im byzantinischen Stil im 6. Jh. erbauen ließ. Das monumentale Gotteshaus, an dessen Bau Architekten und Künstler vergleichbarer Kirchen in Konstantinopel und Ravenna beteiligt waren, steht seit 1997 auf der UNESCO-Liste des Weltkulturerbes der Menschheit. Die in einer Parallelstraße zum Decumanus versteckte Basilika ist bis heute nahezu unverändert erhalten. Ältestes Bauteil und heute außerhalb des Kirchenschiffs gelegen, ist die sog. *Maurus-Kapelle* aus dem Anfang des 4. Jahrhunderts, die im 5. Jh. zur ersten Basilika ausgebaut wurde. Aus dieser Zeit sind noch Fußbodenmosaike erhalten, an deren Niveau

Spätantikes Gotteshaus – die Geschichte der Euphrasius-Basilika

Bischof Euphrasius, Bauherr der Porečer Basilika, scheute beim Bau seines Gotteshauses weder Geld noch Mühen. Zum Baubeginn um 550 ließ er den Marmor in mächtigen Blöcken vom Marmara-Meer aus Nordgriechenland per Schiff nach Poreč transportieren und hier vor Ort behauen, verzieren – und in jede Säule seine Initialen meißeln. Die Gestaltung der Wandmosaike wurde den besten Meistern aus Konstantinopel anvertraut, die Bodenmosaike durften einheimische Fachleute verlegen. Die Bauleitung übernahm Euphrasius höchstpersönlich, unterstützt von den besten Architekten aus Konstantinopel. Rund ein Jahrzehnt lang war Poreč eine einzige Großbaustelle, dann waren die Arbeiten zur allgemeinen Zufriedenheit vorerst beendet: Die nagelneue Basilika prunkte dreischiffig mit drei Apsiden, einem Atrium mit schlanken, reich verzierten Marmorsäulen, glänzenden Mosaiken mit beredten Motiven (Euphrasius hält die Basilika in der Hand, flankiert von Aposteln, Engeln, Heiligen); mit Marmortäfelungen, Perlmutt und Gold verzierten Borden, Böden und Wänden. Zudem ließ Euphrasius das Gotteshaus kunstvoll mit dem gegenüber liegenden erneuerten Baptisterium verbinden.

Viele Jahrzehnte überlebte der Kirchenbau unbeschadet alle Kriege, was man dem Schutz des hl. Maurus zuschrieb, den die Menschen tief verehrten. 1277, Jahrhunderte später, wollte sich auch *Bischof Otto* ein Denkmal setzen, indem er den mit Mosaiken prachtvoll verzierten Altarüberbau (Ziborium) anfertigen ließ. *Bischof Iwan* brachte im 15. Jh. den Stil der italienischen Renaissance ins Gotteshaus – Reliefs aus vergoldetem Silber schmückten von nun an den Unterbau des Altars, des Antependiums. Hinzu kamen ein kostbarer Flügelaltar von *Antonio Vivarini* sowie das bereits vom Barock geprägte „Das letzte Abendmahl", ein Gemälde von *Palma d. Jüngeren.*

Der Zahn der Zeit ließ auch das mächtige Gotteshaus nicht unverschont – vor allem ein Erdbeben im 15. Jh. und eine Pestepidemie im 16. Jh., als das Atrium als Friedhof diente, setzten der Bausubstanz so zu, dass im 18. Jh. sogar das Abhalten von Gottesdiensten vorübergehend eingestellt werden musste.

Über die Jahrhunderte wurde immer wieder versucht, dem Verfall entgegen zu wirken – besonders tief greifend waren die Restaurierungsarbeiten im 20. Jahrhundert, als man die barocken Stilelemente entfernte, um den spätantiken Charakter des Gotteshauses wieder sichtbar zu machen.

zu erkennen ist, wie weit die istrische Küste seit dieser Zeit abgesunken ist. Über einem weiteren Sakralbau, der so genannten voreuphrasischen Basilika, entstand um 540 die heutige dreischiffige Kirche, deren mittlere Apsis mit gut erhaltenen byzantinischen Mosaiken geschmückt ist. In naturalistischer Darstellung sind der Märtyrer Maurus, der Bauherr Euphrasius, der ein Modell der Kirche in der Hand hält, und die Jungfrau Maria abgebildet. Zur Basilika gehören das *Atrium* mit schön restaurierten Mosaiken am oberen Teil der Fassade, das zeitgleich mit der Basilika erbaute *Baptisterium* mit achteckigem Taufbecken, der *Bischofspalast* sowie der *Glockenturm* aus dem 15. Jahrhundert. Der Turm kann bestiegen werden, und die Mühe lohnt: der Rundumblick über die Stadt ist traumhaft.

Die Apsis der Basilika im Überblick ...

Besichtigung täglich 7–20 Uhr, während der Gottesdienste keine Besichtigung möglich. Sonntagsmesse auf Deutsch um 10 Uhr. Eintritt für die Mosaiksammlung ca. 2 €.

Die Reste zweier **römischer Tempel**, Neptun, dem Meeresgott, und Mars, dem Kriegsgott, gewidmet, sind am ehemaligen Forum zu sehen, dem heutigen *Trg Marafor* am Ende des Decumanus. Der Trg Marafor ist übrigens Poreč' ältester Platz. Von den alten Stadtbefestigungen blieben nur ein paar Mauerreste und zwei Türme erhalten.

In den Straßen der Stadt reihen sich romanische und gotische Hausfassaden neben Renaissance- und Barockbauten. Besonders hübsch das allein stehende **Romanische Haus** aus dem 13. Jahrhundert an der Ecke Decumanus/Trg Marifor mit einem schönen überdachten Holzbalkon.

Im ehemaligen *istrischen Landtagshaus* **Sabornica** finden im Festsaal Konzerte und Ausstellungen statt. Der heutige Festsaal, ursprünglich eine gotische Franziskanerkirche aus dem 13. Jh., wurde im 18. Jahrhundert barockisiert und war dann bis zum Ende des 19. Jahrhunderts Sitz des istrischen Landtags.

Im *Barockpalast Sinčić*, Decumanus 9, residiert seit 1950 das **Heimatmuseum der Poreština** (die Gegend um Poreč), Istriens ältestes, 1884 gegründetes Museum. Das Museum mit ethnographischen, prähistorischen, antiken und mittelalterlichen Sammlungen sowie einer Gemäldesammlung alter Meister umfasst viele tausend Objekte. Das *Lapidarium* im Atrium zeigt u. a. Skulpturen und das bedeutende Hermes-Grabdenkmal. In der *prähistorischen Sammlung* sind vor allem die illyrischen Grabdenkmäler aus Picugi und Sv. Marin (aus Tar) sehenswert. Die *antike Abteilung* zeigt alte Bodenmosaike, römische Skulpturen, Portraits römischer Kaiser, Sarkophage aus dem 4. und 5. Jh., antike Funde aus Glas, Eisen, Bronze, Keramik ...

In der *mittelalterlichen Sammlung* sind das Stadtwappen von Poreč aus dem 15. Jh. sowie Reste einer slawischen Nekropole aus Palačina (bei Ferenci) und eine große glagolitische Grabplatte von 1589 zu sehen. Die *kulturhistorische Sammlung* zeigt Porträts der einflussreichen Familie Carli (aus Koper) aus dem 18. Jh. In der *ethnographischen Abteilung* sind Trachten aus der Poreština, historische Werkzeuge und Arbeitsgeräte ausgestellt; und eine weitere kleine Ausstellung dokumentiert den Volksbefreiungskampf in der Poreština zur Zeit des Zweiten Weltkriegs.

Im Sommer finden im schönen Innenhof Jazzkonzerte statt.

Öffnungszeiten täglich 10–13 und 18–22 Uhr, Juni und Sept. bis 20 Uhr, Eintritt ca. 2 €.

Der **Runde Turm** aus der zweiten Hälfte des 15. Jahrhunderts erhebt sich kurz nach dem Narodni trg. Hier kann man auf der Terrasse in luftiger Höhe seinen Kaffee trinken oder nachts bei Sternengefunkel Cocktails schlürfen.

Der **Fünfeckturm** mit seinem Löwenrelief am östlichen Beginn des Decumanus wurde Anfang des 15. Jahrhunderts im gotischen Stil erbaut. Bis zur französischen Besetzung Anfang des 19. Jahrhunderts war er Teil der städtischen Befestigungsanlagen.

Auf der Insel Sveti Nikola sind die Reste des ältesten istrischen **Leuchtturms** aus dem Jahr 1403 zu besichtigen.

Für Familien mit Kindern ist ein Besuch des **Aquariums** eine gute Idee. Das in der Adria lebende Meeresgetier, Krebse, Langusten usw. lassen sich hier in 24 Becken hautnah beobachten.

Öffnungszeiten April bis Oktober täglich 9–21 Uhr, November bis März 10–17 Uhr. F. Glavinića 4, ✆ 428-720.

... und im Detail

Sport

Baden: Die um Poreč liegenden Ferienanlagen und Campingplätze besitzen eigene weitläufige Strände. Wer in der Stadt wohnt, fährt zum Baden am besten zum drei Bootsminuten entfernten bewaldeten Inselchen **Sveti Nikola**; dort gibt es auch ein abgetrenntes FKK-Areal. Das Taxiboot pendelt bis in die Nacht hinein.

Mountainbiketour von Poreč über Sv. Lovreč–Žbandaji ins Hinterland (knapp 50 km, 4–4,5 Std.; Höhenunterschied 206 m, mittelschwer; Markierung grünes Fahrradsymbol).

Wir fahren südlich stadtauswärts auf Schotterweg vorbei an der Marina, am Meer entlang durch Pinienwald in Richtung *Zelena laguna*. Dann die Hauptstraße nach

Vrsar überqueren und auf die kleine Asphaltstraße südöstlich nach *Mugeba* und *Fuškulin* abbiegen (bis Lovreč immer wieder leichte Anstiege und Abfahrten im Wechsel). Am Ortsende von Fuškulin stoßen wir auf eine Kreuzung und halten uns nordwärts in Richtung *Dračevac.* In der Ortsmitte von Dračevac geht es nach Osten (rechts) in Richtung *Montižana.* Dann weiter auf Makadam in Richtung Süden über die Weiler *Delići* und *Bralići* nach *Gradina.* Ab hier wieder Asphaltstraße. Wir fahren östlich über *Marasi, Stranici* und überqueren die Bundesstraße Buje–Pula. Gleich danach Abzweig auf den Makadamweg nach Norden und nach *Sv. Lovreč.* Hier bietet sich eine Rast und ein kleiner Ortsbummel an.

Am Ortsende von Sv. Lovreč (bis Pršurići kaum Steigung, von dort hinab nach Poreč) überqueren wir die Bundesstraße Buje–Pula und halten uns nun westlich auf der Asphaltstraße nach *Žbandaj.* In Žbandaj kurz östlich und durch das Zentrum fahren. Am Ortsende Abzweig auf Asphaltsträßchen nach Norden in Richtung *Višnjan* über die Orte *Jehnići* und Pršurići. Ca. 200 m vor Pršurići biegen wir nordwestlich auf Makadam nach *Prkovići* und *Žikovići* ab. Weiter westlich auf Makadam nach *Vežnaveri,* ab dort wieder Asphaltstraße bis nach *Kosinožići.* Hier geht es auf direktem Weg und Asphaltstraße südwestlich über *Antonci* nach *Poreč* zurück.

Mountainbiketour von Poreč über Červar-Porat, Tar und Višnjan ins Hinterland (ca. 42 km, 3,5–4 Std.; mittelschwer, Höhenunterschied 265 m, Markierung pinkfarbenes Fahrradsymbol):

Wir fahren nördlich aus der Stadt und biegen bei *Sv. Martin* auf den Makadamweg, vorbei an *Camping Ulica,* weiter über *Červar* und in Richtung Küste, an der Küste entlang über die *Uvala Mrčana* (evtl. Sprung ins Wasser!) nach *Červar-Porat.* Hier durchfahren und nördlich halten, am Meer entlang. Beim Hafen biegen wir westlich ab auf die Asphaltstraße in Richtung Landesinneres nach *Vabriga,* überqueren die Hauptstraße Poreč–Novigrad und fahren durch den hübschen Ort Tar. Weiter stadtauswärts und ab dem Weiler *Kornarija* bergauf nach *Kaštelir.* Hier lohnt eine Besichtigung, eine Pause bietet sich an. Weiter führt uns die Asphaltstraße nach *Višnjan* und dann südlich nach Bačva. Ab hier Makadam und bergab über *Žikovići* nach *Vržnaveri.* Weiter auf Asphaltstraße hinab nach *Kosinožići* (hier Abzweig zur Baredine-Höhle möglich) und über *Sv. Portun* zurück nach Poreč.

Wer den kleinen Abstecher zur Baredine-Höhle machen möchte, fährt beim Ort *Kosinožići* in Richtung Norden (ca. 5 km Umweg hin- und zurück).

• *Sport/Wassersport* An der Poreč-Riviera kann man zu Land und zu Wasser über 30 Sportarten betreiben – allein um die 180 Tennisplätze gibt es. Eine kleine Auswahl: Segeln, Tauchen, Wakeboardien, Gleitschirmfliegen, Wasserski, Paddel-, Motor- und Ruderboot fahren, Surfen, Segeln, Wasserski; Tennis, Minigolf, Tischtennis, Billard, Piccado, Volleyball, Basketball, Handball, Hallenfußball und Boccia; Inlinern, Radeln, Reiten ... und alles mit dem entsprechenden Angebot an Kursen und Ausrüstungsverleih.

Am besten direkt im **Intersportcenter** in **Zelena laguna** (✆ 451-157), im **Hotel Diamant** in der Feriensiedlung Brulo (✆ 451-566), beim **SRC Veli Jože** in Poreč (✆ 431-264) oder im **Hotel Pical** in der Feriensiedlung Pical (✆ 451-677) nachfragen. Aber auch die anderen Touristbüros an der Riviera bieten gutes Infomaterial.

Bungee-Jumping: in Plava laguna.

Fischen: Fischfanglizenzen bekommt man bei Riviera Tours. Hauptfang der Angler sind Rotbrassen.

Mountainbiketouren: Die Umgebung eignet sich optimal zum Radeln. Gute Fahrradkarten bei der Touristinformation TIC. Auch organisierte Touren werden angeboten. Siehe auch unsere Tourenvorschläge.

Paragliden: im Sportzentrum Zelena laguna, Hotel Delfin.

Reiten: Reiterhöfe in den Ferienanlagen Zelena laguna und Lanterna.

Schöne Ausflugsmöglichkeiten bietet das hügelige Porečer Hinterland

Wakeboarding: der neueste Kick aus den USA. Wasserski-Lift im Sportzentrum Zelena laguna, Hotel Galeb, ✆ 451-357.

• *Tauchen* Tauchgenehmigungen erteilt vormittags die Polizeistation Poreč, Gimnastička 2, ✆ 432-555. Verboten sind der Fischfang mit Harpune und das Sammeln von Muscheln und Krebsen.

Flaschenfüllung und Tauchausrüstungsverleih im Sportzentrum Plava laguna, ✆ 451-549, im Sportzentrum Brulo sowie in Poreč, Nikole Tesle 9, ✆ 452-300.

Tauchclub Big Blue, Nikole Tesle 9, ✆ 452-300, Mobil-Tel. 098/535-448.

Tauchclub Lorymar SUB, Sportzentrum Brulo, SC Jedro, ✆ 517-517, Mobil-Tel. 098/421-021, www.scuba.at. Ausflüge zu Schiffwracks, Tauchen bei Nacht, Tauchschule.

Tauchclub Plava Laguna, ✆ 451-549, Mobil-Tel. 098/367-619, www.plava-laguna-diving.hr. Ausflüge zu Schiffwracks, Tauchen bei Nacht, Tauchschule.

Tauchclub S. Lorenzo, Zelena laguna, SC Lotosi, ✆ 410-594, Mobil-Tel. 098/219-335. Ausflüge zu Schiffswracks, Tauchen bei Nacht, Tauchschule.

• *Jachthafen* **Hafenamt** an der Promenade der Altstadt, Obala M. Tita 17, ✆ 451-663; geöffnet 7–21 Uhr.

Jachthafen Poreč, sehr schöne Lage südlich der Altstadt und des Stadthafens; gut ausgestattet, 120 Liegeplätze im Wasser, 15 an Land, alle mit Strom- und Wasseranschluss; gutes Restaurant, Sanitäranlagen, Servicewerkstatt, 5-t-Kran, Tankstelle. Ganzjährig geöffnet. Turističko šetalište 9, ✆/Fax 451-913.

Jachthafen Parentium, 6 km südlich von Poreč in der Ferienanlage Zelena laguna; 200 Anlegestellen im Wasser, 50 Stellplätze an Land, alle mit Strom- und Wasseranschluss. 12-t-Travellift, Servicewerkstatt, Supermarkt, Restaurant, Ambulanz etc. Tankstelle 2 Seemeilen entfernt (in Poreč). Ganzjährig geöffnet. ✆ 431-386, 452-210, 📠 434-905, www.plavalaguna.hr.

Marina Červar-Porat, 8 km nördlich von Poreč an der gleichnamigen Bucht. 200 Anlegestellen, Servicewerkstatt, 12-t-Travellift. 200 Liegeplätze (von 3–25 m Länge) im Wasser, 50 Stellplätze an Land, alle mit Strom- und Wasseranschluss. Servicewerkstatt, Restaurant, Sanitäranlagen. Tankstelle 2 Seemeilen entfernt (in Poreč). Ganzjährig geöffnet. ✆ 436-661, 📠 436-320, www.plavalaguna.hr.

• *Jachtcharter und Rent-a-Jacht* **Croatia Sailing**, Hafen Parentium, ✆ 431-386. **Galeb** (✆ 436-663) und **Istra Yachting** (✆ 436-400), beide im Hafen Červar-Porat. **Liberty**, Hafen Parentium, ✆ 452-207.

Poreč/Umgebung – Ausflüge ins Hinterland

Baredine-Höhle bei Nova vas

Außerhalb von Poreč lohnt die 60 Meter tiefe, erst 1995 entdeckte Baredine-Höhle einen Besuch (ca. 5 km nördlich der Stadt in Richtung Nova vas). Die Höhle zieht sich in fünf Sälen 132 m tief hinab, ihre Stalagmiten und Stalaktiten überraschen mit ihren bizarren Formen in Weiß und Rotbraun. Ganz unten ist ein kleiner See mit einem einsamen Grottenolm. Die Besichtigung mit Führung dauert ca. 40 Minuten.

Öffnungszeiten Juli/August 9.30–18.30 Uhr; Mai, Juni, Sept. 10–17 Uhr; April und Oktober 10–16 Uhr. Andere Zeiten nach Vereinbarung. Jama Baredine, Nova vas, ✆ 421-333, 📠 427-714, www.baredine.com. Eintritt 5,40 €, Kinder 3,40 €; gutes Schuhwerk empfehlenswert.

Višnjan

Vom ca. 12 Kilometer nordöstlich von Poreč auf 245 m gelegenen Višnjan reicht der Blick weit bis übers Meer. Der Ort wird im 13. Jh. erstmals erwähnt, doch schon die Römer siedelten hier Veteranen an, später gehörte Višnjan zu Poreč, um das Jahr 1200 zu Motovun und schließlich zu Venedig. Adelige aus Motovun erwarben sich hier Grundbesitz und bauten sich prächtige Häuser. 1617 schleiften die Uskoken sämtliche Gebäude außerhalb der Stadtmauern. Richtung Stadtplatz stehen die alten Bürgerhäuser aus dem 17./18. Jh., die einst italienischen Bewohnern gehörten. Durch den venezianischen Torbogen mit Markuslöwenrelief gelangen wir auf den Stadtplatz mit Stadtloggia, Zisterne und der mächtigen **Pfarrkirche St. Cyricus und Julita** aus dem Jahr 1833.

Sehenswert ist auch die an einer Straßengabelung stehende **Kirche St. Antonius des Abts** aus dem 15. Jh. mit glagolitischen Graffitos, die im 16./17. Jh. über die friaulischen Renaissance-Wandmalereien gemalt wurden, letztere sind vermutlich ein Werk von *Meister Dominik* aus Udine.

Bekannt ist das Städtchen heute wegen seiner Sternwarte, vor allem aber wegen der umliegenden Weingüter und der guten Übernachtungs- und Essensmöglichkeiten.

• *Information* 52463 Višnjan (über Poreč)

• *Essen/Übernachten* **Restaurant-Pension Monte Izzoli**, hübsches Natursteingebäude mit Restaurant, offenem Kamin und Terrasse im Weiler Vrhjani bei Višnjan. Täglich geöffnet, Spezialitäten sind Gerichte aus der Peka. Zimmervermietung und Appartements (z. B. 2-Zimmer-App. 70 €). Vrhjani 3, ✆ 462-223; www.agroistra.com/monte-izzoli.

Restaurant/Vinothek-Pension Poletti, angenehme Atmosphäre in schöner Umgebung; erlesene Weine aus eigenem Weingut, Essen nur nach Vorbestellung; Zimmer- und Appartementvermietung. Markovac 14, Višnjan, ✆/📠 449-251.

Agrotourismus-Konoba Milena, im Weiler Bačva mit herrlicher Fernsicht (3 km südlich von Višnjan). Obst und Oliven von eigenen Ländereien, Weine und Schafkäse aus eigener Herstellung, gutes Essen von 17–24 Uhr, hübscher Garten; die Ziegen, Hühner, Enten, Katzen dürfen gefüttert werden. Appartements und Zimmer. Bačva 3, ✆ 449-353 oder 427-696.

Agrotourismus Fameja Simonetti, im Weiler Rojci, ca. 4,5 km nordwestlich von Višnjan, rund 10 km von Poreč entfernt. Hübsches Gebäude mit Fernsicht und Zimmervermietung. Rojci 34, 52464 Kaštelir, Mobil-Tel. 098/9421-532, kazun@pu.hinet.hr

• *Wein* z. B. bei **Peter Poletti**, Markovac 14, Višnjan, ✆ 449-251, sowie **Franko Radovan**, Radovani 14, Višnjan, ✆ 462-166.

Sv. Lovreč Pazenatički

17 km südwestlich von Poreč in Richtung Pula. Funde von alten Wehrmauern belegen eine Besiedlung in vorgeschichtlicher Zeit. Der heutige Ort datiert aus dem

9. oder 10. Jh.; zu Beginn des 14. Jh. unterhielten die Venezianer hier einen Militärstützpunkt. Auf dem großen Stadtplatz steht die Kirche **Sv. Martin** (11. Jh.) mit freistehendem Glockenturm und drei halbkreisförmigen Apsiden, einer neuen Stirnwand von 1838 und Überresten von Fresken aus dem 11. Jh. – ein ottonisches und byzantinisches Stilgemisch. In der nördlichen Apsis überdeckt eine jüngere Freskenschicht aus dem 14. Jh. eine ältere, die italienischen Künstlern zugeschrieben wird. Den Altarraum ziert ein geschnitzter Flügelaltar aus dem 17. Jh. und eine Muttergottes-Statue. Sehenswert am Stadtplatz ist die **Loggia** aus dem 15. Jh. mit kleinem Lapidarium, das antike, vorromanische und romanische Kostbarkeiten zeigt. Einen Blick wert gegenüber am Platz ist der alte *Pranger* und beim Stadttor das **Sv. Blaž-Kirchlein** von 1460 mit Freskenmalereien im Innern.

In der Umgebung etliche gute Weingüter und ruhige Übernachtungsmöglichkeiten.

Galeb wartet auf Fang ...

• *Essen/Übernachten* **Landhaus** (Stancija) **Baladur**, abseits der Hauptstraße im Weiler Rakovci (ca. 5 km in Richtung Baderna); hübsches Appartementhaus im bäuerlichen Stil. Verschieden große Appartements bis max. 6–8 Personen. Kein Essen! Rakovci 22, 52445 Baderna, ✆/✆ 052/431-441.

Agrotourismus Idila Rakovci, ebenfalls in Rakovci, mit hübscher Terrasse und Restaurant. Eigene Schlachtung, Gemüse und Weine. Zimmervermietung. Restaurant tägl. 17–24 Uhr, So ab 12 Uhr geöffnet. Fam. Rakovac, 52462 Baderna, Rakovci 4, ✆/✆ 052/462-130.

Stancija San Lorenzo, 5 km südöstlich von Sv. Lovreč Pazenatički, hinter Selina, werden im Weiler Knapiči die im istrischen Stil modernisierten Landhäuser Maggiore, Mario, Marco vermietet (bis max. 6 Personen). Idylle pur unter österreichischer Leitung. Knapiči 1-3, 52448 Sv. Lovreč Pazenatički, ✆ 0043/316-677-0750, ✆ 0043/316-677-0756.

Landhaus (Stancija) Biguli, hübsches Natursteinhaus mit Vorraum, ruhige Lage im Weiler Radići (ca. 5 km nordöstlich von Sv. Lovreč Pazenatički); für max. 4 Pers. geeignet. Kein Essen! Radići 5, 52448 Sv. Lovreč Pazenatički, Mobil-Tel. 091/5419-110, ✆ 052/427-730; filcon-international@pu.hinet.hr.

• *Wein* **Ivica Matožević**, Krunčići 2, Sv. Lovreč Pazenatički, Mobil-Tel. 098/367-339.

Funtana und Riviera (Fontane)

Die Riviera von Funtana erstreckt sich von Zelena laguna, ca. sechs Kilometer südlich von Poreč, bis kurz nach dem Ort Funtana. Der Küste vorgelagert sind zahlreiche, oft bewaldete Inseln, die sich mit dem Boot gut erkunden lassen.

Funtana selbst ist ein ruhiges 700-Einwohner-Örtchen und wegen seiner zahlreichen Restaurants entlang der Hauptstraße nicht zu übersehen. Trotz etlicher Neubauten und des schönen neuen Jachthafens hat sich Funtana den Charakter eines Fischerdorfes bewahrt; einige Natursteinhäuschen sind noch immer gut erhalten.

Funtana und die vorgelagerten Inseln

Eine frühe Besiedlung bezeugt eine *villa rustica* in der südlich von Funtana gelegenen Valkanela-Bucht. Der Ort selbst entstand um eine Festung auf der Anhöhe. Um 1330 wird der Ort wegen seiner bedeutenden Süßwasserquellen unter dem Namen Fontana Giorgiana erwähnt. Diese Quellen versorgten nicht nur die Bewohner, sie dienten den vorbeifahrenden Schiffen zum Wassertanken – eine dieser Quellen in Meeresnähe findet sich heute auf dem Campingplatz Puntica. Ausgrabungen belegen, dass schon in der Antike ein Aquädukt die Bewohner einer großen villa rustica (2. Jh.) auf der Landzunge Zorna bei Zelena laguna mit Quellwasser aus Funtana versorgte; auch eine Mole gab es bereits, an der die Handelsschiffe stoppten, um ihre Trinkwasservorräte aus dem Wasserbecken aufzufüllen.

Im 15./16. Jh. herrschten die Grafen Borisi aus Koper (Slowenien) über Fontana – drei Jahrhunderte steuerte das Adelsgeschlecht die Geschicke des Ortes – bis zur Abschaffung des Feudalismus in der zweiten Hälfte des 19. Jahrhunderts.

Die **Sv.-Bernard-Pfarrkirche** wurde 1621 erbaut und 1940 erweitert. Den Kirchenraum schmücken Gemälde unbekannter Meister aus der Zeit des frühen venezianischen Barock Anfang des 17. Jh. Auch das Kastell von 1610 ist noch erhalten, seine Fenster wurden im Barock „modernisiert" (Besichtigung leider nicht möglich).

Am alten, heute nicht mehr benutzten Friedhof ist die romanische Kapelle **Madonna der Barmherzigkeit** aus dem 11. Jh. sehenswert (etliche Umbauten tragen die Handschrift späterer Jahrhunderte; im Innern zwei große Gräber aus dem 17. und 18. Jh.) sowie die heute in Privatbesitz befindliche **Kapelle St. Lucija** von 1750 (an der Hauptstraße), die lediglich zum Patronatsfest ihre Pforten für die Öffentlichkeit öffnet.

Von der Terrasse des Restaurants Puntica lassen sich Bucht und Hafenmole gut überblicken. „Vino"-Schilder weisen den Weg zu den Weinbauern: hier gibt es Rot-

und Weißweine vom Fass, Grappa, Tomaten und Melonen. Kunstliebhaber besuchen die **Galerie Zgor Murve** mit ihren zweiwöchig wechselnden Kunstausstellungen; hier informiert auch eine Dauer-Fotoausstellung über Funtana (geöffnet Juni bis September, Ribarska 24, ✆ 445-119).

• *Telefonvorwahl* 052

• *Information* **Touristinformation**, 52450 Funtana, B. Borisia 2, ✆ 445-119, ✆ 445-124; tzm-funtana@pu.htnet.hr; www.istra.com/funtana. Geöffnet ab Ostern bis Ende Sept. tägl. 8–21 Uhr.

Agentur Linet: Ribarska ul. 2, ✆ 445-012, ✆ 445-090.

• *Übernachten* **Privatzimmer** und **Ferienwohnungen** vermittelt die Touristinfo. DZ ab 25 €. Appartements für 2 Pers. ab 30 €.

Hotel Funtana (***), mit Pool und Sportzentrum; schöne Lage direkt am Meer, DZ/F 102 €, ✆ 442-700, ✆ 442-799; www.anita.hr.

Hotels der Ferienanlage Zelena laguna in Funtana (**):

Albatros (✆ 410-561), nicht am Meer gelegen, HP/Person 30–41 € im DZ.

Delfin (✆ 451-311), nahe dem Meer, HP/Person 31–45 €/DZ. Die Sporteinrichtungen der Ferienanlage können mitbenutzt werden. Infos unter www.plavalaguna.hr.

• *Camping* **Camping Zelena laguna** (***), sehr gut ausgestatteter 15-ha-Platz für 2.700 Personen. Ausgedehnter Fels- und Kiesstrand, abgetrenntes FKK-Areal, 18 Tennisplätze. Die Hoteleinrichtungen können mitbenutzt werden; großes Sportangebot, Swimmingpool, Restaurant, Bar, Supermarkt; Person 6,50 €, Zelt/Auto/Caravan 9,30 €, Parzelle 12,50 €. Ökologisch ausgerichtetes Management. Wer kein Zelt dabei hat, kann einen komplett eingerichteten Wohnwagen mieten. ✆ 410-700, ✆ 410-601, www.plavalaguna.hr. Geöffnet Anfang April bis Anfang Oktober.

Autocamp Bijela uvala (***), ca. 2 km südlich von Poreč (Straße in Richtung Vrsar, an den Camping Zelena laguna angrenzend); 45 ha bewaldetes, naturbelassenes Gelände für bis zu 6.000 (!) Personen. Betonierter Strand mit abgetrenntem FKK-Bereich. Restaurant, Bar, großes Sportangebot, Swimmingpool. Ökologisch ausgerichtetes Management. Person 6,50 €, Zelt/Auto/Caravan 9,30 €, Parzelle 12,50 €. ✆ 410-551, ✆ 410-600, www.plavalaguna.hr. Geöffnet Anfang April bis Anfang Oktober.

FKK-Autocamp Istra (***), hügeliges 35-ha-Gelände auf einer Halbinsel für bis zu 3.000 Personen; üppige mediterrane Vegetation und kleine Waldflächen, Kiesstrand und Natursteinflächen zum Sonnenbaden. Kleiner Hafen, Restaurant, Minimarkt. Person 5,45 €, Parzelle 12,30 €. ✆ 445-123, ✆ 445-606, www.riviera.hr. Geöffnet Anfang April bis Mitte Oktober.

Campingplatz Puntica (*), kleiner, ruhiger 4,5-ha-Platz für bis zu 700 Personen; auf der bewaldeten Halbinsel gegenüber dem Fischerhafen von Funtana; Person 4 €, Zelt/Auto/Caravan 6,40–8,40 €. ✆/✆ 445-270.

• *Essen* Viele Restaurants in dem Touristenkomplex am Meer; die Restaurants an der Hauptstraße Richtung Vrsar sind für ihre gute Küche bekannt. Reichliche Portionen, verschiedene Fischsorten, Wein aus heimischem Weinbau. Empfehlenswert z. B. **Konoba More** (A. Gašparini 3, ✆ 445-103), **Restaurant Bare** (Kamenarija 4, ✆ 445-193) oder **Restaurant Barba Čižo** (J. Dobrile 101, ✆ 445-296). Zudem das **Restaurant Marina** im neuen Jachthafen, Ribarska. b.b., ✆ 445-400.

• *Nachtleben* **Diskothek Margarita**; der große Tanzschuppen hat jedoch nur von Juli bis August geöffnet. Täglich von 22–04 Uhr.

• *Tauchen* **Tauchclub S. Lorenzo**, Zelena laguna, SC Lotosi, Ausflüge zu Schiffwracks, Tauchen bei Nacht, Tauchschule, Flaschenfüllung etc. ✆ 410-594, Mobil-Tel. 098/219-335.

• *Jachthafen* **Marina Funtana**, 130 Liegeplätze im Wasser.

• *Veranstaltungen* **Kirchenfest Sv. Bernardo**; gefeiert wird am dem 20. August folgenden Wochenende mit Messe, Musik und Kulinarischem.

Klassische Konzerte in der Kirche im Juli und August 1 x wöchentlich.

• *Mountainbike* Wer mag, kann von Funtana aus zu den ausgeschilderten Mountainbiketouren von Poreč radeln (siehe Poreč). Anfahrt dorthin z. B. von Funtana stadtauswärts Richtung Osten und auf dem Makadamweg nach Fuškulin. Von dort geht es auf dem markierten Fahrradweg weiter über Dračevac, Gradina in Richtung Lovreč.

Karte S. 116/117

Blick durch den Mastenwald der Marina auf die Altstadt

Vrsar und Riviera (Orsera)

Die Vrsar-Riviera beginnt kurz nach Funtana und endet am Limski-Fjord; der Küste vorgelagert sind auch hier zahlreiche bewaldete Inselchen. Das Fischerstädtchen Vrsar (2000 Einwohner) erstreckt sich auf einem Hügel oberhalb der Bucht am Rand des Limski-Fjords. In der Nähe liegt Koversada, das größte FKK-Camp Kroatiens und das zweitgrößte Europas.

Die Gässchen in der Altstadt von Vrsar bieten Autos kaum Platz und sind nur im Einbahnverkehr zu befahren. So kann man gemütlich über das historische Pflaster hinauf zur Pfarrkirche *Sveti Martin* (1804) bummeln (Sv. Martins schneeweißer Kirchturm wurde erst in jüngster Zeit errichtet). Die Jahrhunderte unbeschadet überstanden haben das Hauptstadttor sowie das zweiflügelige romanische Stadttor aus Eichenholz. Vrsar war acht Jahrhunderte lang die Sommerresidenz der Bischöfe von Poreč. Deren *Kastell*, am höchsten Punkt von Vrsar erbaut, ist mittlerweile verfallen, der Blick von oben über die vielen grünen Inselchen ist aber auch heute noch ein Genuss – 18 Inseln sind es insgesamt, einige sind problemlos mit dem Kajak zu erreichen. Eine dieser Inseln ist *Sv. Juraj*, auf der man die römische Siedlung Ursaria vermutet; sehenswert dort ist die gleichnamige romanische Kapelle.

Im Hafen von Vrsar lohnt die *Basilika hl. Maria von der See* aus dem 12. Jahrhundert einen Besuch – der romanische Bau zählt in Istrien zu den bedeutendsten seiner Art. Ganz in der Nähe in einem von Mauern umgebenen Hof die Fundamente und Mosaiken einer frühchristlichen Basilika aus dem 4. Jh. (z. Zt. noch nicht zu besichtigen).

Geschichte: *Vrsar* leitet sich von dem alten Namen *Ursaria* ab, dem späteren italienischen *Orsera*. Vermutlich bezeichnete Ursaria einst den gesamten Küstenabschnitt zwischen Funtana und dem Limski-Fjord, abgeleitet vom altmediterranen Wort *ur* für die Quellen, die es hier ja seit alters her zuhauf gibt.

Die Gegend um Vrsar ist schon seit Jahrtausenden besiedelt, wie prähistorische Funde z. B. in der *Romualdo-Höhle* belegen (siehe unten). Die Histrer bauten eine Festung und einen Hafen. Zudem waren einzelne Hügel um Vrsar bewohnt, z. B. der Hügel *Gavan vrh*, ca. 1 km östlich der Stadt in Richtung Rovinj. In römischer Zeit war Vrsar bereits ein wichtiges Handelszentrum für den Export der begehrten landwirtschaftlichen Produkte wie Öl, Weizen, Käse, Fleisch für die römischen Märkte. Für die Verkehrsanbindung sorgte die *Via Flavia*, die Vrsar mit Pula (Pola), Poreč (Parentum), Triest (Tergeste) und Aquilea verband. Schriftlich erwähnt wird Vrsar erstmals im 3. Jahrhundert; im 4. Jh. ist Vrsar eine bedeutende altchristliche Siedlung mit Basilika.

Eine wichtige Rolle spielte in Vrsar natürlich der Fischfang, wie eine alte Urkunde belegt – darin lässt sich die Gemeinde von Poreč das Recht auf ein Drittel des Fangs bestätigen. Zwischen 599 und 611 zerstören eindringende Kroaten den Ort und vertreiben die Bewohner. Von 983 bis 1778 steht Vrsar unter Kontrolle des Bistums von Poreč. 1050 wird eine neue Siedlung auf dem Festland gegründet. 1267 kommt Vrsar mit Poreč unter die Kontrolle Venedigs. Poreč hat dabei die Oberhand, Vrsar führt eher das Leben einer Dorfgemeinde. Die Bischöfe von Poreč bestimmen den Ortsverwalter, verpachten die Landgüter und sichern sich so lukrative Einnahmen. Im Zeitalter der Renaissance und des Barock werden die zahlreichen Steinbrüche rund um Vrsar zu einer wichtigen Erwerbsquelle. Zwischen dem 15. und 17. Jh. wird Vrsar mehrfach durch Pestepidemien heimgesucht und entvölkert. Im 17. Jh. verlegen einige Bischöfe von Poreč ihren Wohnsitz dauerhaft nach Vrsar, um dem malariaverseuchten Poreč zu entkommen. 1778 hebt der Senat von Venedig die Rechte der Grafschaft Vrsar auf und unterstellt den Ort der direkten Kontrolle des Dogen von Venedig – Poreč wird mit einer Geldzahlung entschädigt; die einstigen Landgüter des Bistums Poreč werden Eigentum von Adeligen aus Poreč. Erst im 19. Jh. dehnt sich der Ort nennenswert aus – die Bürger von Vrsar siedeln sich erstmals außerhalb der Stadtmauern an.

Information/Verbindungen/Diverses

- *Telefonvorwahl* 052
- *Postleitzahl* 52450 Vrsar
- *Information* **Touristinformation**, Rade Končara 46, oben in der Altstadt (Einbahnstraße), ✆/℻ 441-187; tzo.vrsar@pu.tel.hr; www.istra.com/vrsar; geöffnet Juni bis Sept. täglich 8–22 Uhr, danach Mo–Fr 8–15 Uhr.

Reservierung für viele Hotels und Camps, **Anita dd**, Vrsar b.b. 19, ✆ 441-222, ℻ 441-122; www.anita.hr.

Agentur Bovi, Jadranska cesta 18 (am Ortseingang), ✆ 441-590, ℻ 442-442, www.bovi.hr. Vermittlung von Privatunterkünften.

Agentur Adriatic Apartmani, Obala M. Tita 6, ✆ 441-338, ℻ 422-042, www.adriatic-istra.com. Vermittlung von Privatappartements.

- *Verbindungen* **Bushalt** (Lokalbusse) am Hafen. Auskunft über Poreč, Autotrans, ✆ 432-153. Hier findet sich auch ein riesiger Parkplatz sowie eine **Tankstelle**.

Flugplatz, Aerodrom Vrsar, etwas außerhalb Richtung Rovinj; Sportflughafen mit Fliegerschule, auch Möglichkeit zum Fallschirmspringen; täglich (1. April bis 31. Oktober) Panoramaflüge, Air-Taxi; Mobil-Tel. 091/500-9808.

- *Einkaufen* Obst- und Gemüsemarkt am Parkplatz. Ein Supermarkt ist in der kleinen Parallelstraße zur Uferstraße. Süffige Weiß- und Rotweine vom Fass gibt´s in der Vinothek am Platz vor dem Stufenaufgang.
- *Ausflüge* Zum Limski-Fjord und nach Rovinj sind verschiedene Touren unterschiedlicher Länge im Angebot.
- *Nachtleben* **Disco Margarita** in Funtana.
- *Post* am Hafen, Mo–Sa 7–22 Uhr.
- *Veranstaltungen* Zahlreiche Veranstaltungen im Rahmen des Vrsarer Kultursommers. **Klassische Konzerte** in der Kirche jeden Donnerstag um 21 Uhr. Unter dem Motto

„Meer und Gitarre" diverse **Konzerte am Hafen**. Das **Fischerfest** findet 6-mal im Sommer rund um den Hafen statt – mit Folklore, Eselreiten, lecker-frischen Sardellen und Wein.

Übernachten

Privatzimmer und **Ferienwohnungen** vermitteln die Agenturen. Zimmer ab 18 €/ Pers. Appartements für 2 Pers. ab 35 €.

Am Hafen gegenüber der Altstadt vermietet das **Aparthotel Riva** (***) Ferienwohnungen für 3 Personen (76 €/Tag) bis 6 Personen (119 €/Tag). ✆ 441-131, 441-150, www.anita.hr.

Agroturismus Matošević, 9 km südlich von Vrsar im Ort Kloštar; hier kann man ruhig nächtigen und wunderbar essen (siehe unter Vrsar/Umgebung).

• *Ferienkomplexe auf der Halbinsel* Gegenüber der Altstadt auf der Halbinsel liegen die großen Ferienkomplexe mit Hotel- und Appartement-Anlagen.

Hübscher Blick vor allem vom Hotel Pineta (siehe unten) auf die Stadt und den Hafen; es gibt Hallenbad und Sauna, ein großes Freischwimmbecken, außen herum nett angelegt. Zudem großes Angebot an Sport- und Freizeitaktivitäten im Schatten alter Kiefernbäume. Betonierte Liegeflächen rund um die Halbinsel. In allen Siedlungen viele Restaurants, Pizzerias, Slastičarnas ...

Hotel Pineta (***), komfortable Ausstattung, 245 Betten. DZ/F 96–128 €, ✆ 441-131, 📠 441-150, www.anita.hr.

Hotel Panorama (**), mit Pool, DZ/F 60–68 €, ✆ 441-346, 📠 441-050; www.anita.hr.

Südlich anschließend auf der Halbinsel folgt die **Hotel- und Appartementanlage Belvedere** (**), schöne Lage und schöner Pool, DZ/F 94 €. Die Appartements für 3–6 Personen haben eigene Terrassen mit Blick aufs Meer, 69 €/3 Personen, 91 €/4 Pers., 107 €/6 Pers. ✆ 441-118, 📠 441-730, www.anita.hr.

In der nächsten Bucht (nach Campingplatz Porto Sole) südlich anschließend folgt die **Hotel- und Appartementsiedlung Petalon** (**); mit Pool; DZ/F 84 €. Appartement für 3 Personen 80 €, 4 Pers. 100 €, 6 Pers. 125 €; ✆ 441-198, 📠 441-830, www.anita.hr.

Ganz im Süden bis zum Limski-Fjord zieht sich die große FKK-Anlage Koversada:

FKK-Ferienanlage Koversada (**), auf dem unten beschriebenen, 120 ha großen FKK-Gelände gibt es neben dem Campingplatz auch Bungalows und Appartements zu mieten.

Vilas Koversada (**), 462 Betten, im Kiefernwald oberhalb vom Meer, DZ/F 82 €. ✆ 441-114, 📠 441-310, www.anita.hr.

Hotel- und Appartementanlage Blesička (**), oberhalb vom Meer. 398 Betten im einfach ausgestatteten Hotel, DZ/F 54 €. Die Appartementanlage verfügt über 398 Betten: 79 €/3 Personen, 91 €/4 Pers., 106 €/6 Pers. ✆ 441-171, 📠 441-323, www.anita.hr.

Camping

Autocamp Valkanela (***), nördlich von Vrsar, schon fast bei Funtana; riesiger 55-ha-Platz am Meer entlang, für bis zu 6.000 Personen; Kies- und Felsstrand; teils etwas hügeliges Terrain. Sport- und Freizeitprogramm auch für Kinder. Restaurant, Bar, Läden und Kioske. Person 6 €; Zelt, Auto, Wohnwagen, Strom 10,50 €, Parzelle 12 €. ✆ 445-216, 📠 445-394; www.anita.hr. Geöffnet Anfang April bis Anfang Oktober.

Camping Turist (***), großes 28-ha-Gelände nördlich von Vrsar für 2.500 Personen. Zufahrt von der Hauptstraße nach Funtana. Schattige, naturbelassene, schöne und gut ausgestattete Anlage mit Restaurant; baden kann man am Stadtstrand mit aufgeschüttetem Kies. Person 5,10 €, Parzelle 10,80 €. ✆ 441-419, 📠 441-330; www.riviera.hr.

Camping Porto Sole (***), 50-ha-Platz südlich von Vrsar auf der Halbinsel zwischen Appartements Belvedere und Petalon am Meer. Mäßige sanitäre Einrichtungen; Felsstrand mit betonierten Liegeflächen. Person 4,80 €; Zelt, Auto, Caravan, Strom etc. 8,80–9,60 €. ✆ 441-198, 📠 441-830; petalon-portosole@anita.hr.

FKK-Camping Koversada (***), größter FKK-Platz Kroatiens und zweitgrößter Europas. Das 120 ha große Gelände ist auf 5.000 Personen ausgelegt, selbst mit dem Auto kann man sich ohne „Stadtplan" leicht verfahren. Platzkenner bringen Fahrräder mit. Die im Laub- und Föhrenwald versteckte, mit Macchia durchsetzte Anlage zieht sich vom Campingplatz Porto Sole bis zum Limski-Fjord. Wie überall herrschen Felsküste und betonierte Liegeflächen vor, für Kinder wurden schmale Plätze mit Sand aufgefüllt. Weitere Stellplätze gibt es auf einer kleinen, über einen Damm erreichbaren Insel, auf der mitten im dichten Wald das *Restaurant Otok* (Insel) liegt. Gleich vor dem schmalen Damm ist ein ziemlich großer und breiter Sandstrand, der schon sehr früh belegt ist. Großes Sportangebot. Auf dem Gelände finden sich zahlreiche Restaurants – außer dem genannten Otok sind das *Fischrestaurant* mit großer Terrasse an der Südspitze des Camps direkt am Limski-Fjord (schöner Blick) sowie der *Grill Molo* beim Damm beliebt. Person 4,80 €; Zelt, Auto, Caravan, Strom etc. 8,80–12,20 €. Geöffnet Anfang April bis Anfang Oktober. Auch Appartements und Bungalows in der Anlage sind zu mieten, siehe dazu oben. ✆ 441-378, ℻ 441-761; www.anita.hr.

Essen

Restaurant Trost, in der Marina, sehr gute Fischgerichte, herrliche Terrasse mit Blick auf die vielen Jachten und Segelboote. Obala M. Tita, ✆ 445-197.

Restaurant Dvi Palme, Blick von der überdachten, immer gut gefüllten Terrasse auf den Hafen. Fisch- und Fleischgerichte. Dalmatinska 12, ✆ 441-203.

Restaurant-Pizzeria Fortuna, gleich daneben, ebenfalls beliebt. Dalmatinska 14, ✆ 441-209.

Restaurant Stella, etwas abseits der Hafenpromenade; auf der Terrasse im Hinterhof lässt es sich unter Bäumen neben dem plätschernden kleinen Wasserbrunnen gemütlich und ruhig sitzen. Es gibt auch Pizza, sonst das übliche Speisenangebot. Rovinjska 13, ✆ 441-221.

Gegenüber der Altstadt am Hafen ist das gute **Fischrestaurant Davor** mit schönem Blick auf Vrsar und die Bucht empfehlenswert; ebenso gut **Restaurant Mirabel**; Spezialitäten des Hauses sind auch hier frische Fische, Muscheln und Schalentiere; die Muscheln werden in einer großen philippinischen Muschel serviert. Obala Maršala Tita 31.

FKK-Camp Koversada und Limski-Fjord aus der Vogelperspektive

Montraker

Seit 1991 wird in Vrsar die internationale Bildhauerschule Montraker veranstaltet – wer begabt genug ist, darf teilnehmen. Zwei bis drei Wochen von Ende August bis Mitte September können Künstler unter freiem Himmel z. B. in einem Steinbruch die Granitblöcke bearbeiten. Unterkunft und Essen werden spendiert, dafür bleiben die gefertigten Skulpturen in Vrsar. Die schönsten Arbeiten werden Jahr für Jahr in Stadt und Umgebung aufgestellt. Informationen unter ✆ 441-187 oder 431-595.

Im Skulpturenpark – Džamonjas meterhohe Werke aus Stein und Metall

Sehenswertes

Einen Besuch lohnt der **Skulpturenpark** des renommierten Künstlers *Dušan Džamonja*. Seine metergroßen Skulpturen aus Aluminium, Metall und Marmor beeindrucken. Džamonjas Arbeiten sind weltweit in namhaften Museen ausgestellt und wurden mehrfach mit nationalen und internationalen Preisen bedacht. Zu besichtigen ist das schöne Freigelände Di–So von 9–11 und 19–21 Uhr.

Nicht von ungefähr haben sich in Vrsar viele Bildhauer niedergelassen. Rund um das Städtchen gab es früher Hunderte von Steinbrüchen, in dem der berühmte Orsera-Granit gebrochen wurde, ein edles Material, aus dem der Palazzo Duccale in Venedig und verschiedene Bauten in Ravenna gemauert sind; 1950 wurden die beiden letzten Steinbrüche geschlossen. Nur für das Montraker-Event (siehe Kasten) werden Granitsteine aus einem Steinbruch gebrochen und dort in kunstvolle Skulpturen verwandelt.

In der Altstadt bei der Kirche erinnert eine Straße an den wohl berühmtesten Gast des Städtchens: *Giacomo Casanova* (1725–1798), der weltbekannte venezianische Reisende, Lebenskünstler und Herzensbrecher, der Vrsar zwischen 1743 und 1744 zwar nur zweimal besuchte, aber nachhaltige Spuren hinterließ. Giacomo Casanova, alias Chevalier de Seingalt, war promovierter Jurist und Theologe, doch zog es ihn weder in die Kanzlei noch auf die Kanzel, stattdessen durchquerte er viele Jahre ganz Europa und schrieb darüber seine viel gelesenen amüsanten Reiseberichte. Auch in Vrsar machte er von sich reden, und der ortsansässige Arzt hatte alle Hände voll zu tun, um nach Casanovas Abreise die zahlreichen an Syphilis erkrankten Frauen zu behandeln.

Am Meer tummeln sich die Urlauber in den riesigen Feriensiedlungen und Campingplätzen – allein die südlich liegende FKK-Siedlung *Koversada* ist eine eigene Kleinstadt mit mehr als 6.000 (ziemlich unbekleideten) Einwohnern.

Baden: Der ganze Küstenabschnitt ist touristisch in Beschlag genommen, jeder Meter Strand wird genutzt, einsame Buchten und Strände zum selbst Entdecken gibt es kaum. Wer gerne nackt badet und nur Zelt und Schlafsack dabei hat, findet auf der schattigen, mit einem Damm mit dem Festland verbundenen Insel der Campinganlage Koversada lauschige Plätze, in den Kiefernadeln schläft es sich weich und aromatisch.

Mountainbiketour (Öko-Trail) rund um Vrsar, am Limski-Fjord entlang (ca. 18 km, ca. 2 Std., geringe Steigungen, Markierung Fahrradsymbol):
Am großen Parkplatz halten wir uns südöstlich und fahren den Schotterweg hoch. Wir überqueren die Zufahrtsstraße zum Campingplatz Koversada; der Schotterweg führt nun durch schattigen Mischwald am *Limski-Kanal* entlang. Auf halber Strecke (ausgeschildert) bietet sich die Möglichkeit, sich die Romulado-Höhle (siehe unten) anzusehen. Tief unten locken einige hübsche Badebuchten. Die Route führt uns weiter bis kurz vor *Kloštar*. Dort Einkehrmöglichkeit in einer der zahlreichen Lokalitäten, um die Rückfahrt gestärkt anzutreten. Vorbei am Flughafen und dann weiter südlich. Wir stoßen westwärts auf die Hauptstraße nach Poreč gegenüber dem Friedhof (lohnt einen Besuch, ebenso der nahe Skulpturenpark). Schließlich geht es auf dem Fahrradweg bergan wieder zurück nach Vrsar.

Sport/Wassersport

- *Allgemein* Sportzentrum **Belvedere**, Tennis, Fitness, Fahrradverleih etc.
- *Mountainbike* Herrliche Touren bieten sich auf dem Öko-Trail rund um Vrsar bis Funtana und entlang dem Limski-Fjord an; Fahrradkarten bei den Infostellen; Fahrradvermietung an der Uferpromenade bei **Blue Adria**.
- *Reiten* Reiterhof beim Flughafen.
- *Tauchen* Tauchzentrum **Starfish**, am Autocamp Porto Sole, ✆/℻ 442-119. **Adriatic Master Dive Centar**, am Autocamp Turist, Brionska 18, ✆ 441-784. Flaschenfüllung bei **Ugor**, Obala Maršala Tita, ✆ 441-386.
- *Jachthafen* **Marina Vrsar**, sehr gut geschützte schöne Marina direkt an der Stadt. 220 Liegeplätze im Wasser, 40 Stellplätze an Land, alle mit Strom- und Wasseranschluss. Bootslänge bis max. 50 m (!). Klimatisierte Sanitäranlagen, Supermarkt, gutes Restaurant, Nautikgeschäft. Servicewerkstatt, 30-t-Kran und Tankstelle; Tauchservice. ✆ 441-052, ℻ 441-062; info@marina-vrsar.com.
- *Bootcharter/Taxiboote* Motor- und Segelboote können in der Marina gechartert werden. Bootsvermietung auch bei **Blue Adria** an der Uferpromenade, Mobil-Tel. 091-4423611. Zudem auch Taxiboote – wer sich einfach mal herumschippern lassen möchte, ist hier richtig.

Vrsar/Umgebung

Die Restaurants der an der Straße oberhalb bzw. nördlich des Limski-Fjord gelegenen Dörfchen **Flengi**, **Gradina** und **Kloštar** laden zum gemütlichen Spanferkelessen ein, hier kann man auch gut übernachten (Adressen siehe Vrsar). Gute Weine gibt es zudem in Krunćići (siehe unten).

In **Kloštar** steht der weitgehend verfallene Komplex des einstigen Benediktinerklosters aus dem 11. Jh., eine Gründung des hl. Romualdo (siehe auch Limski-Fjord). Hier stand im 6. Jh. die altchristliche, im frühen Mittelalter umgebaute kleine Michaelskirche, an die im 11. Jh. die Benediktiner ihre Abtei anbauten. Im ehemaligen Innenhof des Klosters wuchern zwischen dem Mauerwerk die Pflanzen – ein Idyll für die bunte Vogelwelt. Ein kleines Freskenfragment aus dieser Zeit ist in der Apsis der älteren Kirche noch erhalten; am Türbogen der neueren Kirche sind die Freskenreste eines benediktinischen Meisters aus dem 11. Jh. zu sehen.

• *Wein/Essen/Übernachten* **Agroturismus Matošević**, 9 km südlich von Vrsar im Ort Kloštar; hier kann man ruhig nächtigen und wunderbar essen (nach Vorbestellung). Es gibt Gemüse aus eigenem Anbau, Schinken, Lammbraten, Spanferkel aus eigener Schlachtung sowie selbst gekelterte feine Weine. Zimmer- und Appartementvermietung. Fam. Živko Matošević, Kloštar 21, ✆ 444-492.

• *Weintipp* Der Rotwein Mora-Barrique lagert, um sein typisches Bukett zu erhalten, ein ganzes Jahr in neuen Eichenfässern; zu erhalten z. B. bei **Familie Matošević** in Krunćići, 4 km südlich von Sv. Lovreč Pazenatički, Mobil-Tel. 098/367-339.

Limski-Fjord

Der plötzliche Blick auf den blaugrün schimmernden Limski-Fjord (Limski kanal), der sich durch ein unberührtes, 12 Kilometer langes grünes Tal schlängelt, macht Lust auf einen Stopp. In dem Naturschutzgebiet werden heute Muscheln und Austern gezüchtet.

Nach Kloštar stoßen wir auf die Hauptstraße Buje–Pula, die sich langsam den Berg hinabwindet. Von hier bietet sich ein schöner Blick auf den unterhalb liegenden Fjord; am Straßenrand preisen geschäftstüchtige Frauen ihre in allen Farben leuchtenden Schnapsflaschen mit eingelegtem Obst und Kräutern an. Die Straße windet sich weiter hinab – die kleine Abfahrt rechts führt, leicht zu übersehen, zu dem 300 Meter entfernten und einzigen mit dem Auto erreichbaren Platz am Fjord.

Der Limski-Fjord ist ein vor 10.000 Jahren im Meer versunkenes Karsttal, eine Schlucht, die sich über 25 Kilometer Richtung Beram (bei Pazin) erstreckt. An der Stelle, an der das Meer endet, sind die Schluchtwände bis 100 Meter hoch.

Den Reiz des Limski-Fjords, der natürlichen Grenze zwischen den Regionen Poreč und Pula, erlebt man besten auf einer Fahrt mit dem Ausflugsboot. Privatbooten ist die Durchfahrt verboten, ebenso das Baden. Nur am Fjordbeginn gibt es einige Badestellen, im hinteren Teil dient er der Muschel- und Austernzucht, die hier wegen des unterirdischen Süßwasser-Zuflusses besonders lecker schmecken.

Am Beginn des Fjords ist an der Steilküste die **Sv.-Romualdo-Höhle** mit schönen Stalagmiten, Stalaktiten und auch Malereien sehenswert. Hier wurden bearbeitete Tierknochen entdeckt, ein Hinweis darauf, dass schon in der Steinzeit Menschen die Höhle besiedelten. Später soll hier der Namensgeber der Höhle, der hl. Romualdo, einige Jahre gelebt haben. Die malerische Höhle war Kulisse bei der Winnetou-Verfilmung „Schatz im Silbersee"; man erreicht sie am besten vom Wasser aus oder mit dem Mountainbike von Vrsar über den Öko-Trail. Die Höhle ist von Juni bis September von 11–18 Uhr zugänglich (Information unter ✆ 622-460).

• *Ausflug* Organisierte Bootstouren in den Fjord – die Tour führt bis zur Romualdo-Höhle.

• *Essen/Übernachten* **Restaurant Viking**, sehr gutes Restaurant mit Terrasse und Blick auf den Kanal, manchmal ziemlich voll; hier werden die frischen Austern und Muscheln aus dem Fjord serviert – die unterirdischen Süßwasserquellen im Fjord sollen sie besonders saftig und schmackhaft machen. Geöffnet 11–16 und 18–23 Uhr. ✆ 448-223.

Restaurant Fjord, gleich nebenan, mit schattigem Biergarten direkt am klaren Wasser. Im Speiseangebot natürlich auch hier frische Muscheln und Austern; zudem das übliche Speisenangebot und Eiscreme. Ebenfalls bis 23 Uhr geöffnet.

Pazin – spektakuläre Lage im Zentrum Istriens

Landesinneres: Pazin und Umgebung

Pazin (Pisino)

Eine der beeindruckendsten und besterhaltenen Burganlagen des Landes bewacht die Bergstadt im Herzen der istrischen Halbinsel. Pazin ist der geographische Mittelpunkt Istriens und heute sein Verwaltungszentrum.

Pazin, auf Deutsch Mitterburg, liegt gute 30 km von Poreč entfernt im bergigen istrischen Hinterland. Das Altstädtchen erstreckt sich unterhalb des Kastells am Hang, die Neustadt dehnt sich im Talgrund aus. Im 19. Jahrhundert siedelte sich hier etwas Industrie an; 1899 wurde in Pazin das erste kroatische Gymnasium eröffnet. Die Züge auf Istriens eingleisiger und einziger Eisenbahnlinie vom slowenischen Divača nach Pula halten in Pazin. Die bergige Umgebung der Stadt mit ihren kleinen Dörfern lädt zu Wanderungen, Mountainbiketouren und anderen sportlichen Aktivitäten ein.

Geschichte: Das Kastell von Pazin wird erstmals 983 in einer Urkunde von Kaiser Otto II. als *Mitterburg* erwähnt, zu dieser Zeit war Pazin ein Besitztum der Bischöfe von Poreč. Das Kastell im Herzen Istriens hatte seit jeher große strategische Bedeutung. Im 12. Jh. unterstand es Meinhard Schwarzenburg, dem Gründer der Grafschaft Pazin, anschließend wechselten die Feudalherren, ihre Grabplatten schmücken bis heute das Kastell – meist waren es deutsche Adelsfamilien (Eppenstein, Moorsburg, Andechs, Wittelsbach ...), später die Grafen von Görz. 1374 ging Pazin als Erbe an die Habsburger, die es als Lehen an verschiedene Familien vergaben, als letzte 1766 an die Familie Montecuccoli.

Auch in der istrischen Grenzziehung spielte Pazin eine wichtige Rolle, wie die *Istarski razvod*, ein bedeutendes kroatisches Dokument des Mittelalters, zeigt.

Istarski Razvod– istrische Grenzziehung im Mittelalter

Die *Istarski Razvod* dokumentiert die Grenzziehung zwischen den istrischen Dorfgemeinden, die im Mittelalter zwischen drei Herrschern aufgeteilt waren: dem Patriarchen von Aquileia, der Grafschaft von Pazin und der Stadtrepublik Venedig. Die Urkundensammlung entstand von der zweiten Hälfte des 13. bis zur ersten Hälfte des 14. Jahrhunderts und war in Lateinisch, Kroatisch und Deutsch abgefasst. Erhalten blieb nur die in Galgoliza geschriebene kroatische Version, die heute zu den bedeutendsten kulturgeschichtlichen Quellen des Landes zählt: Die Istarski Razvod dokumentiert die politische, wirtschaftliche und kulturelle Situation dieser Zeit in Istrien. Erhalten sind auch zwei Abschriften der Urkunde – die Kršaner Abschrift (in der National- und Universitätsbibliothek Zagreb) sowie die Momjaner Abschrift (Historisches Museum, Rijeka).

Im 16. Jh. umfasste das Fürstentum Pazin rund 25 ländliche und städtische Gemeinden. Unter Napoleon wurde es Teil seiner „Illyrischen Provinzen". Nach der Entscheidungsschlacht bei Beram (siehe Pazin/Umgebung) kommt es 1822 zum Bezirk Rijeka und wird von 1825–1861 zur Hauptstadt des Bezirks Istrien. Der Landtag tagte in Poreč, während Pazin Mittelpunkt des kulturellen und politischen Lebens auch nach 1861 blieb.

klDer Einmarsch der Italiener im Jahr 1918 brachte das blühende Leben in der Stadt schlagartig zum Erliegen: Viele Kroaten verließen Pazin, siedelten sich weiter im Süden an oder wanderten nach Amerika aus. In den 30er Jahren organisiert sich der Widerstand gegen die Mussolini-Faschisten im Untergrund, 1942 wird die erste istrische Partisaneneinheit gegründet, und am 10. September 1943, kurz nach der Eroberung Siziliens durch die Westalliierten und dem Sturz Mussolinis, kann Pazin seine Befreiung feiern. Drei Tage später wird die Abtrennung von Italien und die Vereinigung mit Kroatien beschlossen. Die deutsche Besatzungsmacht rächt sich mit brutalen Vergeltungsmaßnahmen. Am 6. Mai 1944 wird Pazin ein zweites Mal befreit. In den Nachkriegsjahren gewinnt Pazin seinen alten Status als politisches, kulturelles und wirtschaftliches Zentrum Istriens allmählich wieder zurück.

Das Paziner Burgwappen

- *Telefonvorwahl* 052
- *Postleitzahl* 52000 Pazin
- *Information* **Touristinformation**, Jurine i Franine 14, ✆/📠 622-460; tz-pazin@pu.tel.hr; www.htnet.hr/tz-pazin. Geöffnet Juli bis August Mo–Fr 9–19 Uhr, Sa/So 10–13 Uhr. Sonst Mo–Fr 9–15 und Sa 10–13 Uhr. Kompetente Auskünfte und Infozentrum für Extremsportarten in der Umgebung.
- *Verbindungen* **Bus** mehrmals tägl. nach Poreč, Pula und Rijeka (5 x tägl.). **Zug** mehrmals täglich Richtung Divaca und weiter

nach Rijeka; wer nach Koper möchte, muss dort oder vorher in Hrpelje-Kozina umsteigen (Wartezeit durch Grenzabfertigung einkalkulieren).

Autovermietung: Ferro Car, Buraj 5, ✆ 624-737.

• *Geldwechsel* **Nova banka**, Narodnog doma 3. **Erste**, 25. rujan 17.

• *Gesundheit* **Krankenhaus** (Dom zdravlja Pazin) und **Erste Hilfe**, Jurja dobrile 1, ✆ 624-421.

Apotheke (Ljekarna): **Kaštel**, Šet. Pazinske gimnazije 4, ✆ 624-185. **Bertoša Irena**, Prolaz E. Jelušića 1, ✆ 622-109.

• *Übernachten* **Privatzimmer** in Stadt und Umgebung vermittelt die Touristinformation. Es gibt eine Reihe schöner und guter Agroturismus-Pensionen in der Umgebung, siehe auch unter *Pazin/Umgebung* und *Motovun*.

Pension Milotić, neben der Kirche, mit schönem Blick in Richtung Burg; hier werden Appartements vermietet. Pro Person 14 € ohne Frühstück. Antuna Kalca 10a, ✆ 621-312.

Pod Ruzon, schöne Übernachtungsmöglichkeit 5 km südlich von Pazin, hinter Heki im ruhigen Weiler Munci. Zimmer und Appartements. Munci 34, ✆ 688-087.

Motel Lovac (**), herrlicher Blick von der Terrasse auf die Stadt, die Burg und die Schlucht. Die einfach ausgestatteten DZ/F kosten ganzjährig 60 €. Š. Kurelića bb. ✆ 624-324, ℻ 624-219, tisadoo@inet.hr.

• *Essen* In der Stadt etliche Restaurants und Pizzerias, z. B. **Poli Nina**, Trg pod lipom 2. Etwas außerhalb **Gostilna Kramar**, Štefanije Ravnić 2 (stadtauswärts Richtung Pula). Im hübschen Ort *Gračišće* serviert die **Konoba Marino** leckere istrische Speisen.

• *Sport* Klettern, Freeclimben, Paragliden (in Buzet) und natürlich Mountainbiken sind in der nahen Umgebung möglich. Auskünfte bei der Touristinformation.

Klettern: Ein schöner Klettergarten findet sich beim Wasserfall Zarečki krov.

• *Mountainbiken* Um Pazin gibt es Mountainbikerouten unterschiedlichster Schwierigkeitsgrade, von starken Steigungen bis zu fast ebenen Strecken.

Bischöfliches Relief in Sv. Nikola

Fahrradvermietung: **Bike Service Matić**, Lovrin 80b, ✆ 621-119 (stadtauswärts in Richtung Pula). **MTB Istra Pazin**, Eugen Ujčić, Mobil-Tel. 091/254-5226.

• *Veranstaltungen* **Jules-Verne-Tage** jährlich am letzten Juli-Wochenende. Es wird der Roman Mathias Sandorf nachgespielt, zudem Ausstellungen zu Jules Verne, Filme und das Abenteuerrennen „In 80 Min. rund um Pazin": Joggen, Fahrrad fahren, Schwimmen – alles in alter Kostümierung ... viel Spaß ist garantiert. Aktuelle Infos bei der Touristinformation.

• *Wein* **Weingut Ranko Andelini**, Velanov Brijeg 42, ✆ 622-599; ausgezeichnete Weine!

Sehenswertes

Das auf das 9. Jahrhundert zurückgehende **Kastell** von Pazin, 100 Meter hoch auf einem Felsplateau oberhalb einer Schlucht erbaut, gehört zu den besterhaltenen Burganlagen Istriens – *Jules Verne* beschreibt sie in seinem Roman *Mathias Sandorf*. Ihr heutiges Aussehen – ein Viereck um einen Innenhof – erhielt die Anlage

Im Ethnographischen Museum

im 13. und 14. Jahrhundert, die mächtigen Festungsmauern wurden im 15. Jh. gebaut. Unterhalb des Kastells verschwindet der *Fojba*-Fluss in einer über hundert Meter tiefen Schlucht, die *Dante* zu seiner Vision des Höllenschlundes angeregt haben soll, und vereinigt sich mit einem zweiten unterirdischen Fluss, der erst 30 km weiter im Limski-Fjord wieder zutage tritt.

Heute residiert im Kastell ein *Ethnographisches Museum*, das seine umfangreichen Sammlungen sehr ansprechend zeigt: alte Trachten, Kleidung und Schmuckstücke, Musikinstrumente, einen alten Webstuhl; historisches Handwerkszeug, Keramik und eine originale historische Küche, Gerätschaften für die Weinverarbeitung und den Fischfang. Alte Bilder und Drucke zeigen die *Kažuni,* die traditionellen Steinbehausungen und ihr Verbreitungsgebiet. Die Kažuni, kleine, fensterlose runde Häuschen mit einer Türöffnung und ohne Mörtel Stein auf Stein geschichtet, dienten Mensch und Tier als Unterstand; abseits der Straße von Pazin Richtung Kanfanar sind noch einige dieser Steinhäuser und die mühsam aufgeschichteten Steinmäuerchen zu sehen.

Das Museum dehnt sich über alle Stockwerke und Räume der Anlage aus, ein wenig Zeit sollte man also mitbringen. Von den Fenstern fällt der Blick auf die tief unten liegende Schlucht, auf das gewaltige Festungsbollwerk und den Innenhof mit dem alten Brunnen.

Öffnungszeiten Museum tägl. außer Mo von 10–18 Uhr. Eintritt ca. 1,50 €.

Die **Pfarrkirche Sveti Nikola** (hl. Nikolaus) im Süden der Stadt wird im 13. Jh. erstmals erwähnt, 1441 bekam sie als Anbau einen polygonalen Altarraum. Der frei stehende Kirchturm wurde im 18. Jh. errichtet. Die sehenswerten spätgotischen Fresken in der Kirche schuf ein unbekannter Maler aus Südtirol. Das **Franziskanerkloster** in der Altstadt, südlich vom Stari trg, wurde 1481 gegründet.

Zarečki krov: Pazins beliebter Badeplatz befindet sich ca. 2 km östlich der Stadt in idyllischer Umgebung: ein Wasserfall ergießt sich aus 10 m Höhe von einem Felsplateau in den Pazinčica-Fluss; gebadet wird in dem Felsbecken, an den Abhängen kann auch geklettert werden. Wunderbares Plätzchen zum Sonnen und Schwimmen.

Anfahrt 1,5 km stadtauswärts Richtung Cerovlje; bei der ca. 100 m nach dem Bahnübergang folgenden Rechtskurve links in einen Feldweg abbiegen. Nach weiteren 150 m kommt ein Kiefernwald, dort Parkmöglichkeit; von dort führt der rechte Pfad Richtung Zarečki krov.

Pazin/Umgebung

Von Pazin aus bieten sich Ausflugsmöglichkeiten mit dem Auto oder per Mountainbike in alle Himmelsrichtungen; etliche hübsche alte Orte sind zu entdecken, und wer länger bleiben möchte, kann hier auch übernachten.

Von Pazin nach Nordwesten in Richtung Motovun

Beram (Vermo): Etwa einen Kilometer nordöstlich von Beram, ein kleiner, auf einem Hügel gelegener mittelalterlicher Ort bei Pazin, steht die *Grabkirche Maria in den Felsen* (Sveta Marija na Škrilinah). Ihre Fresken zählen zu den herausragenden malerischen Leistungen des Mittelalters. 1474 schuf *Vincent aus Kastav* (ein Ort nördlich von Opatija) u. a. den berühmten acht Meter langen „Totentanz". Der personifizierte Tod, der die Menschen daran erinnert, dass sie alle sterben müssen, war in einer Zeit schrecklicher Epidemien, kurzer Lebenserwartung und für heutige Verhältnisse unvorstellbar harter Lebensbedingungen ein häufig aufgegriffenes künstlerisches Motiv. Ein weiterer, ebenfalls acht Meter langer Zyklus, einer der schönsten Istriens, illustriert die Geschichte der Heiligen Drei Könige – Könige, Ritter und Musikanten präsentieren sich in prächtiger Renaissancekleidung. Falls die Kirche verschlossen ist, bei Familie Gortan (Haus Nr. 33 und Nr. 22) oder am Kiosk Freske (an der Straßenkreuzung) um den Schlüssel bitten.

Triviž: Der nächste kleine Weiler, 7 km in Richtung Motovun gelegen, entwickelte sich im Mittelalter um ein Kastell. Sehenswert aus dieser Zeit ist die *Petrus-Kirche* am alten Friedhof aus dem 11./12. Jh., die im 13. /14. Jh. umgebaut wurde; die Reste der Fresken stammen wahrscheinlich aus dieser Zeit, die glagolitischen Inschriften gehen auf das Jahr 1553 zurück.
Fährt man die Straße weiter in Richtung *Kašćerga*, ist nach knapp 4 km kurvenreicher Strecke die höchste Erhebung Mittelistriens erreicht: der 480 m hohe *Berg Pilošćak*, mit herrlichem Blick auf das südlich gelegene Beram.

Essen **Konoba Poli Bošku**, gutes Lokal 0,5 km westlich von Trviž, im Weiler Bujići; die Küche serviert typisch istrische Küche, frische Produkte und leckere Weine. Tägl. 14–22 Uhr, Mo nur für Gruppen. Bujići 79, ✆ 691-004.

Von Pazin nach Südosten Richtung Plomin

Die äußerst reizvolle Strecke führt durch hügelige Landschaft, mit herrlichem Weitblick auf das Učka-Gebirge und durch vier malerische mittelalterliche Städtchen: Lindar, Gračišće, Pićan und Kršan.

Lindar (Lindaro): Das Städtchen 6 km südöstlich von Pazin auf einem 460 m hohen Hügel bietet herrliche Ausblicke auf das gegenüber liegende Pazin und das Pazinčia-Tal. 1283 wird Lindar erstmals erwähnt, im Mittelalter überragte den Ort eine Burg, von der heute nur noch Ruinen und Türme erhalten sind. Sehenswert ist die St. *Katharina-Kirche* mit glagolitischer Inschrift aus dem Jahr 1409. Aus dieser Zeit stammt auch das Fresko „Živi Križ" (Lebendiges Kreuz), eine seltene Darstellung der Kreuzigung Christi – die vier Kreuz-Enden gehen in Hände über, die nach verschiedenen symbolhaften Motiven greifen, u. a. nach der Stadt Jerusalem, die die Ewigkeit versinnbildlicht.
Ein weiteres sehenswertes Kirchlein, *St. Martin*, steht am alten Friedhof; interessant sind die Grabplatten mit glagolitschen Inschriften und der wappenverzierte Doppeladler Kaiser Friedrich II., der in jener Zeit Mitterburg (das heutige Pazin) beherrschte.

Gračišće – überwuchert und halb verfallen

Gračišće (Gallignana): Ein kleines mittelalterliches Juwel ca. 11 km östlich von Pazin, das seinen Dornröschenschlaf auf einem Hügel schläft. Von hier oben reicht der Blick weit über das hügelige Land bis zur Bucht von Plomin. Alte, teils pflanzenumwucherte Gemäuer, verwinkelte Gässchen, Paläste, hübsche Plätze, an der Hauptstraße wacht der heilige Nepomuk, der Schutzpatron der Brücken – ein Spaziergang durch Gračišće sollte man nicht versäumen. Die Umgebung lädt zu einer hübschen Wanderung auf dem *Simeon-Wanderweg* ein (siehe Kasten).

Gračišće war schon von den Illyrern besiedelt, im 8. Jh. bewohnten Römer den strategisch wichtigen Platz. 1199 wird der Ort erstmals erwähnt. Im Mittelalter erlebte er seine besten Zeiten, hatte acht Kirchen und war zeitweise bedeutender als Pazin. Gegen die Angriffe Venedigs im 17. Jh. wehrte sich Gračišće erfolgreich, während die Habsburger den Ort über die Jahrhunderte prägten.

Gleich neben dem Stadttor steht die *Loggia*, einst der Richtplatz von Gračišće. Läuft man weiter Richtung Zentrum, stößt man auf den Platz mit dem im 15. Jh. erbauten *Salomon-Palast* mit seinen markanten gotischen Spitzbogenfenstern. Hier steht auch die kleine *Kirche der Jungfrau Maria* von 1425 mit alten Fresken an einer Wandseite. Nördlich des Salomon-Palasts, neben den Resten des ehemaligen Sommerpalasts der Bischöfe, ist die *Kapelle des hl. Antonius* (1381) einen Blick wert sowie, am Ende der Gasse, die *St. Euphemia-Kirche* (1383).
Die barocke *St. Vitus-Pfarrkirche* (westlich der Euphemia-Kirche) mit reicher Innenausstattung und abseits stehendem 30 m hohem Glockenturm stammt aus dem 18. Jh.; das *Fest des hl. Vitus* wird am 15. Juni u. a. mit Messe und einem Eselrennen gebührend gefeiert.

• Essen/Übernachten **Konoba Marino**, gemütliches Lokal im Ort, Sitzmöglichkeit auch im Freien; istrische Spezialitäten wie Trüffelgerichte, Wild mit Fuži, hausgemachtes Brot etc. Geöffnet tägl. 14–23 Uhr, So bereits ab 10 Uhr, Mi Ruhetag. ✆ 687-081.

Stari kostanj, hübsches Landhaus mit Appartements und Touristischem Bauernhof in Gržići, 3 km in Richtung Labin, abseits der Hauptstraße. Landwirtschaft und eigene Tierhaltung, alles frisch vom Hof. Essen nach Vorbestellung. 52403 Gračišće, Gržići 134, ✆ 687-037; www.agroistra.com/stari-kostanj.

Appartements Poli Luce, nette Appartements direkt im Ort. Gračišće 3, ✆ 687-081.

• *Wein* z. B. bei **Bažon Josip i Davor**, Gračišće 17, ✆ 687-116; oder bei **Fam. Adriano Putinja** im Weiler Dončišće (bei Gračišće) Haus-Nr. 31; hier ist immer jemand zu Hause.

Wanderweg des hl. Simeon

Rund 12 km schlängelt sich der rot-weiß markierte Weg durch die hügelige Landschaft, vorbei an Kirchen und Kapellen, einem Wasserfall, einer alten Wassermühle sowie etlichen Einkehrmöglichkeiten. Laufzeit bei gemütlichem Tempo ca. 3–3,5 Std.

Startpunkt ist in Gračišće an der Hauptstraße bei der mächtigen Linde. Der Weg führt den Hügel hinab durch unberührte Natur mit weitem Blick zur Ruine der Kirche des hl. Simeon. Dann wird die Ortschaft *Žlepčari* erreicht, mit alter, baufälliger Wassermühle, in deren Nähe eine Quelle sprudelt; bei Familie Podrugovac kann eingekehrt werden.

Dann auf Schotterweg durch das Tal und am Bach entlang nach *Floričići*, dort rechts weiter zum Wasserfall Sopot. Der Weg führt nun bergan über *Škrbanski breg* zum Dorf *Runki* – hier kann man sich bei Familie Skabić stärken.

Nun geht es durch Wiesen bergauf nach *Lovrići*, mit Touristischem Bauernhof der Familie Bažon. Wer die beiden Kirchen in der Nähe besichtigen möchte, kann sich hier den Schlüssel holen. Die eine Kirche, die St. Stephan-Kirche, ist in ca. 10 Min. auf dem markierten Weg erreicht, die Kirche St. Magdalena steht ca. 25 Gehminuten entfernt auf einem Hügel mit herrlicher Fernsicht (allerdings muss man von dort wieder zurücklaufen, um den Schlüssel abzugeben).

Von der St. Magdalena-Kirche führt der Weg weiter auf die nächste Erhebung nach *Piscietak*, am Fuß des Hügels kann man sich an der Quelle erfrischen. Von dort geht es in ca. 1 Stunde wieder zurück zum Ausgangspunkt nach Gračišće.

Pićan (Pedena): Das idyllische alte Bistumsstädtchen 7 km östlich von Gračišće (18 km nach Labin) lockt durch seine Hügellage ebenfalls mit herrlicher Fernsicht. Bereits Histrer und Römer siedelten hier, und schon ab dem 6. Jh. war Pićan befestigt, bevor die Awaren es im 8. Jh. zerstörten. Lange beherrschten die Patriarchen von Aquileia den Ort, ab dem 13. Jh. kam er unter die Kontrolle der Habsburger, die mit Venedig ständig um die Vormachtstellung in der Region kämpften. Vom 6. bis zum Ende des 18. Jh. war Pićan Sitz des 524 vom hl. Nicefor gegründeten Bistums; seine Reliquien werden in der Pfarrkirche Mariä Verkündigung (siehe unten) aufbewahrt.

Am Eingang des Städtchens wacht neben dem alten Stadttor, eingerahmt von mächtigen Bäumen, der hl. Nepomuk, der die hier einst befindliche Zugbrücke beschützte. Links davon die *St. Rochus-Kirche* aus der ersten Hälfte des 17. Jh., die in den Jahren der Pest erbaut wurde. In der mächtigen dreischiffigen *Pfarrkirche Mariä Verkündigung*, die Bischof Antonio Zara, ein Freund und Ratgeber Kaiser Ferdinands II., 1606 bauen ließ (ihr 45 m hoher Glockenturm stammt aus dem Jahr

1872), ist bis heute sein prachtvoller Bischofsmantel, ein Geschenk der österreichischen Kaiserin Maria Theresia, zu bewundern.

Bei einem Rundgang durch das Städtchen ist bald zu spüren, dass der Ort im Vergleich zu anderen Bistümern von Wohlstand nicht gesegnet war. Warum kein Bischof länger hier bleiben wollte, ist heute kaum verständlich, denn der alte Bischofspalast und die mittelalterlichen Häuser strahlen anheimelnde Romantik aus – auch der Ausblick auf Mittelistrien und das Učka-Gebirge ist herrlich, besonders von der *St. Michael-Kirche* (15. Jh.) aus; gegenüber vom Stadttor thront sie auf dem Hügel, ihr Inneres birgt glagolitische Inschriften aus dem 15. und 16. Jh. Das Ambiente unterhalb des Kirchleins erzeugt kontrastreiche Spannung: hier stehen moderne Skulpturen der Familie Zavagna, die vor Jahren bei einem mediterranen Bildhauersymposium geschaffen wurden (siehe auch Labin/Dubrova).

• *Essen/Übernachten* **Obitelj Floričići** (auch Copot genannt), in Floričići beim Wasserfall (siehe oben „Wanderweg des hl. Simeon"); hübsches Ferienhaus mit Platz für max. 10 Personen. Für die Hausgäste wird auch gekocht, es gibt Gemüse und Obst vom Bauernhof, eigene Weine, Hühner, Schafe und Schweine. Floričići liegt nördlich und gegenüber im Tal von Pićan. Anfahrt ca. 6 km südlich von Pićan über Zajci. 52333 Potpićan, Floričići 56, ✆ 869-045.

Fam. Petina, Übernachtungsmöglichkeiten direkt in Pićan, Pićan 14, ✆ 869-558.

Landhaus Katarina, schönes Natursteinhaus für bis zu 6 Pers. im Weiler Sv. Katarina, 6 km südlich von Pićan. Eigene Weine, Fahrradverleih. Fam. Neven Benazić, Sv. Katarina 41, 52332 Pićan, Mobil-Tel. 091/1625-005; kbenazic@hrt.hr.

Kršan (Chersano): kleiner Ort auf einem Hügel ca. 22 km südöstlich von Pazin, nahe Plomin und der gleichnamigen Bucht. Die trutzige Burg von Kršan wird 1129 erstmals erwähnt; die Wehrmauern und der Bergfried sind gut erhalten, im Inneren sind heute Wohnungen untergebracht. Seinen heutigen Namen erhielt Kršan unter den Adeligen Kerstlein de Pisino im 15. Jh. Herrscher über die Region waren die Grafen von Görz, danach die Habsburger. Wie die oben erwähnten Orte war auch Kršan ein wichtiges Bollwerk zum benachbarten venezianischen Gebiet. Im 19. Jh. wurde hier die *Istrische Grenzbegehungsurkunde* (Istarski Razvod) entdeckt (siehe Pazin/ Istarski Razvod).

Auch in Kršan lohnt ein Bummel durch die fast menschenleeren Gassen, vorbei an hübschen Natursteingebäuden. Die *Pfarrkirche* stammt aus dem 17. Jh., der dazugehörige 22 m hohe Kirchturm kam 1803 dazu. Sehenswert ist die *Friedhofskapelle des hl. Jakob* aus dem 15. Jh. mit glagolitischen Inschriften – um 1990 entdeckte man die Kostbarkeiten unter dem alten abbröckelnden Putz. Im Innenraum sind Grabplatten aus dem 15.–17. Jh. in den Boden eingelassen, u. a. die mit dem Familienwappen geschmückte Grabplatte von Julius aus Kršan, einem der örtlichen Herrscher aus dem frühen 15. Jh.

Von Pazin nach Süden Richtung Kanfanar

Tinjan: Das Örtchen 13 km südwestlich von Pazin war schon zu Römerzeiten besiedelt, in den folgenden Jahrhunderten aber wurde es still in Tinjan. Erst im 12. Jh. wird Tinijan als Besitz der Bischöfe von Poreč wieder erwähnt; 1342 werden die alten Wehrmauern gegen die Venezianer verstärkt, doch schon zwei Jahre später muss sie Graf Albert, den die Venezianer gefangen nehmen, wieder schleifen und versprechen, sie nicht wieder aufzubauen. Später kommt der Ort unter die Herrschaft der Habsburger, die in der Ortsmitte 1755 die barocke *Pfarrkirche St. Simeon und Judas* bauen. Ganz in der Nähe lädt ein Steintisch mit Steinsitzen zum Verwei-

Pićan – in exponierter Lage trifft Modern auf Alt

len ein – einst Tinjans Richterbank, an der über die wichtigen Belange des öffentlichen Lebens beraten und entschieden wurde. Bei einem Bummel durch den Ort fallen die schönen spätmittelalterlichen Gebäude mit Familienwappen, Bogendurchgängen und hübschen Innenhöfen ins Auge. Bei Durst und knurrendem Magen sorgt die urige Kneipe am Kirchplatz für Abhilfe.

Essen **Konoba Didi**, am Kirchplatz. Spezialitäten des Hauses sind Gerichte aus der Peka, hausgemachte Gnocchi und Fuži, Wild- und Trüffelgerichte. Tägl. 12–24 Uhr geöffnet. Tinjan 17, ✆ 626-196.

Sv. Petar u Šumi: Der Ort 12 km südlich von Pazin, westlich der Schnellstraße in Richtung Kanfanar, liegt, wie sollte es anders sein, ebenfalls auf einem Hügel – diesmal ragt er stattliche 340 m in den Himmel. Im frühen Mittelalter bauten hier Benediktiner ein Kloster, das sie im 15. Jh. aufgaben. Anfang des 17. Jh. wurde es bei Überfällen der Uskoken schwer beschädigt, und Kaiser Friedrich III. übergab das marode Anwesen dem Paulanerorden, der es 1731 von Grund auf restaurierte. Doch schon 1783 wurden die Mönche durch das Säkularisationsedikt von Kaiser Joseph II. aus ihrem schönen Kloster vertrieben, in das sie erst 1993 wieder zurückkehrten.

Aus der Anfangszeit der Benediktiner erhalten blieben in Glagolizia verfasste Dokumente aus dem 12. Jh. und 13. Jh., die heute im Museum von Pazin und in der Klosterbibliothek Dubrovnik aufbewahrt werden. Später richteten die Paulaner eine Apotheke ein (der Orden galt in medizinischen Fragen als sehr fortschrittlich), im 18. Jh. installierten sie einen Lehrstuhl für Philosophie. *Šimun Bratulić* (1550–1611) gilt als einer der herausragenden Vertreter des Paulanerordens; er war Abt des Klosters, zudem Bischof von Zagreb und gründete 1607 das erste Zagreber Gymnasium.

Zu den Sehenswürdigkeiten des Klosters zählen der wunderschöne Kreuzgang im Innenhof und die Zisterne im Renaissancestil; in den oberen Stockwerken der An-

lage sind in den Bögen noch romanische Stilelemente zu erkennen. Doch die größte Zierde des Klosters ist die 1134 von den Benediktinern erbaute *Kirche St. Peter und Paulus*, die heute mit den im 18. Jh. von Paul Riedl geschaffenen Statuen geschmückt ist; den Hauptaltar ziert ein wundertätiges Bild der heiligen Muttergottes Jasnogorska (Hauptsitz der Paulaner); die Orgel aus dem 18. Jh. ist ein Werk von Meister J. J. Eisel – während der Konzerte bei den Orgelfestwochen (Auskunft über Touristinfo Pazin) können ihre Klänge ausgiebig genossen werden.
Eine Sehenswürdigkeit außerhalb des Ortes ist der *Kreuzweg* aus dem 19. Jh. an der Straße in Richtung Žminj.

• *Essen/Übernachten* **Agrotourismus/Konoba Pod čeripnjon**, im nördlichen Ortsteil Dolinci; schönes Gehöft in parkähnlicher Umgebung mit großer Terrasse, den Innenraum ziert ein großer offener Kamin. Fleisch, Gemüse und Weine kommen direkt vom Hof auf den Tisch. Essen nur nach Voranmeldung. Übernachtungsmöglichkeiten in Zimmern und Appartements. Fam. Franjul, 52404 Sv. Petar und Šumi, Dolinci 245, ✆/📠 686-153.

Žminj (Gimino): Das Städtchen auf einem Hochplateau, ca. 15 km südlich von Pazin Richtung Kanfanar/Pula, ist auch über die Schnellstraße zu erreichen. Dominierend im Ort ist die *Pfarrkirche des Erzengels Michael*. Ihre Ursprünge reichen ins 12. Jh. zurück, ab 1624 wurde sie mit drei Seitenkapellen vergrößert und der Innenraum mit barockem Inventar reich ausgeschmückt – darunter ein Marmoraltar aus venezianischer Schule und eine prächtige Kanzel. An die Nordwand der Kirche lehnt die *Dreifaltigkeitskapelle* von 1311 mit Krainer Freskenmalereien von 1471. Sehenswert sind auch die aus dem 14. Jh. stammenden Fresken der *St. Antonius-Kirche* ein paar Meter westlich vom Kirchplatz. Am Ortsausgang steht die *St. Bartolomäus-Kirche* aus dem 16. Jh. – dem Kirchenpatron zu Ehren wird jährlich Ende August das *Bartulja-Fest* gefeiert, eines der größten Volksfeste Istriens.

Die Befestigungsmauern des *Kastells* an der nordwestlichen Seite der Einfriedung sind noch gut erhalten; von den vier Wehrtürmen steht allerdings nur noch einer, die anderen fielen kriegerischen Auseinandersetzungen zum Opfer – das letzte Mal 1943, als die Deutschen das Kastell bombardierten. Im runden Gebäude am Kastell wird eine kleine *ethnographische Ausstellung* gezeigt, die auch mehr oder weniger originelle istrische Souvenirs feilbietet.

Auf den Feldern ringsum sind noch etliche der traditionellen *Kažuni*-Steinhäuschen zu entdecken, die früher den Bauern als Unterstand und zur Aufbewahrung von Werkzeug dienten; heute kann man sie in Miniaturformat als Souvenir nach Hause tragen. Die Umgebung bietet etliche schöne Unterkunftsmöglichkeiten, die sich auch gut als Ausgangspunkt für Entdeckungstouren eignen.

Žminj war schon in der Spätantike besiedelt; in der Umgebung des Orts wurden altslawische Grabstätten aus dem 9. bis 11. Jh. entdeckt. 1177 wird Žminj als Besitz der Grafen von Mitterburg (Pazin) erwähnt. Von 1374 bis 1918 stand es unter der Herrschaft Österreich-Ungarn, abgesehen von kurzen Unterbrechungen zu Beginn des 17. Jh., als es den Venezianern gelang, die Stadt unter ihre Kontrolle zu bringen und Teile der schützenden Befestigungsmauern zu schleifen.

• *Veranstaltung* **Patronatsfest Bartulja** Ende August.

• *Essen/Übernachten* **Restaurant Pod Ladonjom**, am Kirchplatz. Neben Pizza, Fuži, Gnocchi, Ravioli mit Gulasch aus Rind oder Wild serviert die Küche je nach Saison auch Pilz- oder Spargelgerichte. Tägl. 8–22 Uhr geöffnet.

Agrotourismus Ograde, Gehöft 3 km nördlich von Žminj in Katun Lindarski. Übernachtungsmöglichkeit im hübschen Natursteinhaus mit drei Schlafzimmern (alle auf einer

Steinalt – traditionelles Kažuni-Häuschen (in der Nähe von Žminj)

Ebene), antikem Mobiliar, offener Küche und Essbereich, zudem schöne Terrasse und eigener Grillplatz. Das Häuschen kostet ca. 135 €, im Haupthaus werden auch Appartements (z. B. 3-Zimmer-App. für 6 Pers. 100 €) und Zimmer vermietet. Tiere gibt es jede Menge, zum Reiten stehen neben einem Esel auch Pferde zur Verfügung. Gekocht wird nach Vorbestellung mit Zutaten aus biologischem Anbau: Schinken, Obst, Gemüse, Fleisch und die Weine kommen vom Hof. Fam. Šajina, Katun Lindarski 60, 5200 Pazin, ✆ 052/693-035, 616-460, ℻ 616-461; agroturizam-ograde@pu.htnet.hr.

La Casa di Matiki, hübsches Landhaus mit Appartements, wenige Kilometer südlich von Žminj im Weiler Matiki; es gibt einen Pool; Frühstück auf Wunsch. Die hausgemachten Produkte wie Käse, Obst, Gemüse, Eier etc. können natürlich auch gekauft werden. Fam. Glavić-Krivičić, Matiki 14, 52341 Žminj, ✆ 052/846-297, 846-111, ℻ 846-006, www.ghiapro.hr/matiki.

Svetvinčenat (Sanvincenti): Das mittelalterliche Städtchen mit der großen *Festung Grimani* ca. 23 km südlich von Pazin (5 km östlich der Schnellstraße Kanfar–Pula) wirkt verlassen und lässt bessere Zeiten nur noch erahnen. Doch immer noch zeigt es sich dem Betrachter mit stolzen Renaissancebauten, denen man gerne wieder Leben einhauchen und etwas Restaurierung angedeihen lassen möchte.

Das Städtchen wird im 10. Jh. erstmals erwähnt und erhielt seinen Namen von der Benediktinerkirche des hl. Vizenz, *Sanvincenti*, die auf dem heutigen Friedhof steht. Die Benediktiner lebten hier vom 12. bis zum 14. Jh. Eine frühere Ansiedlung wird auf das 6. Jh. datiert.

Die *Festung Grimani* wurde im 13. Jh. gebaut, gehörte zuerst den Bischöfen von Poreč und ging dann als Lehen der Kirche von Aquileia an Adelsfamilien in Pula. Weil Svetvinčenat ein strategisch wichtiger Grenzort zur Grafschaft Pazin war, wurde die Festung Anfang des 14. Jh. zu Verteidigungszwecken ausgebaut. Ab 1384 wurde die Adelsfamilie Morosini aus Pula mit Svetvinčenat belehnt, die das Städtchen fortan über Jahrhunderte in Besitz hatte; lediglich der Familienname

Svetvinčenat – der große Hauptplatz mit Zisterne

änderte sich im 16. Jh. – durch die Heirat der Tochter mit dem venezianischen Adelssohn Grimani.

Bei einem Großbrand im Jahr 1586 wurde das Kastell schwer beschädigt und von den Grimanis wieder aufwendig instand gesetzt. Von 1612–1616 versuchten Uskoken und Habsburger vergeblich, das Bollwerk einzunehmen. Nach Napoleons Intermezzo Anfang des 19. Jh. fiel das Städtchen wieder in den Besitz der Bischöfe von Poreč, die das Kastell in verwahrlostem Zustand der Gemeinde schenkten. Weitere Schäden durch Bomben und Feuer hatte das einstige Schmuckstück dann Ende des Zweiten Weltkriegs zu erleiden, heute wird es wieder stückweise restauriert.

Das Kastell präsentiert sich heute als große viereckige Anlage, umgeben von einem Park mit prächtigen Bäumen, zwei Ecktürmen und großem Innenhof. Am Tor mit dem Wappen der Familie Grimari war früher eine Zugbrücke installiert. Im Süden der Festung schließt sich der große Stadtplatz mit erhöht liegender Zisterne und Brunnen an, umgeben von herrschaftlichen Gebäuden, der Stadtloggia aus dem 15./16. Jh. und der *Pfarrkirche Mariä Himmelfahrt* aus dem frühen 16. Jh.

Ebenfalls sehenswert ist die romanische *St. Vinzenz-Kirche* am Friedhof mit dreischichtiger Freskenbemalung an den Innenwänden – erkennbar ist nur noch die zweite Schicht, die man Meister Ognobenus aus Treviso zuweist, sowie die dritte Schicht aus italienischer Schule (Ende 14./Anfang 15. Jh.). Daneben sind zwei weitere Kirchen erwähnenswert: die des *hl. Antonius des Abtes* (14. Jh.) gegenüber der Stadtloggia sowie im Südosten von Svetvinčenat die *St. Katarina-Kirche* (15. Jh.) mit Loggia und Fresken aus dem 14. Jahrhundert.

• *Essen/Übernachten* **Restaurant Kod Kaštela**, im Ort gegenüber der Burganlage. **Agrotourismus Stancija 1904**, von großem Park umgebenes Landhaus im Weiler Smoljanci, direkt an der Bahnlinie nach Pula – wer mag, kann also bequem bis zu 7 x tägl. sozusagen von der Haustüre in die südistrische Metropole fahren. Vermietet wird ein geschmackvoll eingerichtetes Häuschen sowie verschieden große Appartements (auch rollstuhlgerecht). Abendessen gibt's nach Vorbestellung. Für 2006–2008 sind der Bau einer Konoba, einer Poollandschaft und moderner Fitnessräume geplant. Fahrradvermietung. Fam. Moll, Smojanci 2-3, 52342 Svetičenat, ✆ 052/560-022, 📠 560-028; www.ferienhaus-istrien.com.

• *Veranstaltungen* Das verschlafen wirkende Örtchen bietet eine ganze Reihe kultureller Veranstaltungen: **Stadtfest des hl. Johannes** am 24. Juni. Konzerte im Rahmen des **Ethno-Jazz-Festivals** Anfang Juli im Kastell. **Tanzfestival und Pantomime** Ende Juli. **Weinfest** im Spätherbst.

Kanfanar (Canfanaro): Der Ort wurde 1631 von den Bewohnern des nahen Dvigrad gegründet, die wegen verheerender Seuchen ihre Heimat fluchtartig verlassen mussten. Ihre Häuser in Dvigrad rissen sie ein, um sich mit den alten Steinen ein neues Zuhause zu schaffen; auch das Inventar aus ihrer alten Kirche retteten sie nach Kanfanar; heute zieren die wertvollen Relikte die 1696 erbaute *Pfarrkirche St. Silvester*, darunter eine frühgotische Steinkanzel und ein Relief der hl. Sophia aus der Kirche von Dvigrad. Auch die Fresken der *Agathakirche* sind von kulturgeschichtlicher Bedeutung.

• *Essen/Übernachten* **Touristischer Bauernhof Matohanci**, im Weiler Matohanci, ca. 7 km von Kanfanar in Richtung Rovinsko Selo und Rovinj. Aufgekocht wird mit eigenen landwirtschaftlichen Produkten, Fleisch aus eigener Hausschlachtung – Essen nur nach Vorbestellung oder für Hausgäste. Spezialitäten sind Gerichte mit Huhn und Zicklein aus der Peka, Lasagne, Maneštra und leckere Vorspeisenteller mit würzigem Pršut, Würste, dazu süffige Weine aus eigener Kelterei. Gespeist wird z. B. auf der überdachten lauschigen Terrasse. Gut ausgestattete Zimmer. Matohanci 16, 52352 Kanfanar, ✆/📠 848-394, gloriamatohanca@pu.hinet.hr.

Stancija Mamú, altes, liebevoll modernisiertes Landgut auf 12.000 qm großem Gelände inmitten von Oliven- und Obstbäumen im Weiler Kurili, 2 km westlich von Kanfanar in Richtung Rovinsko Selo. Das Ferienhaus mit hübschem, großem Pool bietet max. 10 Personen Platz. Zimmer 60 € inkl. Frühstück. Fam. Burić, Kurili b.b., 52352 Kanfanar, ✆ 052/501-994, stancija.mamu@hinet.hr.

Sport/Mountainbiketour: Die ländliche Gegend um Kanfanar mit ihren überaus hübschen Dörfern und Städtchen ist nicht zuletzt für Radler und Mountainbikeliebhaber interessant. Fahrradkarten mit Höhenangaben gibt es in den Touristinformationen und Agenturen. Unsere beiden Tourenvorschläge sind mit dem Fahrradsymbol markiert. Die Strecken führen über Asphalt und Makadam – also das Rennrad im Stall lassen!

Tourenvorschlag 1 (42 km, 150 m Höhenunterschied, Schwierigkeitsgrad mittel): Von Kanfanar hinab nach Burići, weiter nach Salambati und Svetvinčenat. Dann hinab über Krančiči nach Čabruniči und Gajana. Auf der Ebene in Richtung Bale und wieder zurück, dann bergan nach St. Bembo, Golaš, Okreti und die letzten 100 m steil hinauf nach Kanfanar. Auch für Normalradler geeignet!

Tourenvorschlag 2 (48 km, Höhenunterschied 150 m, Schwierigkeitsgrad mittel): Der Anfang der Strecke gleicht der von Tour 1. Von Kanfanar hinab nach Burići, weiter nach Salambati und Svetvinčenat. Dann hinab über Krančiči nach Čabruniči. Ab hier geht es weiter abwärts nach Sv. Margareta (Vodnjan). Von hier bergan nach Sv. Kirin und Juršiči und weiter nach Režanci und Bibiči. Nun kann man sich bergab etwas ausruhen, es geht in Richtung Bričanci. Dann heißt es in die Pedale treten, um nach Svetvinčenat zu kommen; danach wieder leicht bergab über Mariči zurück nach Kanfanar.

Dvigrad (Due Castelli) ist eine Geisterstadt. Kurz hinter Kanfanar zweigt eine kleine Straße ab und windet sich von der Hochebene ca. 2,5 km tief ins Tal hinab. Unten angekommen, sieht man auf einem Hügel mitten im Dragatal die begrünten

Ruinen von Dvigrad – es sind die Überreste einer spätmittelalterlichen Siedlung, die wegen ihrer günstigen Lage einst eine wichtige Rolle im Handel spielte.

Nach der ersten Besiedlung durch die Illyrer folgten die Römer, die ihre beiden Siedlungen Parentino und Montecastello auch Duo Castra (*Dva grada*) nannten. Die noch erhaltenen Reste des früheren Dvigrad waren die frühere Siedlung Montecastello, gegenüber befand sich Parentino, das im Krieg zwischen den Venezianern und Genuesen Ende des 14. Jh. geschleift wurde. Dvigrad (Montecastello) hingegen wurde mit Wehrmauern und Verteidigungstürmen umgeben, die romanische *St. Sophia-Kirche* wurde gebaut. Wegen Pest- und Malariaseuchen mussten die Dvigrader 1631 ihre Heimat verlassen und siedelten ins benachbarte Kanfanar um.

Dvigrads Stadtmauern mit Türmen und Stadttor sind noch gut zu erkennen; innerhalb der Bastionen stehen noch um die 200 Hausruinen, eine verfallene Kirche im Ortszentrum und weitere Überreste von Kirchen und Kapellen. Die Legende erzählt, dass der Seeräuber *H. Morgan*, der vor 300 Jahren hier lebte, in Dvigrad einen Schatz vergraben haben soll. Bis heute ist es allerdings noch keinem gelungen, ihn aufzuspüren ...

Es macht Spaß, in dem grün überwucherten Steinlabyrinth umher zu laufen und die nur von Vogelgezwitscher unterbrochene Stille zu genießen. Weit reicht der Blick von hier ins Karsttal, auf die Hochebene und auf die bedrohlich wirkende moderne Brücke, die seit ein paar Jahren das breite Tal überspannt. Auch ein kleiner Spaziergang auf den gegenüber liegenden Hügel lohnt sich, von dem sich Dvigrad aus der Distanz bewundern lässt; sehenswert hier ist die *St. Antonius-Kapelle* mit schönen Fresken, die im 16. Jh. von einem unbekannten Meister geschaffen wurden.

Dvigrad – malerisches Ruinenlabyrinth

Rovinj – die Altstadt

Westküste: Von Rovinj zu den Brijuni-Inseln

Rovinj (Rovigno)

Dicht an dicht drängen sich die Häuser auf der befestigten Halbinsel und ziehen sich in winkligen Gässchen den Berg hinauf. Der aus dem Dächergewirr stolz in den Himmel ragende Glockenturm ist schon von weitem zu sehen – es ist der höchste Istriens. Rovinj ist eine freundliche Stadt mit einer lebendigen Neustadt, die nicht nur vom Tourismus lebt.

Als Wahrzeichen der ausnehmend hübschen Kleinstadt steht der alles überragende Glockenturm der *Euphemia-Kirche* am höchsten Platz von Rovinj. Seine frappierende Ähnlichkeit mit dem Markusturm in Venedig ist nicht zufällig. Charakteristisch für Rovinj sind auch die zahlreichen verschiedenartigen Schornsteine, die aus der Dachlandschaft lugen – einst sollen es über tausend kunstvoll verzierte Schlote gewesen sein. Da der Stadtgrund für bauliche Ausschweifungen keinen Platz bot (z. B. für mittelalterliche „Gewerbeparks" ...), zeigten die Bewohner ihre Kreativität in den Schloten – jeder sollte sein Haus schon aus der Ferne am Schornstein erkennen.

Schmale Gässchen mit holprigem, abgelaufenem Pflaster und zahlreichen Treppchen führen hinauf zum großen Kirchplatz, vorbei an auffällig vielen „Galerien", die überwiegend Schmuck und Gemälde feilbieten. Rovinj, der „istrische Montmartre", war ursprünglich eine Insel, die vor 200 Jahren mit dem Festland verbunden wurde. Von oben bietet sich dem Besucher ein weiter Ausblick nach drei Seiten übers Meer und auf die vorgelagerten Inselchen. Und noch weiter sehen kann der, der sich traut, die schmalen Stiegen des Glockenturms zu erklimmen – mit 60 Metern ist er der höchste Istriens.

Durch ihre Lage zwischen den beiden Hafenbuchten, der nördlichen, größeren *Valdibora* und der südlich gelegenen malerischen *Katarina*, hat die Stadt zwei Gesichter: Von Norden gibt sie sich trutzig, mit Mauern und Häusern, die direkt aus dem Meer zu ragen scheinen und heute verlassen wirken. Die südliche Ansicht zeigt sich freundlich, mit vielen schönen Bürgerhäusern und Palästen, einem großen Hafenplatz und einer Bucht voller Fischerboote; östlich davon die Marina mit den in der Sonne glänzenden Luxusjachten.

Nordöstlich des Hafenbeckens erhebt sich die von Touristen meist unbeachtete Neustadt; kurz vor dem nördlichen Hafen Valdibora hat der lebhafte bunte Markt seinen Standort – hier gibt es frisches Obst und Gemüse, Schafskäselaibchen, Knoblauchzöpfe, Kräuterschnäpse ... Und gleich gegenüber sitzen Frauen, häkeln Tischdecken, Deckchen, Gardinen und Servietten und warten geduldig auf Käufer.

Gegenüber der Altstadt und dem Hafen ragt groß und buchtenreich eine Landzunge ins Meer. Im Norden dehnt sich der große Jachthafen aus, dahinter verstecken sich im üppigen Grün der Bäume zahlreiche Hotels, im Süden schließt sich die ebenso grüne Landzunge *Zlatni rt* an, mit schönen Wanderwegen und Badeplätzen.

Wer weniger Wert auf ausgedehntes Strandleben legt, gerne in Cafés sitzt und gut isst, wird sich in Rovinj wohl fühlen – die Altstadt ist im Sommer für den Autoverkehr gesperrt. Für einen Sprung ins Wasser läuft man zur Landzunge Zlatni rt oder steigt in eines der Ausflugsboote, die zu den vorgelagerten Inselchen *Sveta Katarina* und *Crveni otok* (auch *Sv. Andrea* genannt) tuckern.

Geschichte

Bis ins 18. Jh. war Rovinj eine kleine befestigte Insel, deren Bewohner sich oft verteidigen mussten und dies auch konnten – im Westen war die Stadt von hohen Felsen zur Meerseite hin geschützt, die anderen Seiten hatten die Rovinjer mit hohen Mauern umgeben. Schon Jahrtausende vorher hatten sich die Illyrer auf der damals *Mons Albanus* genannten Insel häuslich eingerichtet; das nahe Festland nutzten sie für Ackerbau und Viehzucht.

Die Römer gaben im 2. Jahrhundert dem damals noch unbedeutenden Inselort den Namen *Ruginium*. Im 7. Jh. besiedelten Slawen die Insel, die sie *Rovinj* tauften. Nach dem Untergang des Römischen Reichs und seiner Teilung fiel der Ort unter dem Namen *Rugino* 774 an Byzanz und wurde dem Verwaltungsgebiet Ravenna zugeteilt. 788 kam Rugino unter fränkische Herrschaft.

Das Hochmittelalter begann für Rovinj stürmisch, so dass man die Verteidigungsmauern erhöhte: Im 9. Jh. wurde die Stadt immer wieder von Seeräubern attackiert und 876 niedergebrannt. Vom 10. bis ins 12. Jh. war Rovinj – eine für ihre Zeit moderne Stadt, deren Bewohner sich selbst verwalteten – im Besitz verschiedener Adelsfamilien. Mit der Herrschaft Venedigs ab 1283 verlor Rovinj seine Selbstverwaltung, der städtische Rat musste sich den Anweisungen eines venezianischen Adeligen beugen.

Trotz der Überfälle der Genueser (1379) und Uskoken (1559 und 1599), die die Stadt plünderten und teilweise niederbrannten, entwickelte sich Rovinjs Geschäftsleben unter dem Schutz Venedigs gut; der Handel mit Wein und Oliven blühte, die

Stadt wurde zu einem bedeutenden Schiffs- und Fischereizentrum. Im 17. Jh. stieg die Einwohnerzahl Rovinjs sprunghaft an: Während ringsum Pestseuchen wüteten, blieb Rovinj verschont. Viele Familien aus anderen Städten suchten Zuflucht auf der Insel, die bald aus allen Nähten platzte, weshalb sich die Flüchtlinge gegenüber auf einem Hügel am nahen Festland ansiedelten. 1763 wurde der Kanal zwischen Festland und Insel zugeschüttet – die Stadt konnte sich nun ungehindert ausdehnen.

Nach dem Ende der venezianischen Herrschaft 1797 und dem napoleonischen Intermezzo bis 1815 übernahm Österreich-Ungarn die Kontrolle – es war die Blütezeit in der langen Geschichte der Stadt: Fast ein halbes Jahrhundert war Rovinj nun die Stadt mit dem größten Hafen an der gesamten Westküste. Doch bereits

Mitte des 19. Jh. verlor Rovinj durch die Konkurrenz der ebenfalls österreichischen Städte Triest und Pula wirtschaftlich den Anschluss. Der Aufschwung durch die 1872 gegründete Tabakfabrik und die Anbindung an die Eisenbahnlinie von Divača nach Pula war nur von kurzer Dauer. Nach der Kapitulation Italiens im Zweiten Weltkrieg (1943) formierte sich in Rovinj die Volksbefreiungsarmee, die gegen die deutschen Besatzungstruppen erfolgreich kämpfte. Erst in den Nachkriegsjahren entwickelte sich Rovinj allmählich zu seiner heutigen Größe als beliebtes touristisches Zentrum.

Information/Verbindungen

• *Telefonvorwahl* 052

• *Postleitzahl* 52210 Rovinj

• *Information* **Touristinformation**, Obala P. Budičin 12; in der Saison Mo–Sa von 9–21 Uhr, sonst Mo–Fr 8–15 Uhr. ✆ 811-566, ℻ 816 007; tzg-rovinj@pu.tel.hr; www.istra.com/rovinj..

Kompas Istra, Trg M. Tita 5, ✆ 813-211, 813-187. Für Ausflüge.

Atlas, Trg Pignaton 1 (nördl. des Trg M. Tita).

Touristagentur Natale, Trg na Lokve (beim Busbahnhof), ✆ 813-365.

Autotehna Istra, Nazorova b.b. (vor Hotel Park), ✆ 815 209.

Autotrans, am Busbahnhof, ✆ 811-218, www.autotrans.hr. Bustickets.

Agentur Dik, ✆ 818-181, gegenüber dem Busbahnhof. Fahrradvermietung.

Eurostar Travel, Obala P. Budicin 1, ✆ 813.132, ℻ 816-615. Boote, Ausflüge.

• *Verbindungen* Die **Busstation** befindet sich gleich bei der Post, mehrmals täglich Busse in alle Richtungen; ✆ 811-453. Der nächste **Bahnhof** liegt im 20 km entfernten Kanfanar; ✆ 825-011. Nächster **Flugplatz** ist Pula (38 km); ✆ 550-913.

Schiffsverbindungen mit der Adriatica nach Poreč, Piran, Lignano, Grado, Triest, Brioni und Mali Lošinj. Auskunft und Buchung über Eurostar Travel (siehe oben); Info auch unter www.adriatica.it.

Bootsverbindung zu den vorgelagerten Inseln Sv. Katarina und Crveni otok: Die Boote pendeln von Rovinj fast stündlich von frühmorgens bis spätnachts; Abfahrt am Hafen und an der Anlegestelle vor dem Hotel Park; Fahrplan an der Infostelle; Überfahrt ca. 3 €, Hotelgäste fahren gratis.

Diverses

• *Ausflüge* Ein ganzes Paket organisierter Ausflüge: z. B. nach Venedig (täglich mit Eurostar Travel, ca. 60 € hin- und zurück), nach Lipica, Mali Lošinj und zu den Brijuni-Inseln; Bustour durch Istrien, mit dem Segelschiff an der Küste entlang, Fischpicknick oder ein Abstecher nach Pula.

• *Autoverleih/Vespas/Fahrräder* z. B. **Agentur Vetura**, gut sortiert; Nazorova b.b. (vor dem Jachthafen), ✆ 815-209, ℻ 816-012. **Zazu Rent**, M. Benussi 15, ✆ 811-832; rund um die Uhr unter Mobil-Tel. 098/762-571.

• *Geldwechsel* jede Menge Banken in der Stadt, an der Obala A. Negri (Hafenpromenade) fast hintereinander: **Istarska banka**, **Laguna banka** und **Erste banka**; meist Mo–Fr 8–14 und Sa 8–12 Uhr.

• *Einkaufen/Spezialitäten* in den Altstadtgassen präsentieren zahlreiche Galerien und Kunstwerkstätten ihr Angebot. Rovinjer Pelinkovac, ein Bitterlikör mit Wermutaroma, sowie andere Liköre und Schnäpse mit verschiedensten Früchten und Kräutern werden meist an Straßenverkaufsständen angeboten.

Boutiquen, Drogerie, Fotogeschäfte, Parfumeria gibt es in der Ulica Carrera, nördlich der Hauptgasse.

• *Jachthafen* **ACI-Marina Rovinj**, 380 Liegeplätze im Wasser, 120 Plätze an Land, alle mit Wasser- und Stromanschluss; 10-t-Schiffshebekran, Bootsvermietung; Werkstatt, Tankstelle, sanitäre Anlagen (mit Duschen), Wäscherei, Restaurants. An zwei neuen schwimmenden Wellenbrechern sind 70 weitere Liegeplätze entstanden. V. Nazora b.b., ✆/℻ 813-133; www.aci-club.hr.

Marina Valalta, beim gleichnamigen Campingplatz, 150 Liegeplätze im Wasser, 60 an Land, diverse Serviceangebote. ✆ 804-800.

Hafenkapitän: ✆ 811-132

• *Post* Ul. Matteo-Benussi, Mo–Sa 7–21 Uhr, telefonieren bis 23 Uhr.

• *Gesundheit* **Ambulanz**, ✆ 813-004 rund um die Uhr; **Krankenhaus**, ✆ 811-011.

Schattiger Platz zum Entspannen – unterhalb von Sv. Eufemija

Karte S. 159

Stadt-Apotheke, Ul. M. Benussi-Cio, ✆ 813-589, geöffnet Mo–Sa 8–21 Uhr. **Apotheke-Centener**, Trg. ulika 2, ✆ 811-140, geöffnet Mo–Sa 8–21 Uhr.

• *Nachtleben* Gegenüber Hotel Eden **Disco Monvi (27)** mit Tanz auch auf der Terrasse. Zudem Tanz in den Hotels Park, Eden, Katarina und auf den Campingplätzen.

• *Taxi* Beim Busbahnhof, ✆ 811-100.

• *Veranstaltungen* **Rovinjer Sommer**: Im Juli/August Konzerte am Hauptplatz (alle Musikrichtungen), in der Kirche Sv. Eufemija und im Franziskanerkloster klassische Konzerte.

Segeljachtregatta Pesaro–Rovinj–Pesaro, meist Ende April/Anfang Mai.

Konzerte, Folkloredarbietungen und breites **Kulturprogramm** im Sommer.

Rovinjer Nacht jährlich am 3. Wochenende im August von Do bis So Veranstaltungen mit Live-Musik u. v. m. Finale ist am Sonntag um 24 Uhr mit großem Feuerwerk auf dem Meer.

Stadtfest und Feiertag Sv. Eufemija am 16. September.

Grizija: Großes Open-air-Kunstspektakel jährlich am 2. Sonntag im August ab 9 Uhr. Jeder kann seine schönsten Gemälde in der Hauptgasse an den Hausfassaden befestigen und ausstellen. Infos und Anmeldung unter ✆ 816-720.

Übernachten (siehe Karte S. 164/165)

Privatzimmer vermitteln die Touristagenturen. Preis je nach Kategorie 21–26 €/DZ. Private Appartements von 35–40 €/2 Pers. bis zu 90 €/6 Pers./Tag. Schöne Zimmer gibt es in der Altstadt.

Z. B. **Pension Baron Gautsch (10)** (**), freundliches Gebäude mit Balkonen, zentral und doch ruhig 200 m oberhalb der Uferpromenade gelegen. I. M. Ronjgova 7 (oberhalb Restaurant Maestral bei Obala Vladmira Nazora/Omladinska, ✆ 814-042, ✆ 840-537; www.baron-gautsch.com.

Pension Romano (8) (**), im ruhigen Stadtteil Centener, nördliche Parallelstraße zur Ulica Centener. Vukovarska 2, ✆ 813-212, 817-275.

Pension Petra, im nördlichen ruhigen Stadteil Borik, Zufahrt Richtung Krankenhaus und Feriensiedlung Monsena, Stadtbeginn westlich. Matije Vlačića Ilirika 7, ✆ 821-159, ✆ 812-880.

Altstadthotel Rovinj (30) (**), älterer Bau mit lauschiger Terrasse, wunderschön unterhalb der Euphemia-Kirche und oberhalb der Uferstraße gelegen. Schöner Blick aufs

Meer, ruhige Lage und Bademöglichkeit, eigener Parkplatz, vom nördlichen Hafen Valdibora zu erreichen. Einfache DZ/F 50–65 €. Sv. Kriza 59, ✆ 811-288, 815-822 (zentrale Buchung), ℻ 811-257; www.rovinijturist.hr.

Altstadthotel Adriatic (16) (***), direkt am Hafen an der Uferpromenade. Kleines, gemütliches 60-Betten-Hotel in stilvollem Bau, schöne Frühstücksterrasse. Bei Sommerfestivitäten nachts allerdings laut. DZ/F 106 €, ✆ 815-088, ℻ 813-573; www.adriaresorts.hr

Hotel-Villa Angelo d'oro (21) (*****), unterhalb der Kathedrale in einem restaurierten Bischofspalais aus dem 17. Jh., mit stilvollen Gemälden und Möbeln. Die 24 Zimmer bieten modernsten Komfort. Zudem lauschiger Garten, Café-Bar, großer Wellnessbereich, hoteleigenes Taxiboot, zum Chartern eine Jacht und Segeljolle. DZ/F 200 €. Via Svalba 38-42, ✆ 840-502, -503, ℻ 840-111; www.rovinj.at.

Hotel Villa Valdibora (19) (****), in der Altstadtgasse westlich des Markts in Richtung Sv. Euphemia, in einem Barock-Gebäude aus dem 17. Jh. Stilvolle, komfortable Zimmer, Fahrradverleih. Familiäre Atmosphäre. 2-Pers.-Appartement 200 € inkl. Frühstück. Chiurco Silvano 8, ✆ 845-040, 845-060; www.valdibora.com.

Vila Lili (3) (***), gut ausgestattetes kleines 36-Betten-Hotel mit Restaurant und Bar kurz vor Monte Molini. Zufahrt über die Luje Adamovica in Richtung Hotels. Kurz nach dem linken Abzweig zum Hotel Park rechts abbiegen. DZ/F ca. 80 €. A. Mohorovčića 16, ✆ 840-940, ℻ 840-944, www.cel.hr/Vilalili.

Aparthotel Villa Coc (1) (***), hübsches rotweißes kleines Hotel mit Zimmer- und Appartementvermietung im Stadtteil Borik, nordwestlich der Altstadt. Ruhig gelegen, 10 Min. zum Strand. Zimmer ab 70 €. P.P. Vergerio Nr. 4, ✆ 830-778, ℻ 821-062, www.vilacoc-rovinj.com.

• *Auf der Landzunge östlich der Altstadt* Die Hotels liegen ca. 1–2 km östlich, inmitten vom üppigen Grün der Nadelbäume. Südlich schließt der Park der Halbinsel Zlatni rt an (Punta corrente, Goldkap). Zur Altstadt geht es zu Fuß am Jachthafen vorbei, dann an der Uferpromenade entlang.

Hotel Park (22) (***), direkt am Jachthafen, mit allem Komfort: Hallenbad, Sauna, Massageräume, Ambulanz, Fischrestaurant, Bar. Abends Tanz auf der großen Terrasse (wer Ruhe sucht, ist hier fehl am Platz); DZ/F 135–145 €; es werden auch Appartements vermietet. ✆ 811-077, ℻ 816-977; www.adriaresorts.hr

Hotel Monte Mulin (32) (**), südlich des Hotels Park; preiswertes Haus mit einfachster Ausstattung (zum Teil ramponiert), allerdings in schöner Lage, 30 m vom Strand entfernt, Terrassenbetrieb. DZ/F 54 €. ✆ 811-512, ℻ 815-882, www.adriaresorts.hr.

Etwas entfernt vom Strand, hinter dem Mulin und mitten im Park das einfach ausgestattete **Hotel Montauro (25)** (**) mit überdachtem Swimmingpool. DZ/F 90 €. ✆ 813-088, ℻ 813-287; www.istra.com/jadranturist.

Gleich dahinter das **Hotel Eden (17)** (****) mit riesigem Swimmingpool, umgeben von mächtigen Laub- und Nadelbäumen. Zudem Hallenbad, Sauna, Massagezentrum und Sportcenter. Komfortable DZ/F 168 €. ✆ 800-400, ℻ 811-349; www.istra.com/jadranturist.

• *Im Osten von Rovinj* **Villas Rubin** (**), weiter ostwärts entlang der Küste, ca. 3 km von Rovinj entfernt; die fast 1.000 Bungalows und Appartements umfassende Siedlung zählt zu den bestausgestatteten Ferienanlagen Istriens, die Räumlichkeiten selbst sind allerdings einfach. Mit Restaurants, Pizzeria, Bars, Supermarkt, Metzgerei, Ambulanz, Kiosken; Sportcenter mit Tauchclub und Surfschule, Tennisplätze und -kurse; Verleih von Surfbrettern, Wasserskiern etc.; Minigolf und Tischtennis, Fußballplatz, Volley- und Basketball. Im Hotel DZ/F 60 €. Appartements mit 3 Betten 100 €, 6 Betten 140 €. ✆ 801-400, ℻ 813-353; www.adriaresorts.hr.

• *Im Norden von Rovinj* **Camping- und Hotelanlage Valdaliso** (**), etwa 2 km nördlich von Rovinj, direkt am Meer; die Hotelgebäude von Wald umgeben und mit Blick auf Rovinj. Restaurants, Disco, Terrassenbar, Ambulanz; Tennisplätze, Sportplatz, Tischtennis, Kinderpark, kleiner Hafen mit Slipanlage. DZ/F 85–100 € in den Bungalows. ✆ 815-822, ℻ 811-541; www.rovinjturist.hr.

FKK-Camping-, Appartement- und Bungalowsiedlung Monsena (**), etwa 3 km nördlich von Rovinj, direkt am Meer; zwischen Bäumen ebenerdige, eingeschossige Häuser in verschiedenen Größen (für 2–6 Personen). Es gibt mehrere Restaurants, Pizzeria, Bars, Supermarkt, Massageräume, Ambulanz, Supermarkt, Hafen mit Slipanlage; Tanzterrasse und Unterhaltungsprogramm auch für Kinder; großes Sportcenter: Tennisplätze, Volleyball, Minigolf,

Lauschiges Feriendomizil auf Sv. Katarina

Tischtennis, Surfen, Vermietung von Fahrrädern und Booten; Swimmingpool mit Wasserrutsche, gebadet wird an Kies- und Felsstrand. Appartements mit 3 Betten 75 €, 5 Betten 96 €. ✆ 802-000, ✆ 813-354, www.istra.com/jadranturist.

FKK-Camping-, Appartement- und Bungalowsiedlung Valalta (***), etwas weiter, ca. 6 km nördlich von Rovinj, kurz vor dem Limski-Kanal. Die Anlage zählt zu den besten Istriens und wurde mit der Blauen Fahne prämiert. Das Gelände direkt am Meer ist 50 ha groß; die von Büschen und Bäumen umgebenen, unterschiedlich großen Bungalows sind meist ebenerdig, mit Terrasse und auf 2–6 Personen ausgelegt. Restaurants, Pizzeria, Bars, Supermarkt, Ambulanz, schön gestaltetes Meerwasser-Schwimmbad, Marina mit Slipanlage; großes Sportcenter mit Tennisplätzen, Volleyball, Minigolf, Tischtennis etc. Für Kinder gibt's eine riesige Wasserrutsche, großen Spielplatz und kostenlosen Kindergarten; gebadet wird an Kies- und Felsstrand. Im Bungalow DZ/F 75–85 €; im Appartement je nach Lage für 2 Pers. 65–110 €, 4 Pers. 95–120 €, 6 Pers. 140 €. ✆ 811-033, ✆ 821-004; www.valalta.hr.

Bungalows Country Club, im Norden der Stadt, leider nicht am Meer, dafür schön und ruhig um einen Pool gruppiert, Büsche und schattige Bäume. Ca. 50–70 € für 2–4 Personen und Terrasse. Rovensko Selo, ✆ 848-549, -574, ✆ 848-383; www.countryclub.hr

• *Auf den vorgelagerten Inseln* Auf den Inseln Sv. Katarina und Crveni otok (Rote Insel) schöne und ruhige Übernachtungsmöglichkeiten in Hotels. Fast stündlich Bootsverbindung mit Rovinj (zum Hafen und zum Hotel Park), in der Saison bis 24 Uhr (bei Bedarf auch Einzeltransfer bei An- und Abreise), sonst bis spätnachts. Für die Hotelgäste ist der Transfer kostenlos (sonst ca. 3 €).

Insel Sveta Katarina - Hotel Katarina (33) (****): Die Insel liegt in Sichtweite von Rovinj (5 Min. Transfer). Das Hotel ist umgeben von einem 100-jährigen Park mit duftenden Myrte-, Ginster- und Magnoliensträuchern; riesige Aleppokiefern und Laubbäume spenden Schatten, angelegte Wege führen über die Insel. Im Jahr 2000 wurden das Schlosshotel und die Gästevillen renoviert und ein subtropischer Park angelegt. Zudem schöne große Meerwasser-Badelandschaft, Tennisplätze, Boccia und Minigolf, Wassersportzentrum mit Tauch-, Segel- und Surfschule, 4-PS-Boote können gemietet werden. Komfortable DZ/F, Familienzimmer je nach Lage 90–135 €. ✆ 804-100, ✆ 804-111, www.hotelinsel-katarina.com.

Übernachten
1 Aparthotel Villa Coc
3 Vila Lilli
8 Pension Romano
10 Pension Baron Gautsch
16 Hotel Adriatic
17 Hotel Eden
19 Hotel Villa Valdibora
21 Hotel Villa Angelo d'Oro
22 Hotel Park
25 Hotel Montauro
30 Hotel Rovinj
32 Hotel Monte Mulin
33 Hotel Katarina
34 Hotel Istra
Cafés
18 Café-Bar Riviera
26 Café-Bar Valentio
Nachtleben
13 Cocktailbar Havanna
18 Café-Bar Riviera
26 Café-Bar Valentio
27 Diskothek Monvi
Valalta, Monsena, Krankenhaus
Poreč
Aquarium
Vijenac braće Lorenzetto
L. A. del Veskovo
E. De Amicis
Domenico Pergolis
Fontera
M. Zelko
G. Mazzini
Carducci
Franziskaner-kloster
BUS
Sv. Troije
Karera
Augusto Feri
Giordano Paliaga
Obala Riva
A. Rismondo
Obala A.
Heimatmuseum
Balbi-Tor
Trg Valdibora
Trg M. Tito
V. Švalba
Obala P. Budičin
Sv. Eufemija
Sv. Križa
Sv. Katarina
Stari Grad

Essen & Trinken
2 Rest. Blu
4 Rest. Božket
5 Rest. Orca
6 Rest. Perla
7 Agroturismo Monfardin
9 Rest. Graciano
11 Rest. Sidro
12 Rest. Giannino
14 Rest. Amfora
15 Rest. Maestral
20 Enotheka Al Gastoldo
23 Rest. Stari Grad
24 Konoba Veli Jože
28 Rest. Monte
29 Rest. Marina
31 Rest./Weinbar Puntaleina
Pula 7
Istarska - Istria
43. istarske divizije
V. Širole-Paje
Stanko Pauletić
Villas Rubin, Polari
M. Benussi
Stjepan Radić
Centener 8
Zagrebačka
Funtana
Mateo
Benussi
A. Mohorovičić
Gioventu
M. Laginja
Obala V. Nazor
I. M. Ronjgov
M. Balota
Luj Adamović
A. Smareglia
ACI-Marina
Zeatni rt
Crveni otok 34
Rovinj

Sv. Andrija (Crveni otok/Rote Insel) – Hotel Istra (34) (***): Mit dem Schiffchen dauert die Überfahrt auf die Insel, die eigentlich aus zwei mit einem Damm verbunden Inselchen besteht, gute 15 Minuten. Auch hier kann man unbeschwert inmitten einzigartig üppiger Vegetation ein paar Inseltage verbringen (siehe auch „Sehenswertes"); angelegte Wege überziehen die Inseln. Es gibt Restaurants, Pizzeria, Weinkeller, Bars, Nachtclub Valentino, Hallen- und Freibad, Geschäfte, Ambulanz und Kindergarten. Auch das Sportangebot ist groß: Tennisplätze und -schule, Minigolf, Tischtennis, Volleyball, Sauna, Massageräume, Fitnessstudio; Verleih von Tretbooten und Kanus, zudem Segel-, Tauch- und Surfschule sowie ein kleiner Hafen. Gebadet wird an Sand-, Kies- und Felsstrand. DZ/F ca. 140 €. ✆ 802-500, 📠 813-484; www.adriaresorts.hr

• *Leuchtturm* Auf der vorgelagerten, nur wenige Quadratmeter großen Insel **Sv. Ivan na Pučini** steht der Leuchtturm mit zwei Ferienwohnungen mit jeweils 4 Betten; Anlegeplatz und Kran für kleinere Boote. Optimales Tauchrevier. Buchung siehe Kapitel „Übernachten/Leuchttürme".

• *Touristischer Bauernhof* **Matohanci**, im Weiler Matohanci, ca. 10 km in Richtung Kanfanar (siehe unter Kanfanar).

Camping

Autocamp Veštar (***), 5 km südlich von Rovinj an einer eigenen ca. 1,5 km langen Bucht; 15-ha-Gelände für 2.100 Personen. Separater FKK-Strand, gute Sanitäreinrichtungen, schattig durch viele Bäume. Es gibt Restaurant, Pizzeria, Supermarkt, Tennisplätze, Hafen mit Slipanlage; gebadet wird an Sand- und Felsstrand. Anfang April bis Ende Sept. Person 6 €, Parzelle 7,60–10 €. ✆ 829-150, 📠 829-151, www.istra.com/jadranturist;

Camping Mon Paradis (**), einfacher, kleiner, beschaulicher Platz (50 Stellplätze), direkt am Meer gegenüber Autocamp Veštar. Person 5 €, Auto/Zelt etc. 6 €. Porto Vestre, ✆ 829-107, ✆/📠 830-028. Geöffnet Ende Mai bis Ende Sept.

Alle weiteren Autocamps liegen auf der Landzunge Richtung Limski-Fjord (von Norden kommend vor dem nördlichen Stadtrand rechts fahren).

Autocamp Porton Biondi (***), 1 km nördlich von Rovinj, 6-ha-Platz für ca. 1.200 Personen; für Zelte geeignete, schattige Terrassenanlage, aber durch Uferstraße vom Meer getrennt. Hier ist auch die Tauchstation. Geöffnet 1. Mai bis 30. Sept. Person 4,30 €, Zelt, Auto, Caravan 5–5,60 €. ✆ 813-557, 811-509.

Autocamp Valdaliso (***), 2 km nördlich von Rovinj, 9-ha-Platz für 900 Personen; schattig unter Aleppokiefern am Meer gelegen, mit Blick auf Rovinj. Näheres siehe oben unter „Hotels". Person 5,50 €, Zelt, Auto, Caravan 8–13,50 €. ✆ 805-505, 📠 811-541; www.rovinjturist.hr.

Autocamp Polari (***), 3 km nördlich von Rovinj, 60-ha-Platz für bis zu 4.900 Personen. Wiesengelände an eigener Bucht, separates FKK-Areal auf einer Halbinsel. Bäume spenden Schatten; Restaurant, Supermarkt, Hafen mit Slipanlage; neben Villas Rubin, dessen Angebote die Camper mitbenutzen dürfen. Person 5,60 €, Parzelle 6,50–10 €. ✆ 801-501, 📠 811-395; www.istra.com/jadranturist.

FKK-Camping Valalta (****), 6 km nördlich von Rovinj, 70-ha-Gelände für bis zu 4.000 Personen mit sonnigen und schattigen Stellplätzen; gute Sanitäranlagen in ausreichender Zahl. Näheres siehe oben unter „Bungalows". Person 6,50–7 €, Parzelle 9,50–12 €. Geöffnet 1. Mai bis 30. Sept. ✆ 804-800, 📠 811-463, www.valalta.hr.

FKK-Camping Monsena (***), 3 km nördlich von Rovinj, 12-ha-Gelände für 2.000 Personen; wenig Schatten, Bäumchen teils noch zu klein; genügend Sanitäranlagen. Näheres siehe oben unter „Bungalows". Person 6 €, Parzelle 10 €. ✆ 813-044, 📠 813-354, www.istra.com/jadranturist.

Essen (siehe Karte S. 164/165)

Die meisten Restaurants, Grills und Cafés finden sich in der Nähe des Trg M. Tita, an der Obala A. Rismondija sowie um den Hafen.

• *Restaurants* **Konoba Veli Jože (24)**, kurz vor der Mole, hübsch zum draußen Sitzen, innen gemütlich rustikal mit altem Interieur und Fischernetzen an der Decke. Istrische Spezialitäten wie Schafskäseaufschnitt, marinierte Sardellen als Happen für zwischendurch, Fischsuppe-Brodet und natürlich Fischgerichte; Spezialität des Hauses ist Lamm aus dem Backofen und Hummergerichte. Sv. Križa 1, ✆ 816-337.

Gostiona Stari Grad (23), stilvolles Lokal mit gutem Service und guten Fischspezialitäten. D. Masatto 5, ✆ 813-449.

Schräg gegenüber die **Enotheka Al Gastaldo (20)**. Ambiente im Landhausstil, Sitzmöglichkeiten auch in der Gasse. Weine und kleine Gerichte.

Restaurant Monte (28), unterhalb der Kirche; Sitzmöglichkeit auf verschiedenen Terrassen mit blühenden Trompetenblumen. Moderne Küchenkunst wie Rotbarschfilet auf Crème Fraîche mit Kapern und Shrimps, als Dessert Terrine von Trauben in süßem Malvazija. Geöffnet 18.30–23.30 Uhr. Via Montealba, ✆ 830-203.

Restaurant und Weinbar La Puntaleina (31), farbenfroher, in kräftigem Blau und Orange gehaltener Speiseraum, die Terrassen und Balkone direkt über dem Meer. Leichte, moderne Küche, diverse Trüffelgerichte wie Fischfilet oder Ravioli mit Trüffeln, zudem hausgemachte Kuchen und Sorbets. Sv. Kriz 38, ✆ 813-186.

Restaurant Amfora (14), traditionsreiches Fischlokal an der Uferpromenade, direkt gegenüber der Altstadt; mit Terrasse, Wintergarten und kleinen Seerosenteichen. Spezialitäten sind Lasagne mit Lachs oder Meeresfrüchten, Hummer und Scampi mit Nudeln, frischer Fisch oder istrischer Spieß. A. Rismondo 23, ✆ 815-525.

Restaurant Sidro (11), Familienbetrieb mit sehr gutem Service und guter Küche; Fleisch- und Fischgerichte, hausgemachtes Brot, gute Weine. A. Rismondo (vor Restaurant Amfora).

Restaurant Giannino (12), modernes Lokal im italienischen Stil, ebenso das Essen; kleine Terrasse. Lecker z. B. Rigatoni mit Hummer oder Nudeln mit Meeresfrüchten. A. Ferri 38 (nördlich des Trg M. Tita), ✆ 813-402.

Restaurant Maestral (15), schöne Lage direkt am Meer, mit Blick auf die Altstadt und traumhaften Sonnenuntergängen. Segeltuchbestuhlung. Gekocht und gebraten wird im Freien; riesige Portionen, z. B. Tintenfisch oder Fisch mit frittiertem Gemüse und Pommes. Preiswert. Nördlich vom Jachthafen und der Ablegestelle nach Sv. Katarina.

Restaurant Marina (29): Hier sitzt man erhöht auf der Terrasse, blickt über den Jachthafen und auf die Altstadtkulisse. Internationale Küche, guter Service. Im Jachthafen.

Restaurant Bosket (4), an der Ausfallstraße Richtung Poreč linker Hand (ca. 1 km vom

Balbi-Tor mit venezianischem Löwen

Parking am Nordhafen), mit dem Auto gut erreichbar, Parkplatz ganz in der Nähe. Schöne Terrasse, familiäre Atmosphäre, gute Küche, preiswert. Auch Zimmervermietung. ✆ 813-150.

Restaurant Perla (6), bei den Einheimischen sehr beliebt und immer gut besucht, mit überdachter Terrasse. Spezialitäten sind Fischgerichte und Kalbsmedaillons. Končeta b.b. (an der Straßenkreuzung vor der Stadt in Richtung Hotels), ✆ 811-801.

Restaurant Orca (5), großer, in hellem Naturstein gehaltener Speiseraum, besonders bei Italienern sehr beliebt. Ohne Reservierung ist selten ein Plätzchen zu finden. Im Freien bisher nur Notplätze. Flinker und guter Service. Selbst gemachte Pasta und Fuži z. B. mit Trüffeln oder Wild, zahlreiche Vorspeisen und natürlich Fisch, Schalen- und Krustentiere. Gripuli 70 (an der Straßenkreuzung vor der Stadt in Richtung Pula), ✆ 816-851.

Über den Dächern der Stadt ...

Restaurant Blu (2), direkt am Meer, bei den Einheimischen beliebt wegen der Fischgerichte. In Richtung Valalta, Val de Lesso 9, ✆ 811-265.

Empfohlen wird auch das Fischlokal **Graciano (9)** am westlichen Kai (Anlegehafen der Ausflugsschiffe) neben der Tankstelle; beliebt bei Einheimischen; Spezialität hier ist frischer Fisch in allen Variationen. Trg ulika 1, ✆ 811-515.

• *Essen außerhalb* **Biohof und Agroturismus Monfardin (7)**, ca. 5 km in Richtung Bale, dann nochmals 2 km auf der Piste südlich. Altes, einfaches Bauernhaus inmitten von Feldern. Hier gibt es Lamm, Kitz und Spanferkel vom Grill oder aus dem Ofen, hausgemachtes Brot, frische Eier, Olivenöl und Wein. Es gibt einfache Zimmer (ohne Dusche). Vestar 4, ✆ 829-044.

• *Cafés/Bars* **Café-Bar Valentio (26)**, kurz nach Veli Jože; die Tische und Rattanstühle stehen direkt auf den Felsen oberhalb des Meers, für die Felsbänke gibt´s Sitzpolster – für laue Abende ein lauschiges Plätzchen, um seinen Kaffee oder Cocktail bei fetziger Musik zu genießen.

Cafébar Riviera (18), ein Stückchen weiter Richtung Hafen, gute Musik und guter Espresso, Sitzen auf bequemen Rattanstühlen.

Cocktailbar Havanna (13), man lümmelt auf Terrasse, lauscht Salsa-Klängen oder aktuellen Latin-Hip-Hops und nippt genüsslich am Havanna-Club; fast am Ende der Obala V. Nazor.

Sehenswertes

Die dreischiffige barocke Kirche der **heiligen Euphemia** (Sveta Eufemija/Sveta Fuma), der Schutzheiligen der Stadt, wurde Anfang des 18. Jahrhunderts vom venezianischen Baumeister *Giovanni Dozzi* auf den Grundmauern einer altchristlichen Kirche errichtet. In einem Sarkophag aus dem 4. oder 5. Jh. hinter dem Altar werden die sterblichen Überreste der Schutzpatronin aufbewahrt. Sehenswert sind die Sammlung von Silbergegenständen, der schön verzierte Altar, das Gemälde „Das letzte Abendmahl“ (1574) von *Giovanni Contarini*, einem Schüler Tizians, und die Skulpturen des Bildhauers *Gerolamo Laureato*. Der Bau des knapp 60 Meter hohen *Campanile* aus dem 17. Jh. dauerte 26 Jahre. An seiner Spitze, dem „Dach von Rovinj", wacht die fast vier Meter hohe Statue der Heiligen, vom Wind bewegt, über ihre Schützlinge. Man kann den Kirchturm erklimmen und von oben die herrliche Aussicht genießen.

Öffnungszeiten täglich 10–12 und 16–19 Uhr.

Das siebeneckige romanische **Dreifaltigkeitsbaptisterium** aus dem 12. Jh. am *Trg na lokvi* (beim Omnibusbahnhof) ist Rovinjs ältestes Bauwerk. Nur wenige Lichtschächte erhellen den eigentümlichen Raum mit den sehenswerten sternverzierten Fensternischen und den darin abgebildeten Golgatha-Szenen. Heute hat sich im Baptisterium eine Kunstgalerie niedergelassen.

Kurz vor dem Trg M. Tita steht der *Barockbau der Familie Califfi*, in dem heute das **Heimatmuseum** seine archäologischen und ethnologischen Sammlungen präsentiert. In einigen Räumen finden wechselnde Kunstausstellungen statt.

Öffnungszeiten ganzjährig Di–So von 9–12 Uhr, in den Sommermonaten zusätzlich 19–22 Uhr. ✆ 816-720, 📠 830-650.

... und in engen Gassen

Etwas weiter östlich, am Trg. M. Tita, steht das wappengeschmückte **Balbi-Tor**, ein venezianisches Werk von 1680, unschwer durch den geflügelten Löwen zu erkennen. Kurz dahinter Rovinjs ebenfalls mit zahlreichen Wappen geschmücktes *altes Rathaus*. Auf der anderen Seite fällt der Blick auf den *roten Uhrturm*.

Gegenüber dem alten Stadtkern thront auf einem Hügel in der Ulica de Amicis 36 das Anfang des 18. Jh. erbaute **Franziskanerkloster**, in dem eine kostbare Sammlung von alten Büchern und sakralen Gegenständen aufbewahrt wird (leider nicht zu besichtigen). Dieses Viertel war früher der Festlandsteil der Stadt. 1763 wurde im Zuge der Ausdehnung Rovinjs die schmale Meerrinne aufgeschüttet, die den alten Stadtteil auf der Halbinsel von der Neustadt auf dem Festland trennte.

Das **Aquarium** des Instituts für Meeresforschung (Obala G. Paliage 5, am Stadteingang) bietet den Besuchern in 24 großen Bassins einen umfassenden Einblick in die Unterwasserwelt der Adria. Die 1891 von der Berliner Aquariumgesellschaft gegründete Einrichtung diente der Erforschung der Meeresorganismen der Region, heute arbeiten hier die kroatischen Meeresbiologen.

Öffnungszeiten von April bis Oktober 9–21 Uhr, von November bis März 10–17 Uhr.

Gegenüber der Altstadt ragt Rovnijs buchtenreiche Halbinsel ins Meer, auf deren südlichem Zipfel, dem **Zlatni rt** (Goldenes Kap), sich ein schöner 100-jähriger Park mit 400 Pflanzenarten ausdehnt. Stille Wege führen durch die üppige mediterrane Vegetation, die mächtigen Eichen, Aleppokiefern, Zedern, Pinien und viele Zypressenarten bilden ein dichtes Dach. Baden kann man ringsum an Fels- und Kiesbuchten.

Zumindest einen Badeausflug wert sind auch die vorgelagerten Inseln **Sv. Katarina** und **Crveni otok**, die *Rote Insel*) (siehe auch „Übernachten"). *Sv. Katarina* liegt

Karte S. 159

noch in Sichtweite von Rovinj; hier steht, eingebettet in ein subtrobisches Pflanzenparadies, eine edle Hotelanlage, die einst das herrschaftliche Refugium eines polnischen Grafen war.

Paradiesinsel Sv. Katarina

Er war wohl der politischen Skandale und Affären müde und wollte sich nur noch zurückziehen. Also beschloss der polnische Graf und Lebemann *Karol von Korwin Milewski* zu Beginn des 20. Jahrhunderts, das nur 300 m in Sichtweite von Rovinj gelegene, knapp 13 Hektar große Inselchen von Erzherzog Karl Stefan von Habsburg zu erwerben und sich hier ein neues Zuhause zu schaffen. Sein Schloss ließ er im modernen Stil des Neoklassizismus und des Jugendstils errichten – und vorsorglich, falls es ihm doch nach Gesellschaft verlangte, noch weitere Residenzen für seine Gäste dazu. Über die Insel ließ er Wege anlegen, mit Bänken und Trinkwasserbrunnen versehen und eine Mole zum Anlegen der Boote bauen. Um seinem künftigen Paradiesinselchen eine optimale Grundlage zu verschaffen, ließ er tonnenweise Erde vom Festland herüberschiffen. Über 465 verschiedene Pflanzenarten, so haben Botaniker gezählt, ließ der Graf pflanzen – Palmen, Zypressen, Pinien, Kiefern, Lorbeer, Steineichen, Agaven, Oliven, üppige Oleander-, Magnolien- und Myrthensträucher, heilsame Kräuter wie Lavendel, Salbei, Rosmarin. So entstand in wenigen Jahren aus dem verkarsteten Eiland eine blühende Oase, die Gäste ließen nicht lange auf sich warten, und statt Skandalen gab's Nervenkitzel im Spielcasino und rauschende Feste in lauen Sommernächten – Milewskis Paradiesinsel galt bald als *der* Treffpunkt von Rovinjs besserer Gesellschaft.

Mit dem Ende des Ersten Weltkriegs war es allerdings mit dem K.-u.-k.-Glamour von Sv. Katarina schnell dahin. Bald diente das vernachlässigte Idyll ganz unromantisch als Lazarett, später als Schule, und es dauerte bis in die 1960er Jahre, als man sich der verflossenen Pracht Sv. Katarinas besann und sie zur noblen Hotelinsel umgestaltete. Rechtzeitig zur Jahrtausendwende erstrahlten das Schloss und seine Dependancen wieder im alten Glanz, und wer möchte, kann auch im 21. Jahrhundert seine Ferien mit der gesamten Familie wie in guter alter Zeit gestalten. Übrigens wacht Kati, Hotelkatze und Maskottchen, gastfreundlich über das Geschehen ...

Crveni otok, das eigentlich aus zwei mit einem Damm verbundenen Inselchen besteht, liegt entfernter von der Küste. Pfade laden zum Erkunden der reichen mediterranen Vegetation ein, die dem *Baron Hütterodt* zu verdanken ist: Im 19. Jh. ersteigerte der Adelige die Rote Insel, ließ einen Park anlegen und das Schloss, das gleich beim Anlegen ins Auge fällt, umbauen und neu einrichten. Dieses Schloss, einst ein Benediktinerkloster, geht auf das 6. Jh. zurück, im 15. Jh. wurde es von Franziskanern um einige Anbauten vergrößert. Im Schlosstrakt ist heute eine Gaststätte und ein *Museum* untergebracht, in dem alte Wappen, Kopien bedeutender istrischer Fresken und ein kleines Modell des Schlosses zu sehen sind.

Neben dem alten Schloss wurde das moderne, noble Hotel mit allem Komfort und Freizeitangebot errichtet. Wer das nötige Kleingeld mitbringt, kann es dem früheren Schachweltmeister Kasparow gleichtun und sich auf ganz feine Art zurückziehen – bereits dreimal mietete Kasparow die komplette Anlage an, um in aller Stille neue Strategien auszuhecken ...

Crveni otok – hier im Schloss brütete Kasparow über seinen Schachpartien

Sport

• *Baden* Entlang der Uferpromenade in der Altstadt, wunderbare Felsblöcke zum Liegen und Reinspringen. Sehr schön ist auch die Landzunge *Zlatni rt*, das „Goldene Kap" im Osten der Altstadt mit Felsbadeständen und Kiesbuchten. Zwei Restaurants – eines ganz im Süden, eines im Osten – laden zum Einkehren ein; bei letzterem auch betonierte Liegeflächen, das ganze Areal hat Freibadcharakter ...

Prima baden lässt es sich auf den beiden vorgelagerten Inseln *Sv. Katarina* und *Crveni otok* (Rote Insel). Abfahrt an der Mole am südlichen Hafen und gegenüber an der Anlegestelle vor dem Hotel Park.

Südlich von Veštar in Richtung Bale verstecken sich zahlreiche schöne Badebuchten, die sich per Mountainbike erkunden lassen.

• *Segeln und Surfen* Happy Sail & Surf, auf Crveni otok beim Hotel Istra. Grundkurse für Einsteiger. ✆ 813-055, ℻ 813-484.

• *Tauchen* Tauchkurse beim Autocamp Porton Biondi. Füllen und Verleih von Tauchflaschen im Sportzentrum Polari, Crveni otok (auch Tauchschule), bei Villas Rubin und am Campingplatz Valalta. Angel- und Tauch-Lizenzen bei der Touristagentur Natali. **Scuba Rovinj**, Trg Mateotti 10, ✆ 830-731, 813-290, ℻ 830-732. Wracktauchen, meeresbiologische Kurse etc.

Diver Sport Center, Feriensiedlung Villas Rubin b.b, ✆ 816-648, www.diver.hr.

Nadi Scuba, Dobrile 11, ✆ 813-290, www.scuba.hr.

• *Mountainbike* Von Rovinj in Richtung Bale gibt´s herrliche Touren auf markierten Fahrradwegen am Meer entlang. Fahrradverleih siehe Agenturen.

Rovinj/Umgebung

Rovinjsko Selo: Dörfchen an der Zufahrtsstraße Richtung Rovinj. Linker Hand sind auf der Anhöhe *Turnina* die Reste einer römischen, im Mittelalter erweiterten Festung zu sehen. Vom Wehrturm aus, der nicht nur Verteidigungszwecken diente, sondern auch ein Leuchtsignalposten war, konnte man die gesamte Schifffahrt von den Brijuni-Inseln bis zum Limski-Fjord überblicken. Heute grasen hier auf den buschigen Wiesen Esel und Ziegen.

Weitere Ortschaften und Ausflugsziele siehe *Pazin/Umgebung*.

Von Rovinj nach Pula

Von Rovinj nach Pula sind es nur noch 30 Kilometer, doch die Strecke bietet etliches an Sehenswertem, ausreichend Stopps sollte man einplanen. Für die Brijuni-Inseln empfiehlt es sich vorzubuchen, da es in der Hauptsaison meist schwer ist, in letzter Minute noch eine Fahrkarte zu ergattern.

Bale (Valle)

Zu Römerzeiten verlief hier die Konsularstraße, die *Via Flavia*, von Triest nach Pula, von der Reste eines römischen Castrums zeugen – die überaus wichtige Heer- und Handelsstraße sollte von hier aus beschützt werden. Im 9. Jh. herrschten die Patriarchen von Aquileia in Bale, die den Ort später an die Bischöfe von Poreč verpachteten. Im 13. Jh. ging das Kastell in den Besitz der Familie *Castropol* aus Pula über. Den Untertanen gefielen ihre neuen, harten Lehnsherren überhaupt nicht, und sie forderten den Schutz Venedigs an. Doch bis zum Untergang der Stadtrepublik 1797 hoffte Bale vergeblich auf materielle Besserung – auch Venedig nahm die Einwohner kräftig aus. Im 15. Jh. besetzten und plünderten die Ungarn das Städtchen.

Bale – Natursteingemäuer

Die *St. Michael-Kirche* und die Reste des *Benediktinerklosters* aus dem 12. Jh. sind gut erhalten. In der *St. Elisabeth-Kirche* mit Krypta ist ein wertvoller Steinaltar aus dem 15. Jh. sehenswert. Einen Blick wert sind auch die *Stadtloggia*, das *Kornhaus* sowie der im Blumengotikstil errichtete *Stadtpalast* (15. Jh.), den die Bauherren imposant zwischen zwei älteren Wehrtürmen platzierten. Besitzer war zuerst die reiche Adelsfamilie Soardo, im 17. Jh. ging das Gebäude durch Heirat an die nicht weniger begüterten Adeligen von Bembo über. Innerhalb der Stadtmauer geht es durch stille Gassen und über sonnige Plätzchen vorbei an altem, teils renoviertem, teils baufälligem Gemäuer – ein hübscher Spaziergang.

Im Rathaus von Bale zeigt eine kleine **Dinosaurierausstellung** Knochen und Abdrücke der gigantischen Säugetiere (Mo–Fr 8–13 Uhr, ✆ 824-303) – es ist ein Teil des Fundes, den Dario Boscarolli, ein italienischer Taucher, 1992 auf dem Meeresgrund machte: Unter den zehn verschiedenen Knochenarten, die er entdeckte, waren auch die eines Brachosauriers, der mit 25 Metern Höhe und einem 10 Meter langen Hals zur den größten einst lebenden Säugetieren zählt.

Um den Ort herum breiten sich viele Felder aus, die wenigen hier noch lebenden Bewohner ernähren sich meist von Landwirtschaft, Oliven- und Weinanbau. Übernachtungsmöglichkeit in Privatzimmern sowie auf zwei naturbelassenen Campingplatzen südlich der Stadt am Meer.

• *Information* **Touristinformation**, 52211 Bale, Trg palih voraca 3, ✆ 052/824-270, Fax 052/824-045, www.bale-valle.hr.

• *Essen/Übernachten* **Stancija Meneghetti**, herrschaftliches Landhaus südlich von Bale, ca. 2 km vom Meer; 12 Hektar großes Anwesen mit 1.600 Olivenbäumen und Weinanbau; komfortabelst renoviertes Haus für 6–8 Personen; mit Sauna, Hallenbad, Pool, offenem Kamin. Auf Wunsch umsorgen eine Haushälterin und ein Koch die Gäste; je nach Saison 3500–5400 € (!) pro Woche. Fr. Romana Kaifež, 52111 Bale, Mobil-Tel. 098/232-232, ✆ 052/528-116, info@meneghetti.info.

• *Camping* Zwei kleine so genannte Naturcamps liegen südlich von Bale; Zufahrt von Rovinj kommend vor der Stadt. **Camp Colonia** und **Camp San Polo** (beide ✆ 824-270). Wenig Service, dafür Natur pur.

Vodnjan (Dignano)

Ein weiterer mittelalterlicher Ort auf einer Anhöhe an der Straße nach Pula. Die Bauern in der Umgebung bauen neben Wein, Oliven und Gemüse auch Tabak an. Der Campanile der barocken *St. Blasius-Pfarrkirche* (Sv. Blaž) aus dem 18. Jh. ist schon von weitem zu sehen. In der Kirche zeigt ein *Museum* Mumien und historische Fresken (nur in langer Hose zu besichtigen; tägl. 9–19 Uhr, Eintritt ca. 3 €). Die wenigen mumifizierten Körper sind zwar beeindruckend, allerdings rattert zur Erklärung ein kaum verständliches Tonband –für das Gebotene überteuert.

Im älteren Teil des Städtchens sind etliche Bauten aus Gotik und Renaissance sowie das Kastell aus dem Jahr 1300 sehenswert. Das Vodnjan von heute zeigt ein anderes Gesicht: An der Hauptstraße reihen sich dicht an dicht Neubauten mit Fensterläden, dazwischen eine über die Straße hängende Straßenbeleuchtung, wie man sie sonst nur aus süditalienischen Städten kennt. Und auch die Sprache der Vodnjaner ist ungewohnt – sie sprechen einen speziellen romanischen Dialekt.

• *Veranstaltung* **Ex Tempore**, in der 2. Septemberwoche; Künstler schaffen Kunstwerke zu einem vorgegebenen Thema. Info-Tel. 052/816-720.

• *Essen* **Gostiona Vodnjanka**, an der Hauptstraße, bei den Einheimischen beliebt. Es gibt Hausmannskost. Istarska b.b. ✆ 511-435. Geöffnet tägl. 10–01 Uhr, am Sonntag nur 17–24 Uhr.

Konoba Mali Bože, ca. 6 km nordwestlich von Vodnjan im Weiler Mandriol (Zufahrt in Richtung Barbariga). Innen und außen hübsch zum Sitzen, Spezialitäten sind Lamm aus der Peka, Scampi buzzara und Tintenfisch. Mandriol 107 a, ✆ 528-505. Täglich außer Mo von 12–24 Uhr.

Fažana (Fasana)

Auf dem Weg nach Pula bietet sich der Ort für einen Abstecher ans Meer und zu den vorgelagerten Brijuni-Inseln an. Fažana ist ein ruhiger kleiner Ort, der sich nur ab und zu mit Touristengruppen füllt, deren Reisebusse auf die Fähre zu den Brijuni-Inseln warten. Der Ort mit Fischerhafen und einigen sehenswerten Kirchen war schon in der Antike besiedelt – damals stellte man hier Keramik her. Einige Bedeutung hatte das spätantike Fažana als Hafenort für die vorgelagerten Brijuni-Inseln. An der Uferpromenade, der Riva, lässt es sich im Schatten der Bäume im kühlenden Lüftchen angenehm sitzen.

Veli Brijun – Blick zum Festland nach Fažana

- *Telefonvorwahl* 052
- *Postleitzahl* 52212 Fažana,
- *Information* **Touristinformation**, Riva 2, ✆ 383-727, ℻ 383-728; www.fazana.hr.

Turistagentur Brijuni, Brijuniski 10, am Hafenplatz, ✆ 525-883, ℻ 521-124. Geöffnet Mo–Sa 8–18 Uhr, gelegentlich bis 20 Uhr. Nebenan residiert die Rezeption für den **Brijuni-Nationalpark** (Anmeldung etc.) ✆ 525-888, 525-807, ℻ 521-367. np-brijuni@pu.tel.hr; www.np-brijuni.hr.

- *Verbindungen* **Busse** mehrmals täglich nach Pula, 2- bis 3-mal nach Rovinj.

Schiffsverbindung mit Brijuni; die Überfahrt ist nur in organisierten Gruppen möglich, es sei denn, man will sich auf Brijuni einquartieren. Auskunft bei der Touristagentur, siehe auch „Brijuni-Inseln/Verbindungen".

- *Bank* an der Uferpromenade; Mo–Fr 8–11.30 und 14.30–17 Uhr, Sa 8–11.30 Uhr.
- *Post* an der Uferpromenade; Mo–Fr 7–20 Uhr, Sa 7–16 Uhr.
- *Parken* Am Kai bewachter Parkplatz für die Hotelgäste der Brijuni-Inseln.
- *Übernachten* **Privatzimmer** vermittelt die Touristagentur; Appartements und Zimmer gibt es auch in Peroj, dem Nachbarort von Fažana.

Hotel Fažana (*), einfaches Hotel an der Uferstraße; DZ/F 60–66 €. ✆ 525-807, ℻ 521-367.

- *Feriensiedlung/Camping* **Bi-Village** (***), ca. 5 km südlich von Fažana (Richtung Pula) bei Valbandon. Sehr sauberes, 60 ha großes Gelände für bis zu 4.000 Personen; mediterrane Bepflanzung und Kiefern, 1 km langer Kiesstrand, Swimmingpool, schönes Restaurant, Bar, Supermarkt; großes Sportangebot; Animation für Kinder. Die Anlage ist unterteilt in einen Campingplatz und in eine ruhige Bungalowsiedlung mit grünen Vorgärten. Person 7,50 €, Parzelle 15–16 €. Bungalows ab 60 €. Geöffnet 1. April bis 31. Oktober. Dragonija 115, ✆ 380-700, ℻ 380-711, www.bi-village.com.
- *Essen* Es gibt einige **Cafébars** und die **Konoba Margerita** mit guten Gerichten aus der Peka, z. B. Lamm, Fisch oder Hummer. Galižanska 8, ✆ 521-565.

Konoba Alla Becaccia, ca. 2 km südlich von Fažana bei Valbandon. Innen und außen gemütliche Sitzmöglichkeiten, Spezialitäten sind Schnepfe oder Wildgerichte, auf Vorbestellung auch Fleischgerichte aus der Peka. Pineta 25, ✆ 520-753. Geöffnet täglich 11–24 Uhr.

Fažana/Umgebung: Kurz vor Fažana (aus Richtung Vodnjan kommend) zweigt rechts eine Straße Richtung Norden zur Feriensiedlung Peroj ab (3 km). Im winzigen alten Ortskern steht dick und gedrungen der Kirchturm einer orthodoxen Kirche. Der Ort wurde von montenegrinischen Flüchtlingen gegründet. Um das alte Zentrum gruppieren sich Neubauten, schmale Stichwege führen hinab zum Meer. Übernachtungsmöglichkeit in Appartements.

Nördlich von Peroj lohnt der Besuch des *St. Foška-Kirchleins* (Anfahrt über Makadam in Richtung Golubovo, nach ca. 5 km): Das frühmittelalterliche dreischiffige Gotteshaus mit gut erhaltenen Freskenmalereien aus dem 12. Jh. zählt zu den ältesten Kirchen Istriens.

Hotel-Restaurant Villa Letan (****), mitten im Grünen gegenüber den Brijuni-Inseln. Neu eröffnetes 36-Zimmer-Hotel, zudem 6 Appartements mit modernstem Komfort. Es gibt Hallenbad, Wellness- und Fitnessbereich, Pool, Tennisplätze, Bootsverleih (11-m-Jacht zum Chartern) und Fahrradverleih. Sehr gutes Restaurant mit Gaumenkitzlern wie Pute in Sauerkirschsauce oder Seezungenfilet mit Mandeln ... Schöne Terrasse und Kaminzimmer. DZ/F 100 €, Appartement für 2 Pers. 105 €. Peroj 450, 52215 Vodnjan, ✆ 521-006, -009, ℻ 521-090, www.hotel-letan.hr.

▸ Fährt man auf der neuen breiten Straße von Peroj nordwärts weiter nach **Barbariga**, erreicht man eine Touristenstadt für Kroaten und ein kahl geschlagenes Gebiet ohne Grün.
Bei Ausgrabungen in Barbariga wurden Reste einer römischen *Villa rustica* und einer Ölfabrik entdeckt, die man ins 1. Jahrhundert n. Chr. datiert.

Nationalpark Brijuni-Inseln (Brioni)

Die Inseln des Friedens, 1983 zum Nationalpark erklärt, bieten Hunderten von Pflanzen, Vögeln und seltenen Tierarten einen geschützten Lebensraum. Die Brijuni-Inseln bestehen aus zwölf kleineren und zwei größeren Eilanden, darunter die Hauptinsel Veli Brijun, die sich der jugoslawische Staatsgründer Tito zum Sommersitz wählte. Heute ist Veli Brijun die einzige Insel des Archipels, die für die Öffentlichkeit zugänglich ist.

Auf den Brijuni-Inseln, die sich erst vor etwa 10.000 Jahren von der istrischen Küste lösten, wurden Spuren von Dinosauriern und Millionen Jahre alte Rinderknochen entdeckt. Zahlreiche Funde zeugen von einer uralten Erdhüttensiedlung, die auf 2000 v. Chr. datiert wird, spätere Funde weisen auf illyrische Bewohner hin. Die Römer errichteten auf den paradiesischen Inseln luxuriöse Residenzen, ihren Nachfolgern, den Herrschern von Byzanz, war die Sicherheit wichtiger – sie errichteten ein großes Castrum.

Der Archipel drei Kilometer vor der Küste wurde schon Ende des 19. Jahrhunderts zu einem exklusiven Feriendomizil ausgebaut, nachdem durch die Trockenlegung der Sümpfe die Malaria ausgerottet war. Ein halbes Jahrhundert später unterhielt der jugoslawische Staatsgründer *Tito* auf der kleinen Insel Vanga, gegenüber Veli Brijun, seinen Privatsitz, auf der großen Insel, wo heute die Touristen wohnen, empfing er seine handverlesenen Gäste. Die „Inseln des Friedens“, seit 1983 Nationalpark, sind bis heute ein beliebter Ort für internationale Konferenzen; einige der Inseln sind für die Republik Kroatien und ihren Präsidenten reserviert.

Hier, auf Veli Brijun, grasen Schaufelhirsche, Wisente, Mufflons, Rehe und Hasen friedlich nebeneinander, dazwischen stolzieren Pfaue umher. Einige Tiere brachte Josip Broz Tito von seinen Reisen mit, oder sie waren ein Geschenk seiner hohen Gäste; so ist die Heilige Kuh im Safaripark ein Geschenk der früheren indischen

Karte S. 159

Ministerpräsidentin Indira Gandhi. Die Besichtigung der Fußabdrücke des Dinosauriers Igvanodon am *Kap Barban* ist bei den Ausflügen von Fažana aus leider nicht im Programm, zum Bedauern der Kinder.

Die Inselgruppe ist ein wahrer Paradiesgarten mitten im Meer: Fast 700 exotische und einheimische Pflanzenarten gedeihen hier. Die Macchia wuchert bis zu acht Meter hoch, einige riesige Steineichen werfen seit Jahrhunderten Schatten – da ist es zu verschmerzen, wenn Rehe und Mufflons ein paar Zweige abfressen. Neben Eichen und Kiefern gedeihen Eukalyptus, Mammutbaum, Zedern, Tannen, Zypressen, dicker Bambus und Pinien – die schöne Pinienallee wurde 1905 angelegt. An den vielen Wegen und Pfaden duften Lorbeer, Schneeball, Myrte, Heckenrose, und überall blüht Oleander. Und zwischen Blumen, Bäumen und Büschen schwirren über 250 Vogelarten durch die Lüfte – darunter Seeschwalben, Wildtauben und viele Singvögel, die sich die Inseln als Winterdomizil ausgesucht haben.

Am besten lassen sich die Inseln entdecken, wenn man sich für ein paar Tage in einem der Hotels oder Villen von Veli Brijun einquartiert. Für größere Inseltouren stehen gegen Gebühr holländische Fahrräder (es gibt auch Kinderräder) bereit. Aber auch von den größeren istrischen Küstenstädten werden organisierte Tagesausflüge nach Veli Brijun angeboten; von Fažana pendeln mehrmals täglich Schiffe hin und her.

Geschichte

Die erste Siedlung auf Veli Brijun gab es in der jüngeren Steinzeit. Bis 177 v. Chr. lebten hier friedlich die Illyrer. Dann nahmen die Römer deren Festung *Nesactium* bei Pula ein und besetzten auch die Brijuni-Inseln. Sie waren die Ersten, die Wein und Oliven anbauten, Öl pressten, Weizen säten und sich in prachtvollen Sommerresidenzen luxuriös einrichteten. Nach dem Fall Roms beherrschte Byzanz die Inselgruppe – die Reste ihres trutzigen Castrums sind heute noch am Strand zu besichtigen. Nach den Byzantinern kamen die Franken und Venezianer, die hier vom 14. Jh. an 450 unruhige Jahre lang herrschten. Im 18. und 19. Jahrhundert verließen fast alle Insulaner wegen der Malaria die Inseln.

Ihre heutige Popularität verdanken die Brijuni-Inseln vor allem drei Männern: dem österreichischen Industriellen *Paul Kupelwieser*, der die Inselgruppe 1893 kaufte, um sie in ein Ferienparadies für die Highsociety zu verwandeln; dem deutschen Bakteriologen und Nobelpreisträger *Robert Koch*, der die Insel von Malaria befreite; und schließlich *Josip Broz Tito*, der die Inseln nach den Bombardements des Zweiten Weltkriegs von 1947 bis zu seinem Tod 1980 wieder aufbauen und pflegen ließ.

Nachdem Kupelwieser auf Veli Brijun Hotels, Villen, Badeanstalt, Parks und die dazugehörige Infrastruktur aufgebaut hatte, strömten seit Anfang des 20. Jahrhunderts die Adeligen und Reichen auf die Insel, unter ihnen auch Thomas Mann. Der Erste Weltkrieg stoppte den Tourismus. 1919 starb Paul Kupelwieser; sein Sohn Karl ließ Tennisplätze und einen Golfplatz anlegen, doch die Touristen blieben aus. 1930 beging Kupelwieser junior Selbstmord. Im Zweiten Weltkrieg besetzte Italien die Brijuni-Inseln, 1945 wurden sie von den Alliierten bombardiert und die Gebäude größtenteils zerstört. Erst in der Nachkriegszeit, in der langen Ära des Josip Broz Tito, blühte der Archipel wieder auf. Fast alle großen Staatsmänner aus Ost und West gaben sich hier ein Stelldichein, und auch Weltstars wie Gina Lollobrigida, Carlo Ponti, Sophia Loren und Josephine Baker genossen das paradiesische Idyll.

Veli Brijun – an der schönen Verige-Bucht

Karte S. 159

Ein großer Tag nicht nur für Veli Brijun war der 19. Dezember 1956: An diesem Tag gründeten die Staatspräsidenten *Nasser* (Ägypten), *Nehru* (Indien) und *Tito* die Bewegung der „Blockfreien Staaten" – ein Zusammenschluss politisch unabhängiger Staaten und zugleich eine Ermutigung für die Länder der so genannten „Dritten Welt", sich von den Supermächten nicht vereinnahmen und kontrollieren zu lassen. Für die Zeit des „Kalten Krieges" mit seiner Trennung der Welt in Ostblock und Westblock ein wegweisendes Konzept.

Information/Verbindungen

• *Information* **Turistagentur Brijuni**, 52212 Fažana, Brijunski 10, gleich an der Schiffsanlegestelle, ✆ 525-883, ℻ 521-124, Mo–Sa 8–20 Uhr.

Brijuni-Nationalpark, alle Informationen auch über die Hotels und die Nationalparksverwaltung; 52214 Brijuni, ✆ 525-807, -888, ℻ 521-367; np-brijuni@pu.tel.hr; www.np-brijuni.hr.

Hotel Neptun, Brijuni, ✆ 525-100.

• *Verbindungen* Nach Fažana reist man am besten mit dem Auto an; **Busverbindung** ab Pula mit Lokalbussen (Linie 5) mehrmals täglich.

Schiffsverbindung mit der „Adriatica" nach Rovinj, Poreč, Piran, Lignano, Grado, Triest und Mali Lošinj.

Schiffsverbindung Fažana–Brijuni: 6.45, 9.00, 11.30, 14.30, 17.15, 18.50, 21.45 Uhr; Brijuni–Fažana: 7.10, 11.00, 13.00, 15.00, 17.30, 19.20, 23.00 Uhr. Diese Verbindungen stehen den Hotelgästen der Inseln zur Verfügung, die Tagesbesucher müssen sich Gruppenbesichtigungen anschließen.

Ausflüge zu den Brijuni-Inseln täglich auch ab Pula (Abfahrt 8.30 Uhr, wer außerhalb wohnt, wird abgeholt, ab ca. 26 €/Person); ein Bus fährt bis zur Fähre nach Fažana.

• *Besichtigungstour ab Fažana* Die Besichtigung (2-mal täglich, nach Bedarf auch öfter) findet immer in der Gruppe statt und dauert etwa 4 Stunden. Schiffsüberfahrt, Führung und Mini-Eisenbahnfahrt kosten 24 €, Kinder von 2 bis 10 Jahren zahlen die Hälfte, Reisepass und Anmeldung im Büro am Hafen sind Pflicht. Die Mitnahme von Tieren, Fahrrädern, Booten, Surfbrettern ist nicht erlaubt. Spätestens 15 Minuten vor Abfahrt sollte man an der Mole sein. **Achtung**: Die Wahrscheinlichkeit, in der

Veli Brijun – restaurierte Reste des byzantinischen Castrums

Hochsaison noch im letzten Moment eine Schiffsfahrkarte zu ergattern, ist gleich null. Besser einen Tag zuvor bei der **Touristagentur Brijuni** vorbestellen, ✆ 525-883, 📠 521-124. Oder noch besser gleich einen Schiffsausflug buchen.

Übernachten/Essen

Den Gästen auf Veli Brijun stehen drei schöne Hotels zur Verfügung. Alle Hotels liegen ausgesprochen ruhig am Anlegehafen – nachts sind nur die Wellen zu hören: **Neptun** (***) (mit Hallenschwimmbad), **Istra** (***) und **Karmen** (**), klassische Bauten gleich beim Hafen, sehr große, geräumige Zimmer mit älterem Inventar, einige klimatisiert und zur Meerseite mit Loggia; auch Suiten werden vermietet. Im Neptun und Istra DZ/F 164 €, ✆ 525-861; im Karmen DZ/F 144 €; die Suite kostet knapp 200 €.
Alternativ zu den Hotels kann man sich in einer der **Villen** einquartieren: Im Südosten an einer eigenen Bucht mit Blick nach Pula stehen die drei **Luxus-Villen Primorka** (für 8 Pers.), **Dubravka** (für 4 Pers.) und **Lovorka** (für 5 Pers.).
An der Nordwestseite am Meer, hinter dem Golfplatz, die ***- **Villen Magnalija** (für 6 Pers.) und **Fažanka** (3 Appartements).
Reservierung für alle Hotels und Villen auch unter ✆ 525-807; www.np-brijuni.hr.

• *Essen* Gruppenreisende aus Fažana können vor der Rückfahrt im Restaurant beim Museum (schöne Terrasse im Innenhof) gerade noch einen Cappuccino trinken, zu mehr reicht die Zeit nicht.
Die Hotelgäste speisen in den Hotelrestaurants mit Terrassen: Das Hotel Istra führt das À-la-carte-Restaurant **Galija**. Sehr schöner, heller, gediegener Speiseraum mit großen Gemälden und Panoramafenstern zur Meerseite; sehr gute Küche, große Weinauswahl, sehr guter Service.
Alle Hotels haben zudem ein Café, besonders das Neptun bietet eine große Kuchenauswahl. Das **Restaurant Školjka** (Muschel) serviert Spezialitäten der istrischen Küche.

Besichtigung von Veli Brijun

Besichtigt wird die größte und sehenswerteste der 14 Inseln, **Veli Brijun** (Großer Brijun). Die Überfahrt dauert ca. 20 Minuten, vom Schiff schöner Blick auf Fažana und den Archipel.

Zuerst führt die Tour zur *St. German-Kirche* am Hafen, wo man auch einiges über die kroatische und istrische Geschichte erfährt. Die Kirche wurde 1481 erbaut, brannte 1896 aus und wurde wieder restauriert. Sehenswert im Inneren sind die schönen Fresken; zwei Originale sind noch erhalten, den Rest bilden Kopien bedeutender istrischer Fresken (u. a. eine Kopie des berühmten „Totentanzes"). Anschließend geht es ins *Museum* mit archäologischen Ausgrabungsstücken, präparierten Tieren und einer Fotodokumentation „Tito auf Brioni".

Marmor-Madonna im Park

Nach einer kurzen Pause startet die Mini-Eisenbahn die Inselrundfahrt – über einen schmalen Damm geht es durch den Golfplatz, links und rechts grasen Rehe, Mufflons und Hirsche, man sieht Hasen und Eichhörnchen hüpfen und hört die Pfaue schreien. Im anschließenden Safaripark wird es noch exotischer: Zebras und eine indische heilige Kuh nehmen von den herumfahrenden Touristen kaum Notiz. Die Fahrt führt weiter zu den Ausgrabungen des byzantinischen *Castrums* und den an einer schönen Bucht gegenüber von Titos Insel Vanga erhaltenen Resten einer römischen Villa aus dem 1. Jh. n. Chr. Gleich neben dem Castrum steht, eingebettet in üppiges Grün, die *Bijela vila* (Weiße Villa), in der die kroatische Regierung ihre Staatsempfänge zelebriert.

Durch dschungelartige Wälder geht die Fahrt zurück, vorbei an einem dicken, über 1600 Jahre alten Olivenbaum. Überall an den Böschungen sind Tiere zu sehen. In allen Türkistönen leuchtet die Verige-Bucht mit den Überresten der kaiserlichen Sommerresidenz aus dem 1. Jh. n. Chr.: Auf drei Terrassen und entlang der Bucht erstrecken sich die bisher nur teilweise freigelegten Grundmauern des riesigen Gebäudekomplexes auf einer Fläche von fünf Hektar, auch Reste von Tempelanlagen sind zu sehen. Die Rundfahrt endet schließlich am Ausgangspunkt beim Hafen. Wer Zeit hat, kann noch ein wenig die schöne Parkanlage am Hafen genießen.

Baden: Hotelgäste können unweit vom Hotel Neptun an einem Badestrand mit Kabinen baden (ca. 10 Min. Fußweg) oder sich anderweitig wassersportlich betätigen: Katamaran, Holzbootpaddeln, Segeln ... Gleich in der Nähe das Sommerrestaurant Plaža. Wer sich ein Fahrrad mietet, kann rundum auf der Insel herrliche Badebuchten entdecken.

• *Sport* **Tennis** auf 4 Tennisplätzen mit Flutlicht; auch Tenniskurse.

Golf: Über die Insel erstreckt sich ein sehr schöner, 5724 m langer 9-Loch-Course (sand greens und tees), der als einer der landschaftlich schönsten Kroatiens gepriesen wird und dank des milden Klimas das ganze Jahr über bespielbar ist. Früher war der Platz Treffpunkt der europäischen Aristokraten, hier tummelten sich blaublütige und politische Eliten – und den Betreibern liegt viel daran, den verflossenen Glanz alter Zeiten wieder zu erlangen.

Sonstiges: Verleih von Surfbrettern und Fahrrädern (Mountainbikes, Hollandräder, Kinderräder). Möglichkeiten zum Ausreiten und Angeln; Lauffaule mieten sich ein Elektromobil oder lassen sich standesgemäß mit der Kutsche durch die Gegend schaukeln.

Karte S. 159

Kap Kamenjak – malerische Felsküste und ein wunderbares Baderevier

Südküste: Pula und Umgebung

Pula (Pola)

Die Stadt an der Südwestspitze der istrischen Halbinsel mit ihrem großen natürlichen Hafen ist Istriens älteste Stadt – und ihr wirtschaftliches und kulturelles Zentrum. Aus der Fülle der antiken Altertümer, die das Zentrum Pulas prägen, sticht das mächtige römische Amphitheater hervor.

Mit über 80.000 Einwohnern ist Pula zu groß, um von den Touristenströmen erdrückt zu werden. Als Hafenstadt, Marinestützpunkt, Industriezentrum und Standort großer Schiffswerften war Pula schon seit Mitte des 19. Jahrhunderts Istriens heimliche Hauptstadt. Der historische Stadtkern rund um das Kastell ist heute Fußgängerzone – hier lässt sich's zwischen kulturbegeisterten Besuchern, Matrosen und Matrosenmädels gemütlich flanieren oder das Treiben in einem Straßencafé beobachten.

Pulas steinerne Zeugen der Vergangenheit dokumentieren die gewaltige Bautätigkeit, die Kaiser *Augustus* und seine Nachfolger veranstalteten, um ihrem geliebten Vergnügungs- und Feriendomizil ein angemessenes Gesicht zu geben. So ließ Kaiser *Vespasian*, angeblich auf Betreiben von Cenida, seiner aus Pula stammenden Geliebten, das Amphitheater auf 23.000 Sitzplätze erweitern – ein wahrlich kaiserlicher Gunstbeweis!

Geschichte

Doch Pulas Geschichte reicht noch weiter in die Vergangenheit zurück. In einer Höhle auf dem Šandalja-Hügel beim heutigen Flughafen wurden uraltes Handwerkszeug und fossile, fast 40.000 Jahre alte Menschenreste ausgegraben, in der Umgebung entdeckten Archäologen Relikte von vorgeschichtlichen Siedlungen, beim Kastell von Pula legten sie Reste von Zyklopenmauern frei; unweit des Flughafens Valtura befand sich die Siedlung *Nesactium* (Nezakcij), die einstige Hauptstadt der Histrer; und im 5. Jh. v. Chr. existierte in Pula auf dem Kaštel-Hügel eine illyrische Siedlung. Glaubt man der Argonautensage, siedelten sich in Pula auch griechische Flüchtlinge an, die ihrer neuen Heimat den Namen *Polai*, die Verfolgten, gaben.

Unter den Römern, die sozusagen erst in jüngerer Vergangenheit in die Gegend vordrangen (ab 177 v. Chr.), erlebte Pula seine erste Blütezeit. Unter *Augustus* wurde die *Colonia Julia Pola Pollentia Herculanea* mit 30.000 Einwohnern zur wichtigsten Hafenstadt und zum Verwaltungszentrum des römischen Istriens. Nach dem Niedergang des Römischen Reichs (395) folgten Ostgoten, Byzantiner und Franken als neue Herrscher, ehe Venedig im 14. Jh. seine Hände nach Pula ausstreckte. Unter der Herrschaft der Stadtrepublik stagnierte die Entwicklung der Stadt – die Einwohnerzahl schrumpfte, begünstigt durch Pest- und Malariaseuchen, dramatisch um mehr als 90 Prozent! Erst ab 1797 brachten die neuen Herren aus dem Norden Pula Aufschwung: Österreich-Ungarn wollte seinen Traum von einer imperialen Überseeflotte verwirklichen und baute in Pula einen großen Kriegshafen, zahlreiche Werften und Industriebetriebe siedelten sich an.

Nach dem Ende des Ersten Weltkriegs fiel Pula an Italien, 1943 besetzten deutsche Truppen die Stadt. Doch schon 1945 hatten die Partisanentruppen unter Tito mit Unterstützung der Westalliierten Pula zurückerobert, das aber Zankapfel zwischen Italien und Jugoslawien blieb. Erst 1947, nach zweijähriger britisch-amerikanischer Besetzung, kam die Stadt an die Republik Kroatien und damit an Jugoslawien.

Information

• *Telefonvorwahl* 052

• *Postleitzahl* 52100 Pula

• *Information* **Touristinformation (TIC)**, Forum 3, ✆ 219-197, 212-987, ✆ 211-855; tz-pula@pu.hinet.hr; www.pulainfo.hr. In der Hochsaison täglich 8–23 Uhr, sonst Mo–Fr 8–16 Uhr. Guter Service, alle Informationen.

Arena Tours (Agenzia Europa Istra), Splitska 1a, ✆ 529-483, ✆ 529-481; marketing@arenaturist.hr oder arenatours@arenaturist.hr; www.arenaturist.hr. Größte Agentur: Buchung von Hotels, Campingplätzen, Privatzimmern.

Globtour, Giardini 10, ✆ 211-255, ✆ 211-858.

Generalturist, Carrarina ul. 4, ✆ 218-487, ✆ 212-710. Flugtickets.

Istraway, Riva 14, ✆/✆ 214-868, ✆ 382-327; 052-istraway@pu.htnet.hr. Vermietung von Autos, Mopeds, Fahrrädern, Segel- und Motorbooten.

Jadroagent, Riva 14, ✆ 210-431, ✆ 211-799, jadroagent-pula@pu.htnet.hr. Schiffstickets.

Croatia Airlines, Carrarina ul. 8, ✆ 218-909, Fax 211-998. Flugtickets.

Gaia Commerce, Flugtickets, Tomasinijeva ulica 24, ✆ 215-299, ✆ 215-298.

Activatravel Istra, Scalierova 1, ✆ 215-497, ✆ 211-889, info@activa-istra.com. Organisierte Trüffelsuche etc.

Verbindungen

• *Bus* Der zentrale **Busbahnhof** an der Carrarina 4 (Ostseite des Archäologischen Museums) verbindet Pula mit Zagreb, Rijeka und den Küstenstädten.

Die *regionalen Linien* starten etwa jede Stunde nach Štinjan, Fažana, Vodnjan, Medulin und Premantura. Information ✆ 219-074 und ✆ 218-928.

Die *innerstädtischen Busse* (Linien 1–3) fahren im 10-Minuten-Takt; Busbahnhof Ul. 43 Istarske divizije.

• *Zug* Pula ist an das in- und ausländische Bahnnetz angeschlossen. **Bahnhof** in der Ulica Kolovorska 9, nördlich des Hafens; Information ✆ 541-733.

• *Schiff* Schiffsverbindungen nach Mali Lošinj, Rijeka, Unije, Zadar, Silba, Triest und Venedig; Tickets und Information bei Jadroagent. Der **Hafen** für Passagierschiffe ist beim Amphitheater.

Katamaran Pula–Rimini, Do und So, Abfahrt 8 Uhr, Rückfahrt 17 Uhr (nur in der Saison)

• *Flug* Der **Flughafen** liegt 8 km außerhalb in Richtung Opatija, nach 7 km Abzweig Richtung Valtura; Valtursko polje b.b., ✆ 550-900, ✆ 550-914; www.airport-pula.com. Täglich außer So Linienflüge nach Zagreb. In der Saison Charterflüge wenigstens 1x pro Woche nach Berlin, Hamburg, Düsseldorf, Stuttgart, München, Brüssel und Wien. Es gibt momentan keinen Flughafentransfer. Ticketverkauf über Generalturist, Croatia Airlines, Gaia Commerce.

• *Taxi* Giardini trg, ✆ 223-228.

Diverses

• *Autoverleih* bei zahlreichen Verleihern, z. B. **Kompas Hertz**, im Hotel Histrer, ✆ 210-868; **Avis**, Doricheva ul. 1, ✆ 232-278; Budget, Carrarina ul. 7, ✆ 218-252; **Istraway**, Riva 14, ✆/✆ 214-868, -613.

• *Einkaufen* Shoppingcenter **Flanaticus**, Flanatička 11. Die Lebensmittelgeschäfte haben meist von 7–21 Uhr geöffnet; die schönen Markthallen und die großen Fisch- und Gemüsemärkte sind nicht weit vom Flanaticus entfernt.

Zigante Tartufi (11) (Trüffel- und Weingeschäft), hier findet man alles rund um den Trüffel – frische und konservierte, weiße und schwarze Erdknollen, dazu erlesene istrische Weine und Schnäpse. Smareglina 7.

• *Geldwechsel* ist in fast allen Tourist- und Reisebüros, Hotels, Campingplätzen und Postämtern möglich. Banken und Bankomaten finden sich überall in der Stadt; die Banken sind Mo–Fr 7.30–19.30 Uhr geöffnet (Sa 7.30–13.30 Uhr, im Sommer einige bis 20 Uhr); z. B. **Erste banka**, Giardini 5, **Zagrebačka banka**, Matka Laginje 1.

• *Gesundheit* **Touristambulance** im Krankenhaus, Zagrebačka 30, ✆ 214-433 (Erste Hilfe 0–24 Uhr ✆ 94, ansonsten 7–20 Uhr) oder in der Ambulanz in Veruda. **Zahnarztdienst** in der Stankovićeva 13. ✆ 214-433.

• *Internet* Cyber Caffe, Flanatička 14. **Enigma**, Kanderlerova 19. **MMC Luka**, Istarska 30. **Internet-Café Kamper**, 10–14 und 19–22 Uhr, in Richtung Marina Veruda; Voltićeva ul. 6.

• *Nachtleben* In Pulas Altstadt beschränkt sich das Nachtleben momentan auf die Cafés am Forum z. B. **Cvajner** und **Rock-Club Uljanik (12)**, Dobrilina b.b. An Diskotheken außerhalb gibt es das **Monte Serpente (2)** im Stadtteil Monteserpo, Brače Čeh 14; zudem Nightclub und Casino im **Hotel Histria** und die **Disco Oasis** in Verudela. Oder man fährt nach Medulin in die große **Diskothek Imperial**.

• *Parken* Autoreisende parken am besten auf den gebührenpflichtigen Parkplätzen vor dem Amphitheater. Weitere Plätze gibt es entlang der Uferstraße südlich in Richtung Jachthafen. Von hier aus sind alle Sehenswürdigkeiten schnell zu Fuß erreichbar.

• *Post* Das Hauptpostamt HPT ist täglich 7–21 Uhr geöffnet (auch So; auch Telefon und Fax), Trg Dante 4; die vier anderen Postämter der Stadt haben sonntags geschlossen.

• *Veranstaltungen* **Histria Festival** – die Musik- und Theateraufführungen im Juli und August im Amphitheater mit seiner brillanten Akustik sind eine besondere Attraktion; Ballett, Opern, Musicals und Konzerte von Klassik und Jazz bis Pop; hier gastieren immer wieder Weltklasseinterpreten wie Sting, Joe Cocker, Placido Domingo, Julius Iglesias, Luciano Pavarotti. Kleinere Veranstaltungen des Histria Festivals finden im Römischen Theater und im Kastell statt. Reservierung und aktuelle Information über TIC. Zudem Programminfos im Internet unter www.croatia.hr/events. Kartenvorverkauf auch unter Österreich-Ticket-Service, ✆ 0043/1/96096; www.oeticket.com.

Pula Filmfestival: Internationales Festival des europäischen Films Mitte Juli; Aufführungen im Amphitheater, im Römischen Theater und im Kastell.

Übernachten (siehe Karte Umschlag hinten)

Privatzimmer: Im Stadtzentrum gibt es wenig Privatzimmer, die meisten sind etwa 3 km außerhalb, in Richtung der Feriensiedlungen. Vermittlung über die Touristagenturen; DZ ab 30 € ohne Frühstück, Appartements für 2 Pers. ca. 60 €, 4 Pers. ca. 80 €. Die größte Auswahl hat Arena Tours.

Hotel Riviera (3) (*), prächtiges Stadthotel aus dem Jahr 1908 beim Bahnhof, nicht weit vom Amphitheater. Hier nächtigte schon mancher Filmstar während eines Filmfestivals. Leider blieb es im Inneren bei der einfachen Ausstattung. Ganzjährig geöffnet. DZ/F 95 €. Splitska 1, ✆ 211-166, ✆ 219-117; www.arenaturist.hr.

Hotel Scaletta (4) (***), hübsches 12-Zimmer-Altstadthotel nahe dem Amphitheater im modernen Landhausstil und mit gutem Restaurant. Komfortable Zimmer. Gegenüber auf der anderen Straßenseite die Restaurantterrasse. DZ/F 94 €. Flavijeska ul. 26. ✆ 541-599, ✆ 540-285, www.hotel-scaletta.hr.

Hotel Milan (13) (***), sehr gut geführtes 12-Zimmer-Hotel in ruhiger Lage, hervorragendes Restaurant, im Stadtteil Stoja. DZ/F 114 €. Stoja 4, ✆ 210-200, ✆ 210-500; www.milan1967.hr.

Hotel Galija (10) (***), kleines, gut geführtes 20-Betten-Hotel mit Restaurant in Innenstadtlage. DZ/F ca. 80 €. Epulonova 3, ✆ 383-802, ✆ 383-804, www.hotel-galija.com.

Hotel Omir (9) (**), preiswertes kleines Innenstadthotel mit 40 Betten. Zimmer ca. 50 €. Sergija Dobrića 6, ✆ 210-614, ✆ 213-944; hotel-omir@post.hinet.hr.

Hotel Rajić (5) (**), preiswertes Hotel, ca. 10 Fuß-Minuten nordöstlich vom Zentrum. Zimmer ca. 50 €. Valturska ulica 12, ✆/✆ 502-815.

Appartementsiedlung Horizont, in der modernen, in einem Wäldchen liegenden Ferienanlage *Zlatne stijene*, 3,5 km südlich von Pula in Richtung Halbinsel Verudela. Supermarkt, Restaurant, 4 Tennisplätze. Großes Sportzentrum (1,5 km entfernt) mit Wasserski, Windsurfen, Bootsverleih u. m. Direkt an Fels- und Kiesstrand. Appartements für 2 Pers. 73 €, 4 Pers. 90–96 €. ✆ 213-949, ✆ 210-162; www.arenaturist.hr.

• *Jugendherberge/Camping* **Youth Hostel Pula (15)**, schöne Lage an der Valsaline-Bucht. Zimmer mit 3 bis 8 Betten. Pro Person mit Frühstück 13,50 €, auch Halbpension möglich. Für ca. 3 €/Person kann auch gezeltet werden. Zaljev Valsaline 4, ✆ 391-124, ✆ 391-106, www.hfhs.hr.

Camping und Jugendherberge Puntižela (1), der Zeltplatz liegt 4 km nördlich am Meer im Pinienwald; Unterkünfte in einfachen Mehrbettzimmern. Schönes Gelände. Tauchschule. ✆ 517-490, ✆ 517-399, www.puntizela.hr.

• *Halbinsel Verudela* Die meisten **Hotels** und **Ferienwohnungen** liegen im Vorort Verudela auf der gleichnamigen Halbinsel, nah am Zentrum, vom Jachthafen durch eine

In der Fußgängerzone

schmale Landzunge getrennt. Alle Hotels haben Außen- oder Innen-Swimmingpools.

Hotel Histria (****), modernes 220-Zimmer-Hotel direkt über dem Meer mit Blick auf den Jachthafen an der östlichen Halbinselspitze Verudela. Gehobene Ausstattung; Massage, Sauna, Fitnessstudio, Restaurant, mehrere Bars, Casino, Nightclub. Großes Sportangebot: 20 Tennisplätze teils mit Flutlicht, Minigolf, Boccia, Tischtennis, Windsurfen. Swimmingpool und Meerwasserhallenbad. Ganzjährig geöffnet. Ca. 200 m zum Meer mit Fels- und Kiesstrand sowie Betonliegeflächen. DZ/F mit Terrasse oder Balkon (meist meerseitig) 80–132 €. Es gibt auch Appartements. ✆ 590-000, ✆ 214-175; www.arenaturist.hr.

Hotel Palma (***), in der Anlage Punta Verudela, gegenüber dem Hotel Histria. Restaurant. Die Einrichtungen des Hotels Histria können benutzt werden. Ca. 100 m zum

Felsstrand. DZ/F mit Balkon (teilweise meerseitig) 88 €. ✆ 590-000, ℻ 214-175; www.arenaturist.hr.

Feriensiedlung Punta Verudela, riesige Anlage im Süden der Halbinsel; wenig Schatten, Betonarchitektur der 80er Jahre. Swimmingpools und Wasserrutsche direkt am Strand. 2 Pers.-Appartement 70 €, 4-Pers.-Bungalows 103 €. ✆ 590-000, ℻ 222-798; www.istra.com/pula.

Hotel Brioni (***), an der Westseite der Halbinsel Verudela; die Blocks stehen versetzt inmitten eines Pinienwaldes. Restaurant, beheizbares Meerwasserhallenbad, Sauna, Massage, 50 m zum Fels-Kies-Strand, betonierte Liegeflächen. DZ/F mit Balkon und (teilweise meerseitig) 112 €. Es werden auch Appartements vermietet. ✆ 215-585, ℻ 213-671; www.arenaturist.hr.

Hotel Park (***), etwas südlich vom Hotel Brioni, sehr ruhige Lage inmitten eines üppigen Kiefernwaldes an der Steilküste. Zweckmäßig gebaut, schöne Terrasse gleich am Pool. Zum Schwimmen gibt es ein paar Buchten. Wer sich von anstrengenden Besichtigungstouren erholen möchte, ist hier gut aufgehoben. DZ/F 98 €. ✆ 375-000, ℻ 375-018; www.arenaturist.hr.

Appartementanlage Ribarska Koliba (**), im gleichnamigen Stadtteil oberhalb vom Meer, Appartements für bis zu 6 Pers.; Swimmingpools, gutes Restaurant unten am Hafen. 2-Pers.-Appartement 85 €. Verudela 3, ✆ 213-949, ℻ 210-162, www.arenaturist.hr.

Camping

Autocamp Stoja (14) (***), ca. 3 km südlich von Pula – der stadtnächste Platz mit 14 ha großem Gelände für 3000 Personen; auf einem mit dem Land verbundenen Inselchen im Schatten eines Pinienwaldes. Badewasser mit guter Qualität, für Gummibooturlauber bestens geeignet. Disco und Kino, in der Hauptsaison permanent überfüllt. Geöffnet April–Oktober. Person 6 €, Parzelle 8,80–17 €. ✆ 387-144, ℻ 387-748; www.arenaturist.hr.

Autocamp-Jugendherberge Puntižela (*), ca. 4 km nördlich auf der gleichnamigen Landzunge, gegenüber den Brijuni-Inseln. Einfacher, aber schöner 25-ha-Platz mit Tauchschule; Übernachtungsmöglichkeiten auch im Jugendhaus; geöffnet 1. April bis 10. Nov. Person 5,20 €, Parzelle 7,90–9,50 €. Puntižela 155, ✆ 517-433, ℻ 393-085, www.puntizela.hr.

Weitere Adresse siehe Übernachten „Jugendherberge/Camping“.

• *Weitere Camps* Die meisten Campingplätze liegen ca. 10 km südlich von Pula in Richtung Premantura (Ortschaften Banjole und Pomer) und Medulin, teilweise in hügeligem Terrain rund um die Buchten. Gastronomisches Großaufgebot an Dorfkneipen, Restaurants, Cafébars.

Essen (siehe Karte Umschlag hinten)

Restaurant Borghese (18), bekanntes Lokal für gute Fisch- und Fleischgerichte. Monte Paradiso 21, ✆ 392-111.

Restaurant Milan (13), Gourmetrestaurant, zum gleichnamigen Hotel gehörend, an der Hauptstraße in Richtung Stoja. Das stilvolle, dezent moderne Lokal ist im Atriumstil um einen Olivenbaum erbaut; im Freien Korbstuhlterrasse, nebenan Wintergarten mit Enotheka und Treppengeländer aus einem Olivenholzstamm. Fisch- und Fleischgerichte, Antipasti kommen frisch zubereitet auf den Tisch; erlesene Weine; Olivenöle und Essig aus eigener Produktion. So Ruhetag. Stoja 4, ✆ 210-200.

Restaurant Stari Grad 02 (16), vom Restaurant Milan etwas südöstlich, am Abzweig zum Hotel Pula. Gute Fisch- und Fleischspeisen. So Ruhetag. Šuranova 1, ✆ 386-808.

Restaurant-Kavana Ogledala (7), an der Uferstraße. Beliebt bei Einheimischen, mit Trüffeln verfeinerte Fisch- und Fleischgerichte; abends Treffpunkt der Jugendlichen. Flaciusova 20, ✆ 214-275.

Restaurant-Appartements Ribarska Koliba (17), im gleichnamigen Stadtteil am Hafen. Terrasse am Kai, gutes Fischlokal. Verudela 3, ✆ 222-966.

Restaurant Fantazija (19), im Stadtteil Veruda mit schöner Terrasse. Gute istrische und internationale Küche, auf Wunsch auch individuelle Kreationen. Die Kochkünste des Chefs wurden schon mit etlichen Preisen ausgezeichnet. So Ruhetag. Palisina 29, ✆ 506-306.

Danach vielleicht auf einen Kaffee in eine der gemütlichen **Cafébars** am Forum oder in der Ulica Sergije vaca. Schön z. B. das

Kunst-Café Cvajner (8), Forum 2, sowie das neue „In-Lokal" **Kavana Ogledala (7)**, Flaciusova 20. Ein paar Häuser vom Ogledala entfernt findet sich ein **Internetcafé (6)**.

In den vielen kleinen Gasthäusern und Cafés um den Markt gibt es immer frischen Strudel mit Äpfeln, Walnüssen und Kirschen zum Mitnehmen und erfrischende Limonaden. Je nach Saison stehen gelegentlich auch Omeletts mit Trüffeln, Pršut, Wildspargel, jungem Lauch oder diversen wild wachsenden Pflanzen auf der Karte.

Weitere sehr gute Restaurants siehe **Pula/ Umgebung**.

Sehenswertes

Das nah am Meer nordöstlich des Hafens stehende römische **Amphitheater** ist mit einer Kapazität von 23.000 Besuchern das sechstgrößte seiner Art in der Welt. Erbaut wurde die Schwester des römischen Kolosseums in den Jahren 2 v. Chr. bis 14 n. Chr. unter Kaiser Augustus (30 v. Chr.–14 n. Chr.). Kaiser Vespasian (69–79 n. Chr.) ließ es auf seine heutige Größe erweitern, um damit, wie die Legende erzählt, seiner aus Pula stammenden Geliebten einen Herzenswunsch zu erfüllen. Zu dieser Zeit diente die mächtige Arena noch als Bühne für Gladiatorenkämpfe, die zeitweise sogar für „Seeschlachten" geflutet wurde. Im 15. Jh. wollte der Senat von Venedig das elliptische Bauwerk mit seinen fast 33 Meter hohen Außenmauern abtragen und in Venedig neu aufbauen lassen. Glücklicherweise wurde das Vorhaben von einem venezianischen Senator vereitelt, was ihm eine Ehrentafel an der Arena einbrachte.

In jüngerer Vergangenheit war das Amphitheater Austragungsort des *Festivals des jugoslawischen Films*, 1993 wurde es vom *Pula Filmfestival* und den Kulturevents des *Histria Festivals* abgelöst: für Opern, Konzerte, Theater und Film ist die geschichtsträchtige Arena mit ihrer brillanten Akustik ein idealer Platz – Weltstars wie Sting, Julius Iglesias, Pavarotti und viele mehr begeisterten hier ihre Zuhörer.

Augustus- und Diana-Tempel am Forum

Das Labyrinth von miteinander verbundenen Gängen, Vorratslagern und Käfigen unter den Zuschauerplätzen und dem Bühnenraum ist noch erhalten – in den unterirdischen Räumen ist heute eine Dauerausstellung zum Thema „Oliven- und Weinbau zur Römerzeit in Istrien“ untergebracht mit einer reichen Sammlung an Originalgeräten, Rekonstruktionen, Werkzeugen, Steingefäßen zur Aufbewahrung, Amphoren und mehr.

Öffnungszeiten Sommer von 8–20 Uhr, Winter 9–16.30 Uhr. Eintritt ca. 2,50 €.

Auf dem ehemaligen *Forum*, dem heutigen Forumsplatz, zieht der gut erhaltene, der Göttin Roma und Kaiser Augustus gewidmete **Augustus-Tempel** (2 v. Chr. bis 14 n. Chr.) mit seinen sechs korinthischen Säulen die Blicke auf sich. Die monumentale Vorhalle öffnet sich zum Platz hin, auf der Treppe davor wird gern ein Päuschen eingelegt. In den Innenräumen zeigt eine Ausstellung römische Skulpturen und Plastiken (geöffnet Mo–Fr 9–20 Uhr, Sa/So 10–15 Uhr, Eintritt 1 €.) Gleich neben dem Augustus-Tempel steht der **Diana-Tempel**, der im 13. Jh. in das neue Rathaus integriert wurde; der heutige Rathausbau geht auf das 17. Jh. zurück.

Rund um den Forumsplatz laden Straßencafés zum Einkehren ein – die Fußgängerbereiche *Kandlerova, Sergije vaca* und *Flanatička ulica* zählen zu den schönsten Straßenzügen Pulas.

Ein weiteres imposantes Zeugnis der langen Stadtgeschichte ist der reich geschmückte korinthische **Triumphbogen der Sergier** (29–27 v. Chr.) im Zentrum, am Ende der Ulica Sergije vaca/Ecke Giardini ulica. Das auch *Porta Aurea/Zlatna vreta* (Goldenes Tor) genannte Monument wurde nach dem Sieg bei Actium über die Truppen Cleopatras zwischen 29–27 v. Chr. gebaut und in die Stadtmauer integriert; seine Ostseite blieb, weil unsichtbar, ungeschmückt; damit sich die Stadt besser ausdehnen konnte, wurde die Stadtmauer im 19. Jh. abgerissen, nur das prachtvolle Tor blieb stehen. Der angrenzende große Platz dient heute als Spielort für Theater- und Musikaufführungen.

Den *Korso*, der hinter dem Triumphbogen und nördlich entlang der Ulica Giardini unter der schattigen Baumallee verläuft – heute ein beliebter Treffpunkt der Jugend – säumen schicke Boutiquen.

An der Hausfassade gleich neben dem Triumphbogen entdecken wir eine Gedenktafel für den irischen Schriftsteller *James Joyce*, der ab 1904 als Englischlehrer an der Berlitz-Schule einige Zeit in Pula verbrachte. In derselben Straße (Ulica 1. maja) wurden im Haus Nr. 16 die Reste eines römischen Hauses freigelegt, darunter auch ein herrlicher Mosaikboden. Das Mosaik zeigt die Geschichte der von *Zeus* verführten *Antiope*, deren Kinder sich für die Mutter an Ehemann *Lykos* und Nebenbuhlerin *Dirke* rächten.

Das **Kastell** auf einem Hügel über der Altstadt wurde im 17. Jh. im Auftrag Venedigs errichtet und während der napoleonischer Besetzung umgebaut, zwei Jahrtausende zuvor stand hier eine illyrische Wallburg, später das römische Kapitol.

Das **Archäologische Museum** unterhalb des Kastells in der Carrarina ulica zeigt umfangreiche Sammlungen römischer und mittelalterlicher Funde (Mo–Sa 9–20 Uhr, So 9–15 Uhr, Eintritt ca. 1,60 €). Hinter dem Museum sind am Hang Reste eines kleinen **Römischen Theaters** aus dem 2. Jh. v. Chr. und das **Doppeltor** (Porta gemina) aus dem selben Jahrhundert zu sehen, durch das zwei überwölbte Durchgänge zum Archäologischen Museum führen. Ganz in der Nähe steht das älteste römische Denkmal Pulas, das **Herkulestor** aus der Mitte des 1. Jh. v. Chr.

Zu den sehenswerten sakralen Bauwerken der Stadt zählt die **Kathedrale der hl. Maria** aus dem 15. Jh. (in der Nähe des Jachthafens), die auf den Resten eines Jupitertempels und einer Basilika erbaut wurde. Ein römischer Sarkophag dient als Hauptaltar, den Chorraum schmücken ein Bodenmosaik aus dem 5. Jh. und massive Säulen aus dem 15. Jh.; der Glockenturm stammt vom Ende des 17. Jh.

Die orthodoxe **Kirche heiliger Nikolaus** (Sveti Nikola) wurde Anfang des 7. Jh. gebaut und im 16. Jh. zypriotischen Einwanderern aus dem griechischen Nauplion als Gotteshaus überlassen. Die hölzerne Ikonostase mit prächtigen Ikonen schuf der griechische Meister *Tomios Batas* Anfang des 18. Jh. in der Tradition der alten byzantinischen Ikonographie; jeden Sonntag wird hier ein griechisch-orthodoxer Gottesdienst gefeiert.

Der Triumphbogen der Sergier

Die **Franziskanerkirche** mit Kloster aus dem 14. Jh. nördlich des Forums ist Franz von Assisi geweiht. Das romanische Portal auf der Stirnseite des Gotteshauses schmückt eine schöne Rosette. Im Inneren ist die gotische Madonnen-Skulptur an der Nordwand sehenswert; der hölzerne Flügelaltar aus dem 15. Jh. ist ein typisches Beispiel für die istrische Sakralkunst dieser Zeit.

Das *Franziskanerkloster* schmückt ein herrlicher Arkadengang; das mittelalterliche *Lapidarium* zeigt steinerne Kostbarkeiten aus Dvigrad und Vodnjan sowie istrische Freskenkopien aus dem 9. bis 17. Jh. (geöffnet von Juli bis Mitte September von 9–13 und 16–20 Uhr).

Südwestlich von Pula, im Stadtteil Valkane/Stoja, liegt der sehenswerte **Marinefriedhof** (Uskočka ulica), auf dem 150.000 Soldaten ihre letzte Ruhestätte fanden; ein Spaziergang über die imposanten Grabfelder der K.-u.-k.-Zeit ist lohnenswert. Pula war seit Mitte des 19. Jahrhunderts ein wichtiger österreichischer Kriegshafen, und neben dem Friedhof entstanden in diesen Jahrzehnten auch Villen und Kasernen, die schöne *Marinekirche* wurde von Kaiser Franz Joseph anlässlich seiner 50-jährigen Thronbesteigung 1898 eingeweiht. Für den Erhalt der prachtvollen Anlage sorgen private Investoren und das österreichische Schwarze Kreuz.

Ganz im Süden der Halbinsel Verudela ist in Meeresnähe in der *Festung Verudela* (1886) ein großes **Aquarium** eingerichtet – in fünf Räumen sind auf 600 qm Fläche diverse Meerwasserbecken mit Fauna und Flora der nördlichen Adria zu bewundern – Katzenhai, Seeigel und anderes Meeresgetier kann man hier im offenen Becken hautnah erleben. Zudem vermittelt seit 2004 eine „Blaue Schule“ die Grundlagen der Meereskunde anschaulich auf einer dreistündigen Schiffstour.

Öffnungszeiten im Sommer tägl. 9–21 Uhr, im Winter nur an Wochenenden von 11–17 Uhr. Erwachsene 2,70 €, Kinder 2 €. „Blaue Schule“ 27 €, Kinder 16 €. Ermäßigte Familienkarten: Familie mit 1 Kind 56 €, mit 2 Kinder 70 €. Fort Verudela, ✆ (052) 381-402.

Sport/Wassersport

• *Baden* Schwimmbäder gibt es auf der *Halbinsel Stoja* und bei *Valkane*. Bademöglichkeiten im Meer beim *Hotel Pula*, in *Valsaline* sowie auf der *Halbinsel Verudela*. Dem Wasser wird von der Halbinsel Stoja bis zur Halbinselspitze Verudela offiziell „gute Qualität“ bescheinigt – ab und zu sieht man sogar Delphine springen.
Wer von Pula die Küstenstraße nach Fažana fährt und gleich nach dem Ortsschild von Pula scharf links Richtung *Štinjan* abbiegt, findet hier eine weitere Badegelegenheit. Weitere schöne Badebuchten auch rund um die *Landzunge Premantura*.

• *Wassersport* **Tauch- und Segelschule Verudela**, in der Veruda-Marina, ✆ 212-136. Surfkurse und Surfbrettverleih, zudem großes Sportangebot wie Tennis, Minigolf, Squash, Volleyball u.a.

Sportcenter Vega Valsaline, Zentrum für Unterwasseraktivitäten und Segeln, ✆ 391-168. Flaschenfüllung und Genehmigungen für Unterwasserjagd beim **Fischereisportverein Delfin**, Ulica Kandlerova 17 (Parallelstraße zur Riva) oder bei **Autotrans**, Kandlerova 26; geöffnet 8–20 Uhr.

• *Jachthafen* **ACI Marina Pula**, großer Jachthafen an der Riva. 224 Liegeplätze im Meer, 80 an Land; alle Serviceleistungen und Kundendienst; Restaurant; ✆ 219-142, 📠 211-850; www.aci-club.hr.

Marina Veruda siehe unter Medulin Umgebung/Pješčana uvala.

• *Tauchen* **Diving Center Puntižela,** verschiedenste Tauchschiffe, Ausflüge zu 14 verschiedenen Schiffwracks, u.a. zur „Baron Gautsch“ von 1914 oder zum 1944 gesunkenen Torpedoboot TA-21; Tauchausflüge zum Nationalpark Brijuni-Inseln, Ausflüge zu Kletterwänden und Höhlen. Tauchschule C.M.A.S., UDI, NAUI, PADI. Štinjan Kašćuni, 61, ✆ 517-474, 📠 517-517, Mobil-Tel. 098/421-021, www.wreckdiving-croatia.com.

Medulin und Halbinsel Kamenjak aus der Vogelperspektive

Medulin und Umgebung

Wer in der Umgebung von Pula seinen Badeurlaub verbringen möchte, weicht besser weiter südlich nach Medulin und in die Meduliner Ortsteile Pješčana uvala, Banjol, Pomer und Premantura an der ländlichen Südspitze Istriens aus.

Die gesamte Region ist sehr zerklüftet – die kleinen Sträßchen führen durch hügelige Landschaft und winden sich um die Meeresbuchten, so dass man leicht die Orientierung verlieren kann. Die Küste mit ihren zahlreichen vorgelagerten Inselchen ist ein Paradies für Surfer und Segler, hier lässt sich's noch im Oktober im warmen Wasser baden. Die Strände auf der Halbinsel Kamenjak (Landzunge Premantura) sind felsig und kiesig. Das tiefe, blaue Wasser lockt zum Schwimmen und Schnorcheln, und man findet bestimmt ein Plätzchen ganz für sich alleine. An Wochenenden allerdings wird es voll – die Städter rücken an. Touristisch ist die Gegend ist sehr gut erschlossen, jährlich werden rund 1,5 Mio. Übernachtungen gezählt.

Pješčana uvala

Das Neubaugebiet südlich von Pula, das fast noch zum Pulaer Stadtgebiet, verwaltungstechnisch aber zu Medulin gehört, ist für Touristen nur wegen seiner Übernachtungsmöglichkeiten (Hotels oder Privatpensionen) und der guten Restaurants interessant. Es gibt eine kleine Badebucht mit Sand, von dem das Viertel auch den Namen erhielt.

• *Information* siehe unter Banjole.

• *Übernachten/Essen* **Hotel-Restaurant Valsabbion** (***), südlich des Jachthafens direkt am Meer, im Ortsteil Pješčana uvala. Modernes Hotel mit Zimmern und Appartements. Fitness- und Beautycenter, Tennisplätze, Wassersportmöglichkeiten und eine

Pješčana uvala – Wartungsarbeiten in der Marina

kleine Sandbucht. Das Restaurant zählt zu den besten Istriens; auch hier modernes, klares Ambiente, hübsche Terrassen, die Speisekarte lässt kaum Wünsche offen; große Weinkarte. Gefrühstückt wird z. B. gegenüber im offenen Pavillon mit Blick über die Bucht. Halbpension pro Pers. im DZ 90–130 €. IX ogranak 26, ✆ 218-033, 📠 208-033; www.valsabbion.net.

Restaurant Vela Nera, zählt ebenfalls zu den istrischen Gourmetrestaurants. Von der Terrasse schöner Blick auf den Jachthafen und die Bucht. Spezialitäten sind Spaghetti mit Hummer und Trüffeln oder Fischgerichte. Marina Veruda, Cesta prekomorskih brigada 12, ✆ 219-209.

Pizzeria Volaria, in der Marina, die Pizzas werden gelobt, die Aussicht ist phantastisch. Marina Veruda, Cesta prekomorskih brigada 12, ✆ 211-033.

• *Nachtleben* **Café-Bar Tangenta** und **Rosy's**; täglich geöffnet außer Mi bis 2 Uhr morgens.

• *Jachthafen* **Marina Veruda**, südlich der Altstadt von Pula an der tiefen Bucht Verudela – eine der preiswertesten und sichersten Marinas Kroatiens; wegen ihres ökologischen Managements mit der „Blauen Fahne" ausgezeichnet; 630 Liegeplätze im Wasser, 250 an Land, alle mit Strom und Wasseranschluss, Ankermöglichkeiten für Jachten bis 35 m. Sanitäranlagen, Pizzeria und Restaurant, Supermarkt, Nautikfachgeschäft, Servicewerkstatt, 15-t-Kran, Tankstelle. Cesta prekomorskih brigada 12; ✆ 211-033, 224-034, 📠 211-194; www.marveruda.com.

Banjole

Das Örtchen mit zahlreichen kleinen Campingplätzen und Ferienwohnungen an der zerklüfteten Westseite am Beginn der Landzunge ist umgeben von Kiefernwäldern; vorgelagert sind ein paar Inselchen. Amusementangebote gibt's hier nicht – ein guter Platz zum Entspannen.

• *Information* 52100 Banjole, **zentrale Touristinformation**, Kamin 27 (neben Tankstelle, an der Kreuzung von Pula kommend). Infos auch für die umliegenden Ortschaften. Geöffnet 1. Juni bis 15. Sept. tägl. 8–22 Uhr, danach nur in Medulin. ✆ 382-072, 📠 577-145.

Kamik-Tour, gegenüber der Tankstelle. Zimmervermittlung und Fahrräder.

• *Geldwechsel* **Istarska banka**, nur in der Saison geöffnet, Mo–Fr 8–11.30 und 18–20 Uhr, Sa 8–11.30 Uhr.

• *Essen* Es gibt einige Restaurants, für Selbstversorger zahlreiche Geschäfte. Schön sitzt man in der **Gostilna Stari Malin**, Kamik 3, an der Kreuzung Pomer/Premantura am Ortsbeginn.

Gelobt wird die **Konoba Batelina**, Spezialitäten sind Fischgerichte aus der Peka, Brodetto und Polenta. Čimulje 25, ✆ 573-767.

Restaurant/Pizzeria Nina mit überdachter Terrasse; beim Tennisplatz, Glavica 1, ✆ 573-457.

• *Übernachten* **Privatzimmer** und **Ferienwohnungen** vermittelt die Touristinformation. DZ ab 30 €, Appartements für 2 Pers. ab 48 €.

Halbinsel Kamenjak – viele lauschige Badebuchten locken

• *Camping* **Autocamp Indie** (*), in einem Pinienwäldchen mit Fels- und Kiesstrand; mit 20 Hektar größter Platz in Banjole. Komfortabel, gute Infrastruktur. Viele Touristen steuern die kleinen vorgelagerten Inselchen mit kleineren und größeren Booten an. Geöffnet Ende April bis Ende September. Person 5,70 €, Parzelle 8,50–16 €; Indije 96, ✆ 573-066, ✆ 573-066 und 573-274; www.arenaturist.hr.

Viele weitere kleine Privatcamps in der näheren Umgebung.

• *Sport* **Sportzentrum** mit Tennisplätzen usw. im Süden, kurz vor dem Meer. Fahrradvermietung bei **Kamik-Tour**, ca.12 €/Tag.

Premantura

Kleiner Ort am Beginn des nach Süden ins Meer stoßenden *Kap Kamenjak* (*Rt Kamenjak*). Die von den Römer gegründete Siedlung ist heute bei Surfern und als Austragungsort von Regatten beliebt. Im Ortskern ragt die *Kirche heiliger Laurentius* mit ihrem hohen Glockenturm in den Himmel, um den Kirchplatz gruppieren sich Restaurants, und abends wird es lebhaft in Premantura – hier trifft sich alles, was auf der Halbinsel Urlaub macht, für die Gäste der nahen Campingplätze ist es nur ein kurzer Fußmarsch hierher. Rundherum erheben sich die großen Neubauten, ein Ende der Bautätigkeit ist nicht in Sicht. Privatzimmer oder eine Ferienwohnung zu ergattern, ist also kein Problem.

Die äußerste Südspitze Istriens erreicht man über Premantura. Auf staubigen Holperwegen geht es durch karge oder kahl-rote, mit Macchia durchsetzte Felslandschaft. Im Frühling heben sich die gelb blühenden Ginstersträucher herrlich vom tiefblauen Meer ab. Mitten in der unberührten Landschaft reckt sich auf einem weißen Felsrücken in Küstennähe der *Leuchtturm Porer* 30 Meter aus dem Meer in die Wolken. Der 1846 erbaute Turm war in stürmischen Nächten schon für manches Schiff die letzte Rettung – seine Leuchtsignale sind bei klarem Wetter bis zu 33 Kilometer weit zu sehen.

Karten S. 189 und 198

Seit 1997 ist das Kap Kamenjak **Naturschutzgebiet**, Pkw zahlen 15 KN (2 €) Gebühr, Motorräder 8 KN. Rundum locken schöne Badebuchten an Fels- und Kiesstränden. Wer die Einsamkeit und Ruhe sucht, gerne wandert oder Fahrrad fährt, ist hier zumindest in der Nebensaison gut aufgehoben – in der Hochsaison wälzen sich inzwischen etwas zu viele Autos durch die herrliche Landschaft.

Information/Diverses

• *Information* siehe **Touristinfo Banjol**.
Agentur Arena Tours, im Zentrum, ✆ 575-007, 📠 529-401.
J.E.M., Centar 127, ✆ 575-632, 📠 575-545.

• *Verbindungen* Bushaltestelle im Ort, stündlich Verbindung nach Pula.

• *Einkaufen* im Zentrum Läden und ein Gemüsemarkt.

• *Geldwechsel* **Istarska banka**, nur in der Saison geöffnet von Mo–Fr 8–11.30 und 18–20 Uhr, Sa 8–11.30 Uhr.

• *Gesundheit* **Dialysestation-Premantura Hypokrat,** zudem **Ambulanz für Innere Medizin**; modern und gut ausgestattet, Deutsch sprechender Arzt. Runjačica 44, ✆/📠 575-052; Mobil-Tel. 098/239-984.

• *Veranstaltung* **Hellowind**-Windsurfregatta jährlich am 30. Oktober.

Übernachten/Camping/Essen

• *Übernachten* Die Agenturen vermitteln **Privatzimmer** ab 20 €/DZ; 1-Zimmer-Appartement ab 30 €, 2-Zimmer-App. 40 €.

• *Leuchtturm* **Leuchtturm Porer**, mitten im Meer auf einem Felsinselchen südlich vom Kap Kamenjak. Zwei 4-Bett-Appartements, kleiner Anlegeplatz und Kran für kleinere Boote; tolles Schnorchel- und Tauchrevier. Versorgung kann mit Hausmeister vereinbart werden. Buchung siehe „Übernachten/ Leuchttürme".

• *Camping* Alle Campingplätze liegen auf der östlichen Seite der Halbinsel.
Camping Tašalera (**), vor dem Ort links ab. Schräges, bewaldetes 20-ha-Gelände (hauptsächlich für Zelte); 1,5 km langer Strand mit Stufen ins Meer, Tauchschule, Restaurant, Minimarkt. Preisgünstig: pro Person 5,20 €, Auto/Zelt 5,30 €. Geöffnet Mitte April bis Ende September. ✆ 575-555, 📠 575 533; www.medulin.hr.
Camping Stupice (*), riesiges 28-ha-Gelände mit Landzunge, beliebt bei Surfern; manchmal überlastet; größter Teil des Platzes unter Föhren, zum Teil abfallendes Terrain. 2,5 km langer Felsstrand mit Kiesbuchten, zum Sonnenbaden teils Betonliegeflächen, kleiner Hafen. Wasch- und Einkaufsmöglichkeiten. Tennisplätze, Windsurfstation, Restaurant, Bar, Diskothek. Person 5,70 €, Parzelle 8,50–16 €; Geöffnet Ende März bis Anfang Oktober. ✆ 575-111, 📠 575-411; www.arenaturist.hr.
Camping Runke (*), 4-ha-Gelände an einer kleinen Bucht; fast ebenes Terrain unter mediterranen Pflanzen und Kiefern; neben dem Campingplatz Tašalera. 2 km langer Felsstrand mit Betonliegeflächen. Kleiner Hafen, Tauchkurse, Diskothek, Restaurant, Supermarkt. Geöffnet Anfang Mai bis Mitte/Ende September. Person 4,50 €, Parzelle 8–13 €. ✆ 575-022, 📠 223-873; www.arenaturist.hr.

• *Essen* In Premantura gibt´s einige Lokale, z. B. **Restaurant Fra Kat** mit sehr guter Küche (leckere frische Fischgerichte, auch Fleisch) und gutem Service. Überdachte Terrasse und Freisitz. Premantura 42, ✆ 575-373.
Konoba Runke, familiäre Atmosphäre, überdachte Terrasse; gute Fisch- und Fleischgerichte. Krše 8, ✆ 575-014.
Restaurant Aquarius, unter dem sternförmigen Dach Fischernetze und Aquarium. Im Freien lauschige Terrasse unter Weinranken und üppigem Grün. Vom Grill gibt es gebratene Makrelen, Weißfisch und Fleisch; leckere Fuži, Gnocchi mit Gulasch oder Trüffeln. Selo 83, ✆ 575-307.
Am Ortsbeginn das große **Restaurant/ Pizzeria Giovanni**. Selo 1c, ✆ 575-672.

Sport/Wassersport

• *Wassersportgeräteverleih* Vermietung von Booten, Surfbrettern, Tret- und Paddelbooten, Banana, Tube etc. am Campingplatz Stupice.

• *Windsurfen* **Windsurfzentrum**, Verleih von Surfbrettern, Fahrrädern etc. Windsurf- und Kiteschule, Parasailing, Taxiboote. Ausrüstung und Reparaturwerkstatt. Preman-

Leuchtturminsel Porer – wer die Einsamkeit liebt, kann sich hier einmieten

tura 62 (Straße zum Campingplatz Stupice, dort auch Basis), Mobil-Tel. 091-512-3646.

• *Tauchen* **Tauchcenter Scubalibre**, Basis auf dem Campingplatz Runke. Tauchausflüge, Gruppentauchen, Wracktauchen, Tauchkurse und Vermietung von Ausrüstung. Autocamp Runke, ✆ 386-671, Mobil-Tel. 091-557-0267 und 098-911-6115.

Pomer

Felder und Kiefernwälder umgeben das ruhige Örtchen im Westteil der großen Bucht von Medulin, im Südosten erstreckt sich nach Süden das Kap Kamenjak. Ruinen von Villen und Thermen zeugen davon, dass auch Pomer schon zu Römerzeiten besiedelt war. Früher war der Ort für seine Fisch- und Muschelzucht berühmt, die guten Fischlokale gibt es immer noch.

Am nördlichen Ortsbeginn steht die *St. Andreas-Kirche*, deren Ursprünge auf byzantinische Zeit zurückgehen, erneuert wurde das Gotteshaus im 13. Jh.; 1694 wurde es bis auf die Apsis komplett umgestaltet. In der um 1600 errichteten *Pfarrkirche St. Maria* sind die Grabsteinplatten und Gemälde aus dem 17. Jh. sehenswert. Heute ist Pomer bekannt für seine sehr schön gelegene, gut geschützte Marina.

• *Information* siehe unter Banjole.

• *Übernachten* Privatzimmer und Appartements werden überall vermietet.

• *Camping* **Autocamp Pomer** (**), 10-ha-Gelände auf einer kleinen Halbinsel südlich der Marina, terrassenförmig angelegter Platz im Kiefernwald. Gut geschützte Bucht mit 1 km langem Felsstrand und Kiesbuchten. Bar, Restaurant, Supermarkt und Tauchschule. Person 4,50 €, Parzelle 7–8 €. Geöffnet Ende März bis Ende Sept. ✆ 573-128, ✆ 573-062; www.tiengoholidays.com.

• *Essen* **Restaurant Oštriga**, im Zentrum, innen sehr gemütlich unter freigelegtem Gebälk; schattige Terrasse vor dem Haus. Preiswerte und sehr gute istrische Küche, Spezialität sind Fischgerichte. ✆ 573-077.

Gostiona Pomer, etwas östlich von Oštriga, ebenfalls preiswert und gut.

Restaurant Mediterraneo, bei der Marina, mit Blick aufs Meer. Mobil-Tel. 098/1957-579.

Restaurant Zlatna Školjka, südlich der Marina, etwas nach hinten versetzt, gute Fischküche. ✆ 573-067.

Restaurtant-Pizzeria Vedorna, an der Hauptstraße mit überdachter Terrasse. Es werden auch Zimmer vermietet. Pomer 286; ✆/℡ 573-430.

• *Jachthafen* **ACI Marina Pomer**, schön im Golf von Medulin gelegen, fast immer ausgebucht. 220 Liegeplätze im Wasser, 30 an Land, alle mit Wasser- und Stromanschluss; 10-t-Kran; Servicewerkstatt, Sanitäranlagen, Minimarket, Restaurant. ✆ 573-162, ℡ 573-266; www.aci-club.hr.

• *Sport* Vermietung von Booten und Fahrrädern in der Marina.

• *Tauchen* **SUB Centar Galaxy**, am Campingplatz Pomer. Mobil-Tel. 091/783-2185.

Medulin

Weithin sichtbar ragt Medulins zweitürmige weiße Kirche in den Himmel. Das von Feldern und Kiefernwäldchen umgebene Städtchen an der Ostseite der flachen, geschützten Bucht hat sich in den letzten Jahrzehnten zu einem Touristenzentrum mit großem Sport- und Freizeitangebot entwickelt.

Schon Odysseus soll in der Bucht von Medulin vor Anker gegangen sein, in der sich heute Spitzensportler auf ihre Wettkämpfe vorbereiten. Die für Istrien untypische Stadtkirche Medulins mit ihren beiden Kirchtürmen, die im Barock erbaute *St. Agnes-Kirche,* ist heute vom moderneren Stil des ausgehenden 19. Jh. geprägt. Äußerlich weniger imposant, aber deutlich älter ist die *Kirche Maria della Salute* im Zentrum, mit Fresken und Gemälden aus dem 15. Jh. Medulins ältestes Gotteshaus steht östlich der St. Agnes-Kirche – die heute verlassene kleine *Kapelle St. Kosmas und Damian* von 1433.

Auf dem kleinen *Vrčevan*-Hügel oberhalb von Medulin sind noch Reste einer mittelalterlichen Siedlung zu sehen. Der antike Ort *Mutila*, eine Gründung der Histrer, lag einst auf der schmalen Landzunge Kašteja, auf der sich heute die Camper tummeln. Und auf dem Halbinselchen *Vižula*, das die lange Bucht nach Norden hin

Halbinsel Kamenjak – Blick in Richtung Medulin

abschließt, sind auf einem 10 Hektar großen Areal die Relikte einer römischen Sommerresidenz zu besichtigen – ein schöner Spaziergang.

Nach den blühenden römischen Zeiten schläft Medulin einen Jahrhunderte langen Dornröschenschlaf, erst um 1040, zur Zeit des Feudalismus, wird es erstmals wieder erwähnt. Im 12. Jh. kommt Medulin zu Venedig, die Benediktiner errichten eine Klosteranlage. Im 15. und 16. Jh. gelingt es Medulin wie auch dem benachbarten Pula, seine Unabhängigkeit gegenüber Venedig zu verteidigen, der Ort blüht auf, die Einwohnerzahl wächst. Pestepidemien und ständige Überfälle von Uskoken und Seeräubern machen dem bald ein Ende – im 17. Jh. ging die Einwohnerzahl so dramatisch zurück, dass man versuchte, die Verluste durch die Ansiedlung von Neubürgern aus dem slawischen Süddalmatien auszugleichen.

Im 21. Jahrhundert strömen die Touristen vor allem wegen der guten Bademöglichkeiten nach Medulin – für Kinder ist das seichte Meerwasser in der weit verzweigten Bucht ideal zum Planschen – immerhin 70 Kilometer Strand sind es, wenn man alle Buchten umrundet. In den letzten Jahren ist das Städtchen enorm gewachsen, viele Neubauten mit Privatzimmern und Ferienwohnungen entstanden, zusammen mit Pensionen, kleinen Hotels und Campingplätzen ist für üppige Übernachtungskapazitäten gesorgt. Doch trotz des Baubooms ist Medulin überschaubar und gemütlich geblieben und eine willkommene Abwechslung in der sonst einsamen, landschaftlich reizvollen Umgebung.

Information/Diverses

• *Telefonvorwahl* 052

• *Postleitzahl* 52203 Medulin

• *Information* **Touristinformation**, Centar 223, ✆/℻ 577-145; tzo-medulin@pu.htnet.hr; www.medulin.hr. Geöffnet 1. Juni bis 15. Sept. tägl. 8–21 Uhr, sonst Mo–Fr 8–16 Uhr.

Agentur Segitours, Sad 66, ✆ 381-814, ℻ 381-799.

Agentur Luna Rossa, Munida 31 a, ✆ 577-483, ℻ 577-408.

Agentur Medulintours, Biškupija b.b. (am Stadtbeginn), ✆ 576-282, ℻ 576-765.

Agentur Marco Polo, Brajdine 44a, ✆ 576-819, ℻ 577-403, www.marco-polo.hr.

• *Verbindungen* **Bus**; Buslinie 26 von Pula stündlich bis 21 Uhr. **Taxi**, ✆ 217-178.

Flug, Panoramaflüge vom Aerodrom Medulin (nördlich von Medulin). Mobil-Tel. 099/513-595 und 098/224-577.

• *Einkaufen* Wer picknicken will, ist in Medulin bestens bedient: In der **Bäckerei Peter Pan** (an der Straße von der Kirche Richtung Campingplatz Medulin) gibt es gutes, frisches Brot. In der Seitenstraße unterhalb residiert die **Vinarija Natura**, eine Weinstube mit Laden, die gute Weiß- und Rotweine vom Fass verkauft; geöffnet Mo–Sa 9–13 und 16–20/21 Uhr. Zudem gibt es zahlreiche Lebensmittelläden, die Käse und leckeren luftgetrockneten Schinken anbieten. **Obst- und Gemüsemarkt** am Hauptplatz.

• *Geldwechsel* **Istarska banka**, Munida b.b.; Mo–Fr 8-11.30 und 14.30–17 Uhr, Sa 8–11.30 Uhr. Zudem Bankomaten.

• *Gesundheit* **Praktischer Arzt** im Hotel Belvedere, ✆ 576-017, 576-617; Mo–Fr 14–20 Uhr.

Apotheke im Zentrum, ✆ 576-472; Mo 14–19 Uhr, Di–Fr 8.30–14 Uhr, Sa 8–13 Uhr.

Apotheke, Fucane 5, ✆ 576-736; im Sommer 8–13 und 17–21 Uhr.

• *Post* in der Ortsmitte, Mo–Fr 7–20 Uhr, Sa 7–16 Uhr.

• *Nachtleben* Größte Diskothek ist die beliebte **Disco Club Imperial**, Fucane 72, ab 22 Uhr bis morgens. Alternativ **Diskothek Dali** beim Autocamp Medulin. **Terrasse** am Campingplatz Kažela. **Cafébar Marina Medulin**, täglich 21–2 Uhr.

• *Veranstaltungen* **Klassische Konzerte** in der St.-Agnes-Kirche. Im Juli/August Konzerte und weitere Kulturveranstaltungen auf dem Hauptplatz.

Stadtfest Sv. Jakoveja, jährlich am dem 25. Juli folgenden Sonntag.

Malerkolonie Medulin, jährlich 2. Septemberwoche. Das Hotel Belvedere stellt zum Arbeiten und Ausstellen einen Raum zur Verfügung. Information unter ✆ 577-145.

Übernachten/Camping/Essen

• *Übernachten* **Privatzimmer** vermitteln die Agenturen, DZ ab 15–20 €/Person. Private Ferienwohnungen ab 40 €/2 Pers.

Hotel Belvedere (***), mit fast 900 Betten eines der größten Hotels des Küstenabschnitts. Hallenbad und Swimmingpools, Fitnessraum, Sauna und Kegelbahn, Sportzentrum mit Tennisplätzen, Minigolf. Discothek Aquarius (300 m entfernt) und Tanzterrasse. 100 m zum flach abfallenden Kiesstrand. DZ/F 85 €. Angeschlossen ist eine Appartementsiedlung. ✆ 572-001, 📠 572-549; www.arenaturist.hr.

Hotel Medulin (***), 350-Betten-Hotel, etwa 300 m hinter dem Strand mit Pools, Fitness- und Wellnessbereich, Animation für Kinder und Erwachsene. Gut ausgestattete DZ/F 120 €. ✆ 572-601, 📠 576-017; www.arenaturist.hr.

Hotel Mutila (***), nahe Hotel Medulin und nicht direkt am Strand. DZ/F 110 €. ✆ 576-004, 📠 576-836; www.arenaturist.hr.

Hotel Arcus Residence (***), direkt am Meer, am Beginn der Uferpromenade (Ortsbeginn); 2001 im Villenstil gebautes Hotel, im Innenbereich herrscht mediterrane Atmosphäre. Restaurant, Cocktailbar, große Terrasse, Kunstgalerie. Komfortable Zimmer mit AC. DZ/F 108 €. Burle b.b. ✆ 529-100, 📠 529-101; www.arcus.hr.

Hotel-Restaurant Hilde (**), schöne, ruhige Lage hinter der Uferpromenade an der Bucht. Auf der luftigen Terrasse kann man herrlich frühstücken. DZ/F 65 €. Brajdine 88, ✆ 577-066, 📠 576-294.

Pension Villa Anita, ebenfalls hinter der Uferpromenade mit Restaurant und Gartenterrasse; komfortable DZ/F mit Balkon 70–75 €. Brajdine 95, ✆ 576-712, 📠 576-618; www.karavela.com.

Hotel Minerva (**–***), kleineres 50-Betten-Haus an der Zufahrtsstraße zu den Hotels. DZ/F 60–100 €. Sad 33, ✆ 576-795, 📠 380-086; hotel-minerva@medulin.com.

Appartements Residence Ai Pini, schöne, ruhig gelegene Anlage nahe Hotel Belvedere, dessen Sporteinrichtungen mitbenutzt werden können. Appartement für 2–4 Pers. 95 €. ✆ 572-601, 📠 576-017; www.arenaturist.hr.

FKK-Anlage Kažela (**), ca. 2 km vom Medulin; weitläufige Anlage mit Campingplatz, Zimmer in einstöckigen Pavillons. Appartements für 2 Pers. ca. 55 €. ✆ 577-460, 📠 576-050; www.kampkazela.com.

• *Camping* **Autocamp Medulin** (*), großer, schattiger 25-ha-Platz (der größte bei Pula) auf der Kašteja-Landzunge, mit kleiner mit dem Damm verbundener Insel. Langer Kies- und Felsstrand, Sandstrand in der Bucht; Restaurant und Supermarkt, Disco, Unterhaltung für Kinder im „Summer Club", Wasserrutsche; Gemüse- und Obststände. Tauchclub. Ökologisches Management. Person 6 €, Parzelle 9–17 €. Geöffnet Ende März/Anfang April bis Ende Oktober. ✆ 576-040, 📠 576-042; www.arenaturist.hr.

FKK-Autocamp Kažela (**), zur Ferienanlage Kažela gehörend. Gut ausgestatteter 110-ha-Platz auf naturbelassenem Gelände. Teils schattenlose Wiesen, teils Kiefernwald; schöner ca. 2 km langer Strand (teilweise weiße Kieselsteine); ausschließlich für FKK-Urlauber. Sportprogramm, auch Animation für Kinder. Restaurant, Bar, Supermarkt, Tauchclub. Geöffnet Ende April bis Ende September. Person 6,90 €, Parzelle 14,50 €; ✆/📠 576-050; www.kampkazela.com.

• *Essen* Am Ortseingang an der Zufahrtsstraße von Pula drehen sich im **Restaurant Sandra** die Spanferkel am Spieß; neben großem Speiseangebot auch Frühstück; freundliche Bedienung; Munida 33, ✆ 576-932.

Restaurant Bella Casa, am Ortsbeginn, hier gibt´s sehr gute frische Fischgerichte. Munida 11, ✆ 577-068.

Restaurant-Pizzeria Pinocchio, am Ortsbeginn rechts, Munida 31.

Konoba 15, beliebt bei den Einheimischen; nach Abzweig zu den Hotels ein Stückchen weiter, dann nach rechts. Burle 22.

Restaurant Il Girasole, an der Zufahrtsstraße mit überdachter Terrasse, sehr gute italienische Küche. Burle 47, ✆ 576-188.

Restaurant Kandis, am Campingplatz Medulin; wird sehr gelobt; auch für Kinder bestens geeignet.

Sport

• *Baden* In und um Medulin gibt es viele Bademöglichkeiten. Allerdings wird für die Strände auf den Campingplätzen Medulin (Sandstrand!) und Kažela (FKK) Eintritt verlangt. Wer nicht in der Medulin-Bucht oder am Strand des Hotels Belvedere schwimmen will, muss bis zum Meer weit über die Felder laufen, was sich bei einem lauen Maestral aber gut aushalten lässt. An der nördlichen Bucht der Halbinsel Vižula gibt es heilsamen Schlamm. 6-mal täglich fahren Taxiboote zur vorgelagerten *Insel Ceja* sowie zur *Insel Bodulaš*, beide haben ein Restaurant. Die kleine vorgelagerte *Insel Levan* bietet Sandstrand und ebenfalls ein Restaurant.

• *Wassersport* Verleih von Motor-, Ruder- und Segelbooten, Surfbrettern usw. am Strand des Hotels Mutila (Aquatik Sport) sowie beim Hotel Belvedere (Sportzentrum Arenatours). Am FKK-Camp Kažela residiert das Sportcenter Mediterraneo, hier werden Wasserskier, Motorboote und Paragliding-Ausrüstung verliehen.

Skipperclub Aquamarin, Burle 7, ✆/℻ 576-971. Bootsverleih, Führerschein etc.

• *Tauchen* Das **Tauchcenter Shark** am Campingplatz Medulin zählt zu den besten Tauchschulen Istriens. Tauchausflüge zu mehr als 30 Objekten, Tauchschule und Ausrüstung. Munida 86, ✆/℻ 576-515, Mobil-Tel. 098/366-110, 366-254, www.diving-center-shark.com.

Tauchschule Mediterraneo am Campingplatz Kažela, Mobil-Tel. 098/738-300.

SUB Center Medulin, am Eingang zum Campingplatz Medulin, Mobil-Tel. 091/1235-456.

• *Tennis* **Sportzentrum Arenatours** (beim Hotel Mutila), **Sportcenter Mediterraneo** (im FKK-Camp Kažela).

• *Minigolf* bei den Hotels Medulin und Belvedere, im Sportzentrum Mediterraneo.

• *Fahrräder* Verleih über die Agenturen **Marco Polo** und **Aquatic Sport**. Die Umgebung von Medulin bietet sich für herrliche Touren an. Fahrradkarten bei den Touristinformationen.

• *Reiten* **Gestüt Beautiful** am Ortseingang von Medulin; Reitkurse, Freilandreiten; geöffnet 16–19 Uhr. ✆ 576-789.

Ranch Lunghe, Ausritt tägl. von 18–21 Uhr möglich. Information über Agentur Croatours, ✆ 576-106 oder Mobil-Tel. 098/1676-534.

Ližnjan

Das mittelalterliche Örtchen etwa 2 km östlich von Medulin ist auf einem schönen Spaziergang, mit dem Bus (Linie 33) oder mit dem Auto bequem erreichbar. Der Ausflug lohnt, denn vom Dorfhügel bietet sich ein wunderschöner Blick über die Kvarner Bucht und die fruchtbare Landschaft rund um Medulin. Ližnjans Bewohner leben bis heute vom Fischfang, der Hafen befindet sich unterhalb in der Kuja-Bucht, in deren seichtem, warmem Wasser sich's gut planschen und baden lässt. Wer in Ližnjan übernachten will, kann sich in den Touristbüros in Medulin eine Unterkunft vermitteln lassen.

• *Essen* In der Ortsmitte einige Lebensmittelläden und das **Restaurant Veseli ribar** (Fröhlicher Fischer).

• *Essen/Reiten* **Ranch Libora** mit empfehlenswertem Restaurant. Täglich frische Fischgerichte und gute istrische Küche mit frischen Zutaten: Minestrone, Nudelgerichte und istrische Schnitzel. Sehr gemütliches Ambiente, Tischbestellung abends obligatorisch, ✆ 576-800. Auf der Ranch werden auch Rennpferde gezüchtet, Reiten und Trekking ist möglich.

Konoba Galiola, hier kommen gute Scampi-buzzara nach Kvarner Art auf den Tisch, Pljukanci (eine Nudelart) mit Wild und äußerst leckere süße Gnocchi. Ližnjan 578, ✆ 578-323.

• *Übernachten* **Villa Dorothea**, schönes Haus mit Zimmer- und Appartementvermietung. Ližnjan 367. Auskunft auch über den Aerodrom Medulin, Mobil-Tel. 098/224-577 oder 099/513-595; www.uem-online.org

Von Pula Richtung Ostküste und Kvarner-Region

Wer an der istrischen Westküste entlang zur Südspitze der Halbinsel gereist ist, nimmt von hier aus am besten die Küstenstraße weiter Richtung Osten bis nach Opatija mit seiner herrlichen Riviera. Im Gegensatz zur Westküste fällt die istrische Ostküste steil ins Meer ab. Die Strecke von Pula über Pazin nach Opatija ist zwar schneller und besser ausgebaut, doch die Küstenstrecke mit ihren Dörfern und Städtchen ist interessanter und landschaftlich weitaus reizvoller.

Die ca. 80 km lange Küstenstraße von Pula nach Opatija ist zwar recht gut ausgebaut, allerdings teilweise kurvenreich und sehr befahren, nach Regen kann es schmierig und rutschig werden – also vorsichtig fahren und sich nicht von einheimischen Straßenkennern zu waghalsigen Überholmanövern verleiten lassen!

Zuerst geht es in der Nähe des Flughafens Pula vorbei, die Landschaft ist eben, steinig, teils von Macchia, ab und zu von Feldern bedeckt. Ein erster lohnender Stopp für geschichtlich Interessierte bietet sich bald mit der antiken **Ruinenstätte Nesactium** (Nezakcij, beschildert, gleich beim Flughafen, Richtung Valtura); eine Siedlung gab es schon im 15. Jh. v. Chr., später stand hier die Hauptstadt der Ureinwohner Istriens, der Histrer. 177 v. Chr. gelang es den Römern unter Konsul *Claudius Pulcher*, die Stadt einzunehmen. Die Legende erzählt, dass die Einwohner Nesactiums lieber den Freitod wählten – sie sollen sich gegenseitig getötet haben – als den Römern in die Hände zu fallen. Ihr König *Epulon* soll vor seinem Selbstmord hier noch einen unermesslichen Schatz vergraben haben ...

Die schöne **Duga-Uvala-Bucht** lohnt einen Abstecher zum Baden; von Süden ist die Bucht über *Kavran* zu erreichen oder über den Abzweig bei *Marčana* (ausgeschildert). Die Ferienanlage ist zwar nicht mehr auf dem neuesten Stand, aber die Landschaft ist zum Baden herrlich.

• *Essen/Übernachten* **Villa Arbora**, im Weiler Kavran, 5 km in Richtung Duga Uvala; schönes Ferienlandhaus in herrlicher Lage mit Meerblick. Das Haus bietet Platz für max. 10 Personen. Vom Bauernhof gibt es Wein, Obst und Gemüse. Fam. Kostešić, Kavran 62, 52208 Kavran, ✆ 052/545-010.

Stancija Negričanj, kleines, komfortables 25-Betten-Landhotel in Alleinlage auf 34.000 qm Grund, umgeben von Wald und Weiden im Weiler Divšiči (6 km nördlich von Marčana) – mit Weitblick auf die Brijuni-Inseln. Ein wunderbarer Platz zum Ausspannen oder für Touren in die Umgebung, sei es mit Auto oder Mountainbike. Die Zimmer sind hübsch im Landhausstil modernisiert, haben Internetanschluss, und für den morgendlichen Adrenalinschub sorgt der große Pool. In der Nähe auch Möglichkeit zum Reiten. Das hervorragende Essen gibt es für die Hausgäste oder nach Vorbestellung, zudem Vinothek. Sämtliche Produkte kommen frisch vom Hof. Zimmer je nach Größe ca. 72–124 €. Fam. Modrušan, Stancija Negričani b.b., 52206 Divšiči, ✆ 052/391-084, 580-830; www.stancijanegricani.com.

Pension Villa Chiara (***), im Weiler Pavičini, nur 3 km vor der Duga-Uvala-Bucht. Hübscher, schlossartiger, roséfarbener Neubau mit 10 komfortablen Zimmern, Pool und kleinem Hallenbad, Sauna, Tennisplatz und Restaurant. Boote können gemietet werden; eigener kleiner Strandabschnitt an der Bucht. DZ/F ca. 100 €. Pavičini 23, Duga Uvala, ✆ 052/553-225, ℻ 553-340, fortex@inet.hr.

Hotel Carmen (***), gut geführtes 24-Zimmer-Hotel mit ebenso gutem Restaurant in Luka Krnica, 300 m vom Meer entfernt; komfortable Zimmer mit Meerblick und überdachtem Balkon. DZ/F 84 €. ✆ 052/556-272, ℻ 556-360, www.istra.com/hotel-carmen.

• *Wein* Das **Weingut Demjan** im Weiler Radeki polje hat hervorragende Weine im Keller; Radeki polje 83, Marćana, ✆ 052/506-352.

Bevor die Straße zur *Raša-Bucht* hinunter führt, durchfährt man das mittelalterliche Städtchen **Barban** (*Barbana*); erbaut wurde Barban von den Grafen von Görtz, Ende des 14. Jh. ging die Siedlung zusammen mit Pazin an die Grafen von Habsburg. Später bekamen es die Venezianer, die aber mit Barban nichts anzufangen wussten und es gegen Höchstgebot versteigern ließen.

Der malerische Stadtplatz mit Loggia und Uhrturm sowie das mittelalterliche Kastell mit Türmen daneben sind gut erhalten, was der Familie Loredani zu verdanken ist, die Barban 1535 ersteigerte. Noch heute wird das mittelalterliche Spiel des *Ringestechens* (Trka na Prstenac) veranstaltet, ähnlich dem in der dalmatinischen Stadt Sinj, bei dem die Reiter im Galopp mit einer Lanze einen Ring von einem Pfahl angeln müssen. Das Touristenspektakel findet jährlich immer am letzten Augustwochenende statt – die Stadtchronik erwähnt das Ritterspiel erstmals im Jahr 1696. (Aktuelle Informationen unter ✆ 052/567-635).

• *Essen/Übernachten* **Appartements Da Stefania**, hübsches, modernes Naturstein-Appartementhaus mit 4 Zimmern; im Weiler Draguzeti, ca. 5 km nördlich von Barban. Nach Vorbestellung auch Essen mit frischen Produkten vom Bauernhof. Eigene Weine, Obst und Gemüse. Fam. Osip, Draguzeti 3, 52207 Barban, ✆ 052/567-207.

Bei der Fahrt hinab zur *Raša-Bucht* fällt der Blick auf die weitläufigen Spargelplantagen im von hohen Hängen geschützten *Rašatal*. Mit der Eisenbahn, die man nach der Brücke überquert, wird die Steinkohle vom Kohleberg oberhalb der Bucht bis zu den Schiffen befördert.

Der nächste größere Ort auf der Strecke Pula–Opatija ist **Labin (Albona)**.

Der alte Bergwerksort Labin war 1921 Schauplatz der „Labiner Republik“

Ostküste: Labin und Umgebung

Labin (Albona)

Gut befestigt thront das mittelalterliche Labin auf einem kleinen Berg, der dem Besucher einen fantastischen Weitblick schenkt – auf der einen Seite über das istrische Binnenland bis zum Učka-Gebirge, auf der anderen über die Kvarner Bucht bis zur Insel Cres.

Der strategisch überaus günstig gelegene Ort wurde von den Illyrern gegründet und hieß unter römischer Herrschaft *Albona*. Im 15. Jh. kam Labin zu Venedig, das den Ort befestigte und im 16. Jh. einen Rundturm bauen ließ. Einer der berühmtesten Bürger des Städtchens ist *Matija Vlačić Ilirik* alias *M. Flavius Illyricus* (1520–1575), ein bekannter Reformator, der u. a. in Wittenberg und in Straßburg lehrte.

In den von engen Gässchen durchzogenen Altstadt ist für große Gefährte kein Durchkommen, vieles muss zu Fuß erledigt werden; hier kennt jeder jeden, man grüßt sich freundlich, und die Kinder spielen im Schatten der alten Bäume.

Unterhalb des alten Zentrums liegt *Podlabin*, ein zu Labin gehörender Bergwerks- und Industrieort. Seit Jahrhunderten wird in den Hügeln von Labin Steinkohle abgebaut, weshalb in den 1960er und 70er Jahren die Altstadt über dem weit verzweigten Labyrinth an Gängen und Stollen in sich zusammenzustürzen drohte. Die Stollen sind mittlerweile aufgefüllt, die Gefahr soll gebannt sein. Das moderne Podlabin mit einiger Industrie und modernen Wohnblocks ist heute ein regionaler Verkehrsknotenpunkt, touristische Durchgangsstation für das zum Hotelort ausgebaute *Rabac* (siehe unten) sowie Einkaufsort für die Camper auf der Halbinsel Koromačno.

Labinske krafi

Das kalorienreiche Naschwerk der Gegend ist eine Art Strudelteig mit einer Füllung aus Nüssen und Rosinen, manchmal auch mit Quark und gedünsteten Äpfeln angereichert. Garniert wird die Leckerei mit Vanilleeis oder Sahne oder diversen anderen Kreationen – den Verfeinerungskünsten der Bäcker sind kaum Grenzen gesetzt. Einfach probieren!

Information/Verbindungen/Diverses

- *Telefonvorwahl* 052
- *Postleitzahl* 52220 Labin
- *Information* **Tourismusverband**, Aldo negri 20 (kurz nach der Straßenkreuzung, ehe es hinab nach Rabac geht), ✆/℻ 855-560; tzg.labin@pu.tel.hr; www.istra.com/rabac. Mo–Fr 7–15 Uhr, Sa 8–12 Uhr.

Touristinformation in der Altstadt gegenüber vom Velo Café; geöffnet Mai–Sept. tägl. 8–21 Uhr, So 10–13 und 18–21 Uhr. Sonst Mo–Fr 8–16 Uhr. ✆/Fax 852-399.

Agentur Kompas Rabac-Labin, Zelenice 10 (an der Straße hinab nach Rabac, neben der Tankstelle), ✆ 856-599, ℻ 856-473; www.istra.com/kompas-rabac. Zimmervermittlung, Autoverleih, Ausflüge; geöffnet Mo–Sa 7–21 Uhr, So 8–21 Uhr. Ganzjährig geöffnet.

Agentur Sidro, Aldo negri 20 (neben Tourismusverband), ✆ 881-010, ℻ 881-010; ganzjährig geöffnet.

- *Verbindungen* Labin liegt an der Straße Pula–Rijeka, **Busse** auch nach Pazin; großer Busbahnhof in der Istarska ulica; Auskunft Istratrans, Trg 2 marta b.b., ✆ 855-220. Die oft überfüllten Busse fahren auch hinab ins fünf Kilometer entfernte Rabac.

Taxi beim Busbahnhof, ✆ 856-295.

- *Auto* Die Altstadt ist mit dem Auto erreichbar, allerdings sind die Parkplätze auf dem Hauptplatz Titov trg gebührenpflichtig.
- *Geldwechsel* **Riječka banka** (gleiches Gebäude wie Post), werktags 7.30–12.30 und 15–20 Uhr; oder in der **Istarska banka** auf dem Hauptplatz in der Altstadt.
- *Gesundheit* **Gesundheitsamt Labin**, Sv. Mikule 2, ✆ 855-509; hier Ambulanz und Apotheke.
- *Post* Mo–Fr 7–13 und 14–20 Uhr; in der Altstadt 8–14.30 Uhr, Sa 8–13 Uhr.
- *Veranstaltungen* **Petrova-Stadtfest** am 29. Juni (Kirche Sv. Petar i Pavao).

Festivalwoche Mitte August mit Ausstellungen, Musik, Sport.

- *Sport* Von Labin aus lassen sich herrliche **Mountainbiketouren** in die nähere und weitere Umgebung unternehmen – gute Kondition vorausgesetzt: Die Steigungen in der Region sind beachtlich und sollten nicht unterschätzt werden. Die Fahrradkarten „Istra Bike“ bieten gute Wegbeschreibungen mit Höhenangaben.

Übernachten/Camping/Essen

- *Übernachten* Die meisten Gäste zieht es in die Betten von Rabac, es gibt aber auch im Ort **Privatzimmer** (DZ ab 20 €). Siehe auch Touristischer Bauernhof/"Essen".
- *Essen* In der Altstadt am Titov trg das aus dem 19. Jh. stammende **Velo Café** mit Restaurant; schöner Überblick über das städtische Geschehen von der großen, teils überdachten Terrasse. Neben gutem Kaffee und Kuchen bietet die Küche auch Meeresspezialitäten und Fleischgerichte.

Restaurant Kvarner, an der Westseite der Altstadt an der Stadtmauer; man sitzt unter Laubbäumen und genießt den Weitblick. Zur Zeit der Marenda (Vormittagspause in Büros von 9–12 Uhr) gibt es warme Gerichte für ca. 4 €. Großes Angebot an guten istrischen Speisen – von Vorspeisen wie Gnocchi, Pasta z. B. mit Trüffeln oder Wild bis zu Seefisch und Fleischgerichten. Und natürlich gibt's auch die leckeren „Krafi“ (siehe Kasten). Šet. San Marco b.b., ✆ 852-336.

Restaurant Due Fratelli, östlich der Altstadt; empfehlenswert vor allem die Gerichte mit fangfrischem Fisch. Sitzgelegenheiten innen und außen. Montozi 6, ✆ 853-577.

Konoba Rogočana im gleichnamigen Weiler, 4 km südwestlich der Altstadt in Richtung Sv. Marina; an der 1. Kreuzung westlich in Richtung Kranjci. Gute Weine und istrische Spezialitäten. Rogočana 1, ✆ 856-576.

Restaurant Dubrova, in alten Gemäuern in einem großen Park (Skulpturenpark Forma viva), ca. 2 km in Richtung Opatija. Auf den Tisch kommen istrische Spezialitäten wie Fuzzi, Gnocchi und Krafi mit Trüffeln, Wild oder Gulasch; geöffnet 12–22 Uhr. Dubrova b.b, ✆ 851-706.

Touristischer Bauernhof Pineta, schöne Lage im Weiler Sv. Martin, bei Nedešćina, ca. 7 km nördlich von Labin. Hübsches Landhaus mit Zimmern und Appartements, auch Essen nach Vorbestellung. Weine, Gemüse und Getreide kommen vom Hof, das Fleisch von eigenen Hühnern, Kühen, Pferden und Ziegen. Spezialitäten sind Pferdefleisch, je nach Saison auch Pilz- oder Spargelgerichte und als Nachtisch natürlich „Krafi". Dazu hausgemachtes Brot und süffiger Wein. Geöffnet 17–22 Uhr. Fam. Radičanin, Sv. Martin 32 b, 52231 Nedešćina, ✆ 865-688, 📠 865-015, rinaldo.radicanin@pu.hinet.hr.

Restaurant-Pension Ferali, ca. 3 km in Richtung Opatija, im Ort Šrmac, direkt an der Hauptstraße mit großer Terrasse. Hier gibt es beste istrische Küche wie Gnocchi, Fuži, Wildspargel, Trüffelgerichte, Wild-, Fleisch-, Fischgerichte und die kalorienreichen „Krafi" (siehe Kasten). Šrmac b.b., ✆ 052/851-840.

Sehenswertes

Die sehenswerte, steil am Hang erbaute Altstadt erreicht man über den schön angelegten Hauptplatz **Titov trg**, auch *Loča* genannt. Man kann durch die engen Gassen bummeln oder während der Siesta in der venezianischen *Loggia* (1662) sitzen, das darin eingerichtete Lapidarium bewundern oder das Stadtgeschehen auf dem großen Hauptplatz beobachten.

Nicht weit entfernt säumt den Platz die runde *Bastion der Stadtbefestigung* (17. Jh.). An einem Haus prangt das Labiner *Stadtwappen* als Mosaik. Durch das mit venezianischem Löwen und Stadtwappen (rotes Kreuz auf weißem Feld) geschmückte *Stadttor des heiligen Florian* (1587) neben der Bastion gelangt man in den autofreien Altstadtkern mit schönen Gassen und Palästen. Nach ein paar Metern fällt der *Franchovich-Palast* aus dem 18. Jh. ins Auge, das Geburtshaus von Matija Vlačić Ilirik – eine kleine Ausstellung erinnert an den berühmten Labiner Reformator.

Matija Vlačić Ilirik (Mathias Flavius Illyricus)

Der Theologieprofessor, Philosoph und Historiker Matija Vlačić Ilirik (1520–1575) ist der berühmteste Sohn des Kleinstädtchens. Ilirik war einer der bedeutendsten Mitstreiter Martin Luthers und lehrte an namhaften europäischen Universitäten. Als entschiedener Protestant rief er in Deutschland mit dem *Flacianismus* eine noch radikalere Variante des Protestantismus ins Leben – mit noch strengeren Richtlinien zur „reinen Lehre", die er gegenüber Rom, Kaiser und den deutschen Fürsten durchzusetzen versuchte.

Die Gasse führt hinauf – vorbei am alten *Hospital* (16./17. Jh.), am *Negri-Palast* (18. Jh.) und an der *Kapelle Sv. Karmelske* (1615) – zum mit 315 m höchsten Punkt der Stadt – die alten Kanonen an dem schönen Aussichtspunkt sind drohend auf die Kvarner Bucht gerichtet. Früher stand hier ein Kastell, heute sind nur noch die Reste einer *romanischen Kirche* aus dem 9./10. Jh. zu sehen. Die Gasse führt wieder hinab, vorbei am 30 m hohen *Glockenturm* aus dem 17. Jh. (tägl. 10–18 Uhr geöffnet).

Vorbei geht es nun am prächtigen, rot leuchtenden *Battiala-Lazzarini-Palast*, (17./18. Jh.), in dem das **Stadtmuseum** untergebracht ist. Es zeigt archäologische Funde, eine Dokumentation zur Geschichte der Arbeiterbewegung und des Volksbefreiungskampfes in der Region und eine interessante Ausstellung über die Arbeit

Ostküste
Labin bis Opatija
5 km
Matulji
Ljubljana (SLO)
Rijeka
Mihotići
Bregi
Volo
Veprinac
Opatija (Abbazia)
Poljane
Ičići
Ika
Dobreć
Lovran (Lovrana)
Riječki zaljev
Liganj
Tuliševica
Oraji
Medveja
Lovranska Draga
Donji Kraj
Kuk
Sv. Petar
Mošćenička Draga
Grabrova
Mošćenice
Uvala Uboka
Brseč
Uvala Sadrišće
Cres
Vela Vrata
Brestova
Uvala Brestova
Porozina
Uvala Porozina
Rt Mašnjak
Uvala Plomin
Buzet
Lupoglav
Mariškići
Ž. st. Hum
Pazin
A 8
Grabrovica 803
V. Planik 1272
Kupice 989
Mahen vrh 1144
Brložnik 1093
Brest pod Učkom
Crkveni vrh 1101
Tunnel "Učka"
Poklon
Vranja
Boljunšćica
Rezervat "Vela Draga"
Vela Učka
Tomšići
Boljun
Kirčija
Brnci
Paz
Boljunsko Polje
Vojak 1401
Suhi vrh 1333
Mala Učka
Naturpark "Učka"
Učka
Gradinski p.
Krbunski p.
Krbune
Šušnjevica
Nova Vas
Brgud 907
Kamenjak 827
Tupljak
Oršanići
Vlaški p.
Polje Čepić
Čepićko polje
Pićan Gračišće Pazin
Potpićan
Raša
Kožljak
Sisol 835
Šumber
Kršan
Boljevići
Vozilići
Grašići
Orlić 607
Plomin
Plomin Luka
Nedešćina
Županići
Santalezi
Štrmac
Dubrava
Knapići
Ripenda Verbanci
Ripenda Kras
Mali Golji
Vinež
Sv. Bartul
Topid
Raša
Labin (Albona)
Rabac
Rt Sv. Andrija
Uvala Prižnja
Rogočana
Kranjci
Gondolići
Pula
44
21
500
64
100

in den Labiner Bergwerken – faszinierend nicht nur für Kinder ist der alte Bergwerksstollen, den man begehen kann.(Geöffnet Juni bis September Mo–Fr 10–14 und 15–20 Uhr, Sa 10–13 Uhr; in der Nebensaison kürzere Öffnungszeiten).

Kurz danach folgt die gotische *Pfarrkirche der hl. Maria* aus dem 14. Jh. (umgebaut im 16. Jh.) mit einer schön erhaltenen Rosette, darunter der steinerne venezianische Löwe, der mit einem Ball im Maul den palmenbestandenen malerischen Kirchplatz im Blick hat. Das *Renaissance-Haus der Familie Scampicchio* daneben wurde mit päpstlicher Erlaubnis durch einen unterirdischen Gang mit der Kirche verbunden. Weiter südlich folgen der *Stadtpalast* von 1555, das alte *Theaterhaus* aus dem 17. Jh. Patrizierhäuser mit Brunnen und Atrium sowie weitere schöne Häuser mit gotischen, barocken und venezianischen Fassaden.

Labiner Republik

Im 19. Jahrhundert begann die slowenisch-österreichische Bergbaugesellschaft, in der Region um Labin intensiv Steinkohle zu fördern. Viele Labiner fanden Beschäftigung unter Tage, eine selbstbewusste Arbeiterklasse entstand. Nach dem Ersten Weltkrieg löste Italien die österreichisch-ungarische Monarchie, die wie Deutschland den Krieg verloren hatte, als Machthaber ab; die Italiener verboten die kroatische Sprache, jahrhundertealte kroatische Familien- und Ortsnamen wurden per Dekret in italienische verwandelt. Machtvolle Protestaktionen waren die Folge. Am 2. März 1921 gingen die Labiner Bergwerksarbeiter in den Streik, besetzten das Bergwerk und organisierten eine republikanische Selbstverwaltung. Erst am 8. April gelang es dem italienischen Militär, den Widerstand niederzuschlagen – immerhin 36 Tage lebte die Labiner Republik. Doch die Arbeiter kämpften trotz Militärterrors weiter. 1936 zogen viele gegen die faschistischen Truppen General Francos in den Spanischen Bürgerkrieg (1936–39), um dort die Republikaner zu unterstützen, im Zweiten Weltkrieg, Anfang 1943, schlossen sie sich Titos Partisanenarmee an.
Die Bergarbeiter von Labin trugen zur Befreiung Istriens von den italienischen und deutschen Besatzungstruppen maßgeblich bei.

Ein schöner, rund 30-minütiger Spaziergang führt durch das **Landschaftsschutzgebiet** von Labin hinab durch die Schlucht (westlich der Straße nach Rabac); die Bächlein, die unter der Hochebene von Labin entspringen, strömen hier ins Tal, es gibt kleine Wasserfälle und viele Teiche. Im schattigen Wald gedeihen Ahorn, Steineichen, Lorbeerbäume, Kiefern und viele geschützte Pflanzen wie Alpenveilchen und Orchideen. Startpunkt ist an der Straße unterhalb der Touristinformation, der Weg endet beim Campingplatz Oliva in Rabac; Auskunft und Kartenmaterial bei der Touristinformation.

Kunstinteressierte können einen kleinen Abstecher nach *Dubrova* machen (ca. 2 km in Richtung Opatija) und den **Skulpturenpark Forma viva** besuchen; jedes Jahr von August bis Mitte September arbeiten renommierte Bildhauer auf dem schönen Gelände, auf dem inzwischen viele Skulpturen aus den letzten Jahren stehen. In dem kleinen Amphitheater im Park finden gelegentlich Konzerte statt. Und wer nach so viel Kunst Hunger bekommen hat, kann die gute Küche des Restaurants Dubrova (siehe „Essen“) genießen. Aktuelle Infos zum Skulpturenpark unter ✆ 052/774-307.

Rabac – traditionsreicher Badeort an einer malerischen Bucht

Rabac (Porto Albona)

Mitte des 20. Jahrhunderts fiel die Entscheidung, das malerisch an einer windgeschützten Bucht gelegene Fischerdörfchen zu einem Fremdenverkehrszentrum auszubauen.

Seitdem entstand um die schöne Bucht ein Dutzend Hotelbauten, terrassenförmig ansteigende Appartementhäuschen säumen, eines neben dem anderen, die steilen Hügel. Am Hafen reihen sich Souvenirstände, im Wasser dümpelt eine Tretboot-Armada – doch die Fischer sind noch immer da und reparieren ihre Netze wie ehedem. Dabei reichen die Anfänge des Tourismus von Rabac noch viel weiter zurück. Schon Ende des 19. Jahrhunderts besang der englische Dichter und Weltenbummler *Richard Francis Burton* das Dörfchen, einige der schönen Sommervillen stammen aus dieser Zeit. Damals promenierten hier die wohlhabenden Kaufleute aus Triest neben österreichischen Offizieren mit ihren Begleiterinnen. Die Uferpromenade vom Dorf bis zum Leuchtturm wurde noch vor dem Zweiten Weltkrieg gebaut. In den 1950er und 60er Jahren entdeckten die ersten motorisierten Individualtouristen von der Alpennordseite den Ort. Im 21. Jahrhundert sind es meist Pauschaltouristen, die das einstige Fischerdorf besuchen, das heute täglich bis zu 12.000 (!) Touristen aufnehmen kann.

Die Möglichkeiten, sich in Rabac sportlich zu betätigen oder die Zeit zu vertreiben, sind dementsprechend vielfältig. Und wem die Strände rund um das *Kap Sveti Andrija* zu voll sind, der findet an einem der Hotelpools ein Plätzchen.

Karte S. 203

Information

- *Telefonvorwahl* 052
- *Postleitzahl* 52221 Rabac
- *Information* **Tourismusverband**, Aldo negri 20 (kurz nach Straßenkreuzung, ehe es hinab nach Rabac geht), ✆/℻ 855-560; tzg.labin@pu.tel.hr; www.istra.com/rabac. Geöffnet Mo–Fr 7–15 Uhr, Sa 8–12 Uhr.

Agentur Kompas Rabac-Labin, Zelenice 10

(neben Tankstelle), ✆ 856-599, ✆ 856-473; www.istra.com/kompas-rabac. Zimmervermittlung, Autoverleih, Ausflüge; Mo–Sa 7–21 Uhr, So 8–21 Uhr. Ganzjährig geöffnet.

In Rabac gibt es jede Menge weitere Agenturen; alle Büros sind mindestens von 7–21 Uhr geöffnet.

Ad Majora, Slobode cesta (an der Zufahrtsstraße), ✆ 872-587.

Globtour Istra, etwas weiter östlich in der Slobode cesta (bei der Bushaltestelle), ✆ 872-528.

Kvarner Express, Obala M. Tita 53, ✆ 872-225.

Verbindungen/Diverses

• *Verbindungen* **Busse** nach Labin alle 30 Min.; Haltestelle neben der Tankstelle; drei weitere Bushaltestellen an der oberen Durchgangsstraße Slobode cesta.

• *Ausflüge* täglich reiches Ausflugsprogramm, z. B. zur Insel Cres, Panorama-Bootsausflug, Fischpicknick ...

• *Autoverleih* **Europecar**, Boris Prosen, Mobil-Tel. 098/440-700, rabac@europcar.com.hr oder **Vetura** (in Agentur Kvarner Express), ✆ 872-129, Mobil-Tel. 091/5575-113.

• *Geldwechsel/Post* Zentral am Hafen unterhalb des Hotels Apollo finden sich Bank und Post (8–21 Uhr). Geldwechsel auch in den Hotels und Reiseagenturen.

• *Nachtleben* Reger Tanzbetrieb auf den Hotelterrassen; Nachtbars und Pubs in den Appartementsiedlungen.

Zudem **Disco St. Andrea** (bei den Pavillons) und **Disco-Nightclub Girandella** bei der Hotelanlage.

• *Tauchen* **Tauchcenter Mare-Technic**, Basis im Hotel Girandella. Tauchkurse, Nachttauchen, Ausrüstung, Ausflüge, Flaschenfüllung etc. Hotel Girandella, Obala M. Tita 9, ✆ 872-023, ✆/Fax 872-477, www.mare-technic.hr.

• *Sport* Von Rabac aus (besser oberhalb von Labin – dann spart man Kräfte für die Umgebung!) lassen sich herrliche **Mountainbiketouren** ins Umland unternehmen, gute Kondition vorausgesetzt. Die Steigungen in der Region sind beachtlich, und wer für seinen Triathlon trainieren möchte, ist hier richtig. Die Fahrradkarten „Istra Bike" bieten gute Wegbeschreibungen mit Höhenangaben.

Ein schöner Ausflug führt z.B. in Richtung Gračišće (knapp 30 km einfache Strecke): von Rabac nach Knapiči, Plomin, Katun, Faldovija, Polje Čepić, Bafi, Žlepčari nach Gračišće. Die letzte Etappe führt steil bergauf auf 400 m Höhe; umgekehrt wäre die Strecke etwas einfacher.

Übernachten/Camping/Essen

• *Übernachten* großes Angebot von ca. 1000 **Privatzimmern**, DZ je nach Kategorie und Lage ca. 20–30 €; **Appartements** für 2 Pers. (25–40 €) bis 6 Pers. (55–75 €/Tag).

Aparthotel Villa Annette (****), auf einem Hügel oberhalb von Rabaca gelegen, im Jahr 2000 neu eröffnet. Die Aussicht vom Pool auf die Kvarner Inseln ist herrlich. Die Zimmer sind komfortabelst ausgestattet, zudem Fitnessraum und Internetecke. Auf den Tisch kommt leckere moderne Küche; Studio für 2 Pers. ab 126 €. Frühstück 15 €. Raska 24, ✆ 884-222, ✆ 884-225, www.villaannette.hr. Ganzjährig geöffnet.

Oberhalb vom Sv. Andrija Kap stehen die renovierten **Hotels** (***) **Pollux** und **Castor** (Infos auch unter www.rabac-hotels.com.): **Hotel Castor/Hotel Pollux** (***), beide von Pinien umgeben, mit Meerwasser-Swimmingpools, Sport- und Freizeitprogramm. Reichhaltiges Frühstücksbuffet, in beiden Hotels DZ/F ca. 120 €. Castor, ✆ 862-100, ✆ 862-160; Pollux, ✆ 862-200, ✆ 862-260.

Hotel Lanterna (***), bestes Hotel am Platz, schöne, komfortable Anlage mit Hallenbad, Pools, sehr gut ausgestattetes Wellness- und Fitnesscenter. DZ/F ca. 130–140 €. ✆ 862-220, ✆ 862-230, www.rabac-hotels.com.

Angeschlossen ist der **Appartement-Komplex Lanterna** (**) mit großem Sportprogramm. Appartements für bis zu 6 Personen. 2 Pers. ca. 46 €, 6 Pers. ca. 85 €. ✆ 862-500, ✆ 862-506, www.rabac-hotels.com.

Weiter östlich, schön in einem Wäldchen oberhalb des Meeres liegt die **Hotelanlage Girandella** (*); einfache Ausstattung. DZ/F ca. 60 €. ✆ 862-500, ✆ 862-506, www.rabac-hotels.com.

Noch weiter im Osten, am Bebauungsende von Rabac, das komfortablere **Hotel Neptun** (***) mit großer Poollandschaft. DZ/F ca. 100 €, ✆ 862-520, ✆ 872-569, www.rabac-hotels.com.

Appartementanlage Pluton (***), ganz am Ende der Landzunge, schön ruhig gelegen, 2003 komplett renoviert. Pool, Tennis,

Schöne Kiesbuchten mit Blick auf die Insel Cres (bei Rabac)

Beachvolleyball, Fitnesscenter, Whirlpool. 2-Pers-App. 55–61 €, 4 Pers. 95–107 €, 6 Pers. 128–143 €. ✆ 862-530, ℻ 862-531, www.rabac-hotels.com

Westlich von Rabac oberhalb des Campingplatzes stehen die großen Hotels Mimosa, Narcis und Herdera (alle unter www.maslinicarabac.com):

Hotel Mimosa (***), mit Pool, Hallenbad, DZ/F 100 €; ✆ 872-024, ℻ 872-097.

Hotel Hedera (***), ebenfalls mit Pool und Hallenbad, DZ/F 100 €; ✆/℻ 872-028.

Narcis (***), ebenfalls gute Ausstattung, DZ/F 100 €, ✆ 872-026, ℻ 872-262.

• *Camping* **Campingplatz Oliva** (*), westlich des Zentrums; ebener 14-ha-Platz unter Olivenbäumen, leider etwas zu wenig Schatten. Tennisplätze, Handball- und Basketballfeld, Minigolf, Tischtennis, Restaurant, Supermarkt. Boote können zu Wasser gelassen werden; von Felsen begrenzter Kiesstrand. Person 5,40 €, Parzelle 8,40–13,50 €; geöffnet 1. Mai bis 30. Sept.; ✆/℻ 872-258, www.maslinicarabac.com.

• *Essen* Wie überall in den istrischen Touristenzentren sind die meisten Restaurants und Grill-Restaurants an der Uferpromenade zu finden – frischer Fisch und Meeresfrüchte in allen Variationen.

Restaurant Nostromo, westlich des Hafens; hier sitzt man schön auf der Terrasse mit Blick aufs Meer. Gute Fischgerichte, z. B. Seeteufel in Weinsauce mit Polenta oder als Vorspeise ein Seeteufel-Carpaccio. Nudelfans kommen bei Fuži mit würziger Sardellensauce auf ihre Kosten. Obala M. Tita 7, ✆ 872-601.

Empfehlenswert auch das **Restaurant Rapčanka**, etwas oberhalb des Meeres; leider nur eine kleine Terrasse zum draußen Sitzen. Spezialitäten sind Fischgerichte wie Seeteufel mit Kartoffeln aus dem Backofen oder Hummerbrodetto mit Polenta. Obala M. Tita 31, ✆ 872-784.

Karte S. 203

Labin/Rabac Umgebung

Motorradfahrer und verwegene Autolenker, deren Bremsen und Kühler in gutem Zustand sind, können die **Halbinsel Koromačno** südwestlich von Labin auf eigene Faust erkunden. Kleine, in keiner Karte verzeichnete Straßen führen mit bis zu 20-prozentiger Steigung über die Spitze der Halbinsel bergauf und bergab, mal zum Meer hin, dann wieder davon weg. Nicht umsonst heißt der höchste Punkt der Halbinsel *Oštri*, „der Scharfe“ (531 m), der den Ausflug mit phantastischem Weitblick über das unbesiedelte Gebiet belohnt, ehe man über *Skitača* und *Brovinje* erleichtert wieder die Straße nach Labin erreicht. Unten am Meer finden sich einige Campingplätze – größere Einkäufe besser vorher in Labin tätigen.

• *Essen/Übernachten* **Touristischer Bauernhof Marconi**, in idyllischer Lage 10 km von Labin im Weiler Gora Glušići, 10 km vom Meer entfernt. Im Natursteinhaus werden Appartements für 4 bis max. 7 Personen vermietet; für Kinder gibt's viele Tiere zum Füttern und Streicheln. Vom Bauernhof kommt alles frisch auf den Tisch, von Wein über Gemüse und Obst bis hin zu Würsten, Käse, frischen Eiern ... Auch Fahrradverleih. Übernachtung ab 10 €/Person. Gora Glušići 25, 52220 Labin. ✆ 878-311, ✆ 878-322.

• *Camping* Zwei Zeltplätze liegen auf der Halbinsel Koromačno südwestlich von Labin: **Camp Tunarica** (*): Abzweigend von der Straße nach Pula, führt eine gut ausgebaute Straße nach Koromačno (ca. 25 km); hinter Viskovići Abzweig nach Tunarica zum Camp durch grüne, wenig besiedelte Hügellandschaft. Der 3-ha-Platz an einer Verästelung des Raša-Fjords verschwindet völlig in einem Pinienwald mit unaufhörlichem Zikadengezirpe. Am Strand wachsen Olivenbäume (daher der Name Tunarica). Den schönsten Fleck zum Baden am felsigen Ufer kann man sich noch selbst aussuchen. Ein kleiner Kiosk mit Obststand und ein schattiges Restaurant mit guter Küche komplettieren das Angebot des sympathischen Platzes. Auch für Boote geeignet, zudem Tauchschule und Flaschenfüllung. Person ca. 4 €, Zelt, Caravan ca. 4 €, Parzelle 7,50 €. Geöffnet Anfang Mai bis Ende September. Busverbindung ab Diminiči. Mobil-Tel. 098/290-310, ✆ 856-811.

Camp Marina (*), fast schattenloser 5-ha-Platz an der nordöstlichen Seite der Koromačno-Halbinsel auf einer kleinen Landzunge; mit FKK-Abschnitt; gute Infrastruktur mit Restaurant, Bar, Supermarkt und Tauchflaschenfüllstation; Tauchzone, steile, felsige Küste. Von der Altstadt über Presika nach Sv. Marina (ausgeschildert). Pro Person 4 €, Zelt, Caravan 4,50 €, Parzelle 7 €. Geöffnet April bis Ende September. ✆ 879-058, ✆ 879-044, www.rabac-hotels-com.

Ausflug in Richtung Pazin (Pisino): Von Labin aus bietet sich eine landschaftlich herrliche Tour entlang der Westseite des Učka-Gebirges an. In *Vozilići*, 10 km östlich von Labin (kurz vor dem Plomin-Fjord), zweigt die Straße nördlich ins Landesinnere zu interessanten mittelalterlichen Orten rund um Pazin ab: **Kršan (Chersano)**, **Pićan (Pedena)** und **Gračišće (Gallignana)**. Wer die Strecke durch das Hinterland nimmt, kommt durch den *Učka-Tunnel* bzw. über das *Učka-Gebirge* (bis 20 % Steigung!) nach Opatija.

Plomin-Fjord: Fast ein Muss für alle, die ohnehin vorhaben, die Küstenstraße weiter nach Opatija zu fahren. Bei **Plomin (Fianona)** öffnet sich ein erster Blick über den Fjord. In der romanischen *Georgskirche* (11. Jh.) der alten Siedlung *Flanona* ist die *Plominski natpis*, eine der ältesten glagolitischen Inschriften Istriens, zu bewundern (die Kirche wird derzeit renoviert). Nach 5 km ist *Mašnjak* (245 m) an der Landspitze erreicht, an der die Straße scharf nach Norden abbiegt. Von hier fantastischer Blick hinab aufs Meer und auf die Fjordmündung.

• *Essen* **Restaurant Riva**, am Hafen von Plomin, Abzweig vor Plomin nach Plomin Luka. Gutes Fischlokal, z. B. Scampis oder Krabben mit Gnocchi. Luka Plomin b.b., ✆ 863-404.

Restaurant Kod Dorine, an der Hauptstraße mit schöner Terrasse; gutes Plätzchen für den mittäglichen Hunger – es gibt vorzüglichen Fisch oder Beefsteak, z. B. mit Spargel. Plomin 54, ✆ 863-141. Geöffnet tägl. ab frühmorgens bis 24 Uhr.

Ab hier befinden wir uns in der Kvarner-Region und genau genommen nicht mehr in Istrien. Die Straße verläuft nun nah an der Küste, die Insel Cres, die Schiffe und querenden Fähren liegen im Blickfeld. Zypressen säumen die kurvige Küstenstraße, tief unten viele kleine Kiesbuchten, die meist nur mit dem Boot erreichbar sind. 5 km östlich von Plomin geht es rechts hinab zum Fährort **Brestova**, der die kürzeste Fährverbindung nach Cres bietet.

Kleine Kiesbuchten schmiegen sich an die Gestade der Opatija Riviera

Ostküste: Opatija Riviera

Der 30 Kilometer lange Küstenabschnitt von Mošćenička Draga bis Opatija, die so genannte Opatija Riviera, war wegen ihres milden Klimas schon Ende des 19. Jahrhunderts ein beliebtes Winter- und Sommererholungsziel für wohlbetuchte Ausländer. Heute blickt Opatija, der Hauptort der Riviera, auf über 150 Jahre Tourismusgeschichte zurück und zählt zu Beginn des 21. Jahrhunderts noch immer zu den populärsten Urlaubsorten Europas.

Das Učka-Gebirge mit der höchsten Erhebung Istriens, dem 1.401 m hohen Berg *Vojak*, schützt die Region vor Trockenheit und kalten Winden. Ein Hinweis auf das subtropische Klima, das Zypressen, Palmen und Agaven gedeihen lässt, ist der Ortsname *Lovran* – Lovran ist vom lateinischen Wort für Lorbeer abgeleitet. Das milde Klima der Region mit 13,3° C mittlerer Jahrestemperatur begünstigt in der Tat das Wachstum der Lorbeerbäume, die hier bis zu 10 Meter hoch werden. Bei Opatija, dem einstigen Winterkurort, der heute für seine Meerwassertherapie bekannt ist, endet die Riviera – sie ist durch die Meerengen *Srednja vrata* (Mittleres Tor) und *Vela vrata* (Großes Tor) mit dem offenen Meer verbunden.

Eigentlich beginnt die Opatija Riviera schon beim hoch auf den Felsen gebauten mittelalterlichen Städtchen *Brseć*, doch der erste bekannte Fremdenverkehrsort direkt an der Küste ist *Mošćenička Draga*. Bis Mošćenička Draga führt die Straße immer am Meer entlang mit Blick auf die Insel Cres. Wer unbedingt an dieser Strecke baden will, muss am Straßenrand parken und sich auf einem Pfad an den halsbrecherischen Abstieg wagen.

Karte S. 203

Mošćenička Draga (Porto Moschienizze)

Der kleine Touristenort mit schönem Kiesstrand und Uferpromenade liegt an der kilometerlangen, viel besuchten Bucht von Draga, vor den grünen Abhängen des Učka-Gebirges.

Das einstige Fischerdorf, dessen Häuser sich um den Hafen gruppieren, ist wegen seiner guten Bade- und Übernachtungsmöglichkeiten beliebt und im Sommer oft überlaufen. Dicht an dicht lagern dann die Sonnenhungrigen am berühmten Kiesstrand der *Bucht von Draga*, auch Sv. Marina-Bucht genannt. Zum Bummeln lädt die baumbestandene Uferpromenade ein, die Richtung Süden zu einer weiteren Kiesbucht, der *Sv.-Ivan-Bucht* beim Hotel Rubin, führt. Hier tummeln sich die Taucher, die in der Nähe ihre Basis haben. In der Nebensaison allerdings ist der Ort beschaulich, und wer ein Boot hat, kann dann zu weiteren einsamen Buchten schippern. Sehenswert in Mošćenička Draga ist unten am Meer die *Peterskapelle* mit glagolitischen Inschriften. Vom Hotel Rubin führt eine schweißtreibende Treppe mit über 700 Stufen hinauf zum mittelalterlichen Städtchen *Mošćenice.*

Information/Verbindungen/Veranstaltungen

- Telefvonvorwahl 051
- Postleitzahl 51417 Mošćenička Draga
- Information **Tourismusverband**, Stari Grad, ✆ 737-533, www.tz-moscenicka-draga.hr.

Touristagentur Annalinea, Stari Grad 1 (Ortsmitte); geöffnet Juni–Sept. Mo–Sa 8–22 Uhr, sonst nur bis 20 Uhr; ✆ 737-207, ℻ 737-400; www.annalinea.com.

An der Hauptstraße (Nr. 21) im Container eine Dépendance der **Agentur Annalinea**, ✆ 737-506.

- Verbindungen **Bushalt** neben Annalinea; gute Verbindungen nach Opatija und Rijeka.
- Post Im Zentrum in Strandnähe; geöffnet Mo–Sa 8–21 Uhr.
- Veranstaltungen Mošćenička Draga ist bekannt für seinen **Karneval**, bei dem „pust", eine 25 m hohe bemalte Holzfigur, am Hafenplatz in Flammen aufgeht.

Segelregatta-Meisterschaften jährlich im Mai.

- Gesundheit **Apotheke** ✆ 737-645; **Ambulanz** ✆ 737-608.

Übernachten

Privatzimmer ab ca. 20 € pro Person, Ferienwohnungen für 2–4 Pers. ab 45–70 €/Tag.

Sehr schön liegen die Appartements an der Uferpromenade: z. B. **Villa Kleiner** (***), mit Sauna, beheiztem Pool und Garten; schöne geräumige Appartements mit Terrasse und Blick aufs Meer. 65 € für 2 Pers. (1. Okt. bis 30. April 60 € inkl. Frühstück). Ganzjährig geöffnet. Šetalište 25. travnja 28; ✆ 737-544, ℻ 737-746.

Villa Istra (****), gleich nebenan, ebenfalls an der Uferpromenade. 2003 wurde die Villa komplett renoviert. Es gibt vier 60 qm große, schön eingerichtete Appartements, alle mit Meerblick. 110 € für ca. 3 Pers. Große Terrasse unter mächtigen Laubbäumen mit Blick aufs Meer. Pool, Fitness- und Saunabereich sollen 2006 in Betrieb sein. Šetalište 25. travnja 27; ✆ 737-347, -737; ℻ 737-721.

Hotel Mediteran (***), schön am Hafen und direkt am Strand gelegen; die unterschiedliche Ausstattung und Lage der Zimmer schlägt sich preislich nieder: DZ/F 70–85 €. Aleja Slatina 2; ✆ 737-622, ℻ 737-538; www.liburnia.hr.

Hotel Marina (***), neben Hotel Mediteran, etwas nach hinten versetzt. Modernes, niedrig gebautes Hotel mit Atrium, Sauna und Schwimmbad; auch Tauchcenter. DZ/F je nach Zimmerlage 75–120 €. ✆ 737-504, ℻ 737-584; www.liburnia.hr.

Pension-Restaurant Villa Rubin (***), direkt am Strand Sv. Ivan, DZ/F ca. 50 €. Šetalište 25. travnja 37. ✆/℻ 737-637.

Pension Dante siehe unter Essen.

- Camping **Autocamp I – Mošćenička Draga** (***); kleines schattiges 2,2-ha-Gelände im Ort; teils ebenes, teils terrassenförmiges Terrain. Supermarkt. Geöffnet 1. März bis Ende Oktober. Person 5 €, Zelt 3,50 €, Auto 3,40 €, Parzelle 12 €; ✆ 737-523. ℻ 737-339, www.croatica.net/autocamp-i.

Mošćenička Draga – Touristen-Örtchen mit gepflegtem Kiesstrand

Essen

Zahlreiche Cafés und Eisdielen reihen sich an der Uferpromenade entlang.

Benito serviert Fischgerichte und schmackhafte Kalamari auf der schönen Terrasse, gleich neben den dümpelnden Booten im Hafen, mit Blick über den Strand. ✆ 737-502.

Gute Fischgerichte gibt's auch im **Restaurant Johnson** (kurz nach dem Abzweig hoch nach Mošćenice, mit Terrasse) sowie im **Restaurant Sidro** an der Hauptstraße.

Restaurant-Pension Dante, mit schöner großer Terrasse oberhalb und östlich des Hafens. Gute Fischgerichte und Risottos. Auch Zimmervermietung (DZ/F 50 €). Die Tauchstation RKE unterhält hier ihre Basis. ✆ 737-752.

Einen wunderbaren Blick über die Kvarner-Bucht genießt man von der Terrasse der **Restaurant-Pension Perun** in Mošćenice. Die Küche serviert Fleisch- und Fischgerichte. ✆ 737-515.

Sport

• *Tauchen* **Divingcenter RKE**, Basis beim Restaurant Dante; Mobil-Tel. Igor 098/900-6904; www.♡dive.com. (soll heißen I love dive.com).

Marine Sport Diving Center; Ausbildungen zum OWD, AOWD, Spezialkurse, Schnuppertauchen, Ausrüstung; Tag- und Nachttauchen an Wrack oder Steilwand. Tauchbasis Hotel Marina, Aleja Slatina 2, ✆/℻ 737-837, Mobil-Tel. 091/515-7212; info@marinesport.hr, www.marinesport.hr.

Mošćenička Draga/Umgebung

Mošćenice (Moschienizze): Das mittelalterliche Städtchen thront etwa zwei Kilometer oberhalb von Mošćenička Draga. Der anstrengende Aufstieg lohnt – von hier oben genießt man einen weiten Blick über die Kvarner-Bucht und die Inseln. Die wehrhafte Altstadt ist sehr klein – der Hauptplatz liegt außerhalb vor dem

Hoch oben thront Bresеč vor der Kulisse Rijekas

Zentrum; die Außenmauern der dicht im Kreis zusammengedrängten Häuser boten in früheren Jahrhunderten Schutz vor den Truppen Venedigs, von hier oben kontrollierten die Piraten die Meerenge Vela vrata. Heute sind noch ein paar Hausmauern, der Turm und das Tor aus dem 17. Jh. erhalten. Im *Museum* gleich am Stadteingang ist u. a. eine alte Olivenpresse zu besichtigen, die bis in die 1970er Jahre in Betrieb war. Und schließlich geht´s auf 700 steilen Stufen wieder abwärts nach Mošćenička Draga zum Hotel Rubin.

• Essen/Übernachten Von der Terrasse der **Restaurant-Pension Perun** genießt man einen weiten Blick über die Kvarner Bucht. Es gibt Fisch- und Fleischgerichte. DZ/F ca. 60 €. ✆ 737-515, 📠 737-510.

Brešec (Bersez): Etwa 10 km südlich von Mošćenička Draga in Richtung Labin thront auf einem 157 m hohen Felsen der mittelalterliche Ort, der schon in der Vorgeschichte besiedelt war. Die Brešec umgebende Wehrmauer mit einigen glagolitischen Inschriften ist noch gut erhalten; den Ort überragt der Glockenturm der *St. Georg-Kirche*. Etwas unterhalb auf einem Felsvorsprung direkt über dem Meer steht die *Kapelle Sv. Magdalene* – und noch weiter bergab geht's zu einer schönen Badebucht. Oben im Ort gibt es Supermarkt, Ambulanz, das Restaurant Šip und Übernachtungsmöglichkeiten in Appartements.

Ein *Wanderpfad* führt von Brešec zur südlichsten Spitze des Učka-Gebirges auf den 835 m hohen *Berg Sisol*; die Fernsicht von hier oben auf die gegenüber liegenden Kvarner-Inseln ist fantastisch.

Medveja

Das Fischerörtchen liegt direkt an der in der Hauptsaison stark frequentierten Küstenstraße. Der schöne Kiesstrand und die kleinen Buchten in der Umgebung sind dann meist von Nudisten besetzt.

Auf dem Kap Cesara erhebt sich die Villa Castello mit ihrem romanischen runden Turm, gegenüber steht auf dem Kap Medveja die Villa Susmel – dazwischen erstreckt sich ein langer, sonnenverwöhnter Strand. Die Schattenseite der Idylle ist das Parkproblem – die Küstenstraße ist im Sommer meist zugeparkt.
Ob sich unter diesen Umständen die Bären aus dem Učka-Gebirge hier jemals blicken ließen, darf daher bezweifelt werden, obwohl sich der Ortsname Medveja tatsächlich von Medvjed (Bär) und nicht vom altgriechischen Medea ableitet, wie einige Historiker meinen.

• *Telefonvorwahl* 051

• *Postleitzahl* 51416 Medveja

• *Information* **Touristinformation**, Medveja 6a, ✆/℻ 291-296 oder **Agentur New Sound** ✆/℻ 292-111.

• *Verbindung* Der **Bus** von Opatija nach Mošćenička Draga verkehrt im 1- bis 1 1/2-Stunden-Takt und hält in Medveja.

• *Übernachten* **Privatzimmer** ab 20 € pro Person; **Bungalows** gibt's auf dem Campingplatz.

Camping Medveja (***), schöner 9-ha-Platz auf bewaldeter Wiese, durch die Uferstraße von Meer und Strand getrennt (Fußgängerunterführung). Die Anlage zieht sich in der langen Talsenke weg vom Meer und von der Uferstraße. Mit Restaurants, Disco, Bar und Supermarkt. Tauchclub, kleiner Hafen, Windsurfen. Geöffnet Anfang April bis Mitte Oktober. Person 4 €, Zelt 3 €, Auto 3 €. ✆ 291-191, ℻ 292-471, www.liburnia.hr.

• *Essen* **Restaurant Medvejica**, am Campingplatz. **Konoba Punta**, klein und gemütlich; Medveja 33.

• *Tauchen* Am Strand gibt es Sub-Service; Tauchgänge, Kurse, Füllung. ✆ 272-153.

Lovran (Lovrana)

Neben Opatija ist Lovran der bekannteste Fremdenverkehrsort an der Riviera. Lovrans alte herrschaftliche Villen verstecken sich hinter dem üppigen Grün mächtiger Bäume, im Hintergrund steigt das Učka-Gebirge an. Die Stadt verdankt ihren Namen den mächtigen Lorbeerbäumen, die entlang der schönen Uferpromenade Schatten spenden.

Mit seinen prächtigen Häusern und Villen zieht sich Lovran die Hauptstraße entlang und die Hänge hinauf – mittendrin ein kleiner mittelalterlicher Stadtkern. Die über 100 Jahre alte Uferpromenade, der *Lungo mare*, verbindet die Stadt mit Opatija, der schattige Weg an den Fels- und Kiesbuchten entlang ist malerisch; zum Ausruhen stehen Bänke bereit, von denen man einen herrlichen Blick auf die Riviera und die Kvarner-Bucht genießt. Der Ortsname Lovran geht auf das antike *Lauriana* zurück, abgeleitet vom lateinischen *Laurus* – Lorbeer. Und in der Tat wachsen hier neben Pinien, Kastanien und Eichen riesige Lorbeerbäume und -sträucher. Bekannt ist Lovran übrigens auch für seine Maronenbäume, die etwas oberhalb des Ortes gedeihen – Kenner behaupten, hier wüchsen die besten Maroni. Ein guter Grund, diesen Umstand jedes Jahr mit einem mehrtägigen Maronenfest zu feiern. Und weil auch die hiesigen Kirschen die besten der Region sein sollen, gibt es im Juni ein großes Kirschenfest dazu.

Der Überlieferung nach soll ein römischer Patrizier, wahrscheinlich ein Schwiegersohn des *Kaisers Augustus*, zu Beginn der Zeitenwende einen Sommersitz in Lovran unterhalten haben. Verschiedentlich wird Lovran auch als Schiffs- und Handelszentrum erwähnt. Zur Zeit des Kroatischen Königreichs vom 9. bis ins 11. Jh. gehörte Lovran zum Verwaltungsgebiet Liburnische Küste, das sich bis zum Raša-Fluss erstreckte. Im 14. Jh. kam Lovran in den Besitz der Habsburger und blieb bis 1918 österreichisch – abgesehen von einer kurzen Unterbrechung von 1809 bis 1815, als *Napoleon* nach seinem Sieg über Österreich auch Lovran besetzt hielt.

Karte S. 203

Im Mittelalter war der Ort ohne große Bedeutung, seit Mitte des 19. Jahrhunderts erlebte Lovran durch den Aufstieg Opatijas zur Kurstadt eine neue Blüte – schon vor dem Ersten Weltkrieg wurden zehn Hotels, über 50 Pensionen und 80 Villen, eine moderne Infrastruktur, zwei Badeanstalten und ein Theater aus dem Boden gestampft. Der kleine mittelalterliche Stadtkern blieb trotz des Baubooms glücklicherweise erhalten.

Information/Diverses

• *Telefonvorwahl* 051

• *Postleitzahl* 51415 Lovran

• *Information* **Tourismusverband**, Šetalište Maršala Tita 63 (auf der Halbinsel beim Jachthafen) ✆ 291-740, ℻ 294-387; tzo-lovran@ri.htnet.hr; www.tz-lovran.hr. Geöffnet Mo–Sa 7.30–21 Uhr.

Lovranske Vile d.o.o., die Agentur ist spezialisiert auf die Vermittlung von luxuriösen Villen/Wohnungen am Meer und an den Abhängen des Učka-Gebirges. (www.lovranske-vile.com). Mehr dazu unter Ičići.

Agentur Olinfos, organisiert Wandertouren unterschiedlichster Länge und Schwierigkeitsgrade durch das Učka-Gebirge. Auch geführte Mountainbiketouren, Freeclimbing, Tauchen, Canoing, Rafting, Paintball etc. Rezine 4, ✆ 292-481, Mobil-Tel. 091/292-4810, www.olinfos.hr

• *Verbindungen* **Bus** Linie 32 Rijeka–Opatija–Lovran im 15-Minuten-Takt; Bushalt gegenüber vom Altstadteingang. Weitere Infos beim Tourismusverband.

• *Ausflugsfahrten* Zahlreiche Fahrten sind im Angebot – z. B. mit dem Tragflügelboot nach Venedig oder zu den Inseln Krk und Rab, Fischpicknick, Bustour entlang der Opatija Riviera, nach Lipica oder zu den Höhlen von Postojna (beides in Slowenien).

• *Gesundheit* **Krankenhaus**, Šetalište Maršala Tita 1, ✆ 291-122. **Ambulanz**, Ulica 9. rujna 6, ✆ 291-042. **Apotheke**, Šetalište Maršala Tita 48, ✆ 291-051.

• *Post* An der Durchgangsstraße, Mo–Sa 7–21 Uhr.

• *Taxi* ✆ 291-007

• *Veranstaltungen* **Kirschenfest** im Juni; **Fischerfeste** im Sommer am Hafen. **Marunada**, das Maronenfest, am 3. Oktoberwochenende. **Klassikabende** im Sommer. Im Februar wird ausgiebigst der **Karneval** gefeiert.

Übernachten/Essen

Privatzimmer: Doppelzimmer ab 30 €, private Appartements für 2 Personen ab 40 €, 4 Pers. 60–80 €. Frühstück ab 4 €/Person. Zahlreiche schöne Pensionen finden sich auch oberhalb von Lovran, in Richtung Lovranska Draga.

Hotel Excelsior (***), großer, moderner, von einem Park umgebener Bau oberhalb der Uferpromenade. Schwimmbad, Sauna, Kegelbahn etc.; am Meer betonierte Bademolen. Das Hotel ist ganzjährig geöffnet. Zudem sehr gutes Restaurant und Café mit großer Kuchenauswahl. DZ/F 110–150 €, je nach Zimmerlage. Maršala Tita 15, ✆ 292-233, ℻ 291-989; www.liburnia.hr.

Hotel Lovran (***), besteht aus den herrschaftlichen Villen Beauregard und Blankenstein von 1880; 1909 wurden die Gebäude erweitert und später durch Rezeption und Bar miteinander verbunden; Architekt der Anlage war der Österreicher Carl Seidl. 2003 komplett renoviert und modernisiert. Ca. 30 Zimmer, 18 Appartements, gemütlich eingerichtet im 1950er-Jahre-Stil; die Einrichtungen vom Hotel Excelsior könnnen mitgenutzt werden. Das Restaurant serviert sehr gutes À-la-carte-Essen. DZ/F 72–128 €. Maršala Tita 19/2; ✆ 291-222, ℻ 292-467;www.hotel-lovran.hr.

Hotel Bristol (***), stilvoller, von Park umgebener Bau an der Uferpromenade in Zentrumsnähe. Große geräumige Zimmer mit kleinen überdachten Balkonen; große Terrasse, am Meer betonierter Badestrand; hier residiert auch eine Tauchbasis. DZ/F 78–112 €, je nach Zimmerlage (Park- oder Meeresseite). Maršala Tita 27; ✆ 291-022, ℻ 292-049; www.liburnia.hr.

Villa Astra (*****), herrschaftliches Villen-Natursteinhaus von 1903 inmitten eines palmenbestandenen Parks mit Terrasse und schönem beheizten Meerwasserpool am *Lungo Mare*. Stilvolle Räumlichkeiten zum Entspannen, zudem Wellnessbereich. Ten-

Lovran – alte Villen säumen die Küste

nisplatz und Privatstrand. Das Restaurant mit seinen drei Salons bietet vorzügliche Küche. Sechs unterschiedlich ausgestattete Räumlichkeiten zwischen 237 und 284 € für das DZ; dazu 14 €/Person für's Frühstück. Ulica Viktora Cara Emina 11, ✆ 294-400, Fax. 294-600, www.lovranske-vile.com.

Landhaus Oraj (*****), wundervoll renoviertes, 200 qm großes Landhaus mit Blick aufs Meer oberhalb von Lovranska draga. Mit vier Schlafzimmern, Wohnraum, Feuerplatz, Terrasse und schönem Garten. Pro Tag 402 €. Buchung unter ✆ 704-271, www.lovranske-vile.com.

Villa Adela (*****); die Villa in einem üppigen Park oberhalb des Lungo mare wurde 1905 erbaut; ein Lovraner Kapitän taufte sie nach dem Namen seiner Gattin, einer spanischen Sängerin. Zu mieten ist ein luxuriöses 3-Zimmer-Appartement für 232 €. Šetalište M. Tita 47, ✆ 704-276, www.lovranske-vile.com.

Villa Mona Lisa (***–****), oberhalb am Hang von Lovran mit Blick über das Meer; komfortable Appartements verschiedener Größe und Ausstattung. Bistro. Rezine 17 f, ✆ 293-393, ✆ 293-396; www.villamonalisa.com.

Hotel Primorka – Vila Mihaela (**), westlich stadtauswärts, oberhalb der Küstenstraße. Schönes Haus. DZ/F ca. 60 €. Šetalište M. Tita 89, ✆ 292-770, 291-811, ✆ 293-432.

Pension Stanger (**), ca. 2 km vor Lovran (in Richtung Mošćenička Draga); eigener kleiner Felsbadestrand. DZ/F ca. 55 €. ✆/✆ 291-154; www.kroatien-online.com.

• *Essen* **Restaurant Knez Grad**, beim Hauptplatz neben dem Kino. Sehr gute Fischgerichte und einheimische Küche wie Gulasch und Gnocchi. Auf der Terrasse sitzt sich's sehr gemütlich. Trg slobode 12, ✆ 291-838.

Fischrestaurant Najade mit schöner weinumrankter Terrasse; beim Ortsbeginn direkt am Meer. ✆ 291-866.

Restaurant Villa Astra, auch hier lässt es sich vorzüglich speisen – aber nur nach Voranmeldung. V.C. Emina 11, ✆ 294-400.

Außerhalb Die beiden folgenden Lokale mit guter istrischer Küche liegen ca. 10 km entfernt von Lovran an den Abhängen des Učka-Gebirges:

Restaurant Bojana, Liganj Nr. 79, ✆ 292-609.

Konoba Lovranska Draga, Cesta za Lovranska Dragu 19b, ✆ 292-720.

Ostküste: Opatija Riviera
Karte S. 203

Marunada

Das Maronenfest *Marunada*, das früher nur in Dobreć gleich oberhalb von Lovran gefeiert wurde, hat sich mittlerweile zu einem regionalen Spektakel ausgeweitet. Liganj macht den Beginn am ersten Oktoberwochenende, danach folgt Dobreć und am dritten Wochenende in großem Stil Lovran. Dann werden überall in den Riviera-Hotels leckere Maronentörtchen und -kuchen sowie auf den Straßen geröstete Maronen verkauft. Dazu gibt es Theateraufführungen zum Thema Maronen mit maronengeschmückten Kindern, Musik und natürlich jede Menge Wein. Übrigens ist das Sammeln von Maronen vor dem Fest verboten – die Bäume sind allesamt in Privatbesitz, und jeder möchte natürlich seine Früchte zum Fest verkaufen. Die Maronen werden vom Baum geschlagen und reifen dann in Körben nach – so halten sie sich bis zu sechs Wochen frisch. Worin unterscheiden sich eigentlich Maronen von Kastanien? Maronen sind frostempfindlich, in der Regel größer und vor allem essbar, da weicher und aromatischer als ihre harten Schwestern.

Die Maroni sind reif – ein Grund zum Feiern!

Sehenswertes

Lovrans mittelalterliches Zentrum betritt man durch das südliche Stadttor gegenüber dem Hafen. Zum großen Kirchplatz führen malerische Gässchen mit einfachen, aber sehr unterschiedlich gestalteten Häusern; einige haben Außentreppen, andere barocke Portale, Balkone, Gärten oder Erker. Viele sind mit Blumen geschmückt und beherbergen kleine Läden, Cafés oder Schmuckgeschäfte.

Am Kirchplatz fallen zwei Gebäude ins Auge: Gegenüber dem Gotteshaus das mit einem Holzrelief über dem Steinportal geschmückte **Rathaus** – Sankt Georg, fest auf seinem Pferd sitzend, durchbohrt mit fester Hand den teuflischen Drachen. Ein paar Meter daneben das **Mustaćon-Haus** (Mustaćon = Schnurrbart), das mit seinem dämonisch dreinblickenden schnurrbärtigen Gesicht über dem Portal die bösen Geister und Feinde abwehren soll.

Eine Steintafel an einer Gartenmauer gegenüber vom Kirchplatz erinnert daran, dass 1845 der sächsische König *Friedrich August II.* hier zu Gast war. Auf dem Platz erhebt sich die **Kirche des heiligen Georg**. Der romanische Campanile aus dem 12. Jh. steht unverändert da, doch die Kirche des Stadtpatrons wurde wegen wiederholter Zerstörungen immer wieder umgebaut. Ihr gotisches, mit alten Fresken bemaltes Gewölbe aus dem 15. Jh. zählt zu den besterhaltenen der Region; die Malereien illustrieren das Leben Christi und die Passionsgeschichte. Sehenswert am Hafen ist die romanische **Dreifaltigkeits-Kapelle** (Sv. Trojstva) mit spätgotischen Wandmalereien und einer Grabplatte mit glagolitischer Inschrift aus dem Jahr 1595.

Von seiner schönsten Seite erlebt Lovran, wer den **Lungo mare**, die traditionsreiche, vor über hundert Jahren erbaute Uferpromenade, zu Fuß erkundet: Durch üppig bepflanzte Parkanlagen schlängelt sich der Weg vorbei an steilen Felsen Richtung Ika. Wer noch weiter will, kann auf der Promenade bis nach Opatija-Volosko laufen (von Lovran aus ca. 12 km). Oder man macht sich oberhalb der Stadt auf Entdeckungstour, wo an den Abhängen riesige Maronenbäume wachsen.

Ausflug: Schön ist auch eine Fahrt oder Wanderung hinauf nach **Dobreć** oder weiter über **Liganj** nach **Lovranska Draga** (12 km). Von dort kann man in vier Stunden durch schattige Wälder zum *Berg Vojak* (1401 m) aufsteigen und oben den fantastischen Ausblick über die Kvarner-Bucht und Istrien genießen (mehr dazu im Abschnitt Naturpark Učka-Gebirge).

Die Galerie Charles Billich

Kunstliebhaber sollten nicht versäumen, die Galerie von Charles Billich im *Fortezza-Haus* im Stadtturm zu besuchen. Der international renommierte Künstler lebt und arbeitet meist in Australien. 2004 war er an der künstlerischen Gestaltung der Olympiade in den USA maßgeblich beteiligt, inzwischen ist er mit den Vorbereitungen zur Olympiade 2008 in China beschäftigt. Derzeit sind seine 2004 bei einem Aufenthalt in Peking entstandenen eindrucksvollen Arbeiten ausgestellt.

Öffnungszeiten August bis Mitte September 11–13 und 16–20 Uhr. Trg Slobode 1, ✆ 292-450, www.billich.info.

Naturpark Učka-Gebirge

Dem sanft von der Plomin-Bucht in Richtung Norden ansteigenden Bergzug ist es zu verdanken, dass an der Opatija Riviera auch im Winter milde Temperaturen herrschen, in denen die subtropische Pflanzenwelt üppig gedeihen kann. Seine höchste Erhebung, der Berg Vojak misst 1401 Meter.

Das Učka-Gebirge, mit seinem 992 m hohen Poklon-Bergsattel auch *istrischer Olymp* genannt (Učka – lat. *mons maximus*), ist im Norden mit der *Ćićarija-Gebirgskette* verbunden; die Straße über den Poklon-Bergsattel verbindet seit alters her das istrische Hinterland mit der Kvarner-Bucht. Seit 1981 ist dieser Weg kürzer: Der Verkehr von der Nordwestküste Istriens nach Opatija und Rijeka fließt seitdem durch den 5 km langen Učka-Tunnel (Maut 3,50 €).

Von Lovran (0 m) bis auf den 1401 m hohen *Vojak*, den höchsten Berg im Učka-Gebirge, sind es gute 7 Stunden Aufstieg. Schöne Wanderwege (rote Markierungen) führen von Lovran, aber auch von Medveja, Mošćenička Draga und Opatija (vor dem Hotel Palace) hinauf. Die Pfade verlaufen durch eine unbesiedelte Gegend mit etlichen Höhlen und einer Vielzahl an geschützten endemischen Pflanzen und Tieren; Bären und Wölfe gibt es im Učka-Naturpark zwar keine mehr, aber in den heißen Monaten sollte man auf Schlangen achten (mehr Infos zur Fauna und Flora im Učka-

Karte S. 203

Učka-Gebirge – der Vojak bietet phantastischen Fernblick nach allen Seiten

Gebirge im Kapitel „Istrien Land und Leute/Pflanzen-/Tierwelt"). Mountainbikefans mit Kondition können das Učka-Gebirge auf einer 200 km langen Tour umrunden.

Eine Besonderheit des Naturparks ist das **Naturdenkmal Vela Draga** mit seinen meterhoch aufragenden Kalksteintürmen an der Nordostflanke des Gebirges; auf einem am Rand des Canyons entlang führenden *Lehrpfad* kann man den Vela Draga in ca. 45 Minuten umrunden (Startpunkt ist unterhalb der nördlichen Mautstelle; es gibt auch geführte mehrstündige Wanderungen durch den Canyon).

Der Poklon-Bergsattel ist auch mit dem Auto erreichbar (von Opatija/Ičići ca. 18 km). Die Straße ist in gutem Zustand, aber kurvenreich und teilweise sehr schmal. Am besten von Lovran aus bis Ičići fahren, vor dem Supermarkt links Richtung Verprinac abbiegen, dann durch Verprinac fahren und weiter hinauf zum Poklon (die Route über Opatija–Matulji ist etwa 8 km länger). Auf dieser Strecke gibt es viele gute Restaurants mit schönen Terrassen und Blick über die Kvarner Bucht. Serviert werden selbst gekelterte Weine, und alles ist preisgünstiger als unten an der Riviera. Auf dem Bergsattel steht an der Straße die *Restaurant-Pension Učka*, wo man parken kann. Von hier ist in gut 1 1/2 Stunden Laufzeit der 1911 erbaute Aussichtsturm auf dem Vojak-Gipfel erreicht (auch per Auto erreichbar).

Ein Aufstieg zum Vojak ist lohnenswert. Bei klarer Sicht sind im Südosten alle vier großen Kvarner-Inseln und das Velebit-Gebirge zu sehen – im Norden reicht der Blick bis in die rund 120 km entfernten Julischen Alpen mit dem Triglav! In den Sommermonaten gibt es organisierte Bus- und Wanderausflüge von Lovran und Opatija bis zum Restaurant (Infos in den Reisebüros); zusätzlich pendelt an den Sonntagen im Juli und August ein Bus von Opatija nach Učka.

• *Information* **Naturpark Učka**; Verwaltung, 51415 Lovran, Liganj 42, ✆ 051/293-753, ✆/℻ 293-751, www.pp-ucka.hr.

• *Anfahrt zum Vojak* Bevor die Straße wieder ins Landesinnere hinabführt, kurz nach dem Restaurant Dopo Lavoro, führt links eine Asphaltstraße 6 km bis zu einem Parkplatz direkt unterhalb des Aussichtsturms – von hier ist der Gipfel in ein paar Minuten erklommen.

• *Übernachten/Essen* **Restaurant-Pension Učka**, oberhalb der Straße am Poklon-Bergsattel; schöne Terrasse mit Blick über die Kvarner Bucht. 10 Zimmer werden vermietet; Fahrradvermietung und organisierte Wanderungen. Die Küche serviert gutes istrisches Essen. Vela Učka b.b., ☏ 603-340.

Restaurant Dopo Lavoro, bekannte und gute Adresse in Vela Učka; leckere istrische Spezialitäten, wie Aufschnitt, Gnocchi, Wild, Trüffelgerichte ... Sitzgelegenheiten auch vor dem Haus. Keine Zimmervermietung. Vela Učka 9, ☏ 299-641.

• *Wandertouren* **Agentur Olinfos** organisiert Wandertouren durch das Učka-Gebirge in unterschiedlichsten Längen und Schwierigkeitsgraden; auch geführte Mountainbiketouren, Freeclimbing usw. Lovran, Rezine 4, ☏ 292-481, Mobil-Tel. 091/292-4810, www.olinfos.hr.

Veprinac steht an der Stelle einer einstigen Fluchtburg. Im 14. Jahrhundert war der Ort in den Händen der Familie *Duino*, im 15. Jh. gehörte er den Walseern, dann den Habsburgern. Die alte *Stadtmauer* ist teilweise erhalten, ebenso das *Stadttor* mit *Rathaus* (Komuna). Das *Kastell*, die barocke *Kapelle heilige Anna* und die *Stadtloggia* gegenüber sind sehenswert. Auf einem breiten Stufenweg erreicht man die *St.-Markus-Pfarrkirche* (Sveti Marko), ihr Inneres ziert ein schön geschnitztes Chorgestühl. Opatija ist von Veprinac aus zu Fuß in eineinhalb Stunden erreicht.

Ika und Ičići

Unmittelbar auf Lovran folgen zwei winzige ehemalige Fischerdörfer mit kleinen Häfen. Der Name des am Banina-Bach liegenden Ika stammt wahrscheinlich von der illyrischen Göttin Ika. Ičići war früher der Hafen des oberhalb der Küste gelegenen Veprinac. Heute sind Ika und Ičići zusammengewachsen. An der Steilküste mit vorwiegend Fels- und sonst Kiesstrand wird jeder freie Meter zum Baden genutzt. Der große Jachthafen prägt den Ort, im Hintergrund die Silhouette von Rijeka und das Risnjak-Gebirge.

Ein Schmuckstück von Ičići ist die mit Türmchen geschmückte *Jugendstilvilla Munz* direkt an der Hauptstraße, oberhalb des Jachthafens; Bauherr des 1903 errichteten Prachtbaus war der österreichische Steinbruchbesitzer Jakob Ludwig Munz.

• *Telefonvorwahl* 051

• *Postleitzahl* 51414 Ičići

• *Information* **Touristinformation (TIC)**, Liburnijska cesta b.b., ☏/℻ 704-187, www.tourism-icici.hr.

Touristagentur Marea, Poljanska cesta 1, ☏ 704-125, ℻ 704-290; marea@ri.tel.hr; www.kroatien-online.com. Gut organisiert.

Agentur Lovranske vile d.o.o., vermittelt luxuriöse Villas und Appartements an der Opatija Riviera und an den Abhängen des Učka-Gebirges. Poljanska 27, ☏ 704-276, ℻ 704-183, www.lovranske-vile.com.

• *Jachthafen* **ACI Marina Opatija-Ičići**, an der Hauptstraße nach Opatija, geschützt hinter einer vorgezogenen Mole, 300 Liegeplätze im Wasser, weitere 30 an Land, alle nautischen und technischen Dienstleistungen, Nautikgeschäft, 15-t-Kran, Helling, Tankstelle 2 Seemeilen entfernt im Stadthafen Opatija. Wäscherei, Sanitäranlagen, Supermarkt; Restaurant, Café; ganz in der Nähe feiner Kies- und Betonstrand. ☏ 704-004, ℻ 704-024; www.aci-club.hr.

• *Essen* **Restaurant Comodor**, in der Marina, gutes Fischrestaurant mit schöner Terrasse. ☏ 704-049.

Ein weiteres kleines **Fischlokal** liegt direkt westlich neben dem Strand.

Ebenso empfehlenswert **Restauran Galeb**, mit lauschiger Terrasse; Poljanska b.b. (kurz nach Agentur Marea).

Bistro Maestral, oberhalb im Ort, ganz am Ende der Ul. 43. Istarske div. (Abzweig von der Liburnijska ul. gegenüber der Marina in die Ul. Antona Dminaka, dann 5. Straße links).

• *Übernachten* **Privatzimmer**, DZ ab 30 €, Appartements ab 35 €.

Hotel Ika (***), in Ika direkt am Meer. 44-Betten-Hotel mit eigenem Badestrand; ganzjährig geöffnet; gutes Restaurant. DZ/F ab 60 €. Primorska 16, ☏ 291-777, ℻ 292-044; www.hotel-ika.hr.

Hotel Ičići (**), am Ortsende von Ičići an der Straße mit ca. 155 Betten. Eigener Badestrand gegenüber auf der anderen Straßenseite. DZ/F ab knapp 60 €. Liburnijska b.b., ✆ 704-199, 📠 704-021; www.liburnia.hr.

Villa Klara (***), etwas oberhalb der Hauptstraße, schöne Zimmer mit Balkon und Blick aufs Meer, Terrasse mit Garten und Restaurant. Put za Veprinac 2, ✆ 704-102, 📠 704-142, www.hotel.hr/villa-klara.

• *Camping* **Autocamp Opatija** (*), 3-ha-Camp oberhalb der Hauptstraße von Ika nach Ičići, Hanglage mit Terrassen, Parklandschaft, Tennisplätze, Kinderspielplatz, gute Sanitäranlagen, Restaurant und kleiner Supermarkt; Kiesstrand und Bootsanlegestelle – dazu muss man allerdings die Küstenstraße überqueren. Geöffnet 1. April bis 30. Sept. Person 4,50 €, Auto und Zelt 6,80 €. Liburnijska 46, ✆ 704-387, 📠 704-046.

Opatija (Abbazia)

Kroatiens ältestes Seebad strotzt vor subtropischer Üppigkeit – herrschaftliche Prachtbauten versinken im Grün von Palmen und Akazien, im Blütenmeer der Kamelien und Magnolien. Optatijas extravagante Traditionsherbergen und Villen zeugen von einer Epoche, in der das Wort „Tourismus" noch ohne den Zusatz „Massen" auskam. Das Flair dieser Zeiten kann man bis heute genießen, allerdings nur in der Nebensaison.

Dass es sich hier besser leben lässt als in Rijeka, ist kein Geheimnis – Opatija mit seinen nun 15.000 Einwohnern ist schon seit 1889 Kurort. Die Učka-Bergkette schützt den Küstenabschnitt vor kalten Nordwinden, der Jugo sorgt für ein laues Lüftchen aus Afrika. Hier überwinterten, angezogen vom milden Klima, die Reichen und Schönen Europas, auf Opatijas rauschenden Silvesterbällen trafen sich die Wiener Hofkreise. Die Villen aus dieser Zeit prägen das Stadtbild bis heute, obwohl inzwischen rund 20 moderne Hotels entlang der Küste und in den Parks hinzugekommen sind. Nicht zu vergessen das *Casino Rosalia* mit Roulette- und Black-Jack-Tischen – gerade für Junge und Junggebliebene hat die Stadt wegen ihres großen Angebots an Cafés, Nachtclubs, Diskos und anderweitiger Kurzweil magnetische Anziehungskraft.

Besonders groß ist der Trubel im Sommer, wenn das Städtchen vor Menschen fast überquillt – und vor Autobesitzern, die einen Parkplatz suchen. Darin haben sich die Zeiten geändert: Die Gäste strömen heute vor allem im Sommer in die Stadt. Dann füllen sich die Restaurant- und Caféterrassen an der Promenade und Touristenbusse drängen sich zwischen den Blumenrabatten und Parkanlagen. Beschaulich wird es erst wieder am *Lungo Mare* (heute ganz schick *Franza Josefa I* genannt), der herrlichen, vor über 100 Jahren angelegten zwölf Kilometer langen Uferpromenade zwischen Opatija-Volosko und Lovran.

Geschichte

1453 wird Opatija erstmals schriftlich erwähnt; ihren Namen erhielt die Stadt von der früheren Abtei Jacobus ad Palum (Abtei = *opatija*). Eine Besiedlung um die Abtei begann erst nach Ende der französischen Besetzung 1813. Bis nach dem Ersten Weltkrieg gehörte Opatija zu Österreich-Ungarn, im Frieden von Rapallo fiel die Stadt 1921 an die Italiener, die sie *Abbazia* nannten.

Bekannt wurde das gerade mal 30 Häuser zählende Fischerdorf mit dem Bau der *Villa Angiolina*, die sich der reiche Kaufmann Iginio Scarpa aus Rijeka 1844 als Feriendomizil bauen ließ. Großzügig stellte er Kaiser Ferdinands Gemahlin das Anwesen zum ärztlich verordneten Kuraufenthalt zur Verfügung. Ein paar Jahre später kaufte die Eisenbahngesellschaft, die auch die Bahnlinie von Postojna–Pivka nach Rijeka baute, das Land um Scarpas Villa und errichtete darauf das Hotel

Glanz und Glamour aus der Gründerzeit – die herrschaftlichen Villen an der Opatija-Riviera wurden liebevoll restauriert

Quarnero, das heutige Hotel Kvarner. Das wohltuende Meeresklima und die angenehme Atmosphäre der Stadt sprachen sich im kaiserlichen Wien schnell herum, Opatija boomte. Die Reichen und Schönen aus Wien, Graz und Budapest ließen sich prächtige Villen bauen – und ihrem heimatlichen Geschmack freien Lauf: Gutshöfe in alpenländischer Architektur, barocke Paläste, Residenzen im venezianisch-gotischen und im österreichischen Jugendstil entstanden.

Klanghafte Namen, schillernde Persönlichkeiten, Reiche und Superreiche – sie alle kamen, um sich in Opatija den Winter zu verkürzen und in den Ballsälen der Stadt ihre Feste zu feiern; besonders beliebt in Wiener Hofkreisen waren die Silvesterbälle im „Kristallsaal" des Hotels Kvarner und im „Goldenen Saal" des Imperial. Anton Tschechow fand sich hier ebenso ein wie James Joyce, der seinen Kaffee bevorzugt im Café Imperial einzunehmen pflegte, die Ballerina Isadora Duncan, der österreichische Kaiser Franz Joseph, der mit der Wiener Schauspielerin Katharina Schratt flirtete, der deutsche Kaiser Wilhelm II., der italienische König Umberto von Savoyen, der Komponist Gustav Mahler, Giuseppe Puccini, Franz Lehár ...

Information

- *Telefonvorwahl* 051
- *Postleitzahl* 51410 Opatija
- *Information* **Touristinformation (TIC),** Ulica Maršala Tita 101, ✆ 271-310, 712-290; geöffnet Mo–Sa 7–21 Uhr; www.opatija-tourism.hr. Infos zur gesamten Riviera: www.kvarner.hr.

Touristinformation Volosko, I.M. Ronjgova b.b., ✆ 703-145.

Agentur DaRiva, Ulica Maršala Tita 170, ✆ 272-990, 272-482, www.da-riva.hr. Ausflüge, Fahrradvermietung.

Agentur Generalturist, Ulica Maršala Tita 109 (im Hotel Millennium), ✆ 271-446, www.generalturist.com; Autovermietung, Übernachten, Ausflüge.

Agentur GIT, Ulica Maršala Tita 65, ✆ 273-030; gi-trade@ri.htnet.hr; Privatzimmer.

Agentur Katarina Line, Ulica Maršala Tita 75/1, ✆ 272-110, ℻ 271-372, www.katarina-line.hr; Bootscharter, Kreuzfahrttickets etc.

Agentur Kompas, Ulica Maršala Tita 110/2, ✆ 271-912; www.kompas-travel.com. Ausflüge.

Agentur Autotrans, Trg. V. Gortana 4/1, ✆ 271-617, ℻ 271-553; opatija@autotrans.hr. Bustickets etc.

Verbindungen

• *Bus* **Lokaler Busbahnhof** im Zentrum, alle 20 Min. Richtung Lovran (Linie 32) und Rijeka; Auskunft über Autotrolej, Ul. M. Tita 200, ✆ 271-123. **Regionaler Busbahnhof** ca. 2 km nördlich von Opatija. Täglich Verbindungen nach Brestova und Pula, Ljubljana, Rijeka, Split und Zagreb. Alle Informationen bei Autotrans (s. o.).

• *Zug* Der **Bahnhof von Opatija** liegt ca. 4 km nördlich in Matulji an der Hauptlinie Ljubljana–Rijeka (Busverbindung alle 30. Min. von Opatija nach Matulji mit Linie 33); ✆ 274-102. Der **Bahnhof Rijeka** ist nur 15 km entfernt; ✆ 213-333.

• *Flug* Die nächsten Flughäfen sind bei Rijeka (Insel Krk), 44 km entfernt, und in Pula, 85 km entfernt. Croatian Airlines Rijeka, ✆ 330-207.

Panoramaflüge vom Flughafen Grobnik (20 km in Richtung Zagreb); geflogen wird mit Cessnas, ✆ 259-107, Mobil-Tel. 481-695.

• *Taxi* Taxistand vor Agentur Kvarner, ✆ 711-618, und vor Hotel Palace, ✆ 711-366.

• *Boot* Vom kleinen Hafen unterhalb des Hotels Atlantik fahren Taxiboote nach Lovran und Volosko.

Adressen/Diverses

• *Ausflugsfahrten* Zahlreiche Angebote, z. B. Panoramic-by-boat, mit dem Tragflügelboot nach Venedig und zu den Inseln Krk und Rab, Fischpicknick, Bustour entlang der Opatija Riviera und nach Slowenien (Lipica und Höhlen von Postojna).

• *Autovermietung* z. B. **Budget**, im Hotel Millennium, ✆ 711-978, www.budget.hr.

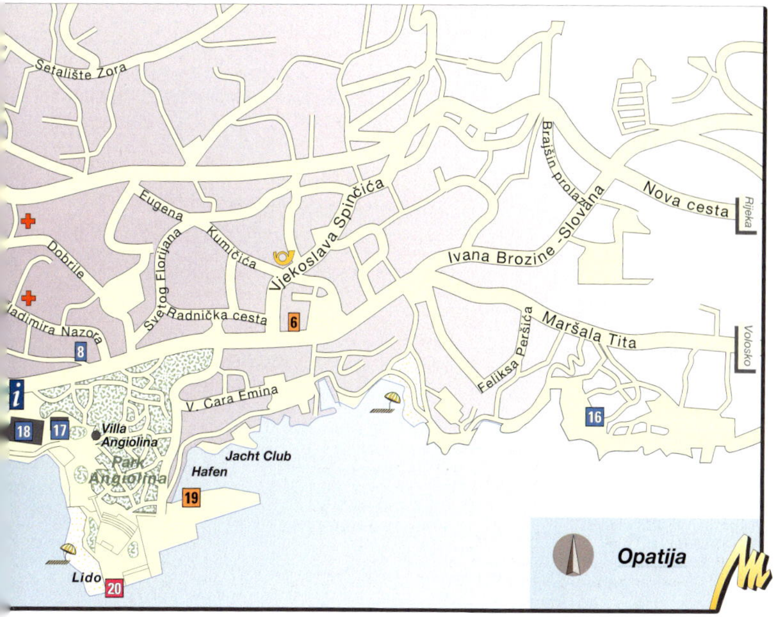

Generalturist, siehe oben/Informationen.
Bo Mo, im Hotel Palace, M. Tita 144, ✆ 273-020, www.renta.hr.

• *Fahrradvermietung* **Agentur Da Riva**, M. Tita 162, ✆ 272-482; verschiedenste Mountainbikes.

• *Wandertouren* über **Agentur Olinfos** (siehe Lovran) auch von Opatija aus.

• *Geldwechsel* **Prevredna banka**, M. Tita 186 (8–20 Uhr), **Riječka banka**, V. Spinčića 1 (8–20 Uhr), **Adria banka**, M. Tita 192 (8–19 Uhr); außerdem in der Post, in den Hotels sowie an zahlreichen Bankomaten.

• *Gesundheit* **Erste Hilfe**, Vladimira Nazora 2; ✆ 271-266 und ✆ 94. **Apotheke**, M. Tita 175; ✆ 271-856.

Thalassotherapie-Haus; die Meerwassertherapie ist heilsam bei Lungenschäden, Herz- und Gefäßkrankheiten, Erkrankungen des Bewegungsapparates; gegenüber Hotel Kristall, M. Tita 188; ✆ 271-322.

Schönheitspflege, Wellness, Antistress-Programm etc. im Hotel Belvedere, ✆ 271-315.

Weitere sehr gute **Wellnessangebote** in den Hotels Millennium, Admiral, Miramar und im Grand Hotel.

• *Jachthafen* **Marina Admiral** im gut geschützten Hafen, zum Hotel Admiral gehörend; 160 Liegeplätze zu Wasser, 40 an Land, alle mit Strom-, Wasseranschluss und allem Erforderlichen ausgestattet, guter Reparaturservice, 5-t-Kran. Alle Angebote des Hotels Admiral, wie Sauna, Pools, Restaurant etc., können mitbenutzt werden. Tankstelle im Stadthafen 0,5 Seemeilen entfernt. ✆ 271-882, 📠 271-708; marina-admiral@lrh.htnet.hr.

• *Nachtleben* Die Riviera tanzt und vergnügt sich bis tief in die Nacht – ältere Herrschaften vergnügen sich meist auf den Tanzterrassen der noblen Hotels, die Jugend strömt in die Bars oder Discos.

Tanzterrassen: z. B. Hotel Kvarner, Hotel Opatija, Hotel Palace und **Villa Madonna (9)**. Geöffnet meist 20.30–24 Uhr.

Disco Colosseum, riesig und modernst ausgestattet (bei Villa Madonna um die Ecke); geöffnet 23–6 Uhr.

Casinos: im Hotel Adriatic, tägl. von 21–3 Uhr, ✆ 719-000. Zudem das altehrwürdige Casino Villa Rosalia, in dem eine fast 100-jährige Roulettemaschine immer noch ihren Dienst tut; geöffnet tägl. 12–4 Uhr, ✆ 272-011.

Nightlife-Cafébars: **Hemigway (19)** am Hafen; hier tanzt das Leben zu Latino-Musik, Hip-Hop etc. bis in die Morgenstunden.
Als weiteres In-Lokal gilt die Cafébar **Monokini (6)** mit Galerie.

• *Post* Ulica V. Spinčića, mit Poste restante; geöffnet Mo–Sa 7.30–21 Uhr.

• *Veranstaltungen* **Stadtfest Sv. Jakov**, gefeiert wird am dem 25. Juli folgenden Wochenende mit Konzerten, Ausstellungen usw.

Opatija-Karneval: Bei den bunten Straßenumzügen im Februar marschieren neben den großen Teilnehmern auf Stelzen auch die ganz Kleinen aus dem Kindergarten mit. Die traditionellen Masken sind aus Schaffell und Hammelhörnern gefertigt, die Masken mit großen Glocken heißen Zvončari. Am letzten Tag des Karnevals wird die *Pust-Maske* (eine Puppe aus Stroh und Lumpen) verbrannt – und damit alles Böse aus dem vergangenen Jahr. Eine Regatta mit geschmückten Segelbooten begleitet das Treiben zur See.

Promenadenkonzerte gibt es von Mai bis September auf der Terrasse des Hotels Imperial: einheimische Blasorchester, Folkloreauftritte und kleine Nachtkonzerte im Park.
In den Sommermonaten breites **Veranstaltungsprogramm**, wie das „Festival der Lieder", Misswahlen in der Kristallhalle (Festivalhalle) im Hotel Kvarner sowie Konzerte in der Villa Angiolina.

Liburnia-Jazzfestival am 1. Juliwochenende auf den Plätzen der Stadt sowie in der Villa Angiolina.

Internationaler Malwettbewerb Mandrač, am letzten Augustwochenende, am Hafen Manrač in Volosko.

Segelregatten Anfang Juli (Galijola) und am 3. Novemberwochenende (Cup Opatija); veranstaltet vom Jachtclub Opatija.

Nacht-Autoralley (Učka Night Trek), von Opatija ins Učka-Gebirge; Ende Oktober.

Anglerwettkampf; die erfolgreichsten Petrijünger werden mit einem Preis belohnt; aktueller Termin bei der Touristinformation.

Übernachten/Camping (siehe Karten 222/223 und 226)

• *Übernachten* Die Vielfalt und Kapazität an Übernachtungsmöglichkeiten in Opatija ist groß, vom einfachen Pensionszimmer bis zur Luxuskategorie ist alles zu haben. Eine Auswahl:

Privatzimmer ab 25 €/Person; Appartements ab 35 €/Tag für 2 Pers. Luxuriös-herrschaftliche Übernachtungsquartiere gibt es in den Villen am Lungo Mare, Auskünfte erteilen die Agenturen.

Hotel Millennium (12) & Villen (14) (*****); das ehemalige Hotel Jadran wurde im Jahr 2000 innen komplett umgebaut und zu einer noblen Herberge hergerichtet; schöner, rosafarbener Bau mit großer Arkadenterrasse direkt an der Uferpromenade bei den Meerwasserpools. Sehr gutes Restaurant. DZ/F 118–160 €. Ul. Maršala Tita 109; ✆ 202-000, ✆ 202-020; www.ugohoteli.hr.

Adria-Relaxresort Miramar (16) (****), am östlichen Ortsende von Opatija am Lungo mare; 2004 eröffnetes Hotel mit der aufwendig renovierten Villa Neptun aus K.-u.-k.-Zeiten als Haupthaus sowie stilvollen, von einem Park umgebenen Nebengebäuden. Schöner, großzügig gestalteter Beauty- und Wellness-Bereich mit Innen- und Außenpool, komfortabelsten Zimmern, Suiten und Gourmetküche. Eigener Felsbadestrand. Kurz: ein Haus zum Wohlfühlen. DZ/F 80–150 €. Ive Kaline 11, ✆ 280-000, ✆ 280-028, www.hotel-miramar.

Villa Ariston (4) (****), nostalgischer Bau am Ortsbeginn von Opatija (noch vor der Marina Admiral) an der Uferpromenade. Sehr schön und ruhig, eingebettet in üppiges Grün. Zudem gutes Restaurant, auf dessen lauschiger Terrasse es sich angenehm speisen lässt. DZ/F ca. 100 €. M. Tita 179; ✆ 271-379, ✆ 271-494; www.villa-ariston.com.

Hotel Kvarner (18) (***), ruhig, direkt an der Uferpromenade. Das Hotel aus dem Jahr 1884 wurde durch seinen „Kristallsaal" berühmt – hier logierte schon Kaiser Franz Josef. Abends Tanzterrasse. DZ/F 76–140 €. Park 1. Maja 4. ✆ 271-233, ✆ 271-202; www.liburnia.hr.

Hotel Amalia (17) (**), neben Hotel Kvarner, stilvoller Bau hinter üppig wuchernder Pflanzenwelt; an der Uferpromenade; DZ/F 66–100 €. ✆ 271-944, ✆ 271-202; www.liburnia.hr.

Hotel Imperial (7) (***); der gelbe Prachtbau mitten im Zentrum an der Durchgangsstraße (nahe den Badestränden) schmückt sich mit einer langen Liste berühmter Gäste, von Kaiser Wilhelm, Anton Tschechow bis Josip Broz Tito. Stilvolles Inventar und ein herrlicher „Goldener Saal", der häufig für Modeschauen und ähnliche Edelevents genutzt wird; schönes Café. DZ/F 66–100 €. M. Tita 124/3, ✆ 271-677, ✆ 272-848; www.liburnia.hr.

Hotel Palace-Bellevue (3/5) (***), alter Prachtbau mit neuer Dependance nebenan, genau im Zentrum an der Durchgangs-

Klassizistische Pracht – das altehrwürdige Hotel Kvarner

straße; gegenüber die Meerwasserpools. Sehr geräumige Zimmer mit schönen Balkons. DZ/F 66–100 €. M. Tita 144-146, ✆ 271-811, 📠 271-964; www.liburnia.hr.

Hotel Opatija (1), wunderschöne Traditionsherberge in zentraler Lage, oberhalb vom Busbahnhof. Die Zimmer mit Balkon zum Meer sind herrlich. Hallenbad. Preiswerte DZ/F 66–98 €. Gortanov trg 2/1, ✆ 271-388, 📠 271-317, www.hotel-opatija.hr.

Hotel Istra (15) (***), am Ortsbeginn von Opatija, bei der Marina Admiral, direkt an der Uferpromenade gelegen. Eigener Strand (betonierte Liegeflächen) und kleines Meerwasserhallenbad, Fitnessstudio. All-inclusive pro Person im DZ 78–102 €. M. Tita 145. ✆ 271-299, 📠 271-826; www.liburnia.hr.

Hotel Belvedere (***), am Ortsende von Opatija, kurz vor Volosko an der Uferpromenade. Schön und ruhig in einem Park gelegen. Meerwasserhallenbad, Sauna, Fitnesscenter, Tennisplätze. Schön sitzt man oberhalb des Meeres auf der Restaurantterrasse. Nebenan in der herrschaftlichen Villa Rosalia das alte Casino. DZ/F 64–96 €. J. Kaline 7; ✆ 271-044, 📠 271-484; www.liburnia.hr.

Hotel Paris (8) (***), 2004 umgebaut, moderner weißer Bau mit großem Café, gegenüber vom Park. DZ/F ca. 60–85 €. Nazorova b.b., ✆ 271-911, 📠 711-823; www.liburnia.hr.

Villa Vranješ (2) (***), oberhalb von Opatija, mit Restaurant und schöner Terrasse mit Blick aufs Meer. DZ/F ca. 70 €. A. Mikića 9 (Abzweig an der Hauptstraße in Höhe Hotel Admiral), ✆ 711-540, 📠 272-130, villavranjes@inet.hr.

Pension Villa Kapetanović (21), stadtauswärts Richtung Matulji; komfortable Zimmer, kleine Wellnessoase, Terrasse mit schönem Blick und sehr gutem Restaurant. DZ/F ca. 70 €. Nova cesta 12a, ✆ 741-355, 📠 741-356, www.villa-kapetanovic.hr.

• *Camping* **Camping Opatija**, vor Opatija beim Ort Ičići (siehe dort).

Essen (siehe Karten 222/223 und 226)

Die Hotelrestaurants bieten eine große Auswahl an Fleisch-, Fisch- und Meeresfrüchtegerichten, z. B. Scampi, Miesmuscheln, Tintenfisch, Rotbrasse, Drachenkopf, Seebarbe, Seebarsch; dazu knackige, frische Salate und leckere Nachspeisen wie Tiramisu, Törtchen oder Eis.

Ruhige Terrassen am Meer und gute Küche haben z. B. die Hotels **Millennium (12)**, **Miramar (16)** und **Kvarner (18)**. In der **Taverna (11)** (Hotel Admiral, ✆ 271-882) gibt es gute Steaks, außerdem selbst gebackenes Brot und leckere Pizza. Direkt am Meer auch das **Restaurant Terrasse**

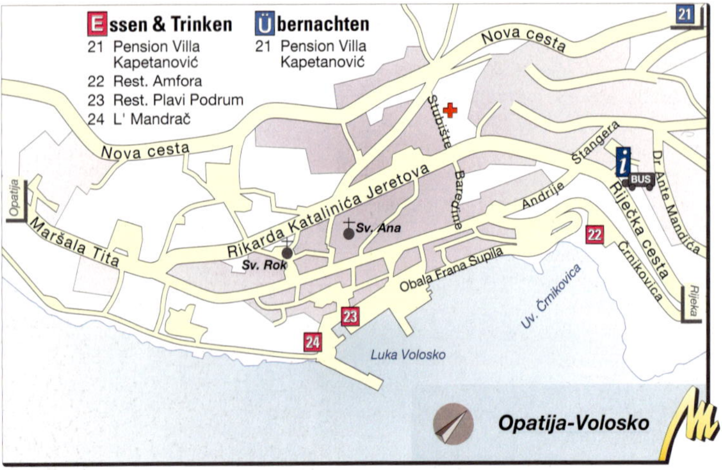

(13), lauschig und romantisch mit moderner Musik.

Restaurant Ariston (4), hier sitzt man sehr schön auf der lauschigen Terrasse oberhalb von Uferpromenade und Meer. Moderne mediterrane Küche. M. Tita 179; ✆ 271-379.

Restaurant Sv. Jakov (14), in der Villa Millennium; sehr gute kvarner Küche und Fischgerichte. M. Tita 105, ✆ 202-000.

Restaurant Bevanda-Lido (20), große überdachte Terrasse direkt am Meer mit Blick auf Rijeka. Schöne Lage und große, vielfältige Speisekarte. Zert 8, ✆ 701-412.

Restaurant Villa Vranješ (2), oberhalb von Opatija, mit schöner Terrasse und Blick aufs Meer. Grillspezialitäten, zudem Fischgerichte. A. Mikića 9 (Abzweig an der Hauptstraße in Höhe Hotel Admiral), ✆ 711-907.

Restaurant Villa Kapetanović (21), stadtauswärts Richtung Matulji, Terrasse mit schönem Blick, traditionelle gute Küche. Nova cesta 12a, ✆ 741-355, ℻ 741-356, www.villa-kapetanovic.hr.

Buffet Vongola (10), direkt an den Meerwasserpools mit Sitzmöglichkeiten im Freien, dazu Diskomusik. Es gibt Snacks, Fleisch- und Fischgerichte. Preiswert und für Kinder viel Platz zum Herumtollen.

• *In Opatija-Volosko* Empfehlenswert am Hafen sind die drei folgenden Fischrestaurants mit Terrassen:

Mandrač (24), Obala Frana Supila 10, ✆ 701-357; kurz danach **Plavi Podrum (23)**, Obala Frana Supila 12, ✆ 701-223, sowie das noble Fischrestaurant **Amfora (22)**, gegenüber am Hafenende mit großer baumumstandener Terrasse, Panoramafenstern, Pianomusik und gutem Service; Črnikovica 4, ✆ 701-222.

• *Restaurants in umliegenden Dörfern* z. B. in Richtung Učka oder Mošćenice: auch hier lässt sichs lecker speisen – und natürlich preiswerter als in Opatija.

Sehenswertes

Bei den ersten Feriengästen Opatijas wurde es bald zur guten Sitte, dem Kaufmann Scarpa von Fernreisen Pflänzchen mitzubringen. Noch heute findet man im **Angiolina-Park**, dem heutigen *Botanischen Garten*, die Auswüchse dieser exotischen Geschenke: einen riesigen Mammutbaum, Zedern, Eukalyptusbäume, Bambussträucher, Zitronen, die großblütige Magnolie, Kokos- und Dattelpalmen, Mispelbäume, Akazien, Agaven und die japanische Kamelie, heute das Markenzeichen des Luftkurorts. Mitten im Park die hübsche *Villa Angiolina*, heute beliebter Veranstaltungsort für Ausstellungen und Konzerte. Ein zweiter Park, der **Margarita-Park**, liegt zwischen der Uferstraße und der neuen Umgehungsstraße beim Hotel Opatija. Ebenfalls schön, nur ein wenig kleiner.

Dem Chirurgen *Dr. Theodor Bilroth,* einem der Initiatoren des Kurtourismus in Opatija, ist die Tafel am Uferweg unterhalb der *St.-Jakob-Kirche* (Sveti Jakov) gewidmet. Die Kirche entstand 1937 durch Umbau eines älteren Vorgängerbaus aus dem Jahr 1793.

Etwas westlich davon steht der **Juraj Šporer-Kunstpavillon**, in dem heute eine Gemäldegalerie residiert. Das war nicht immer so: Der 1900 gebaute Pavillon, benannt nach dem Gründer der „Gesellschaft zum Ausbau Opatijas als Bade- und Kurort" war damals eine Zuckerbäckerei. Erst 2003 wurde das Bauwerk gründlich renoviert und den Künsten geöffnet.

„Gruß an das Meer" von Zvonko Car

Unweit des Pavillons auf einem Felsen am Meer hält ein Mädchen eine Taube in der Hand – die von *Zvonko Car* geschaffene Bronzeskulptur *Gruß an das Meer (*1956). An ihrer Stelle stand bis 1951 die *Madonnina,* eine trauernde goldene Madonna, 1891 geschaffen von dem Grazer Künstler Rathausky. Nach seiner Beinahe-Zerstörung wurde das Original restauriert und in Verwahrung genommen, eine Kopie steht heute vor der St.-Jakob-Kirche.

Baden: Opatija ist kein Seebad – Bademöglichkeiten gibt es nur an den angelegten Badestränden und in den Meerwasser-Swimmingpools. Wer trotzdem ins kühle Nass möchte: das „Strandbad" mit betonierter Liegefläche, Liegestuhl- und Sonnenschirmverleih ist eine Alternative. Am künstlich angelegten großen *Slatina-Strand* gibt's auch einen Surfbrettverleih. Zudem am *Lungo mare* (Richtung Lovran) immer wieder hübsche kleine Badebuchten. Die Hotels in Meeresnähe haben eigene Badebuchten und meist auch Pools.

Wandern: Sehr erholsam und wunderschön romantisch ist ein Spaziergang entlang der Uferpromenade, dem nach Lovran führenden 12 km langen *Lungo mare.* Vorbei an den alten Prachtvillen, schlängelt sich der betonierte Fußweg am Meer entlang; zum Ausruhen laden Bänkchen ein, Pinien- und Lorbeerbäume spenden mitunter Schatten. Wer seine Badesachen dabei hat, kann sie auspacken, überall bieten sich Gelegenheiten für einen Sprung ins kühle Nass. Und wer nicht den ganzen Weg zurücklaufen möchte, nimmt einfach den Bus an der Hauptstraße oberhalb (alle 20 Min.). Übrigens: Wer gerne joggt – der *Lungo mare* ist eine herrliche Laufstrecke ...

Nach Veprinac: Schön ist auch die ca. 1,5-stündige Wanderung zum mittelalterlichen Örtchen Vebrinac (siehe dort) mit einigen sehenswerten Gebäuden. Hinter dem Hotel Palace biegen wir in den Veprinački put ein, der die stark befahrene Umgehungsstraße Nova cesta kreuzt und gegenüber weiter bergan führt. Bald erreichen wir die letzten Häuser, der Weg führt nun weiter durch Wald nach Veprinac (Wegmarkierung: X-Zeichen).

Blick auf Izola, die Bucht von Koper und Triest

Istriens Norden: Slowenische Riviera

Gerade mal 46 Kilometer misst die slowenische Adriaküste von der italienischen Grenze bei Ankaran (Ancarano) bis zur kroatischen Grenze bei den Salzfeldern von Sečovlje (Sicciole) im Dragonja-Tal. Der Küstenstreifen mit seinen malerischen historischen Städten Piran, Izola, Koper und dem alten Seebad Portorož gehört geographisch zu Istrien.

Die slowenische Adriaküste ist dicht besiedelt, im Hinterland verstreut liegen zahlreiche Weiler und kleinere Dörfer. An die sanften Hügel schmiegen sich Weingärten – hier, gleich über dem Meer, gedeiht der Wein am besten. In den windgeschützten Tälern und auf den Äckern zwischen den Weinbergen und Olivenhainen gedeihen Obst und Gemüse.

Ausführliche Informationen finden Sie auch in unserem Reisehandbuch **Slowenien** von *Lore Marr-Bieger*, Michael Müller Verlag 2005.

Die venezianisch geprägten Küstenstädte **Koper** (*Capodistria*), **Izola** (*Isola*), **Piran** (*Pirano*) und der Badeort **Portorož** (*Portorose*) sind viel besuchte Urlaubsziele. Ganzjährig werden sie auch von Slowenen und Italienern für Kurzausflüge, Sonntagsspaziergänge oder längere Aufenthalte angesteuert – das Klima ist hier auch im Winter mild, Schnee fällt nur im höher gelegenen Hinterland.

In den Sommermonaten ist die Slowenische Riviera überlaufen, ruhigere Winkel zum Baden und Sonnen findet man dann nur in den Feriensiedlungen von *Anka-*

ran und *Strunjan*. Besonders an Wochenenden sind die Straßen mit Autos überfüllt, an den Grenzübergängen bilden sich lange Warteschlangen – freitags rollt der Verkehr von Ljubljana, Nova Gorica und Triest an, sonntags wieder zurück. Italiener wie Kroaten schätzen Slowenien auch als Einkaufsland: Vom Kraftstoff bis zu den Lebensmitteln ist hier alles günstiger.

Steckbrief Slowenien

Fläche: 20.256 km^2

Hauptstadt: Ljubljana, 300.000 Einwohner

Bevölkerung: 2 Millionen, 90 % Slowenen, 10 % italienische und ungarische Minderheiten.

Sprache: Slowenisch, in gemischtsprachigen Gebieten auch Italienisch und Ungarisch; viele Slowenen sprechen zusätzlich Englisch, Deutsch oder Italienisch.

Religion: Überwiegend Katholiken, nur wenige Protestanten.

Politisches System: Parlamentarische Demokratie mit Mehrparteiensystem und einem Parlament mit zwei Kammern: Staatsversammlung und Staatsrat. Seit 1991 ist die Verfassung der Republik Slowenien international anerkannt.
1992 erkennt die Europäische Gemeinschaft Slowenien als souveränen Staat an; im selben Jahr wird Slowenien Mitglied der UN. Seit Mai 2004 Mitglied der EU; Währungsumstellung auf Euro für das Jahr 2007 geplant. Staatspräsident (bis 2007): Janez Drnovsek; Premierminister (seit 2004): Janez Jansa (SDS).

Klima: Slowenien ist von drei Klimazonen geprägt – kontinental, alpin und mediterran. Die Januar-Temperaturen fallen im Landesinneren auf 0–2 °C, im Gebirge unter 0 °C, an der Küste auf 2–4 C. Im Juli steigt das Quecksilber im Landesinneren auf 20–22°C, an der Küste auf 22–24 C. Die Niederschläge differieren im Jahresschnitt von 800 mm im Osten bis zu 3000 mm im Nordwesten.

Währung: Slowenischer Tolar (SIT) – 100 SIT = 0,42 Euro; 1 Euro = 240 SIT.

Telefonvorwahl: 00386

Koper (Capodistria)

Die 50.000-Einwohnerstadt ist Sloweniens einziger Seehafen. Die überraschend hübsche, autofreie Altstadt mit sehenswerten Baudenkmälern, verwinkelten Gässchen und Cafés an ruhigen Plätzen lädt zum Einkaufen und Flanieren ein.

Die etwa 20 Kilometer südlich von Triest gelegene Stadt ist der zentrale Hafen- und Handelsplatz Sloweniens – und seine wirtschaftliche Bedeutung wächst. Wegen seiner Freihandelszone und als Transithafen spielte Koper seit alters her eine bedeutende Rolle.

Geschichte: Kopers Vergangenheit ist von Jahrhunderte langer Unterdrückung und Besetzung geprägt, bevor die Stadt nach dem Zweiten Weltkrieg wieder an Slowenien und Jugoslawien fiel. Neolithische und prähistorische Funde zeugen von früher Besiedlung. Außer dem illyrischen Stamm der Histrer waren hier schon die Griechen ansässig und gründeten ihre Kolonie *Aegida*. Unter römischer Herrschaft *Ziegeninsel* genannt, hieß Koper unter der byzantinischen Herrschaft ab Mitte des 6. Jh. *Justinopolis*, während der über ein halbes Jahrtausend währenden Zugehörigkeit zur Stadtrepublik Venedig nannte man es *Caput Histriae*, Kopf Istriens. Wie auch die anderen Städte an der Slowenischen Riviera trägt Koper bis heute seinen zweiten italienischen Namen – *Capodistria*.

Die einst auf einer Insel gelegene Altstadt wurde 1825 mit dem Festland verbunden. Von den ursprünglich zwölf Toren der Stadtmauer ist heute nur mehr das

Karte S. 230

Muda-Tor, das ehemalige Zolltor, erhalten. Die 500-jährige venezianische Herrschaft (1279–1797) prägte das Gesicht der Stadt. Vom 15. bis ins 17. Jh. erlebte Koper durch den ertragreichen Salz- und Getreidehandel seine Blütezeit und war ein ernst zu nehmender Konkurrent des österreichischen Triest. Erst als Triest um 1720 zur Freihandelszone erklärt wurde, verlor Koper wirtschaftlich den Anschluss.

Von 1797 bis 1918 (nur unterbrochen vom kurzen französischen Intermezzo von 1809–1815) hatte Österreich-Ungarn die Kontrolle über die Stadt. Die Donaumonarchie, die bereits ihren Hafen Triest gut ausgebaut hatte, zeigte jedoch am Hafen von Koper wenig Interesse. Nach dem Ende des Ersten Weltkriegs besetzte Italien die Stadt. Im Vertrag von Rapallo (1922) fiel Koper wie das gesamte slowenische Küstenland an Italien, erst 1945 kam die Stadt zu Jugoslawien.

Information/Verbindungen

- *Telefonvorwahl* 05
- *Postleitzahl* 6000 Koper
- *Information* **Touristinformation TIC**, Titov trg 3 (im Prätorenpalast); geöffnet Juli-September tägl. 9–20 Uhr, So 13–20 Uhr; in den anderen Monaten Mo–Sa 9–17 Uhr, So 13–17 Uhr. ✆ 6646-403, ℻ 6646-406; tic@koper.si; www.koper.si.

Kompas Turizem, Pristaniška ul. 17 (am Hafen); geöffnet Mo–Fr 8–16, Sa 8–12 Uhr, ✆ 6272-346, ℻ 6274-135.

Jadroagent, Pristaniška 45, ✆ 664-5183, -5181, ℻ 664-5490.

Touristagentur Palma, Pristaniška ulica 17, ✆ 6272-346. Hier Privatzimmervermittlung.

- *Verbindung* Bahnhof und Busbahnhof liegen eine gute Viertelstunde zu Fuß von der Altstadt entfernt; Kolodvorska cesta 11 (mit Stadtbus gut erreichbar).

Bus – sowohl die Weiterfahrt entlang der Küste als auch ins Innere Istriens und nach Rijeka ist kein Problem. Verbindungen nach Ljubljana und zu anderen slowenischen Städten mehrmals täglich. Auskunft ✆ 6395-269.

Zug – gute Verbindungen nach Postojna, Ljubljana über Divača (in Divača umsteigen nach Opatija–Rijeka, Sežana–Nova Gorica und Triest). Infos über ✆ 6395-263.

Schiff – *Linienschiff Big Red* (schneller Katamaran), bedient von April–Oktober die Strecke *Portorož–Bernardin–Piran–Izola–Koper–Ankaran* und zurück. Von Koper bis Portorož braucht der Katamaran 1,15 Std., Preis ca. 8 €. Im Juli und August 4x tägl. Auskunft ✆ 6418-301 oder unter www.slo-istra.com/aqua.

– *C/F Marina* bedient von Mitte Juni–Anfang Sept die Strecke *Koper–Pula–Unije–*

Mali Lošinj–Silba–Zadar (1 x wöch. am Fr, Abfahrt 10 Uhr). Preise nach Mali Lošinj (Zadar): Pkw bis 4,25 m 62 € (74 €); Personen 20 € (25,50 €), Kinder 2–12 Jahre 10 € (12,50 €), bis 2 Jahre frei. Buchung über Jadroagent.

Diverses

• *Autovermietung* **Kompas rent-a-car**, Pristaniška ul. 15, ✆ 6274-134.
Capris time, Istrska cesta 67, ✆ 6311-555.

• *Bank* **Banka Koper**, Pristaniška ul. 14; geöffnet 8.30–12 und 15–17 Uhr, Sa 8.30–12 Uhr. Zudem überall **Bankomaten**.

• *Einkaufen* **Markt** am Hafen. **Weinkeller Vina Koper**, Šmarska cesta 1 (eine Kreuzung südlich der Istarska cesta); ✆ 6630-100, 6630-128, www.vinakoper.si; Weinproben können vereinbart und die edlen Tropfen natürlich gekauft werden.

• *Gesundheit* **Krankenhaus** (Zdravstveni dom), Dellavalijeva 3, ✆ 6647-100. **Apotheke** (Lekarna) **Koper**, Kidričeva ulica 2, ✆ 6110-000. Durchgehend geöffnet.

• *Jachthafen* **Marina Koper**, kleine, gut geführte Marina mit Restaurant, Tankstelle, Sanitäranlagen; Reparatur- und Wartungsservice; 75 Liegeplätze im Wasser, 340 Landstellplätze; 50-t-Travellift, feststehender Kran bis 4 t. Der Stadthafen Koper ist 150 m von der Marina entfernt. Kopališko nabrežje 5, ✆ 6626-100, ℻ 6626-161; www.marina-koper.si.

• *Post* In der Altstadt am Muzejski trg, geöffnet Mo–Sa 8–12 Uhr; beim Bahnhof Mo–Sa 8–20, So 9–11 Uhr.

• *Taxi* Pristaniška ulica.

Übernachten

Privatunterkünfte: Appartements für zwei Pers. ab 30 € (über Agentur Palma). Wer ein größeres Appartement sucht – entlang der Küste werden Wohnungen von 20–100 qm für 35 (3 Personen) bis 60 € (5 Pers.) pro Tag sowie größere Ferienhäuser angeboten. Private Doppelzimmer der I. Kategorie kosten ca. 30 €, Frühstück ab 5 €/Person.

Wer Koper nicht nur als Ausflügler besucht, findet vor allem hier eine nette Unterkunft:

Hotel Koper (***), direkt am Bootshafen in der Altstadt. Wegen der Aussicht möglichst die oberen Stockwerke nehmen; Auskünfte oftmals mager, besser zu TIC gehen. Die Hotelgäste können das Hallenbad des Hotels Žusterna gratis benutzen. DZ/F 99–116 €. Pristaniška ul. 3, ✆ 6100-500, ℻ 6100-594; www.terme-catez.si.

Hotel Aquapark Žusterna (***), Ferienanlage mit Hotel, Hallen- und Freibad im Grünen, direkt am Meer (nur durch die Hauptstraße Koper–Izola getrennt), ca. 1 km von Koper in Richtung Izola. DZ/F 99–116 €. Istrska ul. 67; ✆ 6638-000, ℻ 6638-010; www.terme-catez.si.

Hotel Vodišek (***), gut ausgestattete Zimmer, wenige Minuten zur Altstadt, für den Zwischenstopp eine gute Alternative. DZ/F 60 €. Kolodvorska cesta 2, ✆ 6392-473, ℻ 6393-668; www.hotel-vodisek.com.

Garni Hotel Pristan (****), kleines Hotel wenige Minuten östlich des Altstadtkerns. Sehr gut ausgestattete Zimmer. DZ/F 75 €. Ferrarska ulica 30, ✆ 6144-000, ℻ 6100-594, www.pristan-koper.si.

Bio-Motel (**), Nähe Fabrik Tomos in Richtung Ankaran; für einen kurzen Aufenthalt in Ordnung. DZ/F 60 €. Vanganelski 2, ✆ 6258-885, ℻ 6258-884.

Motel Port, preiswerte Alternative ca. 1 km außerhalb der Stadt. Ca. 20 €/Person inkl. Frühstück. Ankaranska cesta 7, ✆ 6393-260.

Essen

Café Loggia, inmitten des mittelalterlichen Ensembles mit verglaster Front und Terrasse zum Hauptplatz. Schönes Plätzchen für den Cappuccino. Titov trg.

Kavarna Kapetania, guter Espresso, Eis und Kuchen, gegenüber vom Hafen. Ukmarjev trg.

Istarska klet Slavček, uriges Lokal mitten in der Innenstadt; hier kann man typische istrische Spezialitäten genießen, z. B. Suppen, Polenta mit Fisch, Muscheln und natürlich gute Weine. Župančičeva 39, ✆ 6276-729. Tägl. 6.30–21 Uhr, Sa Ruhetag.

Restaurant Skipper, wegen der Lage am Jachthafen zu empfehlen. Schöne Terrasse zum Meer, Sonnenuntergang inklusive. Tägl. 11–22 Uhr. ✆ 6271-750.

• *Außerhalb von Koper* **Restaurant Brič** (ex Bivij), ca. 7 km in Richtung Ljubljana im Ort Dekani. Die Lage ist nicht berauschend, aber die Küche ist auch unter dem neuen Pächter sehr gut: Spezialitäten sind Fisch-

Karte S. 230

gerichte. Dekani 3 b, ✆ 6580-527, tägl. 11–23 Uhr, Do Ruhetag.

Gostišče Al Mulin, ca. 6 km östlich von Koper in Richtung Ankaran (vor dem Ort Spodnje Škofije); beliebtes gutes Lokal, Fisch- und Fleischgerichte. Spodnje Škofije 18a, ✆ 6549-444.

Gostišče Turk, ca. 2,5 km östlich von Koper in Bertoki. Hier kann man wunderbar im Freien sitzen; sehr gute Küche, Spezialitäten sind Fischgerichte. Cesta med vinogradi 34, Bertoki. ✆ 6392-595.

Istrska klet, ca. 15 km südlich von Koper in Pomjan. Der Hof in idyllischer Lage ist traditionell eingerichtet, mit offenem Kamin, schönem Garten; es gibt istrische Spezialitäten, z. B. Ravioli mit Trüffeln, Rindfleisch in Weinsauce. Die Trüffelgerichte von Istrska klet haben schon etliche Preise gewonnen ... Wer mag, kann sich hier auch ein Pferd mieten und in die schöne Natur ausreiten. Pomjan 17, Šmarje, ✆ 6569-520.

Landgasthöfe: Südlich von Koper an der Istrska Vinska Cesta zahlreiche gute Lokale. Bei TIC ist eine Karte erhältlich, am besten sich aufs Mountainbike schwingen und einen Gasthof nach dem anderen ausprobieren!

Sehenswertes

Rund um den **Titov trg** (*Platea Communis*), dem Kern der Altstadt, finden sich die Zeugnisse der venezianischen Herrschaft. Die **Kathedrale des heiligen Nazarius** (*Sveti Nazarij*) vereint venezianische Gotik im unteren Teil der Fassade mit Stilelementen der Renaissance im oberen. Im Kircheninneren gotische Reliefs, eines davon ist dem hl. Nazarius, dem Schutzheiligen der Stadt, gewidmet, dessen Sarkophag ebenfalls einen Blick wert ist. Der Kirchturm ist für Besucher geöffnet; von oben schöner Ausblick über Koper, den Hafen und die sanfthügelige grüne Landschaft im Hintergrund.

Öffnungszeiten Der Turm kann von 9.30–13 und 14–18 Uhr bestiegen werden.

Ein Gemisch der Baustile zeigt auch der **Prätorenpalast** (*Pretorska palača*), dessen Bau Mitte des 13. Jh. begonnen wurde. Von hier verteidigten die Einwohner ihre Stadt im Jahr 1380 gegen die Genuesen. In die Fassade sind Gedenktafeln, Wappen und Büsten bedeutender Personen eingelassen. Gegenüber vom Palast die 1462 gebaute **Loggia**, die gut zweihundert Jahre später ein Stockwerk draufgesetzt bekam und heute ein stilvolles Café beherbergt.

An den Titov trg grenzt östlich der große *Trg Brolo*. Hier steht das älteste Haus des Platzes – der Ende des 14. Jh. erbaute *Fontik*, der **Getreidespeicher**. Wie beim Prätorenpalast schmücken die Fassade die Wappen prominenter Einwohner und Adeliger. Nördlich der Kathedrale erhebt sich die **Rotonda Carmine**, deren Bau wahrscheinlich schon im 11. Jh. begonnen und erst 1317 beendet wurde. Ihre Fassade ist romanisch, das Innere schmückt Rokokostuckwerk aus dem 18. Jahrhundert.

Auf dem *Prešernov trg*, beim Stadttor Muda, befindet sich der Brunnen **Fontana da Ponte** von 1432, nach seinem Erbauer da Ponte benannt. Sein heutiges mit drei barocken Wappen verziertes Aussehen erhielt er 1666. Das **Stadttor Muda** aus dem 15. Jh., das einzig erhaltene von einst 12 Stadttoren, ist mit Wappen, Reliefs und Inschriften aus dem 18. Jh. geschmückt.

Das **Stadtmuseum** (*Pokrajinski muzej Koper*) im Belgramoni-Tacco-Palast (um 1600), östlich des Titov trg in der Kidričeva ulica, zeigt Zeugnisse der 2500-jährigen Stadtgeschichte.

Öffnungszeiten Mo–Fr 8–15 Uhr, Sa 8–13 Uhr; im Juli/August zusätzlich 18–20 Uhr. Kidričeva ulica 19, ✆ 6633-570.

Am Ukmarjev trg steht das **Carpaccio-Haus**, in dem *Benedetto Carpaccio* angeblich einige Zeit lebte; von ihm vermutet man, dass er der Sohn des Renaissance-Malers *Vittore Carpaccio* war, der wahrscheinlich aus Koper stammte und auf Slowenisch wahrscheinlich *Krpač* hieß.

Koper – Sonnenuntergang am Hafen

Baden: Insgesamt nicht empfehlenswert, da mit Kopers wachsender Bedeutung als Handelshafen die Wasserqualität entsprechend abgenommen hat. Trotzdem ist der Strand beim Hotel Žusterna besonders bei jungen Slowenen als Sommerbadestrand beliebt – mit starkem Durchgangsverkehr von Koper nach Izola. Besser fährt man zehn Kilometer nordwärts nach Ankaran zum Baden.

Koper/Umgebung

Ankaran (Ancarano): Wer wegen des Klimas und der attraktiven Sportangebote oder zum Sonnenbaden an die Küste will und keine einsamen Strände erwartet, findet in Ankaran, 10 km nördlich von Koper, eine ruhige Ferienanlage mit Campingplatz im Grünen. Trotz der Lage auf einer Landzunge zwischen den beiden Großhäfen Koper und Triest ist das Meerwasser laut offizieller Messungen nicht verschmutzt – man kann hier angeblich bedenkenlos baden. Der Strand ist fast einen Kilometer lang, der Meeresgrund sandig, die mediterrane Vegetation wegen der geschützten Südlage sehr üppig.

• *Übernachten/Essen* **Ferienanlage Adria Ankaran**; im alten Trakt des Hotels Convent lebten einst die Benediktiner. Außen herum in der weitläufigen Anlage liegen die verschiedenen Dependancen, versteckt zwischen hohen Zypressen, Oleander, Lorbeerbäumen, Palmen, Oliven und Sträuchern. **Hotel Convent** (***) und die **Departements Bor** und **Cedra** (***) kostet das DZ/F 88 €. **Departements Cedra** (**) und **Weekend** (**) DZ/F 64 € bzw. 54 €.

Es gibt einen Swimmingpool, Tennisplatz, Beachvolleyball und Fitnesscenter. Jadranska cesta 25, ✆ 6637-300, 📠 6637-320;

• *Camping* **Camping Adria** (***), gleich neben dem Kloster und der Ferienanlage; weitläufiges Gelände mit Freibädern, Tennisplätzen, Minigolf, Bocciabahn, Kegelbahn, Trampolinspringen etc. Auch vielfältiges Wassersportangebot, u. a. Segeln, Surfen, Wasserski. Restaurants und Einkaufsmöglichkeiten. Pro Person 10,50 €. Im Juli und August oft überlaufen. Geöffnet Anfang Mai–Ende September. ✆ 6637-350.

Camping Student (*Študentski Tabor*) (*), von Ankaran weiter auf der Hauptstraße Richtung Grenzübergang (Lazaret) fahren. Ein kleiner Platz. Die Rezeption ist rechts an der Straße, der Campingplatz unterhalb der Straße, oft sehr voll. Lebensmittelladen 1 km entfernt. Pro Person 7,50 €. Geöffnet Mitte Mai–Ende September. ✆ 6528-045.

• *Sport* **Adria Kajak und Kanu Klub**, Kajak- und Kanu-Schule mit Ausrüstungsverleih Jadranska cesta 66 (Campingplatz), 6280 Ankaran, ✆ 6462-100.

Hrastovlje: Einen Abstecher zu dem Örtchen oberhalb des Rižana-Tals an der Straße nach Buzet sollte man wegen der sehenswerten dreischiffigen romanischen Kirche *Sveta Trojica* (12.–13. Jh.) nicht versäumen. Gegen die Angriffe türkischer Heere wurde sie im 16. Jh. mit einer hohen Steinmauer umgeben. 1581 erwarb sie *Leander Zarotus*, ein österreichischer Adeliger und Doktor der Medizin und der Künste, und kümmerte sich vorbildlich um ihre Instandhaltung. Das Innere beeindruckt durch reiche Bemalung und die über 500 Jahre alten Freskenzyklen des *Ivan aus Kastav*, u. a. „Der Totentanz" und „Passion Christi". Ein Tonband in deutscher Sprache erklärt die Bildfolgen im Detail.

Öffnungszeiten täglich 9–12 und 14–17 Uhr. Falls die Kirche verschlossen ist, im Ort bei Fr. Marija, ✆ 6592-309, oder vorher bei TIC in Koper nachfragen.

Izola (Isola)

Das alte Fischerstädtchen auf einer Halbinsel in der Bucht von Koper strahlt Gemütlichkeit aus. Die schattigen Cafés und Restaurants sind gut besucht, ebenso der neue große Jachthafen, in dem stolze Segelschiffe und motorisierte Jachten ankern.

Überragt wird das ruhige Izola vom *Sv. Mauro*-Kirchturm. Entlang der Uferpromenade reihen sich Cafés und ein kleiner üppiger Park, in dem zahlreiche Rosen- und alle 18 gezüchteten Lavendelarten gedeihen. Die Bewohner leben neben dem Tourismus von der Fischerei und der Konservenfabrik, die sich gegenüber der Altstadt niedergelassen hat. Wenn im August zum traditionellen jährlichen

Am Jachthafen von Izola

Fischerfest geladen wird, kommt Leben in die Stadt: Dann wird gegessen und getrunken, und der Refoško, ein süffiger, dunkelvioletter Rotwein aus der Umgebung, lockert die Zungen.

Einen Einblick in Izolas Geschichte erhält man in den hübsch gestalteten Schaufenstern, dem sog. *Straßenmuseum* der Stadt. Wie der Name andeutet, war Izola einst eine Insel, ist aber heute mit dem Festland verbunden. Das Hinterland, die *Istarska Vinska Cesta,* lädt zur Weinverkostung und kulinarischen Genüssen ein – die hübschen kleinen Orte sind bequem mit dem Mountainbike zu erreichen.

Geschichte: Izola war schon zu Römerzeiten besiedelt, wie Funde in der Bucht von *Simonov zaliv* belegen: Hier sind bei starker Ebbe noch Kai- und Mosaikreste der römischen Siedlung *Halieatum* zu sehen. Aus Dokumenten des Jahres 972 geht hervor, dass Izola später von Flüchtlingen aus Aquileia besiedelt war. Als der deutsche Kaiser *Otto I.* die Stadt dem Venezianer *Candiani* vermachte, taucht in der Schenkungsurkunde das erste Mal der Name *Izola* auf. Während seiner stürmischen Geschichte war Izola im 13. Jh. für kurze Zeit selbstständig und hatte einen eigenen Konsul. Ansonsten erlebte Izola eine ähnliche Geschichte wie das nahe Koper. Im 19. Jh. wurde der Kanal zwischen der Insel und dem Festland zugeschüttet. In der ersten Hälfte des 19. Jh. wurden im Meer heiße Thermalquellen entdeckt – dort, wo heute die Konservenfabriken stehen, stand einst ein gut besuchtes Thermalbad mit Kabinen und Bädern.

Information

- *Telefonvorwahl* 05
- *Postleitzahl* 6310 Izola
- *Information* **Touristinformation TIC**, Sončno nabrežje 4 (gegenüber dem Markt). ✆ 6401-050, ℻ 6401-052; tic.izola@izola.si; www.sigov.si/izola. Geöffnet Juli/August tägl. 8–21 Uhr; sonst Mo–Fr 8–19 Uhr, Sa 8–15 Uhr, So 8–13 Uhr.

Touristagentur Laguna, Istarska vrata 7 (neben Restaurant Sidro), ✆ 6400-278; ✆/℻ 6416-553; www.laguna-sp.si. Privatzimmer und Appartementvermittlung.

Touristagentur Bele Skale, Cankarjev drevored 2 (gegenüber Post), ✆ 6403-555, ✆/℻ 6418-200; www.beleskale.si. Ausflüge und Zimmervermittlung.

Touristagentur Simonov zaliv, im gleichnamigen Hotel. Morova 6a, ✆ 6603-100, ℻ 6418-402, www.htp-simonov-zaliv.si.

Verbindungen/Diverses

- *Verbindungen* **Bushaltestelle** am Trg Republike; gute Verbindungen in alle großen Städte und entlang der Küste.

Touristenzug: Von Juni–September pendelt ein offenes, umweltfreundliches Bähnchen zwischen Izola-Stadt und Hotel Belvedere von 8–22 Uhr, Fahrpreis ca. 2,50 €/ Erwachsene, ca. 1,60 € Kinder.

Schiff: Linienschiff Big Red (schneller Katamaran), fährt entlang der Küste von April–Oktober tägl. die Strecke Portorož–Bernardin–Piran–Izola–Koper–Ankaran und zurück. Von Izola nach Portorož braucht der Katamaran 1 Std., Preis 4,70 €; Juli und August 4x tägl., sonst 2–3 mal. Auskunft ✆ 6418-301. Zudem Prince of Venice nach **Venedig**, Fahrtzeit 2 Std., je nach Saison 1–4-mal wöchentlich von April–Okt.

- *Taxi* Strma pot 4, ✆ 6418-555.
- *Gesundheit* **Hospital Izola**, Polje 5, ✆ 6606-000.
- *Geldwechsel* **Banka Koper** am Kristanov trg 1 (gegenüber dem Gemüsemarkt); geöffnet 8–18 Uhr. **A Bank**, hinter Trg Republike.
- *Jachthafen* **Marina Izola**, relativ neu, durch Bucht und zusätzlichen Schutzwall gut geschützt; 660 Liegeplätze im Wasser, 50 Stellplätze an Land. Reparatur- und Wartungsservice, 50-t-Travellift, Fahrzeug für Boote bis 5 t und Mastkran. Nautikshop, Sanitäranlagen, Wäscherei, Parkplatz mit 600 Stellplätzen. Tomažičeva 10, ✆ 6400-250, ℻ 6418-346; www.marinaizola.com.
- *Post* am Rand des Trg Republike, mit Wechselstube und Telefon; Mo–Sa 8–21

Karte S. 230

Uhr. Ein weiteres Postamt bei der Feriensiedlung Simonov zaliv.

• *Nachtleben* **Disko-Nightclub Harem**, beim Hotel Belvedere.

• *Veranstaltungen* **Filmfestival** in der letzten Maiwoche auf verschiedenen Plätzen; hauptsächlich Filme aus der Dritten Welt; oft sind auch die Regisseure und Schauspieler anwesend.

Internationales Handballfestival, Anfang Juni mit ca. 150 Mannschaften.

Sommer in Izola, im Juli/August jeden Fr und Sa am Manziolijev trg (Kirchplatz). Auf der Freilichtbühne spielen internationale Ethnogruppen. Zudem Musik-, Theater- und Puppentheater-Aufführungen.
Für Kinder gibt es ein Animationsprogramm; spezielles Familienangebot: Angelkurse, Segelschule und Reitkurse. Kinder können diese auch alleine besuchen.

Fischerfest, im August.

Übernachten/Camping

• *Übernachten* **Privatunterkünfte** über die Touristagenturen. Übernachtung inkl. Frühstück ca. 20 €/Person im DZ. Ferienwohnungen ab 41 €/2 Pers. bis 87 €/5 Pers.

Hotel Marina (***), in bester und schönster Lage an der Uferstraße unweit des Jachthafens; schöne Terrasse, ausgezeichnetes Essen. Im gläsernen Anbau kann man eventuelle Regentage im Whirlpool und Massagezentrum fast sonnig verleben. Ganzjährig geöffnet. DZ/F 78–86 €. Veliki trg 11, ✆ 6604-100, 6605-170, 📠 6605-171; www.belvedere.si.

Hotel Delfin Zdus (***), gleich an der Uferstraße hinter dem Jachthafen. Neu und modern, mit Hallenbad und viel Komfort. Immer gut belegt. DZ/F ca. 70 €. Tomažičeva 10, ✆ 6607-400, 📠 6607-420; www.hotel-delfin.si.

Hotel Riviera (**), eine Art Jugendherberge; nahe beim Hafen mit Blick auf das Städtchen. DZ/F 40 € (mit Bad, etwas günstiger ohne). Nur 30 Betten. Prekomorskih brigad 7, ✆ 6418-729, 📠 6415-494; marijannovak@guest.arnes.si.

Hotelsiedlung Simonov zaliv (Bucht San Simon) (***), an der Straße Richtung Piran. Unterkünfte in verschiedenen Häusern, Beton- und Felsbadestrand, Tennisplatz, Beachvolleyball, Pool, Hallenbad mit Meerwasser, kleiner Aquapark, Restaurants und Nightclub; ganzjährig geöffnet; Morova 6 a, ✆ 6603-100, 📠 6418-725; www.htp-simonov-zaliv.si.

Zu dem großen Komplex der ***-Kat. gehören das **Hotel Haliaetum** (DZ/F 86 €) und die zahlreichen Dependancen wie **Korala**, **Perla, Sirena**, **Mirta**, **Palma** und **Park** (DZ/F 78,50 €).

Hotel Beldvedere (***), schöne, ruhige Lage oberhalb der Bucht auf der grünen Anhöhe in Richtung Piran. Der Ausblick auf die Buchten bis Triest und nach Venedig ist grandios. Zu dem felsigen Naturstrand unterhalb führt ein 600 m langer Fußweg den üppig bewachsenen steilen Hang hinab. Wem dies zu mühsam ist, erfrischt sich im Freibad, das sich ebenfalls hier oben befindet. Das Hotel verfügt über Dependancen, Restaurant mit schöner Aussichtsterrasse, Nightclub und Diskothek, Tennisplätze; angrenzend der Campingplatz. DZ/F 81–89 €. Dobrava 1a, ✆ 6605-100, 📠 6605-171, www.belvedere.si.

• *Übernachten* **Campingplatz Belvedere** (**), dem gleichnamigen Hotel angeschlossen; schattiger und schöner Platz unter Bäumen mit großem Freibad, Restaurant und Laden. Geöffnet April–Oktober. Person 7 €, Auto und Wohnwagen je 1,50 €. Dobrava 1, ✆ 6605-100.

Campingplatz Jadranka (*), kleiner, teils schattiger Platz am Stadtrand in Richtung Koper. Shop und Restaurant am Meer; ordentliche Sanitäranlagen; betoniertes Ufer. Blick auf die Hafenanlagen. Geöffnet von April bis Oktober. Person 7,50 €. ✆ 6402-300.

Essen

Restaurant Kamin, gehört zum Hotel Belvedere; von der Anhöhe wunderschöner Blick auf die Bucht. Dobrava 1a; ✆ 6605-666.

Restaurant Sidro, an der Uferpromenade, schöner Blick aufs Meer, bestes Lokal der Stadt für Fischgerichte. Sončno nabrežje, ✆ 6414-711.

Restaurant Parangal, südlich von Sidro; an der Uferpromenade sitzt man lauschig unter Fischernetzen; Fisch- und Fleischgerichte. Sončno nabrežje 20, ✆ 6417-440.

Beliebt bei Einheimischen ist die **Gostilna-Pizzeria Kanava** mit Terrasse an der Uferstraße, stadtauswärts in Richtung Koper. Polje 21, ✆ 6400-640.

Ein paar Meter daneben die **Ošterija**. Sehr gute Küche. Sitzgelegenheiten leider nur innen. Polje 21, ✆ 6416-724.

Restaurant Gušt, gegenüber dem Stadtpark. Hervorragende italienische Küche, insbesondere die Pizza: der Koch war slowenischer Meister der Pizzabäcker und die Nr. 14 der Weltrangliste. Guten Appetit! Drevored 1. maja 5.

Restaurant Sonja, liegt etwas oberhalb der Stadt, gegenüber der Rezeption von Hotel Simonov zaliv. Auf der schönen Terrasse werden sehr gute Fisch- und traditionelle istrische Gerichte serviert. Morova ulica 4, ✆ 6403-500.

Gostilna Krt, auf der Anhöhe Dobrava in Richtung Piran. Zufahrt auch vom Hotel- und Campingkomplex Belvedere möglich. Das Sträßchen noch ca. 300 m weiterfahren. Auf der überdachten Terrasse sehr gute istrische Spezialitäten. ✆ 6404-050.

Restaurant Jasna, stadtauswärts in Richtung Piran, etwas oberhalb. Gute Fleisch- und Fischgerichte. Dobrava 24, ✆ 6418-354.

• *Außerhalb von Izola* an der Weinstraße reihen sich etliche Lokalitäten mit traditioneller istrischer Küche:

Touristischer Bauern- und Reiterhof Medljan, ca. 5 km südlich von Izola, in wunderbarer Lage; hier kann man Pferde zum Ausreiten mieten und das Reiten lernen. Leckere Küche, schöne Appartements. Ca. 20 €/Person inkl. Frühstück. Cetore 29, 6310 Izola, ✆ 6420-081, medljan@atnet.si.

Gostilna Korte, ca. 8 km südlich von Izola. Sehr gutes Lokal mit schönem Freisitz, gute istrische Schmankerln und Wein. Korte 44, ✆ 6420-200. Di Ruhetag.

Am Fischerhafen von Izola

• *Cafés* Zwei schöne Straßencafés, **Galeb** und **Diana**, gibt es in der alten Allee, Drevored 1. maja. Treffpunkt junger Leute, große Auswahl an Süßigkeiten und Eisspezialitäten.

Sehenswertes

Izolas sehenswerteste Bauten stehen am und um den alten Fischerhafen: Die *Pfarrkirche Sveti Mauro* (heiliger Maurus) aus dem 16. Jh. mit abseits stehendem, gut erhaltenem Campanile wie auch der Campanile der *Kirche Madonna di Alieto* (Ende 18. Jh.) östlich vom Fischerhafen ähneln dem venezianischen Marcusturm. Im *Palais Monzuoli* aus dem 15. Jh. schrieb *Nicolo Monzuoli* hundert Jahre später ein Buch über Istrien, das ihn weithin berühmt machte.

Der *Besenghi degli Ughi-Palast* unterhalb der Kirche, Izolas schönstes Gebäude, wurde im 18. Jh. erbaut und schmückt sich mit stuckverzierten Fenstern, Balkonen sowie einem runden Portal mit Männerkopf in der Mitte. Heute ist hier die städtische Musikschule untergebracht.

„Straßenmuseum“: In hübsch dekorierten Schaufenstern wird Izolas Geschichte liebevoll dokumentiert – vor allem die Ateliers und Galerien in der Ljubljanska cesta und Koperska ulica in der Innenstadt beteiligen sich an dem städtischen „Straßenmuseum“. Ein Infoplan ist bei TIC erhältlich.

Modelleisenbahn-Ausstellung: 2002, anlässlich des 100-jährigen Jubiläums der Bahnlinie Triest–Poreč, präsentierte der Privatmann Josip Mihelič der Öffentlich-

Karte S. 230

keit all seine Schätze an Modell-Eisenbahnen – seine Privatsammlung zählt zu den größten Europas. Eisenbahnliebhaber finden in ihm einen begeisterten Führer und Erzähler. Schöne Eisenbahnlandschaften komplettieren die zahlreichen Lokomotiven und Bähnchen.

Öffnungszeiten Mo–Fr 9–12 Uhr, Sa/So 18–22 Uhr; Ulica Alme Vivode 3, ✆ 6417-357.

Baden: Izolas betonierte Badestrände bieten nicht gerade überragende Bademöglichkeiten; eine öffentliche Liegewiese mit Kinderspielplatz liegt an der Landspitze der Altstadt. In *Simonov zaliv* gibt es einen natürlichen Kieselstrand und eine große Wasserrutsche. Schön ist der Felsstrand unterhalb des Hotels Belvedere sowie entlang der Felsküste unterhalb der Klippen in Richtung Strunjan.

Strunjan (Strugnano)

Ein Kurort mit Feriensiedlung auf der weit ins Meer ragenden grünen Landzunge zwischen Izola und Piran – Strunjan liegt abseits der Hauptstraße, inmitten üppiger mediterraner Vegetation und der Stille eines Pinienwalds.

Einen Ortskern sucht man hier vergebens; Strunjan ist ein reiner Touristenort mit Hotels, Ferienwohnungen, Bungalows und Campingplatz, der sich auf beiden Seiten der *Strunjanski-zaliv*-Bucht und der Salinenfelder ausdehnt. Obwohl Strunjan in der Salzgewinnung weniger bedeutend war als Sečovlje (Fontanigge), verschlief es die neuesten Technologien nicht. Bereits Anfang des 20. Jh. wurden alle kleinen Salzbeete zu einer großen Produktionseinheit zusammengelegt; so mussten weniger Salzgärtner arbeiten, der Salzpreis wurde günstiger. Heute werden nur noch wenige Salinen zur Salzgewinnung genutzt, die meisten Salzgärten sind vergrast, für Wasservögel eine ideale Brutstätte, für Zugvögel ein beliebter Sammelplatz. (Mehr zur Geschichte der Salzgewinnung siehe Piran und Portorož/Umgebung).

Das günstige Klima ließ in Strunjan einen florierenden Kurtourismus entstehen; Lungen- und rheumatische Krankheiten werden bis heute mit heilendem Meerschlamm und Meersalz behandelt. Ansonsten sind im Ort, in dem der berühmte Violinist und Komponist *Guiseppe Tartini* einige Jahre seiner Kindheit verbrachte, nur die Reste eines römischen *Kastells* und ein kleiner Hafen am Anfang der Bucht sehenswert.

Von Strunjan aus kann man schöne Spaziergänge nach Izola, Piran oder Portorož unternehmen oder, vorbei an den Salinenfeldern, rund um die Bucht laufen – Strunjan ist eine grüne Oase an der sonst dicht besiedelten Slowenischen Riviera.

Richtung Osten verläuft das *Kap Ronek* (Rtič Ronek), ein Naturschutzgebiet, das am nördlichen Ende in steilen, aus karstigem Flyschgestein bestehenden Klippen bis zu 80 m abfällt. Hier oben am Kap steht im Pinienwald die Kirche *Sveta Marija* mit schönen Wandmalereien, im August ein beliebtes Pilgerziel – vom Kurhotel Strunjan ein halbstündiger Fußmarsch .

• *Übernachten* **Privatzimmer** und **Appartements** über die Touristagenturen in Piran oder Izola.

In den Sommermonaten ist es schwierig, ein Zimmer im Kurhotelkomplex (rechts der Bucht) zu bekommen, vielleicht lieber gleich im Hotel Salinera auf der weniger beliebten linken Seite anfragen.

Feriensiedlung Zdravilišče Strunjan (***-****), große, moderne Kuranlage, komfortabel ausgestattet; umgeben von einem Park sehr schön am Pinienwald gelegen. Sport-, Beauty- und Wellnessprogramm. Zum Komplex gehören das **Hotel Strunjan** (****), DZ/F 123 €, und die schöne, etwas preisgünstigere **Dependance Vile** (****), DZ/F 98 €. Etwas entfernt **Hotel Laguna** (***), DZ/F 106 €. Strunjan 148 (Hotel Laguna, Strunjan 128), ✆ 6764-100, 📠 6782-036; www.krka-zdravilisca.si.

Hotel Salinera (***), auf der gegenüber liegenden Seite der Bucht. Das Hotel im typischen Baustil der Region (rote Fassade, weiße Fensterläden und Balkons) zwängt sich in eine kleine Bucht; eigener Badestrand, viel Schatten; DZ/F 75 €.

Bungalows Salinera (***) direkt in Meernähe, 2–3-Pers.-Appartement 66–84 €. Geöffnet April–Ende Oktober. Strunjan 14, ✆ 6763-100, 📠 6763-561; www.hoteli-piran.si.

Hotel Oleander (***), neben Salinera, gut ausgestattet. DZ/F 86,50 €. Strunjan 17, ✆ 6718-100, 📠 6718-160, www.hotel-oleander.si.

• *Camping* **Campingplatz Strunjan** (***), direkt an der Bucht (aber ohne Bademöglichkeit) und an der Hauptstraße. Zum Baden muss man ca. 200 m um die Bucht laufen. 1,5 ha großer, schattiger Platz. Die Pools des Hotels dürfen genutzt werden. Restaurant, Supermarkt 100 m entfernt. Ganzjährig geöffnet. Person 6,50 €, Auto 4 €. Strunjan 23, ✆ 6782-076, 📠 6782-344, www.amdpiran-drustvo.si.

• *Essen* **Restaurant Primorka**, im Pinienwald, nicht weit vom Hotel Strunjan; guter Service, gute Küche. Man kann unter 110 Flaschenweinen wählen, aber auch der offene Tokaier aus Goriška Brda mundet; eine Rarität ist der Teran-Sekt brut „Chateau Intanto". Spezialitäten sind Weißfisch à la „Müller" (im Ofen gebraten mit Weißwein), Schnecken mit Nudeln, große Auswahl an Salaten, auch Wildspezialitäten. Täglich 11–24 Uhr. Strunjan 148, ✆ 6780-000.

Gleich an der Hauptstraße vor der Bucht die **Gostilna Pod Trto**; schöne lauschige weinberankte Terrasse, sehr gute Fisch- und Fleischgerichte sowie istrische Spezialitäten. Strunjan 32, ✆ 6782-372. Tägl. 8–22 Uhr, Mo Ruhetag.

Ein paar Meter weiter die ebenfalls gut besuchte **Gostilna Pri Sosiču**.

Piran (Pirano)

Der Geburtsort von Giuseppe Tartini ist das schönste Küstenstädtchen an der Slowenischen Riviera. Die Vielzahl venezianischer Bauten, die malerische Lage und das Leben in den schmalen Gassen verströmen Charme und Atmosphäre.

Wahrzeichen des ehemaligen Seeräubernests ist das *Sv.-Klementa*-Kirchlein an der Spitze der Landzunge. Den Hügel oberhalb dominiert, alles überragend, der Kirchturm der großen *Sv.-Jurij*-Kathedrale. Ein Schmuckstück ist der hübsch renovierte *Tartiniplatz* – heute Mittelpunkt des Stadtgeschehens. Viele der schmalen drei- bis fünfstöckigen venezianischen Häuser wurden liebevoll restauriert, in den verwinkelten Gassen finden Kunstliebhaber einige hübsche Galerien.

Ein schöner Spaziergang, auf dem man sich einen guten Überblick über Piran verschaffen kann, beginnt, von Fiesa kommend, oberhalb auf dem Hügel (dort Parkmöglichkeit). Vorbei geht es an der alten Stadtmauer und hinab Richtung Kathedrale oder zu den weiteren Kirchen in den engen Gässchen oder in Richtung Uferpromenade, wo zahlreiche Lokale um die Gunst der Gäste buhlen.

In der Hauptsaison quillt das Städtchen von Touristen fast über, Parkplätze (gebührenpflichtig) gibt es in der Altstadt eigentlich nur für die Anwohner – deshalb das Auto am besten gleich weit außerhalb abstellen.

Geschichte

Historiker meinen, der Name Piran leite sich von Pyros, dem griechischen Wort für Feuer, ab. Die Legende jedenfalls erzählt von einem großen Feuer an der Stelle des heutigen Leuchtturms auf der Punta, das den griechischen Schiffen zur Orientierung diente und ihnen den Weg in die Kolonie *Aegida* (Koper) wies. 178 v. Chr. verleibten die Römer die Küste ihrem Imperium ein: Die Weltmacht hatte von den ständigen Überfällen der hier lebenden Kelten und Illyrer auf ihre Handelsschiffe in der nördlichen Adria genug. Piran wurde wie seine Nachbarstädtchen der römischen Kolonie *Aquileia* einverleibt, seine Einwohner wurden „romanisiert". Im 7. Jh. wird Piran als byzantinische Siedlung erwähnt, im 8. Jh. kamen die Slawen.

Karte S. 230

Im 10. Jh. schlossen Piran und Venedig einen Handelsvertrag. 1210 überließ Venedig die Stadt den Patriarchen von Aquileia. Doch weil den Venezianern Pirans Monopol auf den Handel mit Salz von den Sečovlje-Salzfeldern nicht gefiel, riss Venedig 1283 die Kontrolle über Piran wieder an sich. Und das blieb der Stadtrepublik im Gegensatz zu Koper und Izola nun treu – Piran unterstützte Venedig in seinen Kriegen, besonders gegen Genua – und bekam zum Dank seine Selbstständigkeit wieder zurück.

Im Mittelalter war Piran als Umschlagplatz für Salz, Wein, Öl, Getreide, Holz und Eisen von großer Bedeutung. Zum Schutz vor den Türken wurde eine Stadtmauer um den Hügel gebaut. Von 1797 bis 1918, abgesehen von dem kurzen napoleonischen Intermezzo (1809–1815), hatte Österreich-Ungarn Piran unter Kontrolle. Nach dem Ersten Weltkrieg fiel die Stadt im *Vertrag von Rapallo* 1922 an Italien, die slowenische Sprache wurde wie an allen besetzten Orten verboten, die Kommunistische Partei etablierte sich als Zentrum des Widerstands gegen den italienischen Faschismus. Nach dem Zweiten Weltkrieg fiel Piran an Jugoslawien, der italienischen Bevölkerung wurden sprachliche und politische Minderheitenrechte zugestanden. Im Zeitalter der europäischen Einigung sind die alten Sprachbarrieren kein Thema mehr – heute ist in Piran alles zweisprachig ausgeschildert.

Information/Verbindungen

- *Telefonvorwahl* 05
- *Postleitzahl* 6330 Piran
- *Information* **Touristinformation TIC**, Tartinijev trg 2; Mo–Sa 8–21 Uhr, So 8–12 und 17–21 Uhr; ✆ 6730-220, 6730-221; info.piran@siol.net; www.portoroz.si.

Agentur Maona, Cankarjevo nabrežje 7, ✆ 6734-520, 6734-519, www.maona.si. Ausflüge, Zimmer, Info.

Gut organisiert ist zudem **TIC Portorož–Piran**, 6320 Portorož, Obala 16, ✆ 6740-231, 6748-261; www.portoroz.si.

- *Bus* Busbahnhof am Hafenende, an der Uferstraße Richtung Portorož. Gute Verbindungen entlang der Küste und zu den größeren slowenischen Städten. Auskunft über TIC oder ✆ 6395-269.
- *Auto* Die gesamte Altstadt ist gebührenpflichtig und bietet zudem wenig Parkplätze, gezahlt wird in einem Büro an der Uferstraßenausfahrt, ca. 2,50 €/Std. Am besten Auto außerhalb am Großparkplatz stehen lassen und mit dem Bus in die Stadt.
- *Schiffsverbindungen* Nach Triest–Grado–Lignano–Piran–Poreč–Rovinj–Brioni–Mali Lošinj mit **Adriatica**. Das Schiff fährt von ca. Ende Mai bis Ende Sept. von Piran 3-mal wöchentlich.

Linienschiff **Big Red** (schneller Katamaran), befährt von April bis Oktober die Strecke Portorož–Bernardin–Piran—Izola–Koper–Ankaran und zurück. Von Piran bis Koper braucht der Katamaran 1 Std., Preis 9 €. Im Juli und August 4-mal tägl., sonst 2–3-mal. Auskunft ✆ 6418-301.

- *Taxi* Ulica IX Korpusa 29, ✆ 6730-700.

Diverses

- *Ausflüge* Täglich Ausflugsmöglichkeiten per Boot entlang der Küste mit verschiedenen Veranstaltern, z. B. nach Rovinj, Brijuni und Venedig. Auskunft über die Touristagenturen.
- *Einkaufen* **Salzgeschäft Benečanka**, Tartinijev trg, geöffnet Mo–Sa 9–13 und 15–18 Uhr, So und Feiertage 10–17 Uhr. Hier gibt es verschiedenste Salze und auch Salzblüte.
- *Geldwechsel* **Banka Koper**, Tartinijev trg 12; Mo–Fr 8–13 und 15–17 Uhr, Sa 8–11 Uhr.

Wechselstube am Promojski trg, geöffnet im Sommer 8–21 Uhr, So 10–13 und 17–20 Uhr; sonst nur bis 20 Uhr; So nur vormittags.

- *Nachtleben* **Cocktailbar Café Theater**, **Cafébar Panorama**, auf der Dachterrasse von Hotel Piran; **Cafébar Žizola** am Tartinijev trg und **Cafebar Da noi**, Prešernovo nabrežje (neben Restaurant Pavel); ansonsten weitere Bars in Portorož.
- *Post* Cankarjevo nabrezje, Mo–Fr 8–20, Sa 8–12 Uhr.
- *Sport* **Tauchen**, Norik Sub, Punta – Prešernovo nabrežje. ✆ 6732-218, Mobil-Tel. 746-153.

Fahrradverleih; Rent a bicycle bei den Parkplätzen an der Straße nach Portorož, geöffnet Mo–Sa 9–21 Uhr.

Hoch über dem Tartinijev trg

• *Gesundheit* **Apotheke**, Tartinijev trg 4, ✆ 6730-150.

• *Veranstaltungen* Im Juli/August **Piraner Musikabende** mit klassischer Musik im Atrium des Minoritenklosters. Zudem am Tartinijev trg **Theaterprogramm**.

Übernachten

• *Privatzimmer* ***-Kategorie DZ ca. 30 €.

• *Appartements* für 2 Pers. 40–50 €/Tag, 4 Pers. 70 €, Frühstück ca. 5 €/Person.

• *Hotels* **Hotel Tartini** (****), vor dem Tartini trg am Hafen; behagliches kleines, schön renoviertes Hotel (ca. 40 Zimmer). Caféterrasse vor dem Hotel. Auf der Dachterrasse ein Swimmingpool, ganz oben eine Liegewiese und eine offene, mit Korbstühlen möblierte Loggia mit weitem Blick aufs Meer und die gegenüber liegende Halbinsel Kap Savudrija. DZ/F 106 €. Tartinijev trg 15; ✆ 6711-666, ✆ 6711-665; www.hotel-tartini-piran.com.

Hotel Piran (****), inmitten der Altstadt an der Uferpromenade, gegenüber dem beliebten Felsbadeplatz. 80 Zimmer, 10 Appartements. Angeschlossen ist das gute *Restaurant Tri vdove* (Drei Witwen) und die *Cafébar* auf der kleinen Dachterrasse. Von den Zimmern mit überdachten Balkonen schöner Blick aufs Meer. DZ/F 88–118 € (Parkplatz 8 €/Tag); Stjenkova 1, ✆ 6762-100, ℻ 6762-522; www.hoteli-piran.si.

Jugendherberge & Garni Hotel Val (**), 22 einfache, dafür preiswerte 2-Bett-, 3-Bett- und 4-Bett-Zimmer. Kleine Teeküche und Waschmaschine, Aufenthaltsraum mit TV und PC mit Internetanschluss. Im *Restaurant* (Tische auch in der Gasse) wird von Frühstück bis Vollpension alles serviert. Pro Person inkl. Frühstück 24 €. Gregorčičeva 38a (hinter Turicev trg; ✆ 6732-555, ℻ 6732-556; www.hostel-val.com.

Essen

Gute und einladende Cafés und Restaurants finden sich an der Uferpromenade Richtung Leuchtturm auf der Punta, aber auch in den schmalen Gassen und auf den Plätzen.

• *Restaurants* Bei den folgenden Lokalen wirkt sich die wunderschöne Lage an der Uferpromenade preisverschärfend aus: **Restaurant Pavel & Pavel 2**, das erste an der Uferpromenade, Restaurant mit langer Tradition, zum Hotel Piran gehörig, geräumige schattige Terrasse, Fisch- und Grillspezialitäten. Täglich bis 23 Uhr. ✆ 6747-101, -102.

Karte S. 230

Restaurant Tri vdove (Drei Witwen); ein paar Schritte vom obigen entfernt, kleinere, sonst ähnliche Speisekarte. ✆ 6762-518.

Ein hübscher, ruhiger Platz zum Essen ist der *Trg 1. Maja*. Hier sind **Restaurant Delfin** (✆ 6732-448) und **Fontana** (Mobil-Tel. 041/695-614) empfehlenswert.

Restaurant Neptun, nordöstlich der Agentur Maona. Angenehmes Restaurant abseits des Touristenrummels. Hier kocht der römische Meeresgott Neptun persönlich, wie das Schild verspricht. Župančičeva 7, ✆ 6734-111.

Schön und ruhig sitzt man im **Restaurant Mario** am Tartinijev trg. Gute Fleisch- und Fischgerichte.

Stara Gostilna, hinter dem Tomažić trg. Sehr gutes Fischlokal, guter Service; Freundlich-heller Innenraum; Sitzplätze auch im Freien in der kleinen Gasse. Savudrijska 2, ✆ 6733-165.

• *Café* **Café Tartini**, Caféhaus mit Galerie und rattanbestuhlter Terrasse am Tartiniplatz bei der „Venezianerin", wie man das Venezianische Palais nebenan nennt. Schön kühl und schattig. Treffpunkt der Einheimischen.

Café Theater, wunderbarer Platz, um in aller Ruhe seinen Espresso zu trinken, innen wie außen sehr lauschig. Terrasse abgetrennt durch Blumenkübel, direkt am Meer.

Sehenswertes

Zentraler und belebtester Platz Pirans ist der **Tartinijev trg**, benannt nach dem berühmten Sohn des Ortes, dem Komponisten und Violinisten *Giuseppe Tartini* (1692–1770). Bis 1894 befand sich hier der Hafen, der, um Platz zu gewinnen, zugeschüttet wurde; zum 200-jährigen Geburtstag des Musikers errichteten die Stadtväter hier 1896, etwas verspätet, ein Denkmal. **Tartinis Geburtshaus** (*Tartinijeva Hiša*) steht gleich hinter dem Denkmal, neben dem Venezianischen Palais, ein Schild an der Fassade erinnert daran. Der Raum mit persönlichen Erinnerungsstücken Tartinis kann besichtigt werden.

Öffnungszeiten Juni–Aug. 9–12 und 18–21 Uhr, Sept.–Mai 11–12 und 17–18 Uhr oder nach Vereinbarung. Kajuhova 12.

Das **Venezianische Palais**, ein roter Palazzo mit Spitzbogenfenstern auf dem schönen Platz am Hafen, ließ um 1420 ein venezianischer Kaufmann für seine Geliebte bauen. Weil das Volk das junge Glück argwöhnisch beäugte und die junge Frau sich missbilligende Äußerungen anhören musste, ließ der Kaufmann an der Außenfassade des Hauses eine Inschrift anbringen mit dem Text „Lassa pur dir" – Lass sie nur tratschen. Südwestlich vom Tartinijev trg zeigt das **Aquarium** in mehreren Becken Meerespflanzen und diverses Meeresgetier, darunter einen leibhaftigen Haifisch.

Kidričevo nabrežje 4, geöffnet 10–13 und 14–19 Uhr.

Seefahrtsmuseum (*Primorski Muzej Sergej Mašera*): gegenüber vom Bootshafen im klassizistischen Gabrielli-Palast aus dem 17. Jh., innen mit prachtvollen Stuckarbeiten geschmückten Räumlichkeiten. Das Museum trägt den Namen eines Kapitäns der slowenischen Marine, dessen Schiff im Ersten Weltkrieg torpediert wurde. Gezeigt werden neben Schiffsgemälden alte Schiffsmodelle, darunter mächtige Großsegelschiffe aus dem 17./18. Jh., sowie eine Dokumentation über die Salzgewinnung (siehe Sečovlje). Auch eine Sammlung von Votivbildern aus der Pilgerkirche Sv. Marija in Strunjan fehlt nicht, gestiftet von den Matrosen, um keinen Schiffbruch zu erleiden oder aus Dank für die gesunde Heimkehr. Eine kleine archäologische Sammlung zeigt keramische Funde, die bis in die Jungsteinzeit und Bronzezeit zurückreichen.

Öffnungszeiten Tägl. außer Mo. Juli/August 9–12 und 18–21 Uhr; in den anderen Monaten 9–12 und 15–18 Uhr. Eintritt 3,40 €. Cankarjevo nabrežje 3, ✆ 6710-040.

Eindrucksvoll überragt das Städtchen der Campanile der **St.-Georgs-Kathedrale** (*Sv. Jurij*), der dem Markusturm in Venedig nachempfunden ist. Von hier oben toller Blick über die verwinkelten Gässchen und die antennenbestückten Hausdächer.

Wann genau das Gotteshaus errichtet wurde, ist unklar, geweiht wurde es jedenfalls am Tag des hl. Georg, am 24. April 1344. Im 17. Jh. wurde St. Georg im venezianischen Barock umgestaltet und erhielt mit dem Campanile sein heutiges Erscheinungsbild. Über die Jahrhunderte musste der Kirchenhügel immer wieder befestigt und abgestützt werden, ein durch ständige Erosion nicht enden wollender Prozess. Ab 1663 wurde der Hügel schließlich aufwändig mit Steingewölben befestigt, die bis zum Ende des 20. Jh. immer wieder saniert werden mussten.

Den großen Innenraum schmücken sieben Marmoraltäre von 1737, zwei Plastiken des hl. Georg aus dem 17. Jh. sowie Wandmalereien der venezianischen Schule. Sehenswert sind die mächtigen Gemälde „Messe in Bolsena" und „Das Wunder des hl. Georg" von Angelo de Coster (17. Jh.). Die Orgel schuf 1746 der dalmatinische Franziskanermönch Petar Nakić. In der Kirche ist ein *Museum mit Lapidarium* zu besichtigen, u. a. ist hier das alte hölzerne Kirchenmodell von 1595 ausgestellt. Einen Blick wert ist auch das achteckige *Baptisterium* von 1650 mit Sarkophag, den man bis heute als Taufbecken nutzt.

Pirans Wahrzeichen – das Sv. Klementa-Kirchlein

Lohnenswert ist der Aufstieg auf den vom Wetterengel Gabriel geschmückten *Kirchturm*, in dem neben anderen noch immer eine Glocke aus dem 15. Jh. hängt – die Sicht von hier oben ist fantastisch.

Noch höher als der Campanile ragen die Reste der **Stadtmauer** mit ihren Wehrtürmen in den Himmel, die sich imposant auf dem nordöstlichen Hügel Pirans in Richtung Süden erheben. Von den zwischen 1470 und 1534 erbauten acht Türmen stehen noch sieben, die Türme und Verbindungstreppen wurden restauriert und sind zugänglich.

Zum ältesten Stadtteil Pirans, der **Punta** an der Landzungenspitze, weisen vier Tore, die alle gut erhalten sind. Hier steht auch die *Sv.-Klementa-Kirche* (13. Jh.), deren heutiges Aussehen auf die Umbauten zwischen 1773 und 1890 zurückgeht.

Der **Trg 1. maja** (hinter Restaurant Pavel & Pavel 2) war bis zum 13. Jh. der Hauptplatz Pirans. Wie der Tartinijev trg wird er seiner schönen Kulisse wegen während des Sommerfestivals für kulturelle Veranstaltungen genutzt. In seiner Mitte thront eine Plattform mit zwei *Frauenfiguren*, die das „Recht" und das „Gesetz" symbolisieren, daneben zwei Regenbrunnen mit zwei nackten Jungenfiguren, aus denen einst das Regenwasser floss.

Herrlicher Palazzo – Tartinijeva Hiša

Die **Kirche** und das **Kloster des Hl. Franziskus von Assisi** (Bolniška ulica; vom Tartinijev trg die Gasse hinauf) stammen aus dem 14. Jh. Die Klosterkirche *Sv. Francesco von Assisi* wurde 1301 bis 1318 von den Minoriten gebaut. Trotz zahlreicher Innenumbauten im 17. Jh. ist der ursprüngliche gotische Stil im Chorraum noch deutlich zu erkennen. Neben dem Hauptaltar von 1787 gibt es fünf weitere Altäre, der schönste ist der des hl. Antonius von Padua. Sehenswert ist auch der Renaissancebaldachin mit Ausmalung von Vittore Carpaccio sowie die Gemäldesammlung mit Werken aus dem 17. und 18. Jh. Das wertvollste Werk, die „Madonna mit dem Heiligen" (1518), ebenfalls von Vittore Carpaccio, wurde 1940 nach Italien entführt. Im Kirchenboden liegen die sterblichen Reste der Prominenz, u. a. auch die der Familie Tartini.

An der Ostseite der Kirche befindet sich neben dem 30 m hohen Kirchturm der Eingang zum *Minoritenkloster*, das seit 1996 wieder von Mönchen bewohnt wird. Auch Giuseppe Tartini lebte hier eine zeitlang und erhielt hier seine musikalische Grundausbildung. Durch ein Portal mit zwei reich verzierten Steinsäulen betreten wir das Atrium und den schönen Renaissancekreuzgang, den *Križni hodnik* aus dem 17. Jh. Wegen der guten Akustik gibt es hier gelegentlich klassische Musikabende; ein Multimediafilm informiert über die Stadtgeschichte. Die **Pinakothek** zeigt vor allem Gemälde aus dem 17. Jh. Besichtigung des Klosters und der Kirche ist im Sommer täglich von 17–20 Uhr möglich. Messe wird täglich um 8 Uhr abgehalten.

Weiter oberhalb in der Bolniška ulica steht die um 1404 erbaute **Sv. Marije Snežne-Kirche** (*Kirche Maria Schnee*). Finanzier des Baus war eine vermögende Piranerin. Das Innere schmücken ein Barockaltar aus dem 17. Jh. und Gemälde in kostbaren Holzrahmen von B. Marangona aus Mantua (1616). Sehenswert ist auch das Tafelbild *Verkündigung* (1430), das Werk eines venezianischen Malers, sowie die *Kreuzigung*, die vermutlich der Piraner Nicolo di Antonio um 1450 schuf.

Kunst- und Kunsthandwerksinteressierten bietet Piran eine Reihe hübscher Galerien mit moderner Kunst und Keramik, u. a. *Studio Galerija Gasspar*, Savudrijska 5. *Mestna Galerija Piran*, Tartinijev trg 3. *Galerija Hermana Pečariča*, Cankarjevo nabrežje 5. *Galerija Meduza*, Cankarjevo nabrežje 7. *Galerija Duka*, Artizanska ul. 2.

Baden: Rund um die Punta badet und sonnt sich Alt und Jung, und viele wagen einen Sprung in die Fluten. Zudem findet sich vor dem Hotel Piran ein beliebter Badeplatz mit Einstiegsleitern und betonierten Liegeflächen zwischen den Felsen. Die riesigen Felsblöcke, die bei Sturm vor hohen Wellen schützen, sind beliebte Sonnenplätze und Treffpunkte am Abend. Der nächste Badestrand im Grünen liegt in der *Fiesa-Bucht*, nordöstlich von Piran.

Portorož (Portorose)

Schon Ende des 19. Jh. war der Badeort in der breiten, geschützten Bucht von Portorož wegen seines milden Klimas, der Thermalquellen und des heilkräftigen Salinenschlamms als Erholungs- und Kurort geschätzt. Heute ist der „Rosenhafen" ein quirliger Touristenort, in dem das edle Palace-Hotel an verflossene, ruhigere Zeiten erinnert.

Einen alten Stadtkern sucht man in Portorož vergebens, zwei Dutzend Hotels aus den Jahren 1968 bis 1976 ersetzen ihn. Portorož, Bernadin auf der nördlichen Landzunge und Lucija südlich mit seinem großen Jachthafen gehen nahtlos ineinander über. Die vierspurige Uferstraße von Lucija nach Portorož entlang dem Sandstrand ist zugeparkt, dahinter Hotels und multinationales Freizeitprogramm – Flipper, Billard, Videospiele, „Top-Burger" von „Fastfood Ljubljana" ... Dazwischen der übliche Touristenramsch und Läden mit Kristallglas und Kunsthandwerk.

Hinter den Bäumen und Palmen am Hang verstecken sich ein paar Gründerzeitvillen und das 1891 gebaute Palace-Hotel. Die üppig grünen Hänge von Lucija bis Beli Križ oberhalb der Hotels sind längst mit Privathäusern zugebaut – fast 7.000 Gäste nächtigen hier in Privatunterkünften. Touristen, die tagsüber ihr Gummiboot zum Strand tragen und abends ihr Geld im Casino verspielen, sind keine Seltenheit. Allerdings: Dem einstigen Nightlifeparadies für junge Leute schob man inzwischen einen Riegel vor, die lärmenden Tanzterrassen und Diskotheken wurden geschlossen. Offenbar störten die aufgedrehten Kawasakis und Hightech-Rhythmen den Ruf des altehrwürdigen Erholungsorts doch zu sehr.
Außerhalb der Hochsaison ist Portorož ein ruhiger Ort und guter Ausgangspunkt für Wander- oder Radtouren.

Sehenswert ist die *Seefahrtssammlung* in der Villa San Marco (Obala 28, westlich vom Busbahnhof), ein schönes Gebäude aus der zweiten Hälfte des 19. Jh. Dokumentiert wird die Geschichte des slowenischen Seewesens nach dem Zweiten Weltkrieg; ausgestellt sind Modelle der slowenischen Reederei Splošna plovba Portorož (geöffnet Juli und August tägl. außer Mo 9–12 und 18–21 Uhr; sonst tägl. außer Mo 9–12 und 15–18 Uhr).

Interessant ist auch der Besuch des *Naturschutzparks* mit den *Salinenfeldern* und dem *Salinenmuseum* von Sečovlje (siehe unten).

An der Mündung des Dragonja-Flusses (5 km südlich von Portorož) endet die kurze Slowenische Riviera.

Information

- *Telefonvorwahl* 05
- *Postleitzahl* 6320 Portorož
- *Information* **Touristinformation TIC**, Obala 16 (Mitte der Uferpromenade, gegenüber Busbahnhof); ✆ 6740-231, ℻ 6748-261; ticpo@portoroz.si, www.portoroz.si. Juli/Aug. tägl. 8–22 Uhr, sonst bis 21 Uhr, Winter 8–12 Uhr.

Touristagentur Kompas, Obala 41, ✆ 6178-000, ℻ 6747-258.

Touristagentur Maona, Obala 14, ✆ 6740-363, ℻ 6746-423; www.maona.si.

Weitere Reiseagenturen, die ebenfalls Privatunterkünfte vermitteln, finden sich alle im Umkreis von wenigen hundert Metern.

Karte S. 230

Verbindungen

• *Bus* Gute innerslowenische Busverbindungen sowie entlang der Küste nach Pula, Rijeka, Triest und Zagreb. Von Lucija bis Piran verkehren täglich bis spät in die Nacht kleine Touristenbusse im 15-Minuten-Takt.

• *Schiffsverbindungen* **Portorož–Venedig–Portorož** mit Katamaran „Prince of Venice" (am Kai) für 300 Passagiere, Ende März bis Anfang November Fr, Sa, So. Mit dem flotten Tragflügelboot über die Adria zu fliegen, ist schon etwas Besonderes – in 2,5 Stunden ist man auf dem Marcusplatz. Auskunft und Ticketverkauf über Kompas, Maona oder andere Agenturen.

Noch schneller ist der Katamaran „Santa Eleonora", der in 1,5 Std. die Lagunenstadt erreicht hat; 2-mal wöchentlich bedient das Schiff die Route Portorož–Poreč–Umag–Venedig sowie Rovinj–Pula–Lošinj. Auskunft über die Agenturen.

Schiff: Linienschiff Big Red (schneller Katamaran) fährt von April bis Oktober tägl. an der Küste entlang von Portorož–Bernardin–Piran–Izola–Koper–Ankaran und zurück. Von Portorož bis Koper braucht der Katamaran 1,15 Std., Preis 9,80 €. Auskunft ✆ 6418-301.

• *Flug* **Aerodrom Portorož** für Kleinflugzeuge, in den Salinen neben der Straße nach Buje; hauptsächlich Panoramaflüge: Bucht von Portorož ca. 35 €/Person, Karst ca. 60 €/45 Minuten. Weitere Flüge entlang der Küste, nach Venedig, München oder zu anderen Zielen möglich. **Solinair**, 6333 Sečovlje, ✆ 6722-525, ℻ 6722-530; geöffnet 8–20 Uhr.

Diverses

• *Ausflüge* Fischpicknick, Nachtausflüge oder Bootsausflüge zu istrischen Städten stehen ebenso auf dem Programm wie Busausflüge nach Lipica, Bled oder Ljubljana, Rundfahrten durch Istrien oder zu den Plitvicer Seen.

• *Fahrzeugverleih* Autos, Motorräder, Vespas und Fahrräder werden von fast allen Reiseagenturen vermietet; ein weiterer Anbieter befindet sich am Eingang des Jachthafengeländes.

• *Geldwechsel* problemlos in vielen Reiseagenturen oder Banka Koper, neben Grand Hotel Palace, Obala 33; Mo–Fr 8–12 und 15–17, Sa 8–12 Uhr.

• *Gesundheit* **Therme Palace**; das moderne Kurzentrum ist dem Hotel Palace angeschlossen. Im Mittelpunkt steht die Thalassotherapie, die mit natürlichen Heilfaktoren wie Klima, Meerwasser, Solewasser, Salinenschlamm und Thermalwasser arbeitet. Behandelt werden Lungen- und rheumatische Erkrankungen, Erkrankungen des Bewegungsapparats, neurologische, dermatologische und gynäkologische Erkrankungen sowie Übergewicht und Stress. Es gibt ein Thermal-Freizeitzentrum mit Thermalbecken, Saunas etc. sowie Beauty-Zentrum, Elektrotherapie, Massagen und Akupunktur-Behandlungen. Hoteli Palace, Obala 45, ✆ 6969-001; ℻ 6969-003; www.hoteli-palace.si.

Wai Thai: Zentrum für traditionelle thailändische Massagen; Entspannung und Vitalisierung durch verschiedenste Massagetechniken mit natürlichen Ölen, Salben etc. Das Zentrum ist beim Hotel Riviera untergebracht; auch Hallenbad, Sauna, Fitness. Hoteli Morje, Obala 33, ✆ 6923-333, ℻ 6923-180; www.hoteli-morje.si.

Ambulanz (Zdravstveni Dom), Cesta solinarjev 1 (in Lucija), ✆ 6773-320. **Apotheke** (Lekarne), Obala 41, ✆ 6748-670; in der Saison 8.30–20 Uhr, Sa bis 13 Uhr (bis Juni nur bis 19 Uhr).

• *Jachthafen* **Marina Portorož**, in Lucija, bis zu 1000 Liegeplätze (Land und Wasser), gehobene Klasse. In zwei futuristisch anmutenden Wellblechhallen mit Bullaugen gibt es jede erdenkliche Wassersport-ausrüstung und Ersatzteile (auch für Surfer) sowie ein nettes Restaurant. Cesta solinarjev 8, ✆ 6761-100, ℻ 6761-210; www.marinap.si.

• *Nachtleben* Für nächtliche Kurzweil sorgt der Nightclub im Grand Hotel Metropol, seit 1964 gut im Geschäft.

Casino Hotel Metropol, kein Krawattenzwang, Eintritt ca. 5 € (Hausgäste frei), ✆ 6760-450; geöffnet 17–04 Uhr.

• *Post* gegenüber der Schmalseite des Hotels Palace, K stari cesti 1, geöffnet Mo–Fr 8–20 Uhr, Sa 8–17 Uhr.

• *Sport* breites Angebot vom Boots- und Surfbrettverleih bis zu Tennis, Wasserski und Minigolf, vor der Marina eine Gocart-Bahn für Vater und Sohn.

Tennis: etliche Plätze in Lucija und im Tenniscenter Bernardin.

Tauchen: Gegenüber dem Hotel Riviera residiert das Tauchzentrum Adriana-DC, in Bernardin das Tauchzentrum Laguna, wo

Portorož – das ehrwürdige Hotel Palace (1891) erinnert an ruhigere Zeiten

man das Tauchen lernen, die internationale Taucherprüfung ablegen oder Tauchgänge in der Gruppe üben kann (nur für erfahrene Taucher).

- *Taxi* Obala 41, ✆ 6745-555.
- *Veranstaltungen:* **Matrosentaufe**; Anfang September werden die Neulinge der Kapitänshochschule vor ihrem Eintritt getauft. **Musikfestival**, Chansons und Lieder am 3. Wochenende im Juli. **Rosenmesse**, 1. bis 3. Mai im Hangar der Marina von Portorož. Weitere Termine bitte dem aktuellen Veranstaltungskalender entnehmen.

Übernachten/Camping

- *Übernachten* **Appartements** vermitteln TIC sowie alle Reiseagenturen; je nach Größe von 35 €/2 Pers. bis 65 €/5 Pers./Tag und aufwärts. **Privatzimmer**, DZ ab 25 € (I. Kat.) bzw. 21 € (II. Kat.).

Nahezu alle Hotels befinden sich nahe oder an der Uferpromenade. Mit Ausnahme des alterwürdigen Palace Hotels (immer noch geschlossen) ähneln sie sich in ihrer nüchternen, balkonbewehrten Quaderarchitektur.

Hotels Palace, im Zentrum an der Uferpromenade. Dazu gehören:
Grand Hotel Palace (*****), DZ/F 194–262 €
Hotel Apollo (****), DZ/F 162–218 €,
Hotel Mirna (****). DZ/F 162–218 €,
Hotel Neptun (***), DZ/F 144–190 €.
Die Thermen sind mit Grand Hotel Palace, Apollo und Neptun verbunden. Den Gästen steht der Badekomplex mit Thermo-Mineralwasser zur Verfügung, sie haben freien Eintritt zum Sandstrand. Ansonsten findet sich im Hotelkomplex oder in der nahen Umgebung alles, was das Herz begehrt. Hoteli Palace, Obala 43, ✆ 6961-020; 📠 6961-025; www.hoteli-palace.si.

Hotels Metropol, im Süden von Portorož, schon fast gegenüber dem Jachthafen Lucija, teils an der Uferpromenade, teils etwas nach hinten versetzt im Grünen. Dazu gehören: **Grand Hotel Metropol** (*****) (DZ/F 182–202 €) mit Hallenbad, Casino, Nachtclub. **Hotel Roža** (****) (DZ/F 128–142 €); nach hinten versetzt **Hotel Barbara** (***) und **Marita** (***) (DZ/F 96–114 €).
Schön im Grünen mit kleiner Terrasse das **Hotel Lucija** (***); die Gäste aller Hotels haben freien Eintritt zu Casino, Nachtclub und Hallenbad des Hotels Metropol, zum Strand und zu den erhöht am Strand liegenden Swimmingpools; nebenan Tennisplätze und Sportzentrum. DZ/F 88–104 €. Metropol Hoteli Portorož, Obala 77, ✆ 6907-000, 📠 6907-877; www.metropolgroup.si.

Hotel Marko (****), kleineres 35-Zimmer-Hotel im großzügigen Villenstil, direkt am Meer, schöne Restaurantterrasse und kleiner Park. Die Zimmer sind gut ausgestattet und haben überdachten Balkon. DZ/F 104–

Karte S. 230

112 €. Obala 28, ✆ 6174-000, 📠 6174-011, www.portoroz.si.

Hotel Marita (****), kleineres modernes Hotel gegenüber vom Sportcenter. Im Haus hübsches Hallenbad. Modern und komfortabel eingerichtete Zimmer mit Balkon. Angenehme Atmosphäre. DZ/F 127–141 €. Obala 77, ✆ 6172-200, 📠 6172-217, www.hotel-marita.si.

Pension Tomi (***), am Hügel oberhalb der Hotels mit schönem Blick über die ganze Bucht. Restaurant und Pool. DZ/F 70 €. Letoviška 1, ✆ 6740-222, 📠 6747-285, www.tomi-sp.si.

Appartements Villa Saline (***), schöne Lage oberhalb des Sv.-Jerneja-Kanals mit fantastischem Blick auf die Salinen. Hübsche versetzte mediterrane Bauweise. 2-Personen-Appartement knapp 50 €. Seča 119, ✆ 6779-400, 📠 6779-401, www.villasaline.com.

Hotelkomplex Bernardin, auf dem Kap Bernardin, genau auf halbem Fußweg von Piran nach Portorož. An das ehemalige Benediktinerkloster aus dem 15. Jh. erinnern nur noch der Glockenturm und die Kirchenruine, die über eine weite Treppe zu erreichen sind. Die Arkaden des ehemaligen Klosters am Ufer dienen heute als Disco. Kreisförmig zieht sich die betonierte Hotelanlage mit vielen Restaurants, Tennisplätzen und kleinen Läden hin. Und das Schönste – die Anlage ist autofrei. Im Vergleich zu Portorož ruhig, deswegen auch nicht billig. Feriensiedlung Bernardin, Obala 2, ✆ 6951-000, 📠 6746-411; www.h-bernardin.si.

Grand Hotel Emona (*****), DZ/F 150–200; riesiges, an die Steilwand gebautes Hotel. Die Zimmer mit Balkon sind durchschnittlich eingerichtet und alle auf der Meerseite. Blaue Sonnenrollos setzen einen einladenden Kontrast. Vor dem Hotel an der Uferpromenade schattige Cafés – immer gut besucht von Spaziergängern, die von Portorož nach Piran laufen. Fahrradfahrer bekommen hier Schwierigkeiten: Ein Drehkreuz verhindert die Durchfahrt. Daneben die etwas niedriger gebauten Hotels **Vile Park** (***), DZ/F 120 €, **Hotel Histrion** (****) 140–150 € und die **Appartements Vila Barka** (****), für 2–4 Pers. 120–150 €.

Lesertipp: **Pension Silvia**. Modernes Haus mit Zimmern und Appartements, sehr gutes Frühstück; Besitzerin spricht Deutsch. DZ/F ca. 45 € (ab 3 Tage 33 €). Nebenan *Fischlokal Miranda*. Vilfanova 12 (Ortsende Richtung Piran, oben am Berg); ✆ 6749-300, 📠 6749-301.

• *Übernachten außerhalb* siehe Portorož/Umgebung.

• *Camping* **Camping Lucija** (**), an den Jachthafen angrenzend; gepflegte Sanitäranlagen, betonierter Strand mit Liegewiese; Restaurant, Supermarkt. Person 9–11 €, Auto 2 €. Geöffnet April bis September. Seča 204, ✆ 6906-000, 📠 6906-900, www.metropolgroup.si.

Essen

• *Restaurant* **Restaurant Tomi**; wer auf Froschschenkel, Schnecken, Fisch und Muscheln steht, ist hier gut bedient. Letoviška 1. ✆ 6746-750.

Restaurant Laguna, im Jachthafen Lucija; sehr ruhig und beschaulich. Guter Service, schmackhafte Gerichte, abends lauschige Atmosphäre; überdachte Terrasse. Auch zu Fuß von Portorož problemlos zu erreichen (über die Kanalbrücke und an den Tennisplätzen in Lucija vorbei). Cesta Solinarjev 8, ✆ 6776-620.

Fischlokal Miranda, oben am Berg, stadtauswärts in Richtung Piran. Von der überdachten Terrasse herrlicher Blick auf die Bucht von Piran. Zu den sehr guten Fischgerichten werden gute Weine kredenzt. Vilfanova 10, ✆ 6746-831.

Restaurant Zlato Sidro, gediegenes Lokal mit Terrasse, beliebt bei Geschäftsessen. Fleisch- und Fischgerichte, großes Weinsortiment, guter Service. Täglich 10–23 Uhr. Obala 55, ✆ 6745-074.

Konoba und Bierstube Kapitol, hier gibt es Bier aus eigener Brauerei, Gerichte vom offenen Kamin und istrische Spezialitäten. Gelegentlich Lifemusik. Täglich 9–01 Uhr. Seča 81, ✆ 6772-230.

Gostišče Kavrečič, beim Busbahnhof; leckere Gerichte vom offenen Kamin, frische Meeresspezialitäten, Teigwaren (z. B. in den Teig Gebackenes) und Trüffelgerichte. Gemütliche Atmosphäre, Sitzplätze auch im Freien. Täglich 11–23 Uhr. Senčna 2, ✆ 6740-950.

Restaurant Figarola, gegenüber vom Grand Hotel Palace. Restaurant, Pizzeria und Vinothek in einem, mitten im Touristengeschehen und nahe dem Kai. Die große Terrasse ist abends immer gut besucht. Obala 14 a, ✆ 6969-602.

Empfehlenswert auch das **Bistro Riva** beim Hotel Riviera.

Einst Ernteplatz für Istriens „weißes Gold" – Salzfelder von Sečovlje

• *Cafés/Bars* Portorož ist für seine Eisdielen und Cafés an der Uferstraße bekannt, z. B.: **Kavarna-Slaščičarna Mignon**, Obala 33 (gegenüber vom kleinen Hafen); einladende große Terrasse; täglich frische Obsttorten, Cremeschnitten und andere Leckereien der Wiener Kaffeehauskunst, leckere Torteletten, Eis- und Obstbecher, Espresso und Cappuccino echt italienisch.

Schön sitzt man auch in der Cafébar **News Café**, Obala 4f (auf der Halbinsel Bernardin, neben Vile Park); mit stilvollem alten Interieur und einladender Terrasse im Freien; auch beliebter Abendtreffpunkt. Serviert werden Snacks, Lasagne, Baguettes, Salate und Kuchen.

• *Restaurants/Vinotheken (Klet) außerhalb* Im *Seča* (hinter dem Jachthafen Richtung Savudrija) in der Salinenbucht von Sečovlje das traditionelle **Fischrestaurant Ribič** mit lauschigem Garten; Seča 143, ✆ 6770-790;.

Nova vas **Gostilna Uroš**, Nova vas 54, ✆ 6725-062. **Torkla Peroša**, Nova vas 8, ✆ 6725-040. Hier auch Olivenöl-Verkauf.

Sv Peter **Kantina Ferran**, Sv. Peter 85, ✆ 6725-190.

Sečovlje **Klet Klobar**; Sečovlje 9, ✆ 6722-434 Hier auch Wein-Verkauf.

Dragonija **Klet Rebernik**, Dragonija 114, ✆ 6722-563.

Kmetija Mahnič, Dragonija 111, ✆ 6722-300.

Baden: Attraktion ist der aufgeschüttete lange „Sandbeach" mit Wasserrutsche und grüner Liegewiese, der sich vom Jachthafen Lucija bis zu den Hotels in Portorož zieht (eingezäunt, Eintritt ca. 3 €). Strandkabinen, Liegestühle, Sonnenschirme, Strandrestaurants, Musikbeschallung und kaum ein freier Fleck – Freibadatmosphäre. Das bunte Strandgeschehen prägen Eisschlecker mit bunten Tüten, Beachboys, die den Damen Erfrischungsgetränke bringen und Zigaretten anzünden, tobende Kinder und schläfrige Sonnenbadende, die sich auf den Wiesen räkeln.

Portorož/Umgebung

Seča (*Sezza*): So wird die Landzunge zwischen der Bucht von Portorož und den Salzfeldern von Sečovlje an der Hauptstraße Richtung Umag genannt – ein schönes, ruhiges Fleckchen zum Durchatmen und regionales Gemüseanbaugebiet. In *Lucija* (an der Marina vorbei Richtung Campingplatz) führen eine Straße und ein

Karte S. 230

Fußweg auf die Anhöhe mit Park. Von hier oben genießt man den schönsten Blick auf die Bucht von Portorož. Auf dem von hohen Zypressen gesäumten Gelände *Forma Viva* sind über 140 Steinskulpturen zu bewundern, die von renommierten Künstlern geschaffen wurden – das internationale Bildhauersymposium Forma viva wurde 1961 von den slowenischen Künstlern Jakob Savinšek und Janez Lenassi ins Leben gerufen. Geht man die Anhöhe südlich hinab, sieht man die Salzfelder mit den Salinenhäusern von Sečovlje. Noch ein Stückchen weiter ein Gewächshaus mit Kakteen, das man besichtigen kann, in der Nähe das Restaurant Ribič.

Zu den *Salzfeldern von Lera* führt ein schöner Fußweg, der auch für Fahrräder geeignet ist. Geführte Besichtigungen erklären die Salzproduktion, Fauna und Flora. Im Gegensatz zu den Salzfeldern von Sečovlje/Fontanigge (siehe unten) ist hier neben den alten Becken auch die moderne Technik der Salzgewinnung zu sehen. Zwei Besichtigungsrouten stehen zur Wahl: 1 und 1,5 Kilometer (ca. 60 bis 90 Minuten) pro einfachem Weg.

KPSS, Seča 115, ✆ 6721-330, www.kpss.soline.si. Eintritt 2,20 €/Erwachsene, 1,50 €/Schüler und Studenten.

Salinen von Sečovlje (Sicciole): Neben den alten, aufgelassenen, mit Schilf zugewachsenen Salzfeldern von Fontanigge (wie die Sečovlje-Salinen auch genannt werden) entstanden neue, in denen das Meersalz nach altem Verfahren gewonnen wird: In flachen, viereckigen Becken, den so genannten Kristallisationsbecken, verdunstet das Meerwasser; bis ein Salzberg entsteht, sind zahlreiche Arbeitsschritte nötig. Der zurückbleibende Salinenschlamm und das Salzwasserkonzentrat werden in den Thermalbädern in Portorož und Strunjan für medizinische Packungen und Bäder genutzt. Über viele Jahrhunderte war das Salz der ganze Reichtum der Piraner, denn nicht nur die Venezianer schätzen das „weiße Gold“ aus Piran (siehe Kasten unten). Heute wird hier Salz nur noch zu Demonstrationszwecken gewonnen; der beeindruckende Landschaftspark, der Filmregisseuren gelegentlich als Kulisse dient, ist heute vor allem Lebensraum für rund 270 Vogelarten.

Wer mehr über die Geschichte und Entwicklung der Salzgewinnung wissen möchte, kann sich vor Ort im **Salinenmuseum** mit Salinenbecken und dem Giassi-Kanal als Meereszufluss informieren; das Museumsgebäude ist in zwei früheren Salzgärtnerhäusern untergebracht, wo das frisch gewonnene Meersalz auch verkauft wird. Zu sehen ist eine Wohnung der Salinenarbeiter, ein Salzlager, und auch die alte Technik der Salzgewinnung wird hier demonstriert. Daneben sind die Reste eines rekonstruierten historischen Bergwerks zu besichtigen.

• *Anfahrt/Öffnungszeiten der Salinen* Zwischen dem slowenischen und kroatischen Grenzposten zweigt rechts ein schmaler Weg durchs Schilf ab (Schild mit Windmühle). Juni bis August Di–So 9–20 Uhr; Mai, September, Oktober 9–18 Uhr. Eintritt 2,60 €/Erwachsene, 2,20 €/Schüler und Studenten.

• *Übernachten/Essen* **Touristischer Bauernhof Klobas**, schönes Haus mit Appartementvermietung, hauseigene Weine. Sečovlje 9, 6333 Sečovlje, ✆ 6722-434. Weitere Lokale siehe *Portorož/Restaurants außerhalb*.

Sv. Petar: Kleiner Ort bei Dragonja landeinwärts. Die schöne Umgebung ist zum Spazierengehen oder auch für eine Fahrradtour von Portorož aus bestens geeignet. Im *Tona-Haus*, einem alten Natursteinhaus, ist eine *ethnologische Sammlung* zu besichtigen, u. a. mit rekonstruierter Ölmühle, Bauernküche und Bauernzimmer – ein idyllischer Platz.

Übernachten/Essen **Touristischer Bauernhof Kortina**, ein von Weingärten umgebenes Natursteinhaus in wunderschöner ruhiger Lage in Krkacče, östlich von Sv. Petar. Krkavče 135 a, ✆ 6569-240.

Etwas Kroatisch

Aussprache

c	wird wie z ausgesprochen;
č	wie tsch;
ć	wie tsch und einem folgenden j;
h	wie in der deutschen Sprache, nach einem Vokal wie ch;
š	wie sch;
v	wie w;
z	wie s;
ž	wie stimmhaft sch;
dj	wie dž (also mit stimmhaftem sch) aber mit einem folgendem j;
e	wird breiter ausgesprochen, wie ä;
i	wird weicher ausgesprochen, wie ie;
aj	wie ai;
ej	wie äj;
oj	wie eu;
r	kann ein Vokal sein: Krk - kärk.

Zahlen

0	nula	12	dvanaest	60	šezdeset
1	jedan	13	trinaest	70	sedamdeset
2	dva	14	četrnaest	80	osamdeset
3	tri	15	petnaest	90	devedeset
4	četiri	16	šesnaest	100	sto
5	pet	17	sedamnaest	200	dve stotine
6	šest	18	osamnaest	1000	jedna tisuća
7	sedam	19	devetnaest	5000	pet tisuća
8	osam	20	dvadeset	10.000	deset tisuća
9	devet	30	trideset	50.000	pedeset tisuća
10	deset	40	četrdeset	100.000	sto tisuća
11	jedanaest	50	pedeset	1.000.000	jedan milion

Gruß und Allgemeines

dobar dan	*Guten Tag*
dovidjenja	*Auf Wiedersehen*
dobro jutro	*guten Morgen*
dobra večer	*guten Abend*
danas	*heute*
sutra	*morgen*
preko sutra	*übermorgen*
Kako ste?	*Wie geht es Ihnen?*
dobro/loše	*gut/schlecht*
hvala lijepa	*vielen Dank*
oprostite molim	*entschuldigen Sie bitte*
da	*ja*
ne	*nein*
molim	*bitte*
naravno	*selbstverständlich*
veliko/malo	*groß/klein*
jeftino/skupo	*billig/teuer*
staro/novo	*alt/neu*
Pošto je?	*Wieviel kostet das?*
ovo mi se svidja	*das gefällt mir*
ima	*es gibt*
nema	*es gibt nicht/haben wir nicht*

Übernachten

imate li slobodnih soba?	*haben Sie Zimmer frei?*
želio bih dvokrevetnu/jednokrevetnu sobu	*ich hätte gern ein Doppelzimmer/ Einzelzimmer*
Koliko košta soba sa doručkom?	*Wieviel kostet das Zimmer mit Frühstück?*
ključ od sobe	*Zimmerschlüssel*
voda	*Wasser*
toplo	*warm*
hladno	*kalt*
peškir/rućnik	*Handtuch*
prtljag	*Gepäck*
račun	*Rechnung*
boravišna taksa	*Kurtaxe*

Kalender

nedjelja	*Sonntag*
ponedjeljak	*Montag*
utorak	*Dienstag*
srijeda	*Mittwoch*
četvrtak	*Donnerstag*
petak	*Freitag*
subota	*Samstag*
proljeće	*Frühling*
ljeto	*Sommer*
jesen	*Herbst*
zima	*Winter*
siječanj	*Januar*
veljača	*Februar*
ožujak	*März*
travanj	*April*
svibanj	*Mai*
lipanj	*Juni*
srpanj	*Juli*
kolovoz	*August*
rujan	*September*
listopad	*Oktober*
studeni	*November*
prosinac	*Dezember*

Speisen

Je li ovaj stol slobodan?	*Ist dieser Tisch frei?*
nije, rezerviran je	*nein, er ist reserviert*
jelovnik, molim	*die Speisekarte, bitte*
dobar tek	*guten Appetit*
hladna predjela	*kalte Vorspeisen*
topla predjela	*warme Vorspeisen*
ovčji sir	*Schafskäse*
pohani sir	*panierter Käse*
pohani šampijoni	*panierte Champignons*
juhe	*dünne Suppe*
maneštra	*Minestrone*
riblja juha/brodet	*Fischsuppe*

Fleisch

meso	*Fleisch*
svinjetina	*Schweinefleisch*
ovčetina	*Hammelfleisch*
jetra	*Leber*
kobasice	*Würstchen*
govedina	*Rindfleisch*
teletina	*Kalbfleisch*
jagnjetina	*Lammfleisch*
foširane šnicle	*Frikadellen*

Fisch

ribe	*Fisch*
komarča	*Goldbrasse*
murina	*Muräne*
marinirane sardele	*marinierte Sardellen*
hobotnica na salatu	*Tintenfischsalat*
dagnje	*Miesmuscheln*
oštrige	*Austern*
zubatac	*Zahnbrasse*
arbun	*Rotbrasse*
lignja	*Kalamari*
skuša	*Makrele*
bakalar	*Stockfisch*
mušule	*Muscheln*
oslić	*Seehecht*
ugor	*Meeraal*
rakovi	*Krebs*
račići	*Garnelen*

Gemüse / Obst

krumpir	*Kartoffeln*
pirinač/riža	*Reis*
povrće	*Gemüse*
miješana povrće	*gemischtes Gemüse*
salata	*Salat*
masline	*Oliven*
bundera	*Kürbis*
groždje	*Weintrauben*
kruške	*Birnen*
mandarine	*Mandarinen*
smokve	*Feigen*
dinja	*Melone*

Beilagen / Gewürze

kruh	*Brot*
sir	*Käse*
burek	*gefüllte Pasteten*
sirče, ocat	*Essig*
papar	*Pfeffer*
sol	*Salz*
šečer	*Zucker*
puter/maslac	*Butter*
šunka	*Schinken*
bijeli luk/češnjak	*Knoblauch*
senf	*Senf*

Im Café und in der Bar

kava	*Kaffee*
mlijeko	*Milch*
sladoled	*Eis*
kolač	*Kuchen*
sok od jabuka	*Apfelsaft*
čaj	*Tee*
čokolada	*Schokolade*
kolači	*Gebäck*
voćni sok	*Fruchtsaft*
mineralna voda	*Mineralwasser*
sok od pomorandže	*Orangensaft*
pivo	*Bier*
bevanda, gemišt	*gespritzte Weinschorle*
kajsijevača	*Aprikosenschnaps*
šljivovica	*Zwetschgenwasser*
vino	*Wein*
prošek	*süßer, schwerer Dessertwein*
kruškovac	*Birnenschnaps*
vinjak	*einheimischer Kognak*

Unterwegs

Im Flugzeug

aerodrom	*Flughafen*
aterirati spuštanje (spustati)	*landen*
uzletjeti	*starten*
dolazak / polazak	*Ankunft / Abflug*

Am Bahnhof

kolodvor, stanica	*Bahnhof*
odlazak / dolazak	*Abfahrt / Abfahrt*
vlak	*Zug*
peroni	*zu den Bahnsteigen*
ulaz / izlaz	*Eingang / Ausgang*
(ne-) pušači	*(Nicht-) Raucher*
pušenje zabranjeno	*Rauchen verboten*
ručavanj	*Speisewagen*
spavaća kola	*Schlafwagen*

Im Bus

autobusna stanica	*Bushaltestelle*
svaki dan	*jeden Tag*
od ... do	*von ... bis*
radni dani	*werktags*

Im Auto

litara bezolovnog benzina	*Liter bleifreies Benzin*
parkiranje zabranjeno	*Parken verboten*
nezgoda	*Unfall*
milicija	*Polizei*
automehaničar	*Werkstatt*
kola imaju kvar	*ich habe eine Panne*

In Stadt und Land

grad	*Stadt*
trg	*Platz*
ulica/cesta	*Straße*
lijevo	*links*
desno	*rechts*
pravo	*geradeaus*
jezero	*See*
polje	*Ebene*
dolina	*Tal*
rijeka/reka	*Fluss*
brdo	*Berg*
dom/doča	*Berghütte*

Am Hafen und am Meer

luka	*Hafen*
trajekt	*Autofähre*
mol/molo	*Mole*
jedrilica	*Segelboot*
roniti	*tauchen*
plivati	*schwimmen*
lada/brod	*Schiff*
čamac	*Boot*
obala	*Küste, Kai*
magistrale	*Küstenstraße*
jadran	*Adria*
otok	*Insel*
poluotok	*Halbinsel*
rt	*Kap*
draga	*Bucht, Tal*
privatna plaža	*Privatstrand*
kupanje zabranjeno	*Baden verboten*
kompavanje zabranjeno	*Zelten verboten*
zabranjen prolaz	*Betreten verboten*

Sehenswertes

razglednica	*Ansichtskarte*
ulaz slobodan	*Eintritt frei*
crkva	*Kirche*
samostan/manastir	*Kloster*
tvrdjava	*Festung*
razvaline	*Ruinen*
galerija	*Galerie*
muzej	*Museum*
toranj	*Turm*
zvonik	*Kirchturm*

Sach- und Personenregister

Geographisches Register